Beiträge zum ausländischen öffentlichen Recht und Völkerrecht

Begründet von Viktor Bruns

Herausgegeben von
Armin von Bogdandy · Rüdiger Wolfrum

Band 237

Max-Planck-Institut für ausländisches
öffentliches Recht und Völkerrecht

Maike Kuhn

Die Europäische Sicherheits- und Verteidigungspolitik im Mehrebenensystem

Eine rechtswissenschaftliche Untersuchung am Beispiel der Militäroperation der Europäischen Union in der Demokratischen Republik Kongo 2003

The European Security and Defence Policy in a Multi-level System
A Legal Analysis Exemplified by the Military Operation of the European Union in the Democratic Republic of Congo 2003

(English Summary)

Springer
the language of science

ISSN 0172-4770
ISBN 978-3-642-29776-2 ISBN 978-3-642-29777-9 (eBook)
DOI 10.1007/978-3-642-29777-9
Springer Heidelberg New York Dordrecht London

Die Deutsche Nationalbibliothek verzeichnet diese Publikation in der Deutschen Nationalbibliografie; detaillierte bibliografische Daten sind im Internet über http://dnb.d-nb.de abrufbar.

Gedruckt auf säurefreiem Papier

Springer ist Teil der Fachverlagsgruppe Springer Science+Business Media (www.springer.com)

Vorwort

Die vorliegende Arbeit wurde vom Fachbereich Rechtswissenschaften der Johann Wolfgang Goethe-Universität in Frankfurt am Main im Sommersemester 2011 als Dissertation angenommen. Für die Veröffentlichung konnten aktuelle Entwicklungen bis Januar 2012 berücksichtigt werden.

Die Europäische Sicherheits- und Verteidigungspolitik ist seit ihrer Kreation auf dem Europäischen Rat in Köln 1999 Gegenstand einer Vielzahl von Veröffentlichungen und Diskussionen, die die praktische Bedeutung des Themas zeigen.

Meinem Doktorvater, Herrn Professor Dr. Michael Bothe, gebührt nicht nur deshalb besonderer Dank, weil er mein Interesse an der der Arbeit zugrunde liegenden Fragestellung zwischen Verfassungs-, Europa- und Völkerrecht geweckt hat. Auch stand er mir während der langen Entstehungsgeschichte der Arbeit immer wieder mit profundem Rat und Tat zur Seite.

Herrn Professor Dr. Stefan Kadelbach danke ich für die zügige Erstellung des Zweitgutachtens und die darin enthaltenen hilfreichen Anregungen, die der Arbeit den letzten Schliff gegeben haben.

Den Direktoren des Max-Planck-Instituts für ausländisches öffentliches Recht und Völkerrecht, Herrn Professor Dr. Armin von Bogdandy und Herrn Professor Dr. Dr. h.c. Rüdiger Wolfrum, gilt mein Dank für die ehrenvolle Aufnahme der Arbeit in die Schriftenreihe des Instituts. Danken möchte ich Herrn Professor Dr. Dr. h.c. Rüdiger Wolfrum auch für meine sehr interessante und lehrreiche Tätigkeit als seine Referentin am Max-Planck-Institut in Heidelberg, in der ich meine Arbeit – auch dank der großzügigen Freiräume, die er mir gewährt hat – fertigstellen konnte.

Im Rahmen meiner Wahlstation bei der Ständigen Vertretung Deutschlands bei der Europäischen Union in Brüssel konnte ich in der Ratsarbeitsgruppe RELEX (Relations extérieures) viele praktische Erfahrungen sammeln und sie in meine Arbeit einfließen lassen. Die Deutsche Gesellschaft für Auswärtige Politik (DGAP) und das Netzwerk „Women in International Security“ (WIIS.de) in Berlin boten hervorragende Möglichkeiten, verschiedene Fragestellungen der Arbeit mit anderen Wissenschaftlern und Praktikern zu diskutieren.

Mein besonderer Dank gilt den Freunden, Kollegen und Gästen am Max-Planck-Institut, deren namentliche Nennung den Rahmen dieses Vorworts sprengen würde. In fachlichen und persönlichen Gesprächen und Diskussionen mit ihnen konnte ich wesentliche Aspekte der Arbeit ständig weiter entwickeln. Danken möchte ich auch den Mitarbeitern der Bibliothek und der EDV des Instituts für ihre stets freundliche und kompetente Unterstützung. Der Redaktion des Instituts möchte ich für ihre Hilfe und nicht zuletzt ihre Geduld danken.

Von ganzem Herzen danke ich schließlich meinen Eltern, Karl-Joachim Kuhn und Rita Kuhn-Dörr, die mir die Arbeit an meinem Projekt „Dissertation" überhaupt ermöglicht haben und über den gesamten Zeitraum der Erstellung stets uneingeschränkt unterstützt und gefördert haben. Sie haben stets an mich und meine Arbeit geglaubt. Nicht nur deshalb ist ihnen diese Arbeit gewidmet.

Müllheim, im Februar 2012 Maike Kuhn

Inhaltsverzeichnis

A. Einleitung

Nachdem die Europäische Union am 31. März 2003 in der ehemaligen jugoslawischen Republik Mazedonien ihre erste Militäroperation überhaupt eingeleitet hat, stellt die Militäroperation in der Demokratischen Republik Kongo[1] den ersten militärischen Einsatz außerhalb Europas dar. Während die EU in Mazedonien im Anschluss an eine Operation der NATO tätig wurde, unternahm sie die zeitlich begrenzte Militäroperation in der Demokratischen Republik Kongo von Anfang an ohne Rückgriff auf Mittel und Fähigkeiten der NATO.[2] Die EU handelte in Kongo aufgrund der Resolution 1484 (2003) des Sicherheitsrates der Vereinten Nationen.[3] Dies zeigt bereits, dass die europäischen Verteidigungsstrukturen in eine mehrstufige Ebenenanordnung eingebettet sind. Weiter sind supranationale und nationale Rechtsebenen in der Europäischen Union zu einem Gesamtsystem verbunden. Beide Handlungsebenen ergänzen sich und sind institutionell, funktionell und personell miteinander verschränkt.[4] Es stellen sich deshalb Probleme in einem Mehrebenensystem.[5]

Die Europäische Union stellt einen auf Freiwilligkeit beruhenden Zusammenschluss von Staaten mit langer Tradition autonomen Handelns dar.[6]

Die GASP entwickelte sich zu einer Sonderform der Integration, bei der die Regierungen der Mitgliedstaaten und die Institutionen der EU

---

1 Beschluss des Rates 2003/432/GASP zur Einleitung der Operation vom 12. Juni 2003.

2 Vgl. FAZ vom 17.06.2003, S. 3.

3 Vgl. Gemeinsame Aktion 2003/423/GASP vom 5. Juni 2003 und Beschluss des Rates 2003/432/GASP vom 12. Juni 2003.

4 Pernice, JZ 2000, S. 866, 870.

5 Vgl. zum Mehrebenensystem in der rechtswissenschaftlichen Literatur Mayer, Kompetenzüberschreitung und Letztentscheidung, S. 31-57; Kotzur, DÖV 2002, S. 195, 200; Pernice, in: Dreier (Hrsg.), GG, Bd. II, Art. 23 Rn. 17; Sauer, Jurisdiktionskonflikte in Mehrebenensystemen, S. 77-83; Schliesky/ Schürmann (Hrsg.), Rechtsprobleme der Verzahnung von Herrschaftsgewalt in Mehrebenensystemen; Schröder, EuR 2002, S. 300, 314f.

6 Bieber, in: Bieber/ Epiney/ Haag, Die EU, § 35 Rn. 1.

ein gemeinsames Handeln schrittweise erproben. Dieses Zusammenwirken bringt je nach Sachgebiet unterschiedlich dichte Ergebnisse hervor, die zwischen intergouvernementalen und integrierten Ansätzen schwanken.[7]

Der rechtswissenschaftliche Begriff des Mehrebenensystems setzt darüber hinaus einen institutionellen Rahmen und eine arbeitsteilige Struktur, also die Aufteilung von Entscheidungskompetenzen auf verschiedene Kompetenzträger, voraus.[8]

Nach Art. 3 Abs. 1 S. 1 EU-Vertrag (Nizza) verfügt die Europäische Union über einen einheitlichen institutionellen Rahmen. Dieser einheitliche institutionelle Rahmen bezeichnet die Tatsache, dass die Union unabhängig von ihrem Handlungsbereich über gemeinsame Institutionen tätig ist, um die Kohärenz und Kontinuität ihrer Maßnahmen sicherzustellen. Dies gilt auch für Maßnahmen im Zuge der abgestuften Integration, an denen sich nicht alle Mitgliedstaaten beteiligen. Ähnlich bestimmt Art. 13 Abs. 1 EU-Vertrag (Lissabon), dass die EU über einen einheitlichen Rahmen verfügt. Dies wird durch die formale Aufhebung der Säulenstrukutur bekräftigt.[9]

Die arbeitsteilige Struktur ergibt sich für den Untersuchungsgegenstand aus dem Umstand, dass die Durchführung ziviler Missionen und militärischer Operationen jeweils verschiedenen Organen – nämlich der Kommission einerseits, und dem Rat mitsamt seinem Unterbau andererseits – obliegt. Diese Unterscheidung wird im EU-Vertrag weder unter Nizza noch unter Lissabon völlig trennscharf durchgehalten. Dennoch rechtfertigt die starke Ausdifferenzierung der Entscheidungs- und Durchführungsmechanismen im Rahmen der GASP und ESVP den Rekurs auf den Begriff der arbeitsteiligen Struktur. Gerade im Rahmen der Gemeinsamen Außen-, Sicherheits- und Verteidigungspolitik werden Entscheidungskompetenzen sowohl auf mitgliedstaatlicher als auch auf europäischer Ebene von verschiedenen Kompetenzträgern wahrgenommen.

Das Erkenntnisinteresse der Arbeit besteht in der Klärung von drei Problemlagen. Die erste Problemlage betrifft Streitkräfte im europäischen Verfassungsrecht. Hier stellen sich Fragen in Bezug auf die „Gewaltenteilung“ im Rahmen der ESVP und in Bezug auf die (parlamenta-

---

7 Bieber, in: Bieber/ Epiney/ Haag, Die EU, § 35 Rn. 6.

8 Siehe Mayer, Kompetenzüberschreitung und Letztentscheidung, S. 53-57; Sauer, Jurisdiktionskonflikte in Mehrebenensystemen, S. 80.

9 Dazu Kielmansegg, Verteidigungspolitik der EU, S. 386.

rische) Legitimation von Streitkräften, die im Rahmen von ESVP-Operationen eingesetzt werden.

Die zweite Problemlage soll Streitkräfte im Europäischen Verwaltungsrecht genannt werden. Dabei geht es um die Untersuchung von Befehlsketten und die Zurechnung von Verantwortung für Entscheidungen, die im Rahmen der ESVP gefällt werden. Zwar betrifft das Verwaltungsrecht klassischerweise das Verhältnis von Staat und Bürger. Zu Recht wird aber ein großer europäischer Einfluss nicht nur auf das allgemeine Verwaltungsrecht konstatiert.[10] Da die ESVP ebenfalls stark exekutivisch geprägt ist, soll der Begriff auch hier verwendet werden. Wie im Bereich des allgemeinen Verwaltungsrechts werden auch im Bereich der europäischen Sicherheits- und Verteidigungspolitik Rechtsakte auf europäischer Ebene gesetzt, die der Umsetzung durch die Mitgliedstaaten bedürfen. Differenzen ergeben sich durch die unterschiedliche Ausgestaltung der jeweiligen Politikbereiche.

Schließlich betrifft die dritte Problemlage „Europäische" Streitkräfte im Völkerrecht. Hierbei geht es neben der Frage, inwieweit die EU inhaltlich an das Völkerrecht gebunden ist, auch darum, welche Rolle sie im *conflict-management* der Vereinten Nationen spielt.

Die – auch wegen der Fülle von Krisenmanagement-Operationen, die die EU bis zum heutigen Tage durchgeführt hat – notwendige Konzentration auf die Operation Artemis lässt insofern generalisierende Schlüsse zu, als dass sich die EU-spezifischen Entscheidungs- und Durchführungsmechanismen inzwischen zu ständiger Praxis entwickelt haben.

Dabei sind nationale (verfassungsrechtliche), europarechtliche und völkerrechtliche Ebene vielfach ineinander verwoben und gegenseitig rückgekoppelt.

Die Entscheidung, eine ESVP-Operation durchzuführen, läuft formal in einem zweistufigen System ab. Der Rat (bzw. die Mitgliedstaaten im Rat) entscheiden darüber, ob eine gemeinsame Operation im Rahmen der ESVP durchgeführt wird. Daneben entscheiden die Mitgliedstaaten jeweils autonom, ob und wie viele Truppen sie für eine konkrete Operation bereitstellen.

Da Konsens über ein gemeinsames militärisches Vorgehen in einer Gruppe von (derzeit) 27 Mitgliedstaaten nicht immer leicht zu erzielen ist, wird es für die EU immer wichtiger, ihre operative Handlungsfähig-

---

[10] Siehe dazu Kadelbach, Allgemeines Verwaltungsrecht unter europäischem Einfluss.

keit durch das Vorgehen mittels einer Kerngruppe zu stärken. Die Arbeit untersucht – gerade auch vor dem Hintergrund des Ausbaus dieses Instruments durch den Vertrag von Lissabon – seine rechtlichen und praktischen Implikationen für das Europäische Mehrebenensystem.

Auf der völkerrechtlichen Ebene stellt sich zunächst die Frage, wer Adressat von Rechten und Pflichten des Völkerrechts sein soll. Dabei denkt man zunächst an die Mitgliedstaaten der EU. Möglicherweise kommt aber die Europäische Union selbst als Adressat von Rechten und Pflichten des Völkerrechts in Betracht. Dies ist nicht allein abhängig von ihrer Völkerrechtsfähigkeit.

Als weitere Problempunkte werden die inhaltlichen Bindungen an das Recht der Vereinten Nationen sowie an das humanitäre Völkerrecht und die Menschenrechte untersucht. Diese praktisch äußerst relevanten Fragen werden von den beteiligten Akteuren eher pragmatisch behandelt und sind rechtlich genauer zu durchleuchten.

Die beiden Ebenen Europarecht und Völkerrecht werden schließlich zusammengeführt, indem mögliche Perspektiven der ESVP beleuchtet werden.

B. Europäische Ebene

Auf der europäischen oder europarechtlichen Ebene soll zunächst dargestellt werden, wie die Europäische Sicherheits- und Verteidigungspolitik geschaffen wurde. Im Anschluss daran werden die Entscheidungsstrukturen der ESVP sowie die Frage, wem die Entscheidungen, die im Rahmen der ESVP getroffen werden, zugerechnet werden, untersucht. Schließlich folgen eine Betrachtung (ausgewählter) Formen der verstärkten Zusammenarbeit im Bereich der gemeinsamen Sicherheits- und Verteidigungspolitik und eine Analyse der sich daraus ergebenden Implikationen für das europäische Mehrebenensystem.

I. Schaffung der ESVP

Generell wird der Europäische Rat in Köln im Juni 1999 als eigentliche „Geburtsstunde" der ESVP angesehen. Doch bereits zuvor wurden zahlreiche Anstrengungen unternommen, die Außen-, Sicherheits- und Verteidigungspolitik der Mitgliedstaaten zu koordinieren und zum Teil auch zu integrieren. Der historische Kontext soll deshalb in seinem Gesamtzusammenhang betrachtet und dargestellt werden, um die Entwicklungslinie der ESVP besser verstehen zu können.

Der Weg der Schaffung der ESVP verdeutlicht insbesondere die starke Verfestigung des Intergouvernementalitätsprinzips. Obwohl im Bereich der Außen-, Sicherheits- und Verteidigungspolitik auch das Integrationskonzept zur Debatte stand,[11] ist es praktisch nie verwirklicht worden. Diese historische Entwicklung erklärt auch, warum die EU-Mitgliedstaaten bis heute nicht ernsthaft an der intergouvernementalen Ausrichtung ihrer gemeinsamen Außen-, Sicherheits- und Verteidigungspolitik rütteln wollen.

---

[11] Siehe die nachfolgende Darstellung zur EVG.

1. Europäische Verteidigungsgemeinschaft (EVG)

Bereits in den 1950er Jahren wurden Überlegungen und Verhandlungen über die Erarbeitung einer europäischen Verteidigungsgemeinschaft angestellt, die über den heutigen Integrationsstand deutlich hinausgingen.

Vor dem Hintergrund der Korea-Krise 1950 und der von amerikanischer Seite begrüßten Wiederbewaffnung Deutschlands legte Frankreich einen Plan für eine europäische Verteidigungsgemeinschaft (EVG) vor.[12]

Der Plan des damaligen französischen Regierungschefs René Pleven sah eine europäische Armee vor, die nationale Kontingente auf einer möglichst niedrigen Ebene integrieren[13] und der Aufsicht der NATO unterworfen sein sollte.[14] Die EVG war als supranationale Organisation mit begrenzten souveränen Rechten konzipiert. Der sog. Pleven-Plan beinhaltete gemeinsame Organe, einen gemeinsamen Verteidigungshaushalt und gemeinsame Rüstungsprogramme sowie die unbedingte Verpflichtung zum militärischen Beistand im Falle des Angriffs einer der Bündnisstaaten.[15] Ziel war neben der Absicherung nach außen auch die Absicherung nach innen, indem die Wiederbewaffnung Deutschlands unter supranationale Kontrolle gestellt werden sollte.[16]

Die Europäische Verteidigungsgemeinschaft stellte ein automatisch wirkendes Verteidigungsbündnis zwischen ihren Mitgliedstaaten dar.[17]

Insgesamt war der EVG-Vertrag kein typischer Sicherheitsvertrag wie der Washingtoner, Dünkirchener oder Brüsseler Vertrag. Vielmehr versuchte er, alle möglichen Aspekte der Kooperation vorwegnehmend

---

[12] Gerteiser, Sicherheits- und Verteidigungspolitik der EU, S. 28f.; Haratsch/ Koenig/ Pechstein, EuR, Rn. 8; Kreft, EU als Sicherheitsinstitution, S. 155-161; Oppermann/ Classen/ Nettesheim, EuR, § 39 Rn. 45.

[13] Gerteiser, Sicherheits- und Verteidigungspolitik der EU, S. 28; Jürgens, Die GASP, S. 53; Kreft, EU als Sicherheitsinstitution, S. 164f.

[14] Münch, European Defence Community, in: Bernhardt (Hrsg.), EPIL VI, S. 149, 150; Oppermann/ Classen/ Nettesheim, EuR, § 39 Rn. 46.

[15] Burghardt/ Tebbe, in: v.d. Groeben/ Thiesing/ Ehermann, EUV/ EGV, 5. Aufl., Bd. 5, Vorbem. zu Art. J-J.11 Rn. 5; Kielmansegg, EA 1952, S. 5009; Lim, Weiterentwicklung der GASP, S. 14; Münch, European Defence Community, in: Bernhardt (Hrsg.), EPIL VI, S. 149; Semrau, GASP, S. 13.

[16] Gerteiser, Sicherheits- und Verteidigungspolitik der EU, S. 28f.

[17] Kielmansegg, EA 1952, S. 5009, 5016; Oppermann/ Classen/ Nettesheim, EuR, § 39 Rn. 45f.

präzise zu regeln. Der EVG-Vertrag legte sich auf die Dynamik der Integration fest.[18]

Die Pläne der EVG gingen deutlich über den derzeitigen Integrationsstand im Rahmen der ESVP hinaus. Sie zeigen damit aber auch, dass eine stärkere Integration im Rahmen der Außen-, Sicherheits- und Verteidigungspolitik durchaus möglich sein kann, wenn dies auch politisch gewollt ist.

Auch der EVG-Vertrag sah keine vollständig integrierte europäische Armee vor, sondern beließ es bei nationalen Verbänden bis einschließlich hinauf zur Divisionsebene. Dennoch handelte es sich um Streitkräfte mit einem einheitlichen europäischen Status, die der freien Verfügbarkeit der Mitgliedstaaten entzogen waren und gemeinsam geführt und verwaltet, ausgerüstet und finanziert werden sollten (sog. Kontingentlösung).[19]

Als Fortsetzung zur EVG wurde 1953 ein politisches Projekt zur Schaffung einer föderalen oder konföderalen Struktur vorgestellt. Die EPG (Europäische Politische Gemeinschaft) sollte über weit reichende Kompetenzen verfügen und schließlich auch die Aufgaben der Europäischen Gemeinschaft für Kohle und Stahl (EGKS) und der EVG wahrnehmen.[20]

Es bestand allerdings auch politischer Widerstand gegen die stark integrationistisch geprägte EVG. Die supranationale Konstruktion der Europäischen Verteidigungsgemeinschaft war auf Grund ihres revolutionären Ansatzes zum Scheitern verurteilt und ihrer Zeit voraus.[21] Die EVG konnte nicht realisiert werden, weil die französische Nationalversammlung nach Unterzeichnung des Vertrages die weitere Befassung mit dem Zustimmungsgesetz ablehnte.[22] Frankreich sah seine Maximalforderungen bezüglich der Aufweichung des supranationalen EVG-Vertrages als nicht erfüllt an. Dort gewannen politische Kräfte die

---

18 Kreft, EU als Sicherheitsinstitution, S. 173f.

19 Kielmansegg, Verteidigungspolitik der EU, S. 319; Walz, NZWehr 1986, S. 89, 93.

20 Dietrich, ESVP, S. 50.

21 Varwick, IP 9/2001, S. 47, 51f.

22 Vgl. Noak, Scheitern der EVG, S. 63, 74-76; Krüger, in: Hoyer/ Kaldrack (Hrsg.), ESVP, S. 43, 54f.

Oberhand, die sich gegen eine weitere europäische Integration wandten und vor allem nicht auf eine eigene Armee verzichten wollten.[23]

Wegen der engen Verknüpfung von EVG und EPG konnte damit auch letztere nicht verwirklicht werden.[24] Es musste eine alternative Regelung gefunden werden.[25]

2. Westeuropäische Union (WEU)

Infolge des Scheiterns der EVG musste ein anderer Weg gefunden werden, um die Bundesrepublik Deutschland in das westliche Sicherheitssystem zu integrieren.[26]

Die Ursprünge der WEU lagen in dem 1947 zwischen Großbritannien und Frankreich geschlossenen Dünkirchen-Pakt zum Schutz gegen politische und militärische Bedrohungen durch die Sowjetunion und Deutschland.[27] Mit dem Brüsseler Vertrag von 1948 wurde dieser Pakt erweitert. Vertragsparteien waren nun Belgien, Frankreich, Luxemburg, die Niederlande und Großbritannien.[28]

Als Alternativlösung zur gescheiterten EVG trat die Bundesrepublik Deutschland 1954/ 55 auf britische Initiative direkt der NATO bei.[29]

Gleichzeitig wurde mit der Unterzeichnung des Pariser Abkommens am 23. Oktober 1954 die Westeuropäische Union (WEU)[30] gegründet, indem der Brüsseler Vertrag entsprechend geändert und Deutschland

---

[23] Dietrich, ESVP, S. 50; Semrau, GASP, S. 14.

[24] Gerteiser, Sicherheits- und Verteidigungspolitik der EU, S. 29; Jürgens, Die GASP, S. 55; Semrau, GASP, S. 14.

[25] Vgl. Kreft, EU als Sicherheitsinstitution, S. 185 und unter 2. Westeuropäische Union.

[26] De la Vallée Poussin, EA 1961, S. 681.

[27] Herdegen, EuR, § 34 Rn. 1; Oppermann/ Classen/ Nettesheim, EuR, § 39 Rn. 56f.

[28] Lim, Weiterentwicklung der GASP, S. 15; Oppermann/ Classen/ Nettesheim, EuR, § 39 Rn. 56f.

[29] Burghardt/ Tebbe, in: v.d. Groeben/ Thiesing/ Ehermann, EUV/ EGV, 5. Aufl., Bd. 5, Vorbem. zu Art. J-J.11 Rn. 6; Münch, European Defence Community, in: Bernhardt (Hrsg.), EPIL VI, S. 149, 150.

[30] BGBl. 1955 II, S. 256-294; EA 1954, S. 7127-7135.

und Italien in das Bündnis aufgenommen wurden. Der modifizierte Brüsseler Vertrag trat am 6. Mai 1955 in Kraft.[31]

Die WEU bildete im Kern ein System kollektiver Selbstverteidigung.[32] Sie war ein Verteidigungsbündnis mit umfassender militärischer Beistandspflicht (Art. V WEU-Vertrag).[33] Diese umfasste jegliche Hilfe und Unterstützung militärischer oder sonstiger Art und verpflichtete damit zum bedingungslosen Beistand. Damit ging sie über die des NATO-Vertrages hinaus, der nur die Beistandsleistung fordert, die der jeweilige Staat für erforderlich hält. So kam der WEU Ergänzungsfunktion im Verhältnis zur NATO zu.[34] Dies ist deshalb interessant, weil die WEU, genauer gesagt ihre Aufgaben, heute praktisch in der EU aufgegangen bzw. integriert sind. Infolge des Umstandes, dass die EU die sog. „Petersberg-Aufgaben", also Aufgaben die ehemals der WEU oblagen, übernommen hat, hat sie auch die Rolle der WEU als Ergänzungsfunktion im Verhältnis zur NATO übernommen. Allerdings blieben die Beistandsverpflichtungen aus dem WEU-Vertrag zunächst unverändert bestehen. Diese wurden von der EU nicht übernommen (siehe dazu auch die Ausführungen unter Punkt B. I. 8. a). Seit Inkrafttreten des Vertrages von Lissabon deckt die EU die Aufgaben und Funktionen der WEU vollständig ab. Damit ist die historische Aufgabe der WEU erfüllt und diese wird offiziell aufgelöst.[35] Die entsprechenden Verträge sind von den Vertragsparteien gekündigt worden. Die Abwicklung der Organisation wurde bis Ende Juni 2011 vollzogen.[36]

Da die WEU im Verhältnis zur NATO lange eine geringe Rolle spielte, ist auch das Verhältnis zwischen NATO und EU bezüglich ihrer (zukünftigen) Rollen im weltweiten Krisenmanagement nicht spannungs-

---

31 Burghardt/ Tebbe, EuR 1995, S. 1, 17; Fleuß, Die operationelle Rolle der WEU, S. 27f.; Gerteiser, Sicherheits- und Verteidigungspolitik der EU, S. 30.

32 Herdegen, EuR, § 34 Rn. 1.

33 Burghardt/ Tebbe, EuR 95, S. 1, 17; Oppermann/ Classen/ Nettesheim, EuR, § 39 Rn. 56f.

34 Gerteiser, Sicherheits- und Verteidigungspolitik der EU, S. 32; Oppermann/ Classen/ Nettesheim, EuR, § 33 Rn. 56f.

35 Siehe dazu Statement of the Presidency of the Permanent Council of the WEU on behalf of the High Contracting Parties to the Modified Brussels Treaty – Belgium, France, Germany, Greece, Italy, Luxembourg, The Netherlands, Portugal, Spain and the United Kingdom of 31 March 2010, abrufbar unter http://www.weu.int/.

36 Siehe auch FAZ vom 10.04.2010, S. 10.

frei.[37] Dies liegt an der strukturellen Konkurrenzsituation sowie den unterschiedlichen Interessen ausgewählter Mitgliedstaaten von NATO und EU.[38] Weiter verfügt die EU nur über geringe autonome militärische Fähigkeiten und ist kein Verteidigungsbündnis.

3. Bilaterale Verteidigungspolitik

Der bilateralen Verteidigungspolitik wird ein eigener Abschnitt gewidmet, weil auch heute, nach der Osterweiterung der EU auf inzwischen 27 Mitgliedstaaten, die Achse Paris – Berlin immer noch als Motor für die europäische Integration angesehen wird.[39]

Vor allem zwischen Frankreich und Deutschland beeinflusste sie die gemeinsame Außen-, Sicherheits- und Verteidigungspolitik der heutigen Europäischen Union. Dies gilt insbesondere für das Eurokorps, das als Vorläufer des Modells vertiefte Integration einen entscheidenden Anteil an der Entwicklung europäischer multinationaler Streitkräfte hat.[40]

a) Französische Sicherheitsdoktrin der 1960er Jahre

Seit der Gründung der V. Französischen Republik durch Charles De Gaulle 1958 versuchte insbesondere Frankreich die verteidigungspolitische Unabhängigkeit von den USA durch eigene Rüstungsanstrengungen und den Aufbau eines europäischen Verteidigungspfeilers zu stär-

---

[37] Jopp/ Sandawi, in: Weidenfeld/ Wessels (Hrsg.), Jahrbuch der Europäischen Integration 2006, S. 241, 248, 250.

[38] Siehe zu den verhärteten Fronten zwischen der Türkei und der Republik Zypern auch die Ausführungen unter Punkt B. IV. 2. a); außerdem verweigerte sich Frankreich lange Zeit aus grundsätzlichen Erwägungen heraus einer weiteren Annäherung der EU an die NATO und war bzw. ist vielmehr an der Etablierung autonomer europäischer Strukturen interessiert; vgl. Heise/ Schmidt, Europäische Sicherheit 7/2006, S. 14 sowie Jopp/ Sandawi, in: Weidenfeld/ Wessels (Hrsg.), Jahrbuch der Europäischen Integration 2006, S. 241, 248.

[39] Vgl. etwa FAZ vom 20.02.2007, S. 1.

[40] Vgl. Varwick, IP 9/2001, S. 47, 50 sowie Wasserberg, Eurokorps, S. 224.

ken.[41] Frankreich verfolgte dabei nicht das Ziel einer supranationalen, sondern einer konföderalen Organisation.[42]

b) Elyseé-Vertrag

Mit seiner Präferenz für einen starken deutsch-französischen Bilateralismus verband De Gaulle zugleich die Abgrenzung gegenüber Großbritannien. Dessen Beitrittsersuchen zur Europäischen Wirtschaftsgemeinschaft wurde auf französischen Druck abgelehnt, während zeitgleich am 23. Januar 1963 der Elysée-Vertrag unterzeichnet wurde. Dieser sah eine engere Kooperation zwischen der Bundesrepublik Deutschland und Frankreich u.a. auf dem Gebiet der sicherheitspolitischen Zusammenarbeit vor.

Allerdings verabschiedete der Bundestag am 16. Mai 1963 ein Zustimmungsgesetz mit einer Präambel, deren rechtlicher Stellenwert bis heute umstritten ist. Darin wird der Vorrang der NATO vor jeder anderen Kooperation betont. Mit dieser Präambel wurden von deutscher Seite aus die französischen Absichten zu einer engen deutsch-französischen Kooperation im Bereich der Verteidigung gebremst.[43]

c) Zusammenarbeit in der Sicherheits- und Verteidigungspolitik

Am 25. Februar 1982 beschlossen Staatspräsident Mitterrand und der damalige Bundeskanzler Schmidt eine engere Abstimmung ihrer Außenpolitik. Im Februar 1986 folgte ein weiteres Abkommen über die Zusammenarbeit der Streitkräfte, Offiziersausbildung, Konsultation bei Einsatz prä-strategischer Waffen auf deutschem Gebiet, Verstärkung der außenpolitischen Zusammenarbeit und Intensivierung der deutsch-französischen Kulturbeziehungen.[44]

1988 wurden zwei Zusatzprotokolle zum Elysée-Vertrag unterzeichnet,[45] mit denen unter anderem ein deutsch-französischer Verteidigungsrat eingerichtet wurde. Der Vorsitz lag bei den beiden Staats- und

---

41 Oppermann/ Classen/ Nettesheim, EuR, § 39 Rn. 45-47, 57.

42 Haratsch/ Koenig/ Pechstein, EuR, Rn. 11.

43 Ischebeck, Sicherheit und Frieden 11 (1993), S. 44.

44 Borkenhagen, Europa braucht GASP, S. 86; Kreft, EU als Sicherheitsinstitution, S. 277f.

45 BGBl. 1988 II, S. 1150-1156.

Regierungschefs. Hier sollte eine gemeinsame Militärstrategie unter Einbeziehung der französischen Nuklearstrategie entwickelt werden.

Die Zusatzprotokolle sahen unter anderem eine Ausweitung der ein Jahr zuvor in Dienst gestellten deutsch-französischen Brigade zu einem gemeinsamen Armee-Korps vor, in dem zunächst deutsche und französische Soldaten weitgehend integriert zusammenarbeiten sollten.[46]

Auf der Grundlage des Beschlusses des deutsch-französischen Gipfeltreffens am 21./ 22. Mai 1992 in La Rochelle wurde das eigentliche Eurokorps geschaffen.[47] Demnach sollte das Korps als Kern einer künftigen europäischen Eingreiftruppe verstanden werden. Die genaue Zuordnung zwischen NATO, WEU oder VN wurde aber noch offen gelassen. Der Aufgabenkatalog umfasste die gemeinsame Verteidigung entsprechend Art. V des NATO-Vertrages oder des Brüsseler Vertrages (WEU-Vertrag) und Maßnahmen zur Aufrechterhaltung und Wiederherstellung des Friedens sowie den Einsatz im Rahmen von humanitären Aktionen.

Die deutsch-französische Brigade wurde unter Einbeziehung belgischer, luxemburgischer und spanischer Einheiten zum Eurokorps erweitert. Es handelt sich dabei aber nicht um einen ständig präsenten Großverband, obwohl das Eurokorps die deutsch-französische Brigade – die einen ständig präsenten Verband darstellt – unter seinem Kommando hat. Diese stellen die ersten wichtigen militärischen Einheiten dar, in denen Frankreich den Oberbefehl an eine nicht-französische Institution abzutreten bereit ist.[48] Damit dienen das Eurokorps (und die deutsch-französische Brigade als sein Kern) nicht zuletzt als Vorbild für eine weitere militärische Integration im Rahmen der ESVP. Das besondere und einzigartige Merkmal des Eurokorps ist nämlich die Tatsache, dass die fünf Nationen gleichberechtigt und gemeinsam die Verantwortung und die Lasten für das Hauptquartier tragen. Die Strukturen des Stabs sind ausgewogen und die Führungsfunktionen wechseln perio-

---

46 Kamp, EA 92, S. 445, 446; Kreft, EU als Sicherheitsinstitution, S. 284.

47 Vgl. die Presseerklärung über die Aufstellung eines Europäischen Korps, veröffentlicht zum Abschluss der 59. deutsch-französischen Konsultationen in La Rochelle am 22.05.1992, in: EA 13/1992, S. D 454f.

48 Ischebeck, Sicherheit und Frieden 11 (1993), S. 44, 47.

disch unter den Nationen, so dass es zu keiner Dominierung der anderen Partner kommt.[49]

Auf dem Treffen der Außen- und Verteidigungsminister der Westeuropäischen Union am 19. Juni 1992 hatte sich die WEU in der Petersberg-Erklärung darauf geeinigt, dass das Eurokorps zu den der WEU zugeordneten Verbänden gehören sollte.[50]

1993 wurde das Hauptquartier in Straßburg eingerichtet. Die Aufgaben der mittlerweile 60.000 Soldaten umfassenden Streitkräfte bestehen aus Krisenmanagement, Friedenssicherung und humanitären Einsätzen.

1999 entschieden die Eurokorps-Mitgliedstaaten, das Eurokorps in ein schnelles Krisenreaktionskorps umzuformen und für Einsätze der EU und der NATO bereitzuhalten. So steht das Korps seit Juni 2001 sowohl der EU als auch der NATO zur Verfügung.[51]

4. Europäische Politische Zusammenarbeit (EPZ)

Mit der Europäischen Politischen Zusammenarbeit (EPZ) wurden – nach dem Scheitern der EVG – erste (formale) Schritte zur Zusammenarbeit im Bereich der (gemeinsamen) europäischen Außen- und Sicherheitspolitik unternommen.

Den Anstoß für die Konstituierung der Europäischen Politischen Zusammenarbeit gab die Den Haager EG-Gipfelkonferenz von 1969. Ihr Anlass war das Auslaufen der zwölfjährigen vertraglichen Aufbauphase der EWG (Art. 8 EWGV).[52]

Die EPZ sollte zur Vereinheitlichung der Außenpolitiken der Mitgliedstaaten beitragen, aber als rein intergouvernementale Zusammenarbeit vollständig von den Europäischen Gemeinschaften getrennt bleiben.[53]

---

[49] Neubauer, in: Hoyer/ Kaldrack (Hrsg.), ESVP, S. 58, 60. Dieses Modell ist sonst nur im Rahmen der NATO-Hauptquartiere verwirklicht. Ein Vergleich mit der Struktur der EU-Hauptquartiere erfolgt unter B. III. 1. c).

[50] Kamp, EA 1992, S. 445, 450.

[51] Novy, Eurokorps feiert zehnjähriges Bestehen, http://www.europa-digital.de/text/aktuell/dossier/esvp03/eurokorps.shtml.

[52] Glöckler-Fuchs, Institutionalisierung der europäischen Außenpolitik, S. 12; Oppermann/ Classen/ Nettesheim, EuR, § 2 Rn. 21.

[53] Glöckler-Fuchs, Institutionalisierung der europäischen Außenpolitik, S. 12.

D.h., die Europäische Politische Zusammenarbeit wurde nicht als integrativer Teil der Gemeinschaft konstituiert, sondern als eigenständige Institution.[54]

Grundlegende konzeptionelle Dokumente der EPZ sind die Davignon-Studie vom 27. Oktober 1970[55] und der Luxemburger Bericht (1970).[56] Berichte des Europäischen Rates in Kopenhagen 1973 und in London 1981 vertieften die EPZ-Konstruktion.[57]

Die EPZ sah vor, dass sich die Mitgliedstaaten freiwillig in außenpolitischen Angelegenheiten gegenseitig unterrichten, abstimmen und gegebenenfalls gemeinsam vorgehen.[58] Dabei handelte es sich um unverbindliche politische Absprachen nach der Art eines *gentlemen's agreement*.[59]

Die formale Trennung zwischen EPZ und EG wurde praktisch aber immer weiter aufgeweicht.[60]

Die EPZ ist als pragmatisch zu bewerten. Es handelte sich um die praktische Zusammenarbeit nationaler Diplomaten auf Arbeitsebene. Damit stellte sie einen flexiblen und zugleich beständigen Rahmen für die fortschreitende politische Annäherung unter den Mitgliedstaaten in dem sensiblen, weil souveränen Bereich der Außen- und Sicherheitspolitik – die Verteidigungspolitik war ausgeschlossen – dar.[61]

---

54 Bleckmann, EuR, Rn. 37; Glöckler-Fuchs, Institutionalisierung der europäischen Außenpolitik, S. 12; Semrau, GASP, S. 15.

55 Presse- und Informationsamt der Bundesregierung, Bulletin der Bundesregierung Nr. 150 vom 31.10.1970, S. 1589-1591.

56 Luxemburger Bericht: 1. Bericht der Außenminister an die Staats- und Regierungschefs der EG-Mitgliedstaaten vom 27. Oktober 1970, abgedruckt in: Auswärtiges Amt (Hrsg.), GASP Dok., S. 38-42.

57 Burghardt/ Tebbe, in: v.d. Groeben/ Thiesing/ Ehermann, EUV/ EGV, 5. Aufl., Bd. 5, Vorbem. zu Art. J-J.11 Rn. 8: Fortentwicklung; Glöckler-Fuchs, Institutionalisierung der europäischen Außenpolitik, S. 12; Kreft, EU als Sicherheitsinstitution, S. 257.

58 Bleckmann, EuR, Rn. 37; Kreft, EU als Sicherheitsinstitution, S. 258; Schweitzer/ Hummer/ Obwexer, Rn. 2387f.; Semrau, GASP, S. 15.

59 Burghardt/ Tebbe, in: v.d. Groeben/ Thiesing/ Ehermann, EUV/ EGV, 5. Aufl., Bd. 5, Vorbem. zu Art. J-J.11 Rn. 8; Burkhard, S. 26.

60 Burghardt/ Tebbe, in: v.d. Groeben/ Thiesing/ Ehermann, EUV/ EGV, 5. Aufl., Bd. 5, Vorbem. zu Art. J-J.11 Rn. 9.

61 Burghardt/ Tebbe, in: v.d. Groeben/ Thiesing/ Ehermann, EUV/ EGV, 5. Aufl., Bd. 5, Vorbem. zu Art. J-J.11 Rn. 9.

5. Einheitliche Europäische Akte (EEA) 1986

Die Weiterentwicklung verlief schrittweise. Mit der Einheitlichen Europäischen Akte, die von den Staats- und Regierungschefs am 17. und 28. Februar 1986 beschlossen wurde und am 1. Juli 1987 in Kraft trat,[62] wurde der Europäische Rat, der bisher ohne Rechtsgrundlage tätig war, institutionalisiert (Art. 2 EEA) und die rechtliche Grundlage für die EPZ in Titel III der EEA geschaffen.[63] Die durch die Einheitliche Europäische Akte in den Vertrag aufgenommenen Bestimmungen ermöglichten außerdem die Einrichtung der Gruppe der Europäischen Korrespondenten sowie eines Sekretariats, das der Präsidentschaft unmittelbar unterstellt war. Die Ziele der EPZ wurden auf alle Fragen der Außenpolitik von allgemeinem Interesse ausgeweitet. Die EPZ und die Europäischen Gemeinschaften wurden institutionell verklammert.[64]

Die Europäische Politische Zusammenarbeit wurde zwar durch Art. 30 EEA völkerrechtlich verankert, blieb aber relativ unverbindlich.[65] Art und Methoden der Zusammenarbeit änderten sich nicht.[66] Art. 30 EEA begründete keine Verbindlichkeit für die im Rahmen der EPZ gefassten Beschlüsse.[67] Es wurden keine Entscheidungsbefugnisse auf die EPZ übertragen; die einzige völkerrechtliche Pflicht lag im „Bemühen".[68]

Als Handlungsinstrument der Europäischen Zusammenarbeit in der Außenpolitik nannte Art. 30 Abs. 3 lit. C EEA den Gemeinsamen Standpunkt und die Festlegung gemeinsamer Grundsätze und Ziele.

Nach Art. 30 Abs. 3 lit. B EEA wurde die Kommission an der Arbeit der EPZ in vollem Umfang beteiligt. Dagegen wurde das Europäische Parlament (EP) lediglich von der Präsidentschaft über die im Rahmen der Arbeit der EPZ geprüften außenpolitischen Themen unterrichtet.

---

62 BGBl. 1986 II, S. 1102-1115.

63 Bleckmann, EuR, Rn. 38; Burghardt/ Tebbe, in: v.d. Groeben/ Thiesing/ Ehermann, EUV/ EGV, 5. Aufl., Bd. 5, Vorbem. zu Art. J-J.11 Rn. 8: vertragliche Grundlage; ebenso Glaesner, EuR 1986, S. 119, 124.

64 Haratsch/ Koenig/ Pechstein, EuR, Rn. 16f.

65 Gerteiser, Sicherheits- und Verteidigungspolitik der EU, S. 44f.; Schweitzer/ Hummer/ Obwexer, Rn. 2388.

66 Vgl. http://ue.eu.int/pesc/intro_pesc/pres.asp?lang=de.

67 Burghardt/ Tebbe, EuR 1995, S. 1, 4.

68 Gerteiser, Sicherheits- und Verteidigungspolitik der EU, S. 45.

Die Auffassungen des EP sollten bei dieser Arbeit gebührend berücksichtigt werden, Art. 30 Abs. 4 EEA.

Die EPZ war kaum mehr als ein loses System der Politikkoordinierung. Die WEU hatte sämtliche operative Fähigkeiten auf die NATO übertragen.[69] Die EPZ war damit eine rein intergouvernementale, von den wirtschaftlichen Gemeinschaften unabhängige Zusammenarbeit, die den Mitgliedstaaten ein Forum zur Koordination ihrer Außenpolitiken bot, jedoch keinen Verlust an Souveränität bedeutete.[70]

6. EU-Vertrag von Maastricht 1991

Infolge der deutschen Wiedervereinigung 1989/ 90 und im Zusammenhang mit dem Umbruch in Osteuropa erhielt die Idee einer Politischen Union einen neuen Impuls.[71] Mit der Schaffung der GASP (Gemeinsame Außen- und Sicherheitspolitik) sollte möglichen Bedrohungen der territorialen Integrität, Wanderungsbewegungen auf Grund politischer Unruhen bzw. Wirtschaftskrisen in Anrainerstaaten oder durch militante religiöse Bewegungen begegnet werden.[72]

Der Vertrag von Maastricht wurde am 7. Februar 1992 unterzeichnet und trat am 1. November 1993 in Kraft.[73] Er hat die Europäische Union geschaffen. Diese umfasst als „Dach" die drei Säulen GASP, Europäische Gemeinschaften (EG) und Zusammenarbeit in den Bereichen Justiz und Inneres (ZBJI).[74] Auch nach Maastricht bleibt die GASP ein intergouvernementales Verfahren mitgliedsstaatlicher Kooperation.[75] Eine

---

69 Dembinski, HSFK-Report 11/2000, S. 4.

70 Burkard, Die GASP und ihre Berührungspunkte mit der EG, S. 39; Gerteiser, Sicherheits- und Verteidigungspolitik der EU, S. 45.

71 Kreft, EU als Sicherheitsinstitution, S. 249; Burghardt/ Tebbe, in: v.d. Groeben/ Thiesing/ Ehermann, EUV/ EGV, 5. Aufl., Bd. 5, Vorbem. zu Art. J-J.11 Rn. 10.

72 Lange, JZ 1996, S. 442-449.

73 Haratsch/ Koenig/ Pechstein, EuR, Rn. 22.

74 Glöckler-Fuchs, Institutionalisierung der europäischen Außenpolitik, S. 17f.; Kreft, EU als Sicherheitsinstitution, S. 285; Schmuck, EA 1992, S. 97, 99f.

75 Burkard, Die GASP und ihre Berührungspunkte mit der EG, S. 43.

Übertragung von souveränen Rechten auf die EU hat nicht stattgefunden. Das Konsensprinzip wurde weitgehend beibehalten.[76]

a) Allgemeine Bestimmungen der GASP

Gegenüber der früheren EPZ, die lediglich eine relativ lockere Bindung zwischen den Mitgliedstaaten entfaltete und einseitiges Ausscheren im Grundsatz zuließ, sieht die Gemeinsame Außen- und Sicherheitspolitik enge, völkerrechtlich verbindliche Kooperationsformen vor, die zu einem deutlich einheitlicheren internationalen Auftreten der in der Union vereinten Mitgliedstaaten führte.[77] Die Formel vom „einheitlichen institutionellen Rahmen" in Art. C des Unionsvertrages drückt aus, dass die an der Gestaltung der Außen- und Sicherheitspolitik beteiligten Institutionen identisch sind mit den Organen der Europäischen Gemeinschaften – Europäischer Rat, Rat der Außenminister, Kommission und Parlament, mit Ausnahme des Gerichtshofs – allerdings innerhalb eines zugunsten des Rates verschobenen Kompetenzgefüges.[78] Dennoch wird dadurch die strikte Trennung zwischen EG und GASP aufgegeben und damit die GASP stärker in die Integration eingebettet.[79]

b) Instrumente

Als Instrumente der GASP nennt der Vertrag von Maastricht Gemeinsame Standpunkte, Gemeinsame Aktionen, die die EPZ nicht kannte,[80] und Erklärungen. Gemeinsame Aktionen, als verbindliche Form gemeinsamen Handelns,[81] sind gemäß Art. J.3 des Unionsvertrages in Bereichen vorgesehen, in denen wichtige gemeinsame Interessen der Mit-

---

[76] Burghardt/ Tebbe, in: v.d. Groeben/ Thiesing/ Ehermann, EUV/ EGV, 5. Aufl., Bd. 5, Vorbem. zu Art. J-J.11 Rn. 18: praktisch Beibehaltung des Einstimmigkeitsprinzips; Gerteiser, Sicherheits- und Verteidigungspolitik der EU, S. 47; Lange, JZ 1996, S. 442, 448; Schmuck, EA 1992, S. 97, 104.

[77] Bleckmann, EuR, Rn. 129.

[78] Borchardt, Rechtl. Grundlagen der EU, 3. Aufl., § 19 Rn. 1276; Burghardt/ Tebbe, EuR 1995, S. 1, 6.

[79] Glöckler-Fuchs, Institutionalisierung der europäischen Außenpolitik, S. 20; Kreft, EU als Sicherheitsinstitution, S. 288.

[80] Burkard, Die GASP und ihre Berührungspunkte mit der EG, S. 43; Kreft, EU als Sicherheitsinstitution, S. 289.

[81] Burkard, Die GASP und ihre Berührungspunkte mit der EG, S. 42.

gliedstaaten bestehen. Die Entscheidung, ob und wo dies der Fall ist, ist eine politische.[82]

Nach Art. J.3 Ziffer 2 des Maastrichter Vertrages besteht die Möglichkeit von Mehrheitsentscheidungen, allerdings nur über Fragen der Art und Weise einer Gemeinsamen Aktion, und das auch nur, wenn diese Möglichkeit vom Rat vorher durch Konsens beschlossen worden ist. Der Begriff „Gemeinsame Aktion" ist weit zu verstehen. Darunter fallen beispielsweise die Zusammenarbeit im Rüstungsbereich, die Beteiligung an VN-Aktionen oder humanitäre Maßnahmen.[83]

Die GASP wird in einem gestuften Verfahren verfolgt, das auf der ersten Stufe ständige Konsultation und Abstimmung, als stärker integrierte Form Gemeinsame Standpunkte und als dritte Stufe gemeinsames aktives Handeln in Form von Gemeinsamen Aktionen vorsieht.[84]

c) *Sicherheits- und Verteidigungspolitik*

Bei den Verhandlungen über den Unionsvertrag kam es zu einem Kompromiss zwischen einer Mehrheit von Mitgliedstaaten, die mittels der EU eine eigene europäische Verteidigungsidentität aufbauen wollten, und einer Minderheit (Großbritannien, die Niederlande, Dänemark und Portugal), die Verteidigungsfragen weiterhin ausschließlich der NATO überlassen wollten. Ziel des Vertrages von Maastricht war die Schaffung einer NATO-konformen Verteidigungsidentität der Europäischen Union.[85]

Der Vertrag von Maastricht normiert erstmals die Zusammenarbeit der Europäischen Union mit der WEU.[86] Für die Ausarbeitung und Durchführung von Entscheidungen und Aktionen der EU, die verteidigungspolitische Bezüge haben, war die Westeuropäische Union zuständig. Dazu ersuchte die Union die WEU, die integraler Bestandteil der Entwicklung der Europäischen Union war. Der Maastrichter Vertrag (EUV) bedeutete damit eine Aufwertung der WEU.[87]

---

[82] Burghardt/ Tebbe, EuR 1995, S. 1, 13; Lange, JZ 1996, S. 442, 444.

[83] Bleckmann, EuR, Rn. 130.

[84] Bleckmann, EuR, Rn. 130.

[85] Burghardt/ Tebbe, EuR 1995, S. 1, 17.

[86] Gerteiser, Sicherheits- und Verteidigungspolitik der EU, S. 46.

[87] Gottschald, Die GASP von Maastricht bis Nizza, S. 40.

Die Umsetzung der WEU-Erklärungen von Maastricht führte am 19. Juni 1992 zur Petersberg-Erklärung[88] des Rates, in der die WEU-Richtlinien zur Entwicklung des Verhältnisses der WEU zur Europäischen Union und zur NATO, zum Ausbau ihrer operativen Fähigkeiten sowie ihrer Erweiterung verdeutlicht wurden. Neben dieser Funktion im Rahmen der europäischen Sicherheits- und Verteidigungsidentität (ESVI) bestand eine weitere Aufgabe der WEU in der Festigung des europäischen Pfeilers der NATO.[89]

Die Petersberg-Erklärung legte die Art der auszuführenden Maßnahmen der WEU fest, nämlich in Ergänzung ihres Verteidigungsauftrages auch humanitäre Aufgaben und Rettungseinsätze, friedenserhaltende Aufgaben sowie Kampfeinsätze bei der Krisenbewältigung, einschließlich Maßnahmen zur Herbeiführung des Friedens.[90] Um diese Aufgaben im Auftrag der EU wahrnehmen zu können, verzahnte sich die WEU institutionell stärker mit der EU, schuf bescheidene operative Fähigkeiten wie einen Planungsstab, ein Lage- und ein Satellitenzentrum und definierte im Zusammenwirken mit den Mitgliedstaaten Truppenkontingente, die für Petersberg-Aufgaben zur Verfügung gestellt werden könnten (*Forces Answerable to* WEU, FAWEU). Allerdings fehlten der WEU die nötigen Infra- und Kommandostrukturen, um multilateral zusammengesetzte Verbände zu führen und den Streitkräften der Mitgliedstaaten Transport-, Aufklärungs- und logistische Fähigkeiten zur Verfügung zu stellen, um über größere Entfernungen intervenieren zu können. Die WEU selbst verfügte nicht über eigene Truppen. Diese waren und sind immer noch den einzelnen Mitgliedstaaten zugeordnet. Weiterhin war die WEU auf die Mittel und Fähigkeiten der NATO angewiesen.[91]

Militärische Aktionen der Europäischen Union als solcher konnte es ohne eine Änderung des Unionsvertrages unmittelbar nicht geben.[92]

---

88 Presse- und Informationsamt der Bundesregierung, Bulletin der Bundesregierung Nr. 68 vom 23.06.1992, S. 649-654, EA 1992, S. D 479-485.

89 Dembinski, HSFK-Report 11/2000, S. 4; Schmuck, EA 1992, S. 97, 104; siehe auch die weiteren Ausführungen zur ESVI unter Punkt B. I. 7. e).

90 Vgl. Petersberger Erklärung des Ministerrates der Westeuropäischen Union über seine Tagung am 19. Juni 1992 in Bonn, in: EA 14/1992, S. D479-485.

91 Gottschald, Die GASP von Maastricht bis Nizza, S. 41; Kaufmann-Bühler, in: Grabitz/ Hilf, Archivbd. I, Art. J.4 EUV Rn. 2.

92 Burghardt/ Tebbe, EuR 1995, S. 1, 16.

Nach dem unveränderten Art. 223 EG-Vertrag[93] darf jeder einzelne Mitgliedstaat der Gemeinschaft Maßnahmen ergreifen, die er zur Wahrung seiner wesentlichen Sicherheitsinteressen für erforderlich hält, soweit sie die Erzeugung von Waffen, Munition und Kriegsmaterial oder den Handel damit betreffen. Damit ist eine mitgliedsstaatliche Kompetenz in sicherheitspolitischen Angelegenheiten verblieben.[94] Obwohl Art. 223 EG-Vertrag stets restriktiv ausgelegt wurde,[95] erwies er sich jedoch stets als Haupthindernis auf dem Weg zu einer Vereinheitlichung der verschiedenen nationalen Rüstungsanstrengungen.[96]

7. Vertrag von Amsterdam 1997

Durch den Vertrag von Amsterdam, der am 2. Oktober 1997 unterzeichnet wurde[97] und am 1. Mai 1999 in Kraft trat, wurden die GASP-Bestimmungen revidiert und umbenannt (nunmehr Art. 11-28 EU-Vertrag). Anlass war die im EU-Vertrag vorgesehene Regierungskonferenz im März 1996 in Turin zur Revision des Vertrages von Maastricht, Art. N Abs. 2 i.V.m. J.10 und J.4 Abs. VI EU-Vertrag von Maastricht.[98]

Struktur und Ausgestaltung der Gemeinsame Außen- und Sicherheitspolitik wurden durch den Vertrag von Amsterdam nicht grundlegend geändert.[99] Die GASP wird weiterhin nicht in die Gemeinschaftskonstruktion des EGV einbezogen, sondern bleibt im EU-Vertrag noch

[93] Jetzt Art. 346 Abs. 1 lit. b Vertrag über die Arbeitsweise der Europäischen Union (AEUV/ Lissabon).

[94] Bleckmann, EuR, Rn. 132.

[95] Gilsdorf/ Kuijper, in: v.d. Groeben/ Thiesing/ Ehlermann, EUV/ EGV, 5. Aufl., Bd. 5, Art. 223 EGV Rn. 2-4; Klein, in: Handkommentar EUV/ EGV, 3. EL August 1994, Art. 223 EG Rn. 9; Wegener, in: Calliess/ Ruffert (Hrsg.), EUV/ EGV, Art. 296 EGV Rn. 2.

[96] Lange, JZ 1996, S. 442, 447. Die Europäische Verteidigungsagentur soll nun in diesem Bereich für eine stärkere Koordinierung sorgen, vgl. dazu B. I. 13 a).

[97] BGBl. 1998 II, S. 386-453.

[98] Burghardt/ Tebbe, in: v.d. Groeben/ Thiesing/ Ehermann, EUV/ EGV, 5. Aufl., Bd. 5, Vorbem. zu Art. J-J.11 Rn. 28; Burkard, Die GASP und ihre Berührungspunkte mit der EG, S. 43f.; Streinz, EuZW 1998, S. 137.

[99] Haratsch/ Koenig/ Pechstein, EuR, Rn. 26.

stark intergouvernemental, also völkerrechtlich geprägt.[100] So sind die Gemeinsamen Aktionen für die Mitgliedstaaten, nicht für die Gemeinschaft verbindlich, Art. 14 Abs. 3 EU-Vertrag. Eine Kontrolle durch den Europäischen Gerichtshof (EuGH) findet nicht statt.

a) Instrumente

Als neue Instrumente der GASP führt der Amsterdamer Vertrag Gemeinsame Strategien (Art. 13 Abs. 2 EU-Vertrag) und internationale Übereinkünfte (Art. 24 EU-Vertrag) ein.[101]

b) Organe

Durch den Vertrag von Amsterdam wurde das Generalsekretariat des Rates institutionell aufgewertet. Zum einen durch die Schaffung eines Hohen Vertreters für die Gemeinsame Außen- und Sicherheitspolitik, zum anderen durch die Einrichtung einer Strategieplanungs- und Frühwarneinheit,[102] für die der Generalsekretär des Rates verantwortlich ist.[103] Diese Aufwertung spiegelt das politische Gewicht des Rates und damit der Mitgliedstaaten im Rahmen der zweiten Säule wider – da das Einstimmigkeitsprinzip weiterhin für Grundsatzbeschlüsse gilt – und zieht sich wie ein roter Faden durch die weitere Ausgestaltung der Gemeinsamen Außen-, Sicherheits- und Verteidigungspolitik.

Der Hohe Vertreter für die GASP soll die Handlungsfähigkeit der Union im Bereich der GASP steigern.[104] Durch die Personalisierung soll eine größere Kontinuität der GASP erreicht werden.[105] Diese Lösung stellt einen Kompromiss zwischen dem französischen Wunsch nach der Schaffung einer neuen Position und der Ablehnung dieser Position ins-

---

[100] Oppermann/ Classen/ Nettesheim, EuR, § 39 Rn. 24.

[101] Burkard, Die GASP und ihre Berührungspunkte mit der EG, S. 45; Semrau, GASP, S. 175; Streinz, Jura 1998, S. 57, 63f.

[102] Erklärung zur Schlussakte des Vertrages von Amsterdam, Abl. EG C 340 vom 10.11.1997, S. 132.

[103] Hilf/ Pache, NJW 1998, S. 705, 709; Semrau, GASP, S. 174.

[104] Herdegen, EuR, § 30 Rn. 7; Kugelmann, EuR Beiheft 2/1998, S. 99, 102f.; Semrau, GASP, S. 179.

[105] Argirakos, Die EU, S. 122f.; Streinz, Jura 1998, S. 57, 63.

besondere durch Deutschland dar.[106] Der Vorsitz wird vom Generalsekretär des Rates als neu geschaffener Hoher Vertreter für die GASP oder auch durch einen vom Rat ernannten Sonderbeauftragten für besondere politische Fragen unterstützt, indem er insbesondere zur Formulierung, Vorbereitung und Durchführung politischer Entscheidungen beiträgt und ggf. auf Ersuchen des Vorsitzes im Rahmen des Rates den politischen Dialog mit Dritten führt, Art. 18 und 26 EU-Vertrag.

Die Strategieplanungs- und Frühwarneinheit im Generalsekretariat ist ein Instrument, um präventive Politik zu ermöglichen. Sie analysiert, bewertet und unterbreitet dem Rat Vorschläge über politische Optionen. Das Generalsekretariat des Rates nimmt damit schon frühzeitig Einfluss auf die Formulierung der gemeinsamen Außen- und Sicherheitspolitik.[107]

Die Einheit besteht aus Personal, das aus dem Generalsekretariat, den Mitgliedstaaten, der Kommission und der WEU herangezogen wird bzw. wurde. Außerdem sollen die Mitgliedstaaten und die Kommission den Strategieplanungsprozess soweit irgend möglich durch die Bereitstellung einschlägiger Informationen, auch vertraulicher Art, unterstützen.

Weiter arbeitet das Politische Komitee, bestehend aus den politischen Direktoren der Außenministerien, dem Rat in Angelegenheiten der GASP zu, Art. 25 EU-Vertrag. Durch den Vertrag von Amsterdam bleibt die Rolle des Politischen Komitees unverändert, allerdings haben sich die Rahmenbedingungen für seine Tätigkeit insofern geändert, als dass auch die Strategieplanungs- und Frühwarneinheit und damit das Generalsekretariat des Rates verstärkt mit der Beobachtung der internationalen Lage befasst sind.[108] Die Tendenz, dass das Generalsekretariat nicht nur administrativ-organisatorische, sondern politische Funktionen wahrnimmt, bestand bereits vor dem Vertrag von Amsterdam. Durch Art. 26 des EU-Vertrages wurde diese Praxis nun vertraglich verfestigt.[109]

Die Kommission wird nach Art. 18 Abs. 4, 27 EU-Vertrag in vollem Umfang an der GASP beteiligt und hat nach Art. 22 des Amsterdamer Vertrages gegenüber dem Rat ein Vorschlagsrecht (Ko-Initiativrecht),

---

[106] Streinz, Jura 1998, S. 57, 63.

[107] Kugelmann, EuR Beiheft 2/1998, S. 99, 103.

[108] Kugelmann, EuR Beiheft 2/1998, S. 99, 104.

[109] Kugelmann, EuR Beiheft 2/1998, S. 99, 104.

allerdings nicht im formellen Sinne des EG-Vertrages. Dort besteht ein Initiativmonopol der Kommission. Dies verdeutlicht die im Vergleich zum EG-Vertrag schwächere Position der Kommission im Bereich der zweiten Säule.[110] Der Prozess der langsamen, aber stetigen Ausweitung der Mitwirkungsmöglichkeiten der Kommission und ihrer Verfestigung zu Beteiligungsrechten ist Ausdruck der wachsenden Erkenntnis unter den Mitgliedstaaten, dass die Kommission aufgrund ihrer auswärtigen Zuständigkeiten im EG-Bereich einen substantiellen Beitrag zur GASP leisten kann und dass dieser Beitrag erforderlich ist, um die Kohärenz der Gesamtheit der auswärtigen Beziehungen der Union, der Mitgliedstaaten und der Gemeinschaft zu sichern und zur Stärkung ihres gemeinsamen Gewichts im internationalen Bereich nutzbar zu machen.[111]

Die untergeordnete Rolle des EP bleibt unverändert, es wird lediglich angehört und hat keinen rechtlich durchsetzbaren Anspruch auf Berücksichtigung seiner Position.[112]

In Konkretisierung des einheitlichen institutionellen Rahmens, Art. 3 EU-Vertrag, finden gemäß Art. 28 Abs. 1 EU-Vertrag die allgemeinen Organisationsregelungen des EGV über Parlament, Rat und Kommission innerhalb der GASP Anwendung.[113] Damit wird als eine wesentliche Neuerung ein Handeln der Gemeinschaftsorgane in der zwischenstaatlich verfassten GASP möglich.[114]

c) Beschlussfassung

Die Beschlussfassung in der Gemeinsamen Außen- und Sicherheitspolitik wird mit dem Vertrag von Amsterdam zentral in Art. 23 EU-Vertrag geregelt. Das im Bereich der zweiten Säule vorherrschende Einstimmigkeitsprinzip, das wegen der gegenseitigen Blockade der Mitgliedstaaten zu diesem Zeitpunkt gerade nicht als Druckmittel zwischen ihnen fungiert, wird etwas gelockert.

---

[110] Burghardt/ Tebbe/ Marquardt, in: v.d. Groeben/ Schwarze (Hrsg.), EUV/ EGV, 6. Aufl., Bd. 1, Art. 22 EUV Rn. 1.

[111] Burghardt/ Tebbe/ Marquardt, in: v.d. Groeben/ Schwarze (Hrsg.), EUV/ EGV, 6. Aufl., Bd. 1, Art. 27 EUV Rn. 3.

[112] Kugelmann, EuR Beiheft 2/1998, S. 99, 105.

[113] Cremer, in: Calliess/ Ruffert (Hrsg.), Art. 28 EUV Rn. 1.

[114] Kaufmann-Bühler/ Meyer-Landrut, in: Grabitz/ Hilf, Bd. I, 38. EL, Art. 28 EUV Rn. 3, 21.

Grundsatzbeschlüsse des Rates unterliegen nach Art. 23 Abs. 1 des Amsterdamer Vertrages weiterhin dem Einstimmigkeitszwang. Nach dem neugefassten Art. 23 Abs. 1 UAbs. 1 EU-Vertrag wird das Konsensprinzip gelockert und das Prinzip der konstruktiven Enthaltung ins Primärrecht eingeführt.[115] Danach steht die Stimmenthaltung von anwesenden oder vertretenen Mitgliedstaaten nicht dem Zustandekommen eines einstimmig zu fassenden Beschlusses entgegen. Nach Maßgabe einer förmlichen Erklärung kann sich ein Mitgliedstaat bei Enthaltung von der Verpflichtung befreien, einen Beschluss durchzuführen. In diesem Fall akzeptiert der betreffende Staat die Verbindlichkeit des Beschlusses für die Union und wird die Umsetzung des Beschlusses nicht behindern (Art. 23 Abs. 1 UAbs. 2 EU-Vertrag). Die Möglichkeit der konstruktiven Enthaltung dient als Alternative zur Verhinderung eines Beschlusses.[116]

In Art. 23 Abs. 2 EU-Vertrag wird das Mehrheitsprinzip nur halbherzig ausgeweitet. Der Rat kann über die Umsetzung einer Gemeinsamen Strategie und spezieller Durchführungsmaßnahmen mit qualifizierter Mehrheit entscheiden. Dies steht allerdings unter dem Vorbehalt, dass kein Ratsmitglied erklärt, dass es aus wichtigen, zu konkretisierenden Gründen der nationalen Politik der Durchführungsmaßnahme entgegentritt. Sonst erfolgt keine Abstimmung. Der Rat kann dann nur noch mit qualifizierter Mehrheit die Frage zur einstimmigen Beschlussfassung an den Europäischen Rat verweisen. Diese Blockadeoption nach Art. 23 Abs. 2 UAbs. 2 EU-Vertrag ähnelt dem Vetorecht des Luxemburger Kompromisses, das Art. 205 EG-Vertrag widerspricht und eigentlich der Durchsetzung des Einstimmigkeitsprinzips dient.[117]

d) Finanzbestimmungen

Die GASP-Finanzierung wurde ebenfalls neu geregelt und geht nun (mit Ausnahme militärischer Ausgaben) zu Lasten des Gemeinschaftshaushaltes. Verwaltungsausgaben und operative Ausgaben in der GASP gehen laut Art. 28 Abs. 2 und 3 EU-Vertrag grundsätzlich zu Lasten des EG-Haushalts. Einzelheiten sind in einer Interinstitutionellen Verein-

---

[115] Gerteiser, Sicherheits- und Verteidigungspolitik der EU, S. 48; Hilf/ Pache, NJW 1998, S. 705, 709; Semrau, GASP, S. 180.

[116] Kugelmann, EuR Beiheft 2/1998, S. 99, 106f.

[117] Hilf/ Pache, NJW 1998, S. 705, 709; Kugelmann, EuR Beiheft 2/1998, S. 99, 108; Streinz, Jura 1998, S. 57, 64.

barung vom 16. Juli 1997 zwischen dem Europäischen Parlament, dem Rat und der Europäischen Kommission über die Vorschriften zur Finanzierung der Gemeinsamen Außen- und Sicherheitspolitik geregelt.[118] Diese Vereinbarung ordnet die GASP-Ausgaben als nicht-zwingende Ausgaben ein.[119]

Allerdings bleibt die Finanzverfassung der GASP mit ihrer hybriden Systematik der Aufteilung auf intergouvernementale Entscheidungsmechanismen im Rat als Zentrum der GASP und auf ein gemeinschaftliches Haushaltsverfahren unter der Verantwortung der Kommission zur Verwaltung der GASP-Haushaltsmittel kompliziert und letztlich rudimentär.[120]

e) Sicherheits- und Verteidigungspolitik

Die EU zielt gemäß Art. 17 Abs. 1 EU-Vertrag auf die schrittweise Festlegung einer gemeinsamen Verteidigungspolitik. Im Vergleich zu der sehr viel unbestimmteren Zielsetzung des Art. J.4 EU-Vertrag/ Maastricht bedeutet dies ein klares Bekenntnis zu einer Europäisierung der Verteidigungspolitik.[121] Der Übergang von einer gemeinsamen Verteidigungspolitik zu einer gemeinsamen Verteidigung bedarf nun keiner weiteren formellen Vertragsänderung mehr, sondern kann durch einstimmigen Beschluss des Rates und einer Ratifikation der Mitgliedstaaten festgelegt werden.[122]

Die WEU hatte sich mit Erklärung vom 22. Juli 1997 zu ihren Beziehungen zur EU und zur NATO als politisch-militärisches Organ zur Konfliktverhütung und Krisenbewältigung in die Dienste der EU gestellt. EU und WEU bildeten gemeinsam die ESVI.[123] Die Europäische Sicherheits- und Verteidigungsidentität bildete das ursprüngliche Bindeglied zwischen der NATO und der EU und wurde als innerer, trenn-

---

[118] ABl. EG C 286 vom 22.9.1997, S. 80.

[119] Hilf/ Pache, NJW 1998, S. 705, 710.

[120] Kaufmann-Bühler/ Meyer-Landrut, in: Grabitz/ Hilf, Bd. I, 38.EL, Art. 28 EUV Rn. 9.

[121] Kugelmann, EuR Beiheft 2/1998, S. 99, 110.

[122] Cremer, in: Calliess/ Ruffert (Hrsg.), VerfEU, Art. I-41 Rn. 12; Gottschald, Die GASP von Maastricht bis Nizza, S. 108.

[123] Erklärung Nr. 3 zur Westeuropäischen Union, ABl. EG C 340 vom 10.11. 1997, S. 125; siehe auch die Ausführungen unter Punkt B. I. 6. c).

barer, aber nicht getrennter Bestandteil der NATO-Kernkonstruktion konzipiert. Die ESVI geht auf einen NATO-Beschluss vom Januar 1994 zurück, der vom Nordatlantikrat in Berlin im Juni 1996 weiterentwickelt und vom Washingtoner NATO-Gipfel im April 1999 indossiert worden ist.[124] Es handelt sich um ein politisches Konzept, dessen Ziel es ist, die Stellung der europäischen Staaten innerhalb der Entscheidungsstrukturen der NATO zu stärken. Trotz der zum damaligen Zeitpunkt gleichgebliebenen Bezeichnung der WEU als integraler Bestandteil der EU in Art. 17 EU-Vertrag haben sich damit Änderungen in der konkreten Ausgestaltung der Zusammenarbeit ergeben.[125] Die Petersberg-Aufgaben gehören nun zum vertraglichen Aufgabenkreis der EU.[126] Die weitgehenden Regelungen zur Verflechtung von EU und WEU in Art. 17 EU-Vertrag waren die Vorstufe zur Integration der WEU in die Union.[127]

Die Ausgestaltung der GASP bleibt nach Amsterdam überwiegend intergouvernemental. Eine eher supranational ausgerichtete Gestaltung scheiterte an der mangelnden Bereitschaft der Mitgliedstaaten zur Aufgabe souveräner Rechte.[128] Militärisch wirklich eigenständig handlungsfähig ist die Europäische Union auch nach dem Vertrag von Amsterdam noch nicht.[129]

8. Tagungen des Europäischen Rates

Seit 1999 wurde auf mehreren Tagungen des Europäischen Rates die (sog.) Europäische Sicherheits- und Verteidigungspolitik – einschließlich neuer Gremien im Rat – geschaffen und ausgebaut.

---

124 Kremer/ Schmalz, Integration 2/2001, S. 167, 169 (Fn. 20).

125 Semrau, GASP, S. 184f.

126 Gerteiser, Sicherheits- und Verteidigungspolitik der EU, S. 48; Semrau, GASP, S. 184f.; Streinz, EuZW 1998, S. 137, 141.

127 Kugelmann, EuR Beiheft 2/1998, S. 99, 111.

128 Gerteiser, Sicherheits- und Verteidigungspolitik der EU, S. 48.

129 Ischinger, ZEI Discussion Paper C 14, S. 5.

a) *Tagung im Juni 1999 in Köln*

Der Europäische Rat beschloss in Köln am 3./ 4. Juni 1999 die GASP durch die Entwicklung einer gemeinsamen Europäischen Sicherheits- und Verteidigungspolitik (ESVP) zu stärken.[130]

Anlass war der Balkankrieg und die Vorgänge im Kosovo. Der Kosovo-Konflikt verdeutlichte den Europäern die Dominanz der USA in Verfügbarkeit und technologischem Niveau ihrer Streitkräfte ebenso wie die eigenen Schwächen.[131] Mit der Schaffung der ESVP wird als primäres Ziel die Stärkung der Handlungsfähigkeit der EU in Bezug auf die internationale Konfliktverhütung und -bewältigung sowohl mit zivilen als auch mit militärischen Mitteln verfolgt.[132]

Der Europäische Rat beschloss in Köln die Integration der WEU in die EU, ohne die WEU zum damaligen Zeitpunkt selbst aufzulösen.[133] Dieser Beschluss hatte die Verlegung der WEU-Hauptquartiere und parallel die Schließung des WEU-Militärstabes zur Folge. Zwei ihrer Organe, das Institut für strategische Studien und das Satellitenzentrum, sind von der EU übernommen worden.[134] Allerdings blieben die Beistandsverpflichtungen aus NATO- und WEU-Vertrag unverändert bestehen, da der EU-Vertrag – vor Inkrafttreten des Vertrages von Lissabon – die Mitgliedstaaten noch nicht verpflichtete, einander im Falle eines bewaffneten Angriffs Verteidigungshilfe zu leisten.[135] Der Vertrag von Lissabon sieht in Art. 42 Abs. 7 UAbs. 2 EUV nun als Lösungsprinzip praktisch einen Vorrang der NATO vor, da Verpflichtungen und Zu-

---

[130] Anhang III der Schlussfolgerungen des Rates, Tagung des Europäischen Rates am 3./ 4. Juni 1999 in Köln.

[131] Baumgartner, in: Reiter/ Rummel/ Schmidt (Hrsg.), Europas ferne Streitmacht, S. 11; Stinnertz, ESVP, S. 2.

[132] Stinnertz, ESVP, S. 2.

[133] Marquardt, in: v.d. Groeben/ Schwarze (Hrsg.), EUV/ EGV, 6. Aufl., Bd. 1, Vorbem. zu Art. 11-28 EUV Rn. 20; die offizielle Auflösung der WEU ist – wie unter Punkt B. I. 2. dargestellt – erst im März 2010 erfolgt.

[134] Gemeinsame Aktion des Rates vom 20.7.2001 betreffend die Einrichtung eines Instituts der Europäischen Union für Sicherheitsstudien, ABl. L 200 vom 25.07.2001, S. 1-4; Gemeinsame Aktion des Rates vom 20.07.2001 betreffend die Einrichtung eines Satellitenzentrums der Europäischen Union, ABl. L 200 vom 25.07.2001, S. 5-11.

[135] Cremer, in: Calliess/ Ruffert, EUV/ EGV, Art. 17 EUV Rn. 17; siehe auch B. I. 2.

sammenarbeit in diesem Bereich im Einklang mit den im Rahmen der NATO eingegangenen Verpflichtungen bleiben.[136]

Im Unterschied zu der bis dahin verfolgten ESVI sieht die ESVP vor, dass die EU erstens die sog. Petersberg-Aufgaben selbst durchführt und zweitens autonom handlungsfähig werden soll.[137]

Dies wird in Köln aber noch (sehr) vorsichtig formuliert. So betonte der Europäische Rat, dass die NATO das Fundament der kollektiven Verteidigung bleiben solle. Der besondere Charakter der Sicherheits- und Verteidigungspolitik bestimmter Mitgliedstaaten solle nicht berührt werden.

Die Entscheidung, ob und wann nationale Streitkräfte eingesetzt werden, soll bei den Mitgliedstaaten verbleiben. Der ESVP wird politisch „der Boden bereitet".

aa) Selbständige Durchführung der Petersberg-Aufgaben

Bis zum Gipfeltreffen der Staats- und Regierungschefs in Nizza im Dezember 2000 sollte die EU selbst in der Lage sein, die durch den Amsterdamer Vertrag integrierten Petersberg-Aufgaben durchzuführen. Daei handelt es sich um humanitäre Aufgaben, Rettungseinsätze, friedenserhaltende Aufgaben und Kampfeinsätze bei der Krisenbewältigung, einschließlich friedensschaffender Maßnahmen, Art. 17 Abs. 2 EU-Verrag.

Um die Petersberg-Aufgaben selbst durchführen zu können, sollen die erforderlichen institutionellen Voraussetzungen und die notwendigen militärischen Fähigkeiten geschaffen werden.

Bezüglich der Beschlussfassung im Rahmen der institutionellen Voraussetzungen sollen als neue ständige Gremien ein Politisches und Sicherheitspolitisches Komitee (PSK), ein Militärausschuss (European Military Comittee, EUMC) und ein Militärstab (European Military Staff, EUMS) im Rat geschaffen werden, damit dieser wirksam auf Krisensituationen reagieren kann. Mit der ESVP entstehen erstmals exekutive Strukturen im Rat. Damit wird gleichzeitig auch der Einfluss der Kommission geschwächt.[138] Als Ziel formulierte der Europäische Rat die po-

---

[136] Vgl. Cremer, in: Calliess/ Ruffert (Hrsg.), VerfEU, Art. I-41 Rn. 20; siehe auch B. I. 13 e).

[137] Dembinski, HSFK-Report 11/2000, S. 7.

[138] Dembinski, HSFK-Report 11/2000, S. 36, Fn. 90.

litische Kontrolle und strategische Leitung EU-geführter Petersberg-Operationen. Nötig seien außerdem die Entwicklung von einschlägigen Fähigkeiten zur Lageanalyse, des Zugangs zum Nachrichtenwesen und zu einer strategischen Planung. Die Entwicklung militärischer Fähigkeiten wird als eine Tätigkeit im Rahmen der GASP und als Teil der schrittweisen Festlegung einer gemeinsamen Verteidigungspolitik im Sinne von Art. 17 Abs. 1 S. 1 EU-Vertrag bezeichnet.

bb) Autonome Handlungsfähigkeit

Um die Abhängigkeit von der NATO zu verringern, soll es sowohl Operationen der EU mit als auch solche ohne Rückgriff auf Mittel und Fähigkeiten der NATO geben.[139] Die Mitgliedstaaten sollen in Bezug auf die militärischen Fähigkeiten Streitkräfte (einschließlich Hauptquartiere) weiterentwickeln, die auch für Krisenbewältigungsoperationen geeignet sind. Dabei sollen unnötige Duplizierungen vermieden werden. Dislozierungsfähigkeit, Durchhaltefähigkeit, Interoperabilität, Flexibilität und Mobilität werden als Haupteigenschaften, die die Streitkräfte besitzen sollen, formuliert.

b) Tagung im Dezember 1999 in Helsinki

Der Europäische Rat hat auf seiner Tagung im Dezember 1999 in Helsinki die im Juni 1999 in Köln getroffenen Beschlüsse konkretisiert.[140]

aa) Neue Gremien

Insbesondere beschloss er, ein ständiges Politisches und Sicherheitspolitisches Komitee, einen EU-Militärausschuss und einen Militärstab einzurichten. Diese Institutionen wurden im März 2000 zunächst als Interimsgremien in Brüssel eingerichtet.[141]

---

[139] Dembinski, HSFK-Report 11/2000, S. 7.

[140] Anlage IV der Schlussfolgerungen des Vorsitzes, Tagung des Europäischen Rates am 10./ 11. Dezember 1999 in Helsinki.

[141] Beschluss 2000/143/GASP vom 14.02.2000, ABl. L 49 vom 22.02.2000, S. 1-4; Gottschald, Die GASP von Maastricht bis Nizza, S. 109.

bb) Helsinki-Planziel (*Helsinki Headline Goal*)

Hinsichtlich der Entwicklung militärischer Fähigkeiten wurde das sogenannte Helsinki-Planziel (*Helsinki Headline Goal*, HHG) als Nahziel festgelegt. Das *Helsinki Headline Goal* ist ein gemeinsames europäisches Leitziel für schnell verlegbare militärische Einsatzkräfte (*European Rapid Reaction Force*, Schnelle Eingreiftruppe). Diese werden nicht ständig und nicht in festen Strukturen bereit gehalten, sondern jeweils lage- und auftragsabhängig zusammengestellt. Die Streitkräfteumfänge werden nicht erhöht. Die Einsatzkräfte werden vielmehr aus bestehenden nationalen und multinationalen Stäben und Verbänden gebildet, die auch der NATO zur Verfügung gestellt werden können.[142]

In Bezug auf die Streitkräfte sollte die EU bis 2003 in der Lage sein, innerhalb von sechzig Tagen bis zu sechzigtausend Soldaten, die sämtliche Petersberg-Aufgaben wahrnehmen können, zu verlegen und diesen Einsatz mindestens ein Jahr durchzuhalten. Diese Schnelle Eingreiftruppe soll aus einem *Pool* von 100.000 Heeressoldaten – dessen Kern das Eurokorps bildet –, 100 Schiffen und 400 Kampfflugzeugen aufwachsen und in einem Umkreis von 4000 km einsetzbar sein. Nach dem Grundsatz der „nur einmal einsetzbaren Streitkräfte“ stammen diese Truppen nicht aus einem eigens für die Union vorgehaltenen Reservoir, sondern dienen den Mitgliedstaaten auch zur Erfüllung ihrer Verpflichtungen aus dem Nordatlantikvertrag. Durch die Berlin plus-Vereinbarungen mit der NATO wird der Union der Rückgriff auf Mittel und Fähigkeiten der NATO, insbesondere deren Hauptquartiere und Planungskapazitäten, eröffnet.[143] Konkret heißt dies, dass die EU unter Berlin plus mit Zustimmung der NATO kollektive (*commonly owned*) NATO-Mittel und -Fähigkeiten nutzen kann. Der NATO gemeinsam gehörende Mittel sind zum Beispiel Infrastruktur, Fernmeldeanlagen und -systeme sowie die Flotte der Frühwarnflugzeuge (AWACS).[144]

---

[142] Vgl. BMVG, Strukturen der europäischen Außen- und Sicherheitspolitik, abrufbar unter http://www.bmvg.de/sicherheit/buendnisse/print/index.php; Fitschen/ Stehr, Gemeinsame Armee für Europa, Kieler Analysen zur Sicherheitspolitik Nr. 11, Juni 2003, S. 3.

[143] Das nicht im Amtsblatt veröffentlichte Paper EU-NATO: The framework for permanent relations and Berlin plus vom 17. März 2003 ist abrufbar unter <http://www.consilium.europa.eu/uedocs/cmsUpload/03-11-11%20Berlin%20Plus%20press%20note%20BL.pdf>; vgl. auchCremer, in: Calliess/ Ruffert (Hrsg.), VerfEU, Art. I-41 Rn. 24.

[144] Kupferschmidt, swp-Studie S 7 (April 2006), S. 21.

Es soll keine europäische Armee geschaffen werden. Vielmehr soll die Bereitstellung und Verlegung nationaler Truppen auf der Grundlage souveräner Entscheidungen der Mitgliedstaaten erfolgen. Die Mitgliedstaaten können für jeden Einsatz entscheiden, ob und welche (wie viele) Truppen sie der EU für eine Operation zur Verfügung stellen. Die Formel des EU-Gipfels von Helsinki, dass die Gruppe der *contributing nations* im Rahmen von EU-Operationen nur eine beschränkte Entscheidungsgewalt hinsichtlich der Beendigung von Einsätzen hat,[145] ist von Frankreich nie wirklich akzeptiert worden,[146] und wurde auch praktisch nicht verwirklicht.

Das ursprüngliche Ziel einer umfassenden Einsatzfähigkeit bis zum Jahr 2003 wurde nach eigener Einschätzung des Rates nicht erreicht. Daraufhin vereinbarte man im ersten Halbjahr 2004 eine erneute Verbesserung der militärischen Fähigkeiten im Rahmen des *Headline Goal* 2010, deren Umsetzung derzeit läuft. Bei all den Verpflichtungen im Rahmen der Verbesserung der militärischen Fähigkeiten handelt es sich nicht um rechtsverbindliche Vorgaben, sondern um autonome – politisch verbindliche – Verpflichtungen der Mitgliedstaaten.

Nach dem *Headline Goal* 2010 sollen insbesondere eine Anzahl von Gefechtsverbänden in Bataillonsstärke (ca. 1500 Mann) einschließlich Kampfunterstützungs-, Transport- und Logistikkomponenten sowie ein verlegbares Einsatzhauptquartier aufgestellt werden. Diese sogenannten *battle groups* sollen insbesondere für Einsätze im VN-Rahmen rasch verfügbar und 30 bis 120 Tage lang einsetzbar sein. Das Ziel trägt den Erfahrungen mit bisherigen militärischen Operationen Rechnung. Zugleich dürften die ehrgeizigen Ziele von Helsinki relativiert worden sein.[147]

Die britisch-französisch-deutsche Initiative zur Einrichtung von *battle groups* vom Februar 2004 entstand vor dem Hintergrund der Erfahrungen mit der Krisenintervention der Europäischen Union in Ostkongo

---

[145] Wörtlich heißt es in Anlage I zu Anlage IV (Zwischenbericht des Vorsitzes an den ER (Helsinki) über die Stärkung der Gemeinsamen Europäischen Sicherheits- und Verteidigungspolitik) der Schlussfolgerungen des Vorsitzes ER Helsinki Dezember 1999: „Der Beschluss über die Beendigung einer Operation wird vom Rat nach Konsultation zwischen den teilnehmenden Staaten im Rahmen des Ausschusses der beitragenden Länder gefasst."

[146] Schmidt, swp-Aktuell 20 (Mai 2003), S. 5.

[147] Cremer, in: Calliess/ Ruffert (Hrsg.), VerfEU, Art. I-41 Rn. 24.

im Sommer 2003 (Operation Artemis),[148] bei der die sich rapide verschlechternde Situation vor Ort einen raschen Einsatz erforderlich machte.[149]

Allerdings ist eine sehr unterschiedliche Umsetzung des Konzepts festzustellen. Dies liegt insbesondere an der Flexibilität der Vorgaben. Im Gegensatz zum Response-Force-Ansatz der NATO beschreibt das battle group-Konzept ein Fähigkeitsprofil, ohne aber einen Kräftekatalog festzulegen. Dieser Ansatz – *effect based* oder *capabilitiy based* – reflektiert nicht zuletzt den fehlenden Konsens unter den Mitgliedstaaten sowie deren Wunsch nach Flexibilität vor dem Hintergrund bereits festgeschriebener Bereitstellungen, sei es national oder international, z.B. im Rahmen der NATO, oder fehlender spezifischer Kräfte.[150]

Die Europäische Eingreiftruppe ist eher ein schwerfälliges Instrument, dessen Einsatz in aller Regel eine beträchtliche Vorlaufzeit benötigen wird. Nur bei Operationen wie Artemis in Kongo, die praktisch von einem Mitgliedstaat allein durchgeführt werden und lediglich ein Unionsetikett erhalten, ist eine schnelle Reaktionszeit gewährleistet.[151]

cc) Nicht-militärische (= zivile) Krisenbewältigung

Die EU will neben der militärischen auch die zivile Krisenbewältigung durchführen. Durch die Kombination dieser beiden Komponenten kann ein wirksames und effizientes Krisenmanagement betrieben werden. Wegen dem größeren Einfluss des Europäischen Parlaments im Bereich des zivilen Krisenmanagements ist dieser Ansatz auch unter dem Gesichtspunkt einer Demokratiesierung der ESVP zu begrüßen.

Zur nicht-militärischen Krisenbewältigung gehören beispielsweise die nicht-militärische Polizei, humanitäre Hilfe, Rehabilitation im administrativen und rechtlichen Bereich, Suche und Rettung sowie Wahl- und Menschenrechtsbeobachtung. Zur Koordinierung dieses Instrumentariums wird ein Koordinierungsmechanismus Committee for Civilian Aspects of Crisis Management (CIVCOM) eingerichtet. Hierbei handelt

---

[148] Diedrichs/ Jopp, in: Jopp/ Matl (Hrsg.), Vertrag über eine Verfassung für Europa, S. 343, 355.

[149] Wagner, HSFK-Report 3/2004, S. 20; Mölling, swp-Diskussionspapier FG 2, 2007/05, S. 4.

[150] Mölling, swp-Diskussionspapier FG 2, 2007/05, S. 6.

[151] Kielmansegg, Verteidigunspolitik der EU, S. 486.

es sich um einen säulenübergreifenden Mechanismus, in dessen Rahmen fachlicher Rat zur Unterstützung der Krisenbewältigung erteilt wird. Dieser Ausschuss für nicht-militärische Aspekte des Krisenmanagements ist nicht mit eigenen Kompetenzen, sondern lediglich mit einer beratenden Funktion ausgestaltet. Seine Einsetzung innerhalb der Ratsstrukturen ist mit dem Amsterdamer Vertrag vereinbar.[152]

Der gesamte Bereich des zivilen Krisenmanagements gehört nach Auffassung der Kommission traditionell in ihre Zuständigkeit. Dagegen hat der Rat sich das zivile Krisenmanagement mit der Einrichtung des Ausschusses für nicht-militärische Aspekte der Krisenbewältigung und entsprechenden Dienststellen im Ratssekretariat zumindest institutionell selbst zugeordnet.[153]

Rechtlich gelten für die Beschlussfassung und die Umsetzung im Zusammenhang mit dem nicht-militärischen Krisenbewältigungsinstrumentarium im Rahmen der ersten Säule weiterhin die Institutionen und Verfahren des EG-Vertrages (vgl. Art. 177 ff. EGV).

c) Tagung im Dezember 2000 in Nizza

Auf seiner Tagung im Dezember 2000 in Nizza hat der Europäische Rat die endgültige Einsetzung der neuen ständigen politischen und militärischen Gremien innerhalb des Rates beschlossen.

aa) Politisches und Sicherheitspolitisches Komitee (PSK)

Mit Beschluss des Rates vom 22. Januar 2001 wurde ein Politisches und Sicherheitspolitisches Komitee als ständige Konfiguration des Politischen Komitees nach Art. 25 EU-Vertrag eingesetzt.[154]

Rechtsgrundlagen für diesen Beschluss sind Art. 28 Abs. 1, 25 EU-Vertrag und Art. 207 EG-Vertrag. Um Entscheidungen in einer Krisenperiode mit hinreichender Effizienz und Schnelligkeit treffen zu können, werden dem PSK in Art. 25 UAbs. 2 und 3 EU-Vertrag Kompetenzen zur Durchführung einer Operation verliehen, die bislang in der ausschließlichen Befugnis des Rates lagen. Deshalb war für die Ausstattung

---

[152] Wranken, Handlungsrahmen, S. 208.

[153] Regelsberger/ Kugelmann, in: Streinz (Hrsg.), EUV/ EGV, Art. 27 EUV Rn. 3.

[154] Beschluss 2001/78/GASP, ABl. L 27 vom 30.1.2001, S. 1-3.

des PSK mit diesen Kompetenzen eine Vertragsänderung nötig, vgl. Art. 13 Abs. 3, 14, 18 Abs. 2 EU-Vertrag.[155]

Das PSK, das im Rat der Europäischen Union angesiedelt wird, setzt sich aus nationalen Vertretern auf der Ebene der hohen Beamten/ Botschafter zusammen. Es stellt eine dauerhafte Konfigurierung des Politischen Komitees mit einem erweiterten Aufgabenkreis dar.[156]

Aufgabe des PSK ist insbesondere, die internationale Lage in den Bereichen der GASP zu verfolgen, auf Ersuchen des Rates oder von sich aus durch an den Rat gerichtete Stellungnahmen zur Festlegung der Politiken beizutragen und die Durchführung vereinbarter Politiken zu überwachen. Es soll dem Militärausschuss und dem Ausschuss für die nichtmilitärischen Aspekte der Krisenbewältigung Leitlinien vorgeben und die Arbeitsgruppen koordinieren. Das PSK soll unter Aufsicht des Rates die Verantwortung für die politische Leitung der Entwicklung der militärischen Fähigkeiten übernehmen.

Ferner stellt das PSK im Krisenfall das Gremium des Rates dar, das sich mit Krisensituationen befasst und alle denkbaren Optionen für die Reaktion der Union im einheitlichen institutionellen Rahmen und unbeschadet der jeweiligen Beschlussfassungs- und Durchführungsverfahren der einzelnen Säulen prüft. Allein der Rat und die Kommission sind im Rahmen ihrer jeweiligen Zuständigkeiten nach den in den Verträgen festgelegten Verfahren befugt, rechtlich bindende Beschlüsse zu fassen. Im Krisenfall ist eine enge Koordinierung zwischen dem Ausschuss der Ständigen Vertreter (AStV), der die Beratungen des Rates vorbereitet, und dem PSK erforderlich.

Das PSK nimmt die politische Kontrolle und strategische Leitung der militärischen Reaktion der Union auf eine Krise wahr. Hierzu beurteilt es insbesondere auf der Grundlage der Stellungnahmen und Empfehlungen des Militärausschusses die wesentlichen Elemente (militärstrategische Optionen, einschließlich Befehlskette, Operationskonzept, Operationsplan), die dem Rat zu unterbreiten sind. Dem PSK kommt eine wichtige Funktion bei der Intensivierung der Konsultation, insbesondere mit der NATO und den betreffenden Drittstaaten, zu.

Art. 25 EUV überträgt dem PSK umfassende Kompetenzen in der Entscheidungsvorbereitung des Rates wie in der Implementierung von Ratsbeschlüssen. Es ist faktisch das Gremium, in dem sämtliche GASP-Themen vorbesprochen und im Falle von unüberwindlichen Meinungs-

155 Wranken, Handlungsrahmen, S. 207.

156 Wranken, Handlungsrahmen, S. 195.

verschiedenheiten für die Ministerberatungen inhaltlich vorbereitet werden.[157]

bb) Militärausschuss (EUMC)

Mit Beschluss des Rates vom 22. Januar 2001 wurde ein Militärausschuss der Europäischen Union eingesetzt.[158] Als Rechtsgrundlagen für dessen Einsetzung dienen wiederum Art. 28 Abs. 1, 25 EU-Vertrag und Art. 207 EG-Vertrag.

Der EUMC ist ebenfalls innerhalb der Ratsstrukturen errichtet worden. Sein Funktions- und Aufgabenkreis ist lediglich beratender Natur. Es stellt das Gremium für die militärische Konsultation und Kooperation zwischen den Mitgliedstaaten dar.

Der EUMC setzt sich aus den Generalstabschefs der Mitgliedstaaten zusammen, die durch ihre militärischen Delegierten vertreten werden.

Der Militärausschuss berät das Politische und Sicherheitspolitische Komitee militärisch, gibt diesem gegenüber Empfehlungen ab und legt militärische Leitvorgaben für den Militärstab der Europäischen Union (EUMS) fest. Der EUMC ist das höchste militärische Gremium im Rahmen des Rates. Er nimmt die militärische Leitung aller militärischen Aktivitäten im Rahmen der EU wahr.

Im Krisenfall erteilt der EUMC auf Ersuchen des PSK dem Generaldirektor des EUMS (DGEUMS) eine Grundsatzanweisung, militärische Optionen auszuarbeiten und vorzulegen. Er nimmt eine Beurteilung der vom EUMS ausgearbeiteten militärstrategischen Optionen vor und leitet diese zusammen mit seiner Beurteilung und seinen militärischen Empfehlungen dem PSK zu. Im Verlauf einer Operation überwacht der EUMC die ordnungsgemäße Durchführung militärischer Operationen unter der Verantwortung des *Operation Commander* (Oberbefehlshabers).

[157] Regelsberger/ Kugelmann, in: Streinz (Hrsg.), EUV/ EGV, Art. 25 EUV Rn. 4.

[158] Beschluss 2001/79/GASP, ABl. L 27 vom 30.01.2001, S. 4-6.

cc) Militärstab (EUMS)

Gestützt auf Art. 28 Abs. 1 EU-Vertrag und Art. 207 EG-Vertrag hat der Rat durch Beschluss vom 22. Januar 2001 auch einen Militärstab der Europäischen Union eingesetzt.[159]

Der Militärstab, der Teil des Generalsekretariates des Rates ist, besteht aus Militärpersonal der Mitgliedstaaten. D.h., der EUMS arbeitet als untergeordnetes Gremium dem Rat bloß zu. Er stellt das Bindeglied zwischen dem Militärausschuss und den der EU zur Verfügung stehenden militärischen Kräften dar.[160] Der EUMS dient der Union als Quelle für militärisches Fachwissen und sorgt für die militärische Beratung der Gremien der EU gemäß den Vorgaben des EUMC. Der Militärstab ist voll in das Ratssekretariat eingegliedert und untersteht dienstrechtlich dem Generalsekretär, fachlich dem Militärausschuss.[161]

Der Militärstab soll sich mit der Frühwarnung, der Lagebeurteilung und der strategischen Planung im Hinblick auf die Ausführung der Petersberg-Aufgaben, einschließlich der Bestimmung der jeweiligen europäischen nationalen und multinationalen Streitkräfte befassen und Politiken und Beschlüsse gemäß den Vorgaben des Militärausschusses der Europäischen Union (EUMC) durchführen.

Im Fall der Durchführung einer militärischen Operation obliegt dem EUMS die Bestimmung, Erfassung und Aufstellung der multinationalen europäischen Streitkräfte. Der Militärstab hält dazu ständige Verbindung zu den nationalen Hauptquartieren und denen der multinationalen Streitkräfte. Dem EUMS kommt daher auch die Aufgabe zu, im Falle einer beschlossenen Militäroperation die erforderliche Streitkräfteplanungskonferenz vorzubereiten. In seiner Funktion als militärisches Führungsgremium unterstützt der EUMS mit seinem militärischen Sachverstand den EUMC bei dessen Beiträgen zu den grundsätzlichen Planungsrichtlinien und -weisungen des PSK. Die vom EUMS entwickelten militärstrategischen Optionen dienen dabei als Grundlage für die militärische Beratung des PSK durch den EUMC.

Zusammenfassend kann festgehalten werden, dass der EUMS alle erforderlichen militärischen Maßnahmen koordiniert und vorbereitet, die zur Durchführung einer Militäraktion erforderlich sind, die aber unter-

---

[159] Beschluss 2001/80/GASP, ABl. L 27 vom 30.01.2001, S. 7-11.

[160] Wranken, Handlungsrahmen, S. 197.

[161] Adam, in: Müller-Brandeck-Bocquet (Hrsg.), Europäische Außenpolitik, S. 134, 138.

halb der Ebene der politischen Entscheidung über den Einsatz an sich liegen. Der EUMS bestimmt also das „wie“, nicht aber das „ob“ eines Einsatzes.[162]

dd) Bewertung

Die Schaffung dieser Strukturen spiegelt das Bestreben wider, dem Rat als zentrales Beschlussorgan im Rahmen der ESVP eine effektive operative Kapazität zu verschaffen, EU-Krisenbewältigungsoperationen zu planen und durchzuführen. Die traditionelle Rolle des Ratssekretariats hat sich dadurch teilweise grundlegend geändert. Im Bereich der ESVP, aber auch allgemein im Bereich der GASP nimmt das Ratssekretariat eine aktive Rolle bei der Beratung der Präsidentschaft, der Ausarbeitung politischer Initiativen und der technischen Vorbereitung von Ratsbeschlüssen ein.[163]

Die Funktionen von EUMC und EUMS beschränken sich auf die Beratung des PSK und des Rates sowie auf die Umsetzung der im Rat getroffenen Entscheidungen. Da weder dem EUMS noch dem EUMC eigene Entscheidungsbefugnisse übertragen werden, konnte ihre Einsetzung unproblematisch auf Grundlage des EUV erfolgen.[164]

Keines der neu geschaffenen Gremien trifft rechtlich verbindliche Entscheidungen. Ihre Ansiedlung im Rat der Europäischen Union bedeutet faktisch einen Ausbau seiner starken Stellung im Rahmen der ESVP. Es handelt sich damit um Foren, in denen das politisch Machbare (informell) praktisch „vorsondiert“ werden kann. Mit ihnen verfügt die EU über eigene operative Kapazitäten für die Durchführung und Leitung militärischer Operationen,[165] die den NATO-Strukturen nachgebildet sind.[166]

---

[162] Vgl. Schürr, Aufbau einer ESVI, S. 263.

[163] Marquardt, in: v.d. Groeben/ Schwarze (Hrsg.), EUV/ EGV, 6. Aufl., Bd. 1, Vorbem. zu Art. 11-28 EUV Rn. 24.

[164] Dietrich, Die ESVP, S. 352.

[165] Vgl. Dietrich, Die ESVP, S. 356.

[166] Kaufmann-Bühler, in: Grabitz/ Hilf, Bd. I, 38. EL, Art. 17 EUV Rn. 17.

9. Vertrag von Nizza 2001

Der Vertrag von Nizza, der am 26. Februar 2001 unterzeichnet wurde und am 1. Februar 2003 in Kraft trat,[167] bildet den Abschluss der Mitte Februar 2000 einberufenen Regierungskonferenz über die institutionelle Reform der Europäischen Union, um die Ost-Erweiterung der EU 2004 zu bewältigen.

Der Vertrag von Nizza hat die Struktur der GASP nicht grundlegend geändert. Sie bleibt weiterhin intergouvernemental.[168] Grundsätzlich wird im Rahmen der Beschlussfassung am Einstimmigkeitszwang festgehalten. Die Ausweitung der Beschlussfassung mit qualifizierter Mehrheit in Art. 24 Abs. 3 und 4 EU-Vertrag und dem neuen Art. 23 Abs. 2 UAbs. 1 EU-Vertrag (Ernennung eines Sonderbeauftragten) sowie die Einführung der verstärkten Zusammenarbeit im Bereich der GASP (Art. 27 a-e EU-Vertrag) sind als „Korrekturen" bzw. „Auflockerungen" zu verstehen, um die praktische Zusammenarbeit zu erleichtern und Souveränitätsverlust der Mitgliedstaaten zu vermeiden.

a) ESVP

In Bezug auf die ESVP wurde ein Grundsatzbeschluss zur Einrichtung und Einsetzung der ständigen Gremien Politisches und Sicherheitspolitisches Komitee, EU-Militärausschuss und Militärstab getroffen (siehe Tagung des ER in Nizza 2001, B. I. 8. c).

Durch den Übergang der operationellen Teile der WEU einschließlich des Kommandos für die Wahrnehmung der Petersberg-Aufgaben auf die ESVP und somit auf die EU wird die in Art. 17 Abs. 3 des EU-Vertrages von Amsterdam bisher geregelte Übertragung der Aufgaben mit verteidigungspolitischen Bezügen auf die WEU hinfällig.[169]

Im Hinblick auf diese Entwicklung wurde Art. 17 EU-Vertrag entsprechend angepasst. Der bisherige Art. 17 Abs. 1 UAbs. 1 EU-Vertrag, nach dem die WEU integraler Bestandteil der Entwicklung der Union ist, wurde gestrichen. Auch der mit dem Amsterdamer Vertrag eingeführte Art. 17 Abs. 3 EU-Vertrag, der die Inanspruchnahme der WEU durch die Union bei der Ausarbeitung und Durchführung von Ent-

---

167 Dietrich, Die ESVP, S. 84.

168 Gerteiser, Sicherheits- und Verteidigungspolitik der EU, S. 66.

169 Gerteiser, Sicherheits- und Verteidigungspolitik der EU, S. 65; siehe auch B. I. 2.

scheidungen und Aktionen, die verteidigungspolitische Bezüge haben, vorsieht, ist im Vertrag von Nizza nicht mehr in dieser Form zu finden. Art. 17 EU-Vertrag nach Nizza verzichtet somit auf den bisherigen Rückgriff auf die WEU, da die Krisenbewältigungsfunktion der WEU durch die EU selbst übernommen werden sollte (Combined Joined Task Forces-Konzept).

Die Änderung des Art. 17 EU-Vertrag ist für die Schaffung einer europäischen Eingreiftruppe nicht konstitutiv, da die EU diese Befugnis schon vorher besaß. D.h., Art. 17 EU-Vertrag normierte bislang lediglich die Möglichkeit der EU, die WEU in Anspruch zu nehmen, es bestand keine rechtliche Verpflichtung für die EU dies zu tun. Die Änderung des Art. 17 EU-Vertrag hat aber klarstellende Wirkung, da die WEU bis zu ihrer offiziellen Auflösung im März 2010 nur noch in Restfunktion bestehen blieb.[170]

b) Rolle des Europäischen Parlaments

Unter dem Gesichtspunkt demokratischer Legitimation (von Militäreinsätzen der EU) ist das EP als einzig unmittelbar demokratisch legitimiertes Organ der EU genauer zu analysieren. Deshalb wird seine Rolle im Rahmen der GASP und ESVP im Folgenden im Rahmen des Vertrages von Nizza dargestellt.[171]

aa) Art. 21 EU-Vertrag

Nach Art. 21 EU-Vertrag wird das EP im Rahmen der GASP nur unterrichtet. Insgesamt steht dem Parlament nur ein Mitspracherecht zu, nicht auch die Befugnis, mit zu entscheiden.[172] Nach Abs. 1 S. 1 dieser Vorschrift ist die Mitwirkung des Europäischen Parlaments in Fragen der Außen- und Sicherheitspolitik darauf beschränkt, dass der Vorsitz der EU das Parlament zu den wichtigsten Aspekten und den grundlegenden Weichenstellungen der Gemeinsamen Außen- und Sicherheitspolitik hört. Auch bei diesen grundlegenden Entscheidungen kann das Europäische Parlament eine Berücksichtigung seiner politischen Mei-

---

[170] Wranken, Handlungsrahmen, S. 205.

[171] Siehe auch die Ausführungen unter Punkt B. II. 3. e) zur demokratischen Legitimation im Rahmen von EU-Militäroperationen.

[172] Cremer, in: Calliess/ Ruffert (Hrsg.), Art. 21 EUV Rn. 2; Fink-Hooijer, EJIL 5 (1994), S. 173, 192.

nung jedoch nicht erzwingen. Der Bestimmung zufolge soll der Vorsitz lediglich darauf achten, dass die Auffassungen des Europäischen Parlaments gebührend berücksichtigt werden. Nach Art. 21 Abs. 1 S. 2 EU-Vertrag ist die Rechtsstellung des Europäischen Parlaments auf ein Informationsrecht über die Inhalte der Gemeinsamen Außen- und Sicherheitspolitik beschränkt. So sind sowohl der Vorsitz als auch die Kommission verpflichtet, das EP regelmäßig über die Entwicklung der Außen- und Sicherheitspolitik zu unterrichten. Bewusst beziehen sich Unterrichtung und Anhörung nur auf die allgemeinen Entwicklungslinien, nicht aber auf die Annahme Gemeinsamer Strategien, Aktionen oder Positionen als den förmlichen Handlungsinstrumenten der GASP.[173]

Gerade im Bereich des Informationszugangs hat das EP aufgrund seines Haushaltsrechts (siehe nachfolgend bb)) allerdings eine Verbesserung seiner Position erreicht. Insbesondere im sicherheitsrelevanten Bereich der ESVP wird die tatsächliche Wahrnehmung der parlamentarischen Rechte inzwischen durch eine Interinstitutionelle Vereinbarung vom 20. November 2002 zwischen dem Europäischen Parlament und dem Rat über den Zugang des EP zu sensiblen Informationen des Rates im Bereich der Sicherheits- und Verteidigungspolitik gesichert.[174]

Die formelle Information über bevorstehende neue Maßnahmen und deren technische Details garantiert dem Parlament aber noch kein förmliches Mitspracherecht bei der Annahme. Eine Stellungnahme des EP in der GASP ist weiterhin nicht vorgesehen und der Rat zu keiner Berücksichtigung gezwungen. Art. 21 EUV bezieht die Anhörung eben nur auf die „wichtigsten Aspekte und grundlegenden Weichenstellungen“ der GASP.[175]

Strittig ist, ob Art. 21 Abs. 1 EU-Vertrag nur eine ex post-Anhörung des Europäischen Parlaments festschreibt. Dafür spricht zum einen der Wortlaut der Vorschrift, der einem Recht zur nachträglichen Information des EP nicht entgegensteht.[176] Dagegen spricht aber, dass eine nachträgliche Anhörung das Gebot, die Auffassungen des Parlaments ge-

[173] Thym, WHI-Paper 2/2005, Umdruck nach www.whi-berlin.de/documents/whi-paper0205.pdf, S. 3.

[174] ABl. C 298 vom 30.11.2002, S. 1.

[175] Thym, WHI-Paper 2/05, zitiert nach www.whi-berlin.de/documents/whi-paper0205.pdf, S. 4.

[176] Gerteiser, Sicherheits- und Verteidigungspolitik der EU, S. 118f.; Semrau, GASP, S. 138f.

bührend zu berücksichtigen, *ad absurdum* führen würde.[177] In der Praxis wird das Informationsrecht des Europäischen Parlaments allerdings dennoch als ein Recht zur nachträglichen Information, nicht als ein solches zur vorherigen Konsultation verstanden.[178] Dieser Umstand zeigt, wie schwach es ist.

Die rechtlichen Instrumente der Einflussnahme durch das Europäische Parlament sind nach Art. 21 Abs. 2 EU-Vertrag darauf beschränkt, Anfragen und Empfehlungen an den Rat zu richten. Dazu führt es einmal jährlich eine Aussprache über die Fortschritte bei der Durchführung der Gemeinsamen Außen- und Sicherheitspolitik durch.[179]

Auf der Grundlage von Art. 21 Abs. 2 S. 2 EUV wurde dem Parlament vom Rat außerdem bis 2007 jährlich ein sog. Art. H-Bericht vorgelegt, der es über die Hauptaspekte und grundlegenden Optionen der GASP informiert. Allerdings handelt es sich dabei nicht um einen Rechtstext. Ein wesentlicher Verzögerungsfaktor des Berichts stellen die verschiedenen Sprachfassungen dar, auf denen das EP beharrt. Auf Grund einer Interinstitutionellen Vereinbarung zwischen Rat, EP und Kommission[180] gibt es seit Anfang 2007 zwei kürzere Berichte. Davon soll einer eher deskriptiv rückschauend, der andere eher wertend vorausschauend ausgestaltet sein.

Entsprechend den Verfassungstraditionen der Mehrheit der Mitgliedstaaten, die die Diplomatie grundsätzlich als klassische Domäne der Exekutive ansehen, ist das EP nach Art. 21 EU-Vertrag zunächst auf eine Beobachterrolle beschränkt.[181] Art. 21 EU-Vertrag ist außerdem auf die GASP beschränkt, einen speziellen Bezug zur ESVP gibt es nicht, so dass die Rechte des EP aus Art. 21 EU-Vertrag höchstens analog auf die

---

177 Cremer, in: Calliess/ Ruffert (Hrsg.), Art. 21 EUV Rn. 1; Terhechte, in: Schwarze (Hrsg.), EU-Kommentar, Art. 21 EUV Rn. 1.

178 Semrau, GASP, S. 138f.; im Ergebnis ebenso Terhechte, in: Schwarze (Hrsg.), EU-Kommentar, Art. 21 EUV Rn. 1, nach dem das EP keinen durch den EU-Vertrag garantierten Anspruch darauf hat, zu konkreten Einzelentscheidungen vorab gehört zu werden; Münch, Die Gemeinsame Aktion als Mittel der GASP, S. 132.

179 Schürr, Aufbau einer ESVI, S. 279.

180 Interinstitutionelle Vereinbarung 2006/C 139/01, ABl. C 139 vom 14.06. 2006, S. 1.

181 Terhechte, in: Schwarze (Hrsg.), EU-Kommentar, Art. 21 EUV Rn. 1.

Sicherheits- und Verteidigungspolitik der EU angewendet werden können.[182]

Das EP verfügt nicht über ein vertragliches Initiativrecht – anders als die meisten einzelstaatlichen Volksvertretungen. Dieses steht unter dem Lissabonner Vertrag im Bereich der GASP, genauer im Bereich des zivilen Krisenmanagements, auch nicht der Kommission zu.[183] Insgesamt wirkt das EP an der Außenpolitik nicht direkt mit.[184]

bb) Haushaltsrecht, Art. 28 EU-Vertrag

Fraglich ist aber, ob dem EP nicht über das Haushaltsrecht ein größerer Einfluss auf die GASP und ESVP zukommt. Nach Art. 28 Abs. 3 EUV gehen operative Ausgaben zu Lasten des Haushalts der Europäischen Gemeinschaft, d.h. sie werden aus den operationellen Mitteln der Kommission (Einzelplan III, Budgetlinie 19 03) finanziert.[185] Dabei wird das Parlament automatisch involviert, insofern als das Budget der EG für GASP-Belange gebraucht wird.[186]

Jedoch werden Aktionen der GASP mit verteidigungspolitischen Bezügen nicht zu Lasten des Haushalts abgerechnet, Art. 28 Abs. 3 EU-Vertrag, so dass das Parlament keine Möglichkeit zur Einflussnahme auf (und über) die Finanzierung besitzt. Das Europäische Parlament hat demnach in der zweiten Säule nur sehr geringe Kompetenzen, die über die Ausübung von politischem Druck als gewählte Volksvertretung nicht hinausgehen, was wiederum den intergouvernementalen Charakter der GASP betont.[187]

Allerdings kann das Europäische Parlament Einfluss nehmen, wenn Ausgaben im Zusammenhang mit dem zivilen Krisenmanagement anfallen. Diese Ausgaben fallen nämlich unter die operativen Ausgaben im Sinne von Art. 28 Abs. 3 EU-Vertrag, die zu Lasten des Haushalts der

---

182 Vgl. Mittag, Parliamentary Dimension of CFSP/ ESDP, S. 2.

183 Allerdings hat die Kommission auch exekutive Aufgaben, die in den EU-Ländern traditionell den Regierungen zustehen, siehe FAZ vom 11.06.2004, S. 3.

184 So auch Semrau, GASP, S. 138f.

185 Cremer, in: Calliess/ Ruffert (Hrsg.), EUV/ EGV, Art. 28 EUV Rn. 7; Kielmansegg, Verteidigungspolitik der EU, S. 371.

186 Cox, in: Hoyer/ Kaldrack (Hrsg.), ESVP, S. 303, 313.

187 Gerteiser, Sicherheits- und Verteidigungspolitik der EU, S. 119.

EG gehen.[188] Jegliche Umschichtungen innerhalb der Rubrik V zugunsten der GASP-Haushalts-Linie bedürfen der Zustimmung des Europäischen Parlaments. Eine solche Umschichtung ist dann erforderlich, wenn nicht genügend Mittel für eine geplante Mission zur Verfügung stehen. Damit kommt dem EP Verhandlungsmasse zu, die es indirekt auch bei militärischen Operationen einsetzen kann, indem es seine Zustimmung für eine solche Umschichtung von entsprechenden Zugeständnissen abhängig macht.[189]

Seit Februar 2004 verfügt die EU über den sog. ATHENA-Mechanismus zur Verwaltung und Finanzierung der gemeinsamen Kosten für EU-Operationen im Rahmen der GASP, die militärische oder verteidigungspolitische Züge aufweisen.[190] In diesem Bereich kommt dem EP kein Mitspracherecht zu, da die Mittel für ATHENA allein von den Mitgliedstaaten aufgebracht werden.

Mit steigenden Ausgaben für „hybride" EU-Einsätze mit sowohl zivilen wie militärischen Komponenten entstehen in der ESVP zunehmend Schattenhaushalte außerhalb des EU-Budgets. Sie sind nicht nur demokratiepolitisch problematisch, sondern verursachen auch wachsende politische Spannungen zwischen großen und kleinen EU-Staaten über die Frage der Übernahme von Auslandseinsätzen und deren Finanzierung.[191]

---

[188] Cox, in: Hoyer/ Kaldrack (Hrsg.), ESVP, S. 303, 313.

[189] Ebenso: Kielmansegg, Verteidigungspolitik der EU, S. 373; Thym, WHI-Paper 2/2005, Umdruck nach www.whi-berlin.de/documents/whi-paper0205.pdf, S. 11; Siedschlag/ Eder, Akteure und Zusammenspiel im EU-Krisenmanagement, S. 13.

[190] Beschluss 2004/197/GASP des Rates vom 23.02.2004 über einen Mechanismus zur Verwaltung der Finanzierung der gemeinsamen Kosten der Operationen der Europäischen Union mit militärischen oder verteidigungspolitischen Bezügen, ABl. L 63, S. 68-82; dieser Beschluss ist im Rahmen von sog. ATHENA-Reviews bereits dreimal abgeändert und erweitert worden; dem Beschluss 2004/197/GASP folgte der Beschluss 2007/384/GASP des Rates vom 14. Mai 2007, ABl. L 152 vom 13.06.2007, S. 14; zur Zeit ist der Beschluss 2008/975/GASP des Rates vom 18. Dezember 2008 über einen Mechanismus zur Verwaltung der Finanzierung der gemeinsamen Kosten der Operationen der Europäischen Union mit militärischen oder verteidigungspolitischen Bezügen (Athena), ABl. L 345 vom 23.12.2008, S. 96 in Kraft.

[191] Bendiek, in: Perthes/ Mair (Hrsg.), Europäischen Außen- und Sicherheitspolitik, swp-Studie S 23, S. 15, 17.

cc) Fazit

Insgesamt bleiben damit die formellen und informellen Mitgestaltungsmöglichkeiten des Europäischen Parlaments in ihrer Reichweite begrenzt. Die Gestaltung der Außenbeziehungen liegt wegen der personellen und sachlichen Ausstattung sowie der Fähigkeiten zur Begründung und Nutzung bzw. Pflege internationaler Verhandlungsnetzwerke in erster Linie bei der Kommission. Den Abgeordneten fehlt es möglicherweise sowohl an Fachwissen wie auch an Verbindungen, die auf oft langjährigen persönlichen Beziehungen hoher Beamter und Unterhändler beruhen, um internationale Verhandlungen zu führen.[192] Die parlamentarische Kontrolle von GASP und ESVP bleibt damit auf europäischer Ebene unterentwickelt.

Geheimhaltungsaspekte, die besonders gerne im Bereich der ESVP als Abschottungsargument gegenüber parlamentarischem Einfluss genutzt werden, könnten aber analog zur Praxis des Bundestages und anderer nationaler Parlamente geregelt werden.[193]

Im EP ist ein Bestreben zum Aufbau einer allgemeinen außenpolitischen Sachkompetenz zu erkennen. Umfasst ist hiervon auch die ESVP, der in der Legislaturperiode 2004-2009 institutionell durch die Errichtung eines speziellen Unterausschusses des Ausschusses für Auswärtige Angelegenheiten (Affaires étrangères; AFET), und zwar eines solchen für Sicherheit und Verteidigung SEDE (*securité et défense*), besondere Aufmerksamkeit geschenkt wurde.[194]

c) Zusammenarbeit mit der NATO und Drittstaaten

Auf dem Europäischen Rat in Nizza wurden außerdem ein Beschluss über die Zusammenarbeit zwischen EU und NATO und ein Beschluss über die Zusammenarbeit zwischen EU und Drittstaaten, d.h. den damaligen EU-Beitrittskandidaten und den europäischen NATO-Mitgliedern gefasst. Die Zusammenarbeit zwischen der EU und Drittstaaten erfolgte in zwei unterschiedlichen Gruppierungen: EU+15 (d.h. die EU mit den damaligen dreizehn Beitrittskandidaten und den zwei europäi-

---

192 Hilf/ Schorkopf, EuR 1999, S. 185, 200.

193 Jopp/ Reckmann/ Regelsberger, Integration 25 (2002), S. 230, 235f.; vgl. auch die Ausführungen unter Punkt B. II. 3. d), e), f) und g).

194 Thym, WHI-Paper 2/2005, Umdruck nach www.whi-berlin.de/documents/whi-paper0205.pdf, S. 8.

schen NATO-Mitgliedern, die keinen Beitrittskandidatenstatus haben; dies sind Norwegen und Island) sowie EU+6 (d.h. mit den – zum damaligen Zeitpunkt – sechs europäischen NATO-Mitgliedern, die nicht der EU angehören).[195] Es wurde ein komplexes Programm von Konsultations- und Mitwirkungsrechten beschlossen, um die hinreichende Einbeziehung von Drittstaaten in die konzeptionelle Willensbildung, die zu einem Kriseneinsatz der EU führen könnte, und dann, nach der Entscheidung zum Einsatz, die operative Beteiligung dieser Staaten an der Führung jener Operation sicherzustellen. Die EU sagt zu, dass sie bei ihren Entscheidungen über Kriseneinsätze die Sicherheitsinteressen dieser nicht der EU angehörigen Partner in vollem Umfang berücksichtigen wird. Nach der Entscheidung zum Einsatz wird ein sogenanntes Komitee der Beitragenden (*Contributors' Committee*) gebildet, in dem alle an der Operation Beteiligten gleiche Rechte und Pflichten genießen. Damit räumt die EU Nichtmitgliedern bei der operativen Durchführung von Kriseneinsätzen formal Mitwirkungs- und Beteiligungsrechte ein, die weiter gehen als die jeder anderen internationalen Organisation.[196] Durch eine solche Erleichterung der Beteiligung wird diese für Nichtmitglieder der EU attraktiv(er). Damit können fehlende Kapazitäten der EU-Mitgliedstaaten – seien sie politisch motiviert oder budgetbezogen – flexibel ausgeglichen werden. Daran ist abzulesen, dass der Operationalität der ESVP höchste Priorität zukommt.

10. Europäische Sicherheitsstrategie vom 12. Dezember 2003

Die von dem bisherigen Hohen Vertreter für die GASP, Javier Solana, ausgearbeitete und mehrfach überarbeitete europäische Sicherheitsstrategie „Ein sicheres Europa in einer besseren Welt" wurde von den EU-Staats- und Regierungschefs am 12. Dezember 2003 in Brüssel angenommen.[197] Sie ist vorwiegend darauf ausgerichtet, potenzielle Bedrohungen besser zu ermitteln, die strategischen Ziele der Union zu definieren und die Auswirkungen auf die europäische Politik aufzuzeigen.

---

[195] Adam, in: Müller-Brandeck-Bocquet (Hrsg.), Europäische Außenpolitik, S. 134, 137.

[196] Adam, in: Müller-Brandeck-Bocquet (Hrsg.), Europäische Außenpolitik, S. 134, 140; siehe zu Abweichungen in der Praxis die Ausführungen unter Punkt C. II. 3 g).

[197] Abrufbar unter: http://www.consilium.europa.eu/uedocs/cmsUpload/031208ESSIIDE.pdf; vgl. FAZ vom 15.12.2003, S. 10.

Das Besondere an dem Entwurf ist, dass er überhaupt existiert, nachdem eine jahrelange Diskussion vorangegangen war.[198] Das Papier ist nicht sehr detailliert. Damit ist es zu abstrakt und generell, um die künftige Politik der EU und der Mitgliedstaaten bestimmen zu können.[199]

a) Bedrohungsanalyse

Nach dem Papier resultieren aus einem neuen Sicherheitsumfeld, das durch die zunehmende Öffnung von Grenzen gekennzeichnet ist, neue Bedrohungen. Darunter fallen vor allem Terrorismus (gewalttätiger religiöser Fundamentalismus), die Verbreitung von Massenvernichtungswaffen, regionale Konflikte, das Scheitern von Staaten und die organisierte Kriminalität. Diese Bedrohungsanalyse entspricht in weiten Teilen der amerikanischen nationalen Sicherheitsdoktrin von US-Präsident Bush aus dem Jahr 2002 (*National Security Strategy*), ist aber sprachlich wesentlich nüchterner verfasst.[200] In enger Anlehnung an die Bush-Doktrin gilt den Europäern als besonders beängstigendes Szenario, dass terroristische Gruppen in den Besitz von Massenvernichtungswaffen gelangen und damit soviel Schaden anrichten könnten wie früher nur Staaten und Armeen. Die Verbreitung von Massenvernichtungswaffen soll aber vor allem durch die Stärkung internationaler Organisationen, etwa der Atomenergiebehörde International Atomic Energy Agency (IAEA), durch strenge Export- und Erwerbskontrollen sowie durch politischen und wirtschaftlichen Druck verhindert werden.

b) Strategische Ziele der EU

In dem Papier werden drei strategische Ziele der Europäischen Union als Antwort auf die beschriebenen Bedrohungen benannt:

- die EU könne, erstens, einen besonderen Beitrag leisten zur Herstellung von Stabilität und „guter Regierungspraxis" in ihrer unmittelbaren Nachbarschaft;
- sie wolle zweitens an einer internationalen Ordnung mitarbeiten, die auf einem „wirkungsvollen Multilateralismus" gründet;

---

198 Cameron, IP 1/2004, S. 39.

199 Cameron, IP 1/2004, S. 39; Vernet, EuGRZ 2004, S. 584, 586.

200 Vgl. FAZ vom 21.06.2003, S. 3; FAZ vom 15.12.2003, S. 10; Flechtner, Europäische Politik/ Eurokolleg 12/2003, S. 9.

– und müsse, drittens, alte und neue Bedrohungen bekämpfen.[201]

Als strategische Ziele werden die Ausdehnung des Sicherheitsgürtels um Europa (geografische Annäherung Europas an die Krisengebiete Mittelmeerraum, Osteuropa und Balkan), die Stärkung der Weltordnung und ein aktives Vorgehen gegen die genannten neuen Bedrohungen aufgezählt.

Die neuen Bedrohungen seien dynamischer Art. Wenn man sie nicht beachte, erhöhe sich die Gefahr. Keine der neuen Bedrohungen sei rein militärischer Natur, auch könne gegen sie nicht mit rein militärischen Mitteln vorgegangen werden. Erforderlich sei vielmehr ein auf den jeweiligen Fall abgestimmtes gemischtes Instrumentarium (politische, wirtschaftliche, zivile und militärische Mittel und Instrumente). Dennoch ist eine Aufweichung der EU-Säulenstruktur nur sehr langfristig denkbar.

c) Auswirkungen auf die europäische Politik

Das beschriebene Szenario hat nach dem Papier die Auswirkung, dass die europäische Politik aktiver, kohärenter und handlungsfähiger werden soll.

Die Mitgliedstaaten haben verschiedene strategische Denkmuster, Traditionen und Fähigkeiten (bzgl. des Einsatzes militärischer Macht). Das Solana-Papier bemüht sich, diese Unterschiede zu verschleiern.

Eine größere Handlungsfähigkeit der EU soll dadurch erreicht werden, dass mehr Mittel für die Verteidigung bereitgestellt, Duplizierungen bei den militärischen Mitteln vermieden, verstärkte Fähigkeiten ziviler Mittel in und nach Krisen zum Einsatz gebracht und diplomatische Fähigkeiten verstärkt werden. Außerdem soll ein besserer Austausch von Erkenntnissen zwischen den Mitgliedstaaten und Partnerländern erfolgen, da eine gemeinsame Gefahrenabschätzung die beste Grundlage für gemeinsame Maßnahmen liefere. Weiter soll ein breiteres Spektrum von Missionen ins Auge gefasst werden.

Das Militärische wird in der Strategie eher kleingeschrieben. Über die Feststellung hinaus, dass eine Union mit zum damaligen Zeitpunkt 25 Mitgliedstaaten und 160 Milliarden Euro Verteidigungsausgaben im Jahr in der Lage sein müsse, zur selben Zeit mehr als einen einzigen Einsatz zu leisten, werden keine weiteren Aussagen darüber gemacht,

---

[201] Vgl. FAZ vom 21.06.2003, S. 3.

unter welchen Voraussetzungen Waffengewalt angewandt werden soll. Die Formulierung, dass ein „präemtives Engagement ernsthafte Probleme in der Zukunft verhindern" könne, kam im ersten Entwurf nur einmal vor und wurde in den endgültigen Text nicht übernommen.[202]

Das Papier arbeitet mit einem erweiterten Sicherheitsbegriff. Eine „robuste Intervention" mit militärischen Mitteln wird als *ultima ratio* nicht ausgeschlossen. Eine Abgrenzung vom US-amerikanischen Unilateralismus mit dem „Recht auf Präemtion" erfolgt durch das Bekenntnis zum internationalen Recht und zur VN-Charta.[203] Diese Formulierung deutet zwar darauf hin, lässt es aber aus politischen Motiven offen, ob die EU nur mit einem Mandat des VN-Sicherheitsrates tätig werden darf.

Eine zentrale Problematik des Strategieentwurfs ist der Umstand, dass die Elemente eines eigenen sicherheitspolitischen Weges Europas eher vage bleiben. Dies betrifft insbesondere die Frage des Strategie-Mixes von Krisenprävention und Krisenintervention bzw. von militärischen, wirtschaftlichen und diplomatischen Sicherheitsinstrumenten. Solana vermeidet die Nennung klarer Prioritäten und fordert stattdessen sowohl eine Aufstockung der militärischen Mittel wie auch eine Stärkung der zivilen und diplomatischen Fähigkeiten der Union.[204]

Ein weiteres Manko der Sicherheitsstrategie ist der Umstand, dass sie die Problematik der demokratischen Legitimation vernachlässigt, ohne die Außenpolitik nicht erfolgreich sein kann. Weder das EP noch die nationalen Parlamente wurden in den Beratungsprozess eingebunden. Das Papier macht keine Vorschläge, wie die EU ihre Ziele „größerer Zusammenhalt" und „effektiver Multilateralismus" verfolgen könnte. Außerdem enthält es keine Hinweise auf den zu diesem Zeitpunkt parallel stattfindenden Prozess in der Regierungskonferenz.[205]

11. Tagung in Brüssel am 13./ 14. Dezember 2003

Die Staats- und Regierungschefs einigten sich auf ihrem Gipfeltreffen am 13./ 14. Dezember 2003 in Brüssel darauf, dass der damalige Hohe

---

[202] Vgl. FAZ vom 15.12.2003, S. 10.

[203] Oppermann/ Classen/ Nettesheim, EuR, § 39 Rn. 67.

[204] Flechtner, Europäische Politik/ Eurokolleg 12/2003, S. 10.

[205] Cameron, IP 1/2004, S. 39, 40; 43.

Beauftragte der EU für die GASP, Solana, im Laufe des Jahres 2004 beim EU-Militärstab in Brüssel ein zusätzliches Planungs- und Führungselement (*Civ-/ Mil-Cell*) schaffen sollte, das in besonderen Fällen für Krisenmanagement-Einsätze genutzt werden kann. Britische, französische und deutsche Diplomaten hatten den Kompromiss, der den langen Streit über ein militärisches Hauptquartier der EU beilegte, ausgehandelt.[206] In dem Kompromisspapier wird sogar ausdrücklich festgestellt, dass es sich bei der kleinen Gruppe von Offizieren, die künftig im Brüsseler Militärstab der EU für die Planung und Führung autonomer Einsätze im internationalen Krisenmanagement zuständig sein soll, nicht um ein Hauptquartier handeln werde. Für den Fall einer von der EU geführten Krisenmanagement-Operation verweist die Übereinkunft zunächst auf den nach dem sogenannten „Berlin plus“-Abkommen möglichen Rückgriff auf Fähigkeiten der NATO, also die Planung und Führung des Einsatzes durch das NATO-Hauptquartier Shape und den Stellvertretenen NATO-Oberbefehlshaber in Europa (*Deputy Supreme Allied Commander Europe*, DSACEUR), der stets Europäer ist. Zur Förderung der Zusammenarbeit zwischen EU und NATO werden bei Shape eine EU-Vertretung und beim europäischen Militärstab eine NATO-Vertretung geschaffen.

Mit der Umwandlung der EU-Zelle bei Shape in eine ständige Einrichtung hat man einen ersten Schritt in Richtung dauerhafter militärischer Führungsstrukturen der EU getan, ohne ihre Einbindung in die NATO aufzuheben.[207]

Für autonome Missionen der EU ohne Unterstützung der NATO ist vorrangig die Planung und Führung durch ein nationales Hauptquartier vorgesehen.

Unter gewissen Umständen, wenn nämlich der EU-Militärstab es vorschlägt, der Rat es beschließt, besondere militärisch-zivile Aspekte einer Operation es geraten erscheinen lassen und ein geeignetes nationales Hauptquartier nicht zur Verfügung steht, kann aber auch auf die neu geschaffende *Civ-/ Mil-Cell* für Planung und Führung beim EU-Militärstab zurückgegriffen werden. Durch die Vielzahl von Bedingungen, die das Kompromisspapier nennt, ist hinreichend klargestellt, dass es sich bei dieser Planungs- und Führungszelle zunächst um eine Verstärkung und Ergänzung des Militärstabes handelt, die nur unter besonde-

---

[206] FAZ vom 15.12.2003, S. 2.

[207] Kielmansegg, Verteidigungspolitik der EU, S. 366.

ren Umständen – und mit dem Einverständnis aller Mitgliedstaaten – aktiviert werden kann.[208]

12. Tagung in Brüssel am 16./ 17. Dezember 2004

Auf seiner Tagung in Brüssel am 16./ 17. Dezember 2004 nahm der Europäische Rat ein Dokument über die „Europäische Verteidigung: NATO/ EU-Konsultationen, Planung und Operationen" an, welches die Schaffung der gerade beschriebenen kleinen zivil-militärischen Zelle (*Civ-/ Mil-Cell*) und die Einrichtung eines Operationszentrums vorsieht.

Durch Beschluss 2005/395/GASP des Rates vom 10. Mai 2005[209] ist diese zivil-militärische Zelle innerhalb des EUMS eingerichtet worden.

Sie sorgt auf Initiative des Generalsekretärs/ Hohen Vertreters oder des PSK für die strategische Eventualfallplanung. Außerdem wirkt sie mit an der Entwicklung von Grundsätzen/ Konzepten und der Auswertung zivil-militärischer Operationen und Übungen. Sie entwickelt Konzepte und Verfahren für das EU-Operationszentrum und stellt das Personal. Sie sorgt dafür, dass die Einrichtungen und die Ausrüstung des Operationszentrums für Operationen, Übungen und Ausbildungsmaßnahmen verfügbar und einsatzbereit sind. Außerdem kümmert sie sich um die Wartung, Aktualisierung und den Ersatz der Ausrüstung des EU-Operationszentrums sowie um die Instandhaltung der Räumlichkeiten.[210]

Im Krisenfall übernimmt sie zusätzlich folgende Aufgaben: auf Ersuchen der Generaldirektion (GD) E[211] an den Generaldirektor des EUMS leistet sie Unterstützung bei der unter Verantwortung der GD E vorgenommenen politisch-militärischen Strategieplanung einer Krisenreaktion (Ausarbeitung eines Krisenmanagementkonzepts [Crises Management Concept; CMC], einer Gemeinsamen Aktion etc.). Sie wirkt

---

[208] Vgl. FAZ vom 04.12.2003, S. 5.

[209] Beschluss 2005/395/GASP des Rates vom 10.05.2005 zur Änderung des Beschlusses 2001/80/GASP zur Einsetzung eines Militärstabes der Europäischen Union, ABl. L 132 vom 26.05.2005, S. 17ff.

[210] Vgl. ABl. L 132 vom 26.05.2005, S. 17, 20.

[211] Die GD E ist im Ratssekretariat angesiedelt und zuständig für die Außenbeziehungen der EU mit speziellen Arbeitseinheiten für ziviles Krisenmanagement und politisch-militärische Fragen.

mit an der strategischen Krisenreaktionsplanung für gemeinsame zivil-militärische Operationen, wobei sie nach Maßgabe der Krisenbewältigungsverfahren strategische Optionen ausarbeitet. Auf Ersuchen der GD E an den Generaldirektor des EUMS leistet sie Unterstützung bei der unter Verantwortung der GD E vorgenommenen zivilen Strategieplanung einer Krisenreaktion.[212]

Im Verlauf von Operationen stellt sie den ständigen Kernstab des EU-Operationszentrums. Außerdem beteiligt sie sich an der Koordinierung ziviler Operationen. Die zivil-militärische Zelle wirkt mit an der Planung, Unterstützung (einschließlich des eventuellen Einsatzes militärischer Mittel) und Durchführung ziviler Operationen.[213]

Der EUMC wird über den Generaldirektor des EUMS Leitlinien für die militärischen Tätigkeiten der zivil-militärischen Zelle bereitstellen. Für die Beiträge der Zelle zu den zivilen Aspekten der Krisenbewältigung trägt weiterhin die GD E die praktische Verantwortung.[214]

Die zivil-militärische Zelle im EU-Militärstab ist seit Januar 2006 voll arbeitsfähig. Vor allem auf Drängen Großbritanniens bleibt sie sowie das aus ihr erwachsene EU-Operationszentrum jedoch vorläufig hinter ihren Möglichkeiten zurück und wird aus politischen Gründen in ihrem Aufgaben- und Kompetenzspektrum limitiert.[215] Für militärische Führungszwecke ist die Zelle damit letztlich auf den Status einer Reserveeinrichtung reduziert worden. Ob sie sich auf längere Sicht als erster Schritt zu einem wirklichen Hauptquartier erweisen wird, ist noch nicht abzusehen. Ihr unmittelbarerer praktischer Nutzen dürfte vor allem in der Verbesserung der zivil-militärischen Zusammenarbeit liegen.[216]

---

[212] Vgl. ABl. L 132 vom 26.05.2005, S. 17, 20.

[213] Vgl. ABl. L 132 vom 26.05.2005, S. 17, 21.

[214] Vgl. ABl. L 132 vom 26.05.2005, S. 17, 21.

[215] Jopp/ Sandawi, in: Weidenfeld/ Wessels (Hrsg.), Jahrbuch der Europäischen Integration 2006, S. 241, 249; siehe auch die Ausführungen unter Punkt B. IV. 1. c).

[216] Kielmansegg, Verteidigungspolitik der EU, S. 317.

13. Vertrag von Lissabon

Ein „Verfassungsvertrag“ wurde vom Europäischen Konvent zwischen Februar 2002 und Juli 2003 ausgearbeitet und von den Staats- und Regierungschef der Mitgliedstaaten am 29. Oktober 2004 unterzeichnet. Damit sollte eine Vertragsänderung durch einen Änderungsvertrag herbeigeführt werden.[217] Ein Änderungsvertrag zu den Europäischen Verträgen tritt allerdings erst in Kraft, wenn er von allen Mitgliedstaaten (nach ihren jeweiligen verfassungsrechtlichen Bestimmungen) ratifiziert worden ist. Nachdem der Verfassungsvertrag 2005 in Referenden in Frankreich und den Niederlanden abgelehnt wurde, wurde er geringfügig modifiziert und zunächst in „Grundlagenvertrag“, später „Reformvertrag“ umbenannt.[218] Als man sich auf diese neue vertragliche Grundlage für die EU verständigt hatte, wurden die Vertragstexte am 13. Dezember 2007 in der portugiesischen Hauptstadt unterzeichnet und heißen seitdem „Vertrag von Lissabon“. Der Vertrag von Lissabon enthält den (neuen) EU-Vertrag und den Vertrag über die Arbeitsweise der Europäischen Union (bislang EG-Vertrag).[219]

Nach einem negativen irischen Referendum im Juni 2008[220] wurde Irland u.a. zugesichert, durch den Vertrag von Lissabon die irische Neutralität nicht anzutasten,[221] so dass der Vertrag am 2. Oktober 2009 in ei-

---

[217] Vgl. FAZ vom 16.06.2007, S. 6.

[218] Vgl. FAZ vom 09.03.2007, S. 2 und FAZ vom 23.03.2007, S. 2; FAZ vom 25.06.2007, S. 1; der Begriff „Verfassung“ musste schon deshalb wegfallen, weil die niederländische Verfassung ansonsten eine Volksabstimmung zwingend vorsieht; alle Mitgliedstaaten wollten aber ein Referendum vermeiden; nur in Irland ist es per Verfassung vorgeschrieben, vgl. FAZ vom 16.02.2007, S. 10.

[219] ABl. C 115 vom 09.05.2008, S. 1; im Folgenden wird dieser neue EU-Vertrag Vertrag von Lissabon genannt, um ihn deutlicher vom Vertrag von Nizza, der im Rahmen der vorliegenden Arbeit nur EU-Vertrag genannt wird, unterscheiden zu können.

[220] Der negative Ausgang des Referendums ist insbesondere auf mangelnde Information der Bevölkerung durch die irische Regierung sowie eine groß angelegte Kampagne eines privaten Unternehmers gegen den Vertrag zurückzuführen, vgl. Bulletin Quotidien Europe No. 9738 of 12 September 2008, S. 3.

[221] Sog. *legal guarantees*, die die irische Souveränität in Fragen der Neutralität, Abtreibung und Steuern sichern sollen; vgl. Bulletin Quotidien Europe No. 9938 of 9 July 2009, S. 4; Bulletin Quotidien Europe No. 9923 of 18 June 2009, S. 4; FAZ vom 02.10.2009, S. 5 sowie die Ausführungen unter e) innerhalb dieses Gliederungspunktes 13. Vertrag von Lissabon.

nem erneuten Referendum von der irischen Bevölkerung angenommen wurde.[222] Inzwischen ist der Lissabonner Vertrag von allen EU-Mitgliedstaaten ratifiziert worden und am 1. Dezember 2009 in Kraft getreten.[223]

Im Vertrag von Lissabon bleibt die Substanz der gescheiterten Verfassung weitgehend erhalten.[224] Am intergouvernementalen Grundprinzip der europäischen Außen- und Sicherheitspolitik wird festgehalten. Die Entscheidungskompetenz verbleibt in der Hand der nationalen Regierungen.[225]

a) Institutionen

Der Vertrag von Lissabon führt einen europäischen Außenbeauftragten bzw. eine europäische Außenbeauftragte[226] nach dem sog. Doppelhut-Modell ein. Dieser gehört als Vizepräsident der Europäischen Kommission an (Art. 18 Abs. 2 und 27 Abs. 1 des EU-Vertrages von Lissabon) und ist gleichzeitig Vorsitzender des Rates „Auswärtige Angelegenheiten" (Art. 18 Abs. 3 EU-Vertrag von Lissabon). Nach Art. 27 Abs. 2 des Lissabonner Vertrages (EUV) vertritt er die EU nach außen; ihm kommt eine wesentliche Koordinierungsfunktion zu.[227] Die Aufgaben des Hohen Vertreters lassen sich als Repräsentations-, Exekutiv- und Initiativfunktionen zusammenfassen.[228] Zur Unterstützung des europäischen Außenbeauftragten wird nach Art. 27 Abs. 3 des EU-Vertrages

---

[222] Vgl. FAZ vom 12.10.2009, S. 4.

[223] Vgl. Bulletin Quotidien Europe No. 10011 of 4 November 2009, S. 4; FAZ vom 19.11.2009, S. 5.

[224] FAZ vom 02.07.2007, S. 10 und FAZ vom 20.10.2007, S. 1.

[225] Flechtner, Europäische Politik/ Eurokolleg 12/2003, S. 7; Oppermann/ Classen/ Nettesheim, EuR, § 39 Rn. 65.

[226] Aufgrund des Widerstandes Polens (und Tschechiens) gegen das zunächst geplante Amt eines Europäischen Außenministers, heißt dieser nur noch „Hoher Vertreter der Union für Außen- und Sicherheitspolitik", ohne dass sich dadurch etwas an seinen Befugnissen und Kompetenzen ändert, vgl. FAZ vom 11.05.2007, S. 10 und FAZ vom 25.06.2007, S. 6; im Folgenden werden der Einfachheit halber männliche und weibliche Bezeichnungen unterschiedslos gebraucht.

[227] Vgl. Cremer, in: Calliess/ Ruffert (Hrsg.), VerfEU, Art. I-40 Rn. 29.

[228] Diedrichs/ Jopp, in: Jopp/ Matl (Hrsg.), Der Vertrag über eine Verfassung für Europa, S. 343, 349.

von Lissabon in Verbindung mit einer Erklärung ein Europäischer Auswärtiger Dienst neu eingerichtet. Der europäische Außenbeauftragte erhält damit größere Befugnisse als der bisherige Hohe Repräsentant der GASP.[229] Mit Catherine Ashton – die auf einem EU-Sondergipfel im November 2009 als EU-Außenbeauftragte ausgewählt wurde und vom Europäischen Parlament bestätigt wurde – ist tatsächlich eine identifizierbare Person für die Außenpolitik der Europäischen Union zuständig (mit der berühmten, angeblich von Kissinger verlangten Telefonnummer).[230] Da im Vertrag von Lissabon aber keine klare Abgrenzung zwischen der GASP-Außenrepräsentanz durch den Außenbeauftragten und den Befugnissen des Präsidenten des Europäischen Rates – für diesen Posten wurde auf dem genannten Sondergipfel der Belgier Herman Van Rompuy ausgewählt – erfolgt, sind (grundsätzlich) Kompetenzkonflikte möglich.[231] Denn nach Art. 15 Abs. 6 UAbs. 2 des EU-Vertrages von Lissabon ist auch der Präsident mit der Wahrnehmung der Außenvertretung der Union in Angelegenheiten der GASP betraut. Zwar gilt dies ausdrücklich „unbeschadet der Befugnisse des Hohen Vertreters der Union für Außen- und Sicherheitspolitik“. Doch wird mangels einer Auslegungs- und Kontrollkompetenz des Gerichtshofs der Union die Abgrenzung kaum rechtlich geklärt werden, sondern pragmatisch erfolgen.[232]

Die Rolle des Europäischen Parlaments wurde nicht geändert, es wird weiterhin nur gehört (Art. 36 Abs. 1 S. 1 EU-Vertrag von Lissabon). Der Umstand, dass auf die parlamentarische Dimension der ESVP erstmals Bezug genommen wird, ist daher eher als eine Art „Lippenbekenntnis“ zu werten. Allerdings sieht das „Protokoll über die Rolle der nationalen Parlamente in der Europäischen Union“ nicht nur verbesserte Informationsrechte der nationalen Parlamente gegenüber Rat und Kommission vor, sondern geht eigens auf die Rolle der Konferenz der Europa-Ausschüsse ein. Dabei wird insbesondere die Möglichkeit in-

---

229 Vernet, EuGRZ 2004, S. 584, 585.

230 Jopp/ Reckmann/ Regelsberger, Integration 25 (2002), S. 230, 234; siehe auch Scheffler, Die EU als rechtlich-institutioneller Akteur im System der VN, S. 561.

231 Cremer, in: Calliess/ Ruffert (Hrsg.), EUV/ EGV, Art. 18 EUV Rn. 9; Vernet, EuGRZ 2004, S. 584, 586.

232 Cremer, in: Calliess/ Ruffert (Hrsg.), Art. 18 EUV Rn. 9.

terparlamentarischer Konferenzen zu Fragen der GASP und der ESVP hervorgehoben.[233]

Art. 42 Abs. 3 UAbs. 2, 45 des EU-Vertrages von Lissabon nennt ein Europäisches Amt für Rüstung, Forschung und militärische Fähigkeiten (Europäische Verteidigungsagentur, EVA), das bereits im Vorgriff unter dem EU-Vertrag (Nizza) neu eingerichtet worden ist.[234] Ein Vorschlag der Kommission zur Schaffung eines gemeinsamen Rüstungsmarktes mit dem Ziel der Überwindung nationaler Ausnahmeregelungen (KOM [97] 583 „Polarm“) hatte nicht die Billigung der Mitgliedstaaten gefunden. Diese haben für die Einrichtung der Europäischen Verteidigungsagentur die zwischenstaatliche Organisationsform gewählt und für die Kommission nur eine marginale Rolle im Hinblick auf die Industriepolitik vorgesehen.[235] Die Europäische Verteidigungsagentur untersteht dem Rat und arbeitet unter seiner politischen Aufsicht. Die Teilnahme an der Arbeit der EVA steht den Mitgliedstaaten offen.[236] Die Agentur verfügt nicht über eigene Budgetmittel zur Durchführung von EU-weiten Beschaffungsvorhaben. Stattdessen soll sich die Agentur primär auf die „Ermittlung“ von Fähigkeitszielen, die „Harmonisierung des operativen Bedarfs“, Vorschläge für Projekte und die Unterstützung der Forschung in militärisch relevanten Bereichen konzentrieren.[237] Hauptaufgaben der Agentur sind die Entwicklung von Verteidigungsfähigkeiten im Bereich der Krisenbewältigung, die Förderung und Verbesserung der Europäischen Rüstungszusammenarbeit, die Stärkung der europäischen industriellen und technischen Verteidigungsbasis und die Schaffung eines wettbewerbsfähigen europäischen Marktes für Verteidigungsgüter sowie die Verbesserung der Effektivität der Europäischen Verteidigungsforschung und -technologie.[238] Über die Erfüllung dieser Aufgaben kann die Agentur zu einem Motor der militärischen Fähigkeitsentwicklung der Europäischen Uni-

---

233 Vgl. Kielmansegg, Verteidigungspolitik der EU, S. 483; siehe dazu auch die Ausführungen unter Punkt B. II. 3. f).

234 Gemeinsame Aktion 2004/551/GASP vom 12.7.2004, ABl. L 245 vom 17.07.2004, S. 17ff.

235 Vgl. Kaufmann-Bühler/ Meyer-Landrut, in: Grabitz/ Hilf, Bd. I, 38. EL, Art. 27 EUV Rn. 6.

236 Cremer, in: Calliess/ Ruffert (Hrsg.), Art. 17 EUV Rn. 23f.

237 Jopp/ Regelsberger, Integration 26 (2003), S. 550, 555.

238 Vgl. Art. 5 Abs. 3 der Gemeinsamen Aktion 2004/551/GASP, ABl. L 245 vom 17.07.2004, S. 17, 19f.

on werden und über eine Verknüpfung mit der NATO auch eine bedeutende transatlantische Funktion in der Abgleichung der Fähigkeitsanforderungen beider Organisationen wahrnehmen. Hier läge noch erhebliches Potential für ein produktives Miteinander.[239] Die Agentur besitzt Rechtspersönlichkeit (Art. 6 der Gemeinsamen Aktion 2004/551/ GASP). Leiter ist der Generalsekretär/ Hohe Vertreter für die GASP, vgl. Art. 7 Abs. 1 der Gemeinsamen Aktion 2004/551/GASP. Der Aufbau der EVA war bereits ein Jahr nach ihrer Gründung weitgehend abgeschlossen.[240]

b) Instrumente

Das bisher zur Verfügung stehende Instrumentarium für die europäische Außen- und Sicherheitspolitik wird nicht erweitert, sondern aufgrund der Vereinheitlichung der Instrumente für die Bereiche der Europäischen Gemeinschaften und die der Europäischen Union lediglich umbenannt, vgl. Art. 25 des EU-Vertrages von Lissabon sowie Art. 288 des Vertrages über die Arbeitsweise der Europäischen Union (AEUV).

c) Beschlussfassung

Im Rahmen der Entscheidungsfindung bringt der Vertrag von Lissabon keine wesentlichen Veränderungen. Die Bestimmungen zur qualifizierten Mehrheitsentscheidung in der GASP finden laut dem Lissabonner Vertrag auch weiterhin keine Anwendung auf „Beschlüsse mit militärischen oder verteidigungspolitischen Bezügen“ (Art. 31 Abs. 2, 3, 4 EU-Vertrag von Lissabon).

Art. 31 Abs. 1 UAbs. 2 EUV/ Lissabon normiert die bereits durch den Amsterdamer Vertrag eingeführte konstruktive Enthaltung. Neu ist allerdings, dass ein Drittel der Mitgliedstaaten, die mindestens ein Drittel der Unionsbevölkerung stellen, auf diesem Weg einen Beschluss verhindern können, Art. 31 Abs. 1 UAbs. 2 S. 4 Lissabonner EU-Vertrag. Insofern lässt sich ein Trend zu einer höheren Elastizität der konstruktiven Enthaltung erkennen, ohne aber das eigentliche Grundproblem,

---

[239] Diedrichs/ Jopp, in: Jopp/ Matl (Hrsg.), Der Vertrag über eine Verfassung für Europa, S. 343, 358.

[240] Vgl. FAZ vom 14.10.2005, S. 7.

nämlich die Gefahr einer Paralyse der Entscheidungsfindung auf Grund nationaler Vetooptionen, im Kern zu lösen.[241]

Art. 31 Abs. 2 erster Spiegelstrich des EU-Vertrages von Lissabon erweitert die Fälle einer Beschlussfassung im Rat mit qualifizierter Mehrheit. Die dort erwähnten Ratsentscheidungen bauen aber auf einstimmigen Beschlüssen auf, so dass von einer „echten" Mehrheitsentscheidung, die nationale Interessen Einzelner übergehen kann, nicht gesprochen werden kann. Darüber hinaus kann der Europäische Rat gemäß der neu eingeführten Öffnungsklausel (*passerelle*) in Art. 31 Abs. 3 des EU-Vertrages von Lissabon einstimmig beschließen, dass der Rat mit qualifizierter Mehrheit beschließt. Damit besitzt der Europäische Rat die Befugnis, den Vertrag von Lissabon im Hinblick auf den Abstimmungsmodus zu ändern – und zwar ohne dass ein Vertragsänderungsverfahren durchgeführt werden müsste, in dessen Rahmen der Vertrag nach den verfassungsrechtlichen Vorschriften der Mitgliedstaaten zu ratifizieren und insbesondere den nationalen Parlamenten oder dem Volk zur Zustimmung vorzulegen wäre.[242] Diese Bestimmungen gelten allerdings nur für die GASP und nicht für die ESVP, vgl. Art. 31 Abs. 4 EU-Vertrag von Lissabon.

Des Weiteren steht jedem nationalen Parlament über Art. 12 lit. d i.V.m. Art. 48 Abs. 7 UAbs. 3 des Lissabonner EU-Vertrages ein Veto gegen den Übergang vom Erfordernis der Einstimmigkeit zu dem der qualifizierten Mehrheit zu. Art. 12 lit. d, Art. 48 Abs. 7 UAbs. 1 S. 2 des EU-Vertrages von Lissabon bekräftigen, dass sich die Möglichkeit, zu Entscheidungen mit qualifizierter Mehrheit überzugehen, nicht auf Beschlüsse mit militärischen oder verteidigungspolitischen Bezügen erstreckt (s.o.). Damit wird klargestellt, dass der Übergang von der gemeinsamen Verteidigungspolitik zur einer gemeinsamen Verteidigung nur einstimmig erfolgen kann. In einem solchen Fall besteht dann aber keine Vetomöglichkeit der nationalen Parlamente.

Nach Art. 48 Abs. 7 UAbs. 3 des Lissabonner EU-Vertrages wird jede vom Europäischen Rat auf der Grundlage von Art. 48 Abs. 7 UAbs. 1 oder UAbs. 2 ergriffene Initiative (betr. der GASP) den nationalen Parlamenten übermittelt, welche innerhalb von sechs Monaten nach Übermittlung je einzeln die Möglichkeit haben, durch die Ablehnung dieser Initiative zu verhindern, dass der Europäische Beschluss erlassen wird.

---

[241] Diedrichs/ Jopp, in: Jopp/ Matl (Hrsg.), Der Vertrag über eine Verfassung für Europa, S. 343, 349.

[242] Cremer, in: Calliess/ Ruffert (Hrsg.), VerfEU, Art. I-40 Rn. 39, 41.

Nur wenn innerhalb der sechs Monate keines der mitgliedsstaatlichen Parlamente die Initiative ablehnt, kann der Europäische Rat die qualifizierte Mehrheit einführen.[243]

Im Bereich der GASP hat die Kommission kein Initiativrecht mehr. Sie ist als Kollegialorgan nicht mehr befugt, GASP-Akte im Bereich des zivilen Krisenmanagements zu initiieren. Vielmehr ist sie, um Einfluss zu nehmen, weitgehend auf den Hohen Vertreter angewiesen, dem es als einem ihrer Vizepräsidenten obliegt, für die Kohärenz des auswärtigen Handelns zu sorgen (Art. 18 Abs. 4, 30 Abs. 1 EU-Vertrag von Lissabon).[244]

d) Petersberg-Aufgaben

Art. 43 Abs. 1 des EU-Vertrages von Lissabon integriert die Petersberg-Aufgaben in die Europäische Union. Neu in den Katalog aufgenommen sind gemeinsame Abrüstungsmaßnahmen und die Bekämpfung des Terrorismus, zu der beigetragen werden „kann". Damit wird aktuellen Entwicklungen (Terroranschlag auf das World Trade Center am 11. September 2001 in New York sowie Anschläge auf Pendlerzüge in der spanischen Hauptstadt Madrid am 11. März 2004) und den sog. neuen Bedrohungen (*new threats*) Rechnung getragen, ohne dies rechtlich verpflichtend festzulegen. Zur Bedienung dieser „Petersberg Plus Liste" ist eine differenzierte Instrumentenwahl notwendig, in der sich die Mehrzahl der Aktionsfelder kaum als rein militärische Operation durchführen lässt, sondern verstärkt zivile Komponenten erfordert. Die Ausrichtung auf beide – zivile wie militärische – Typen von Operationen stellt für die ESVP eine wesentliche Besonderheit im Vergleich zu einer primär militärischen Ausrichtung wie im Fall der NATO dar.[245]

Die Verteidigung als solche bleibt wie bisher eine nationale Angelegenheit und die NATO weiterhin die Basis der kollektiven Verteidigung der EU-Mitgliedstaaten.

---

243 Vgl. Cremer, in: Calliess/ Ruffert (Hrsg.), VerfEU, Art. I-40 Rn. 43.

244 Cremer, in: Calliess/ Ruffert (Hrsg.), Art. 27 EUV Rn. 3.

245 Diedrichs/ Jopp, in: Jopp/ Matl (Hrsg.), Der Vertrag über eine Verfassung für Europa, S. 343, 347.

e) Beistandsklausel

Art. 42 Abs. 7 des EU-Vertrages von Lissabon normiert für den Fall eines bewaffneten Angriffs auf das Hoheitsgebiet eines Mitgliedstaates eine echte, nämlich rechtlich bindende Beistandspflicht für den Fall der Territorialverteidigung.[246] Nach UAbs. 1 S. 1 dieser Vorschrift müssen die anderen Mitgliedstaaten im Falle eines bewaffneten Angriffs auf das Hoheitsgebiet eines Mitgliedstaates alle in ihrer Macht stehende Hilfe und Unterstützung leisten.

Im Gegensatz zu Art. V des NATO-Vertrages lässt die objektiv formulierte Beistandsklausel des Vertrages von Lissabon den Mitgliedstaaten kein Ermessen hinsichtlich der Art der Hilfeleistung. Allerdings erstreckt Art. 42 Abs. 7 UAbs. 1 S. 2 des Lissabonner EU-Vertrages mit Rücksicht auf den Status neutraler und bündnisfreier EU-Staaten die sog. irische Klausel nach Abs. 2 UAbs. 2 dieser Vorschrift – die auf Betreiben Irlands in den EU-Vertrag eingeführt wurde und zuletzt in Art. 17 Abs. 1 UAbs. 2 1. HS i.V.m. Abs. 3 EU-Vertrag/ Nizza geregelt war und besagt, dass die gemeinsame Verteidigungspolitik der EU nicht den besonderen Charakter der Sicherheits- und Verteidigungspolitik bestimmter Mitgliedstaaten berührt[247] – auch auf die Beistandspflicht und nimmt ihr so einen Teil ihrer Stringenz.[248] Dadurch wird den EU-

---

[246] Vgl. Cremer, in: Calliess/ Ruffert (Hrsg.), VerfEU, Art. I-41 Rn. 10.

[247] Diese Forderung, die der Absicherung der irischen Neutralität dient, haben die Iren bereits 1992 (Maastricht Vertrag) und 2002 (Vertrag von Nizza) erhoben; seitdem ist die sog. irische Klausel fester Bestandteil des Primärrechts; zuletzt sind Irland nach einem gescheiterten Referendum über den Vertrag von Lissabon im Juni 2008 sog. *legal guarantees* auf dem Europäischen Rat im Juni 2009 zugestanden worden, vgl. Bulletin Quotidien Europe No. 9938 of 9 July 2009, S. 4; Bulletin Quotidien Europe No. 9923 of 18 June 2009, S. 4; diese *legal guarantees* sollen neben der irischen Neutralität auch die irische Souveränität in Fragen von Abtreibung und Steuern sichern; ihre Überführung in ein Protokoll zum Vertrag von Lissabon – wie von Irland gewünscht – erfordert eine erneute Ratifizierung des Lissabonner Vertrages durch alle Mitgliedstaaten; dies könnte z. B. bei dem Beitritts Kroatiens zum 1. Juli 2013 geschehen, vgl. Bulletin Quotidien Europe No. 9923 of 18 June 2009, S. 4; all diese Bemühungen verdeutlichen, wie wichtig die Absicherung der eigenen Neutralität für Irland ist und machen deutlich, dass die Neutralität auch in Zukunft eine Rolle spielen wird.

[248] Cremer, in: Calliess/ Ruffert (Hrsg.), VerfEU, Art. I-41 Rn. 18, 19.

Staaten ermöglicht, sich an verteidigungspolitischen Maßnahmen nicht zu beteiligen, ohne jedoch entsprechende Beschlüsse zu blockieren.[249]

Schwierigkeiten, die Bündnisklausel in die Tat umzusetzen, könnten sich aus Verpflichtungen ergeben, welche die Mitgliedstaaten, die NATO-Mitglieder sind, gleichzeitig aus dem NATO-Vertrag treffen. Dessen Beistandsverpflichtungen bleiben ebenso wie die aus dem WEU-Vertrag – bis zur offiziellen Auflösung der WEU im März 2010 – unverändert bestehen. Nach dem Lösungsprinzip von Art. 42 Abs. 7 UAbs. 2 des EU-Vertrages von Lissabon bleiben die Verpflichtungen und die Zusammenarbeit in diesem Bereich im Einklang mit den im Rahmen der NATO eingegangenen Verpflichtungen (Prinzip *NATO first*).[250]

Die aktuelle Fassung der Beistandsklausel ist rechtstechnisch – verglichen mit dem ursprünglichen Konventsentwurf – nicht mehr als eine engere Zusammenarbeit eines Teils der Mitgliedstaaten, sondern als allgemeingültige Vorschrift konzipiert.[251] Zudem ist sie deutlich entschärft worden. Zuvor sollte sie als „engere Zusammenarbeit im Bereich der gegenseitigen Verteidigung" den Staaten offen stehen, die bereit waren, eine explizit militärische Beistandsverpflichtung einzugehen und eine dazugehörige besondere Erklärung im Anhang zum Verfassungsvertrag zu unterzeichnen. Damit wäre zumindest für eine Gruppe von Mitgliedstaaten eine Verpflichtung ähnlich der in der WEU oder der NATO eingeführt worden.[252]

In ihrer aktuellen Fassung beruht die Beistandsklausel nicht mehr auf dem opt-in-Prinzip, sondern begründet eine Beistandspflicht für jeden Mitgliedstaat. Die Verweigerung militärischer Hilfeleistung ist nur als Ausnahme vorgesehen, auf welche die neutralen Staaten sich im Einzelfall berufen müssen (sog. opt-out-Verfahren). Die Entscheidungs- und Begründungslast liegt daher bei denjenigen Staaten, die sich der Beistandspflicht entziehen. Art. 42 Abs. 7 des Lissabonner EU-Vertrages vermeidet die explizite und namentliche Aufzählung der Mitgliedstaaten, die sich an der Beistandsklausel beteiligen bzw. nicht beteiligen. Die Beistandsklausel begründet kein Militärbündnis, sondern ist als

---

[249] Hauser, in: Kernic/ Hauser (Hrsg.), Hdb. Europäische Sicherheit, 3.1, S. 99, 108.

[250] Cremer, in: Calliess/ Ruffert (Hrsg.), VerfEU, Art. I-41 Rn. 20.

[251] Vgl. Kielmansegg, Verteidigungspolitik der EU, S. 402.

[252] Diedrichs/ Jopp, in: Jopp/ Matl (Hrsg.), Der Vertrag über eine Verfassung für Europa, S. 343, 360.

Ausdruck umfassender Solidarität der Mitgliedstaaten untereinander zu verstehen.[253] Praktisch wird die Beistandsklausel auf absehbare Zeit von geringer Bedeutung bleiben. Dies belegt schon die besondere Betonung der irischen Neutralität seit 1992, zuletzt in Form von sog. *legal guarantees*, die in ein Protokoll zum Vertrag von Lissabon überführt werden sollen, wenn der EU-Vertrag das nächste Mal erweitert wird.[254]

f) Formen der Zusammenarbeit zwischen mehreren Mitgliedstaaten

Des Weiteren normiert der Vertrag von Lissabon mehrere Formen der Zusammenarbeit von Mitgliedstaaten im Rahmen der Gemeinsamen Sicherheits- und Verteidigungspolitik.

Zum einen sieht Art. 42 Abs. 5 i.V.m Art. 44 des Lissabonner EU-Vertrages die Durchführung einer Mission durch eine Gruppe von Mitgliedstaaten vor. Diese Flexibilisierung, die der bereits existierenden Praxis bei einer Krisenmanagement-Operation entspricht, bezieht sich nur auf die Implementierung einer Mission.[255]

Art. 42 Abs. 6 i.V.m. Art. 46 i.V.m. Protokoll Nr. 10 des Lissabonner EU-Vertrages nennt als eine andere Kooperationsform die ständige strukturierte Zusammenarbeit im Rahmen der EU. Diese Bestimmungen sind vergleichsweise detailliert. Sie stellen eine prädefinierte Form von Flexibilität dar und wurden in der Regierungskonferenz 2004 finalisiert.[256]

Die ursprünglich vom Konvent vorgeschlagene engere Zusammenarbeit auf dem Gebiet der gegenseitigen Verteidigung nach Art. I-40 Abs. 7 i.V.m. Art. III-214 Verfassungsentwurf wurde vom Konvent gestrichen.[257]

---

[253] Im Gegensatz zur Solidaritätsklausel in Art. 222 AEUV, die von einem terroristischen oder naturkatastrophenbedingten Anlassfall ausgeht, ist Auslöser für die Beistandsklausel ein militärischer Anlassfall, der sich auf das EU-Territorium beschränkt.

[254] Siehe insbesondere Fußnote 247.

[255] Diedrichs/ Jopp, in: Jopp/ Matl (Hrsg.), Der Vertrag über eine Verfassung für Europa, S. 343, 357.

[256] Vgl. Diedrichs/ Jopp, in: Jopp/ Matl (Hrsg.), Der Vertrag über eine Verfassung für Europa, S. 343, 357.

[257] Vgl. Fischer, Europäischer Verfassungsvertrag, S. 195.

Die eingeführten Flexibilisierungsinstrumente betreffen nicht die Entscheidungsfindung, sondern zielen auf die Verbesserung der militärischen Fähigkeiten und die Erhöhung der Effizienz bei ESVP-Einsätzen ab.[258] Diese Formen der (möglichen) Zusammenarbeit können praktisch als Ausgleich für die eng gefasste Beschlussfassung im Rahmen der GASP/ ESVP gesehen werden. Dahinter steht das prioritäre Ziel, die Operationalität der GASP/ ESVP zu erhöhen bzw. zu verbessern. Die EU soll auch dann fähig sein, sich international zu engagieren, wenn nicht alle Mitgliedstaaten dazu beitragen können oder wollen.

g) *Finanzbestimmungen*

Der Vertrag von Lissabon führt zwei neue Formen der Finanzierung ein, vgl. Art. 41 Abs. 3 EUV/ Lissabon. Zum einen gelten besondere Modalitäten einer Sofortfinanzierung von Mitteln aus dem EU-Budget, solange Krisenmanagementoperationen ziviler Natur sind.[259] Zum anderen greift für Missionen, die nicht aus dem Brüsseler Etat bezahlt werden können (die also militärische Implikationen aufweisen) bzw. sollen (wenn der Rat dies einstimmig so beschließt), ein neuer Anschubfonds aus Beiträgen der Mitgliedstaaten. Die Handhabung dieses finanziellen Instruments zur Sofortfinanzierung von Krisenbewältigungsoperationen stellt einen nicht zu unterschätzenden Aspekt der Durchführung und Umsetzung der ESVP dar.[260] Interessant ist in diesem Zusammenhang, dass der Rat auf der Basis eines Vorschlages des Hohen Vertreters mit qualifizierter Mehrheit über die Modalitäten des Anschubfonds entscheiden und auch den Hohen Vertreter ermächtigen kann, den Fonds zur Sofortfinanzierung von Initiativen im Rahmen der Außen-, Sicherheits- und Verteidigungspolitik der Europäischen Union in Anspruch zu nehmen. Hierdurch verfügt der Hohe Vertreter über ein weiteres Instrument in der Kette von der Initiierung bis zur Durchführung von Aktionen oder Missionen im Rahmen der Außen- und Sicherheitspolitik der Union, was zu einer aktiveren europäischen Politik beitragen könnte. Allerdings geht damit auch eine weitere Intergouvernementalisierung der GASP einher, weil sich der Anschubfonds den haushaltsrechtlichen Vorschriften der Union – und damit einer Invol-

[258] Petersohn/ Lang, swp-Aktuell 34 (August 2005), S. 2.

[259] Jopp/ Regelsberger, Integration 26 (2003), S. 550, 559.

[260] Cremer, in: Calliess/ Ruffert (Hrsg.), VerfEU, Art. I-40 Rn. 16.

vierung des Europäischen Parlaments – entzieht.[261] Art. 41 Abs. 3 des Vertrages von Lissabon entspricht damit nicht dem Vorschlag des Europäischen Parlamentes bzgl. einer Überarbeitung des Art. 28 EU-Vertrag, um sich mehr Einfluss zu verschaffen. Nach der Vorstellung des EP sollten die gemeinsamen Kosten für militärische Einsätze im Rahmen der ESVP aus dem Haushalt der Gemeinschaft finanziert werden (dies geschieht bereits im zivilen Bereich bei Polizeieinsätzen) und nicht aus einem subsidiären Haushalt der Mitgliedstaaten wie es zurzeit vorgesehen ist. Dies verdeutlicht die schwache Stellung des Europäischen Parlaments im Rahmen der GASP/ ESVP.

h) Bewertung

Die Neuerungen des Vertrages von Lissabon sind nicht als notwendige Grundlage für die Fortentwicklung der ESVP anzusehen. Vielmehr sind sie das Produkt eines laufenden Prozesses, der im Konvent lediglich aufgegriffen und explizit gemacht wurde.[262] Eine Vergemeinschaftung der ESVP unter Einschluss aller Mitgliedstaaten wird es aufgrund nationalstaatlicher Vorbehalte gegenüber einer vollständigen Souveränitätsabgabe in diesem Bereich auf absehbare Zeit nicht geben. Der Trend weist vielmehr in Richtung eines offenen Gravitationsraumes. D.h., die ESVP wird den Mitgliedstaaten im Bereich der Petersberg-Aufgaben und im Rahmen der internationalen Terrorismusbekämpfung flexible opt-in- und opt-out-Optionen bieten. Einzelne Staaten haben so die Möglichkeit, sich zu variierenden Gruppen zusammenzuschließen, beispielsweise um bestimmte Fähigkeiten zu entwickeln oder eine Mission durchzuführen. Jedes Mitglied kann von Fall zu Fall entscheiden, ob und inwieweit es sich beteiligen will. Insgesamt erhöht dies die Handlungsfähigkeit der EU[263] und ist – angesichts der stetig gestiegenen Anzahl von EU-Mitgliedstaaten – wohl unumgänglich.

---

[261] Jopp/ Regelsberger, Integration 26 (2003), S. 550, 559.

[262] Petersohn/ Lang, swp-Aktuell 34 (August 2005), S. 2.

[263] Petersohn/ Lang, swp-Aktuell 34 (August 2005), S. 4.

II. Entscheidungsstrukturen der ESVP

Nach der Darstellung der Entstehung der Europäischen Sicherheits- und Verteidigungspolitik sollen nun die Entscheidungsstrukturen der ESVP näher untersucht werden.

Dazu wird zunächst die EU-geführte Militäroperation in der Demokratischen Republik Kongo vom 12. Juni 2003 bis zum 1. September 2003 als exemplarisches Beispiel betrachtet, weil sie die erste Militäroperation der EU außerhalb Europas ohne Rückgriff auf Mittel und Fähigkeiten der NATO darstellt. Dies rechtfertigt die Konzentration auf Artemis, obwohl die EU mittlerweile zwischen 2003 und 2011 fünfundzwanzig Krisenmanagement-Operationen mit sowohl zivilen als auch militärischen Komponenten durchgeführt hat.[264] Artemis kann in Bezug auf die rechtlichen Abläufe durchaus als beispielgebend angesehen werden. Die Verfahren zur Durchführung von EU-Operationen haben sich zu ständiger Praxis entwickelt und damit zur Institutionalisierung der ESVP beigetragen.

Es wird gezeigt, dass sich die Neuerungen des Vertrages von Lissabon nicht wesentlich auf die Entscheidungsstrukturen auswirken.

Abschließend stellt sich noch die Frage, ob man von einer „Gewaltenteilung“ in der Europäischen Union (in Bezug auf die Entscheidungsstrukturen der ESVP) sprechen kann und wie diese genau aussieht.

1. Militäroperation in Kongo

Im Rahmen der Untersuchung der konkreten Militäroperation der Europäischen Union in der Demokratischen Republik Kongo wird zuerst die tatsächliche Entwicklung der Kongo-Krise, die Auslöser des Einsatzes war, dargestellt. Anschließend soll der Gang der Entscheidungsfindung beschrieben werden, indem auf die rechtlichen Grundlagen der Operation rekurriert wird.

---

[264] Eine Übersicht laufender und abgeschlossener militärischer und ziviler Krisenmanagement-Operationen der EU findet sich unter Punkt D. III.; Einzelheiten zu den genannten Aktionen sind abrufbar unter http://www.consilium.europa.eu/showPage.aspx?id=268&lang=de.

a) Entwicklung der Kongo-Krise

Die EU-Operation Artemis betrifft nur einen kleinen Ausschnitt des vielschichtigen und bis auf den heutigen Tag, allerdings mit unterschiedlichen geographischen Schwerpunkten andauernden Kongo-Konflikts, in dem die Hauptlast des eher langfristigen *peace-building* von den Vereinten Nationen im Rahmen der Mission de l'Organisation des Nations Unies dans le Congo (MONUC) getragen wird. Dieser Konflikt wird in komplexer Weise gesteuert durch politisch-ethnische Gegensätze in Kongo, Interessen an der Ausbeutung wertvoller Ressourcen, d.h. persönliche Bereicherung einschlägiger Akteure, und äußere Intervention.

Auslöser der EU-Militäroperation in der Demokratischen Republik Kongo waren die Kämpfe zwischen den bewaffneten Milizen der Volksgruppen der Hema und der Lendu in der nordostkongolesischen Region Ituri im Frühjahr 2003, unter denen vor allem die Zivilbevölkerung litt. Die Regierung Kongos kontrollierte höchstens 40% des Territoriums.[265]

Ruanda und Uganda bekriegten sich im Osten Kongos, wobei es zwar auch um Rohstoffe – in Ituri speziell Öl und Gold – ging und auch immer noch geht. Die Ursprünge der Auseinandersetzungen aber liegen im ruandischen Völkermord von 1994. Ruanda bekämpft die nach Kongo ausgewichenen Völkermörder. Diese Interahamwe-Milizen, die Teil der kongolesischen Armee sind, können sich notfalls auf ugandische Unterstützung verlassen.[266]

Die politischen und militärischen Herausforderungen des *peace-building* in Kongo bestanden und bestehen immer noch in der unübersichtlichen Konfliktlage in dem afrikanischen Land. Das politische Risiko von Artemis bestand darin, über den Einsatz in der Ituri-Provinz in den Kongo-Konflikt hineingezogen zu werden. Das hätte ein immer größeres, zeitlich kaum zu befristendes Engagement erfordern können. Deshalb wurde die Operation zeitlich und örtlich begrenzt. Nach dem 1. September 2003 sollte eine verstärkte VN-Blauhelmmission unter der Führung von Bangladesch die Region kontrollieren.[267] Dennoch barg die Operation besondere Risiken.[268] Auf dem Flughafen in Bunia kön-

[265] FAZ vom 02.06.2003, S. 4; FAZ vom 05.06.2003, S. 1.

[266] FAZ vom 02.06.2003, S. 4.

[267] Mair, swp-Aktuell 22 (Juni 2003), S. 3.

[268] Darauf verwiesen auch Offiziere im Militärstab der EU, die den militärischen Rat für die Entscheidung des PSK ausgearbeitet hatten, vgl. die Darstel-

nen größere Flugzeuge nicht landen, so dass ein Transfer über Flughäfen in Nachbarstaaten erfolgen musste. Als schwere psychologische Hürde für die Soldaten wurde angesehen, dass sie es bei den bewaffneten Milizen vermutlich mit Kindersoldaten zu tun haben würden, auf die notfalls geschossen werden müsste. Darauf seien europäische Soldaten normalerweise nicht vorbereitet.[269]

Es stellt sich die Frage, wo nun die relativ kurze und sehr begrenzte EU-Intervention in dem Gesamtkomplex der Kongo-Krise anzusiedeln ist.

Die EU konnte rasch verlegbare Kräfte zur Reaktion auf die Notfallsituation in der kongolesischen Provinz Ituri bereitstellen, während die Vereinten Nationen den längerfristigen Einsatz organisierten. Vor allem die zeitliche und örtliche Begrenzung der Operation gaben wohl den Ausschlag für deren Befürwortung. Aufgrund der besorgniserregenden Lage – Massaker und Vergewaltigungen an der Zivilbevölkerung in der Region Ituri im Frühjahr 2003 – forderte der Generalsekretär der Vereinten Nationen, Kofi Annan, in seinem Brief an den Sicherheitsrat der VN vom 15. Mai 2003 eine multinationale Eingreiftruppe in Bunia.[270] Zwar befand sich mit der Mission der Vereinten Nationen in der Demokratischen Republik Kongo MONUC ein Blauhelmkorps der Vereinten Nationen in der Region. Es war aber aufgrund mangelnder Ausrüstung (eher *peace-keeping* anstatt *peace-enforcement*) nicht in der Lage, die Bevölkerung vor Übergriffen zu schützen.

Anfang Mai 2003 bat VN-Generalsekretär Annan die USA um Hilfe zur militärischen Intervention. Dies lehnten die Vereinigten Staaten aber ab. Also wandte sich Annan an die EU und an Javier Solana, den damaligen Generalsekretär/ Hohen Repräsentanten für die Gemeinsame Außen- und Sicherheitspolitik der Europäischen Union. Am 19. Mai 2003 hat Solana den EU-Außenministern in Brüssel die Idee eines EU-Einsatzes in Kongo vorgetragen und den Auftrag zu einer Prüfung desselben erhalten. Über Betreiben Frankreichs kam es relativ rasch zu einer Beschlussfassung des Sicherheitsrates der Vereinten Nationen, die ein robustes Mandat für den Einsatz einer VN-Truppe in der Hauptstadt der Provinz Ituri zur humanitären Intervention beinhaltete.[271] In

lung des Verfahrens zur Durchführung militärischer EU-Operationen unter B. II. 1. b).

[269] FAZ vom 05.06.2003, S. 1.

[270] Res. S/2003/574.

[271] Reiter, Kongoeinsatz der EU, S. 7.

seiner Resolution 1484 vom 30. Mai 2003 stellte der Sicherheitsrat der Vereinten Nationen fest, dass die Situation in der Region Ituri, insbesondere in Bunia, eine Bedrohung des Friedensprozesses in der Demokratischen Republik Kongo und eine Bedrohung des Friedens und der Sicherheit in der Region der Großen Seen darstellte. Unter Kapitel VII der Charta der Vereinten Nationen ermächtigte der Sicherheitsrat die Einsetzung einer zeitweiligen multinationalen Eingreiftruppe (*Interim Emergency Multinational Force*, IEMF) in Bunia. Diese sollte bis zum 1. September 2003 in enger Koordination mit MONUC operieren, um zur Stabilisierung der Sicherheitsbedingungen und zur Verbesserung der humanitären Situation in Bunia beizutragen.

Die EU hat diesen Ausschnitt als Entlastung für MONUC aus mehreren Gründen übernommen. Nach der Spaltung in der Irak-Frage verfolgte maßgeblich Frankreich das politische Ziel, die EU-Länder in einer gemeinsamen militärischen Aktion zusammenzuführen, um die eigenständige, von NATO-Entscheidungen unabhängige Handlungsfähigkeit der EU zu demonstrieren. Außerdem bot der Kongo-Einsatz der EU die Möglichkeit, die gesamte Entscheidungs- und Kommandokette der ESVP zu erproben.[272] Damit eröffnete sich eine Profilierungsmöglichkeit für eine begrenzte Militäroperation, mit der die Einsatzbereitschaft der Europäer unter Beweis gestellt werden konnte.[273] Das französische Engagement ging auch zurück auf eine persönliche Bitte des VN-Generalsekretärs Annan an den französischen Präsidenten.[274] Für Frankreich ist das Engagement in Afrika wichtig, um seine Bedeutung als weltpolitischer Akteur zu stützen.[275]

Die Bilanz der Operation Artemis fällt gemischt aus. Einerseits gelang es der von den afrika-erfahrenen Franzosen geführten Truppe, die Situation in Bunia zu beruhigen und die Kämpfe der Milizen in der Stadt zu beenden. Andererseits hat jedoch seit der Ablösung durch die VN-Mission MONUC im September 2003 die Gewalt in der nordöstlichen Unruheprovinz Ituri wieder zugenommen.[276]

---

[272] FAZ vom 17.06.2003, S. 3.

[273] Reiter, Kongoeinsatz der EU, S. 7; Gegout, European Foreign Affairs Review 10 (2005), S. 427, 437.

[274] FAZ vom 14.06.2003, S. 6.

[275] Mair, swp-Aktuell 22 (Juni 2003), S. 2.

[276] Vgl. FAZ vom 26.01.2004, S. 2.

b) Verfahren zur Durchführung militärischer EU-Operationen

Die Verfahren zur Durchführung militärischer EU-Operationen sind ausdifferenziert und vielstufig. Um autonom handlungsfähig zu sein, besitzt die Europäische Union eigene Verfahren für die Ausarbeitung und Umsetzung militärischer Beschlüsse.[277] Diese kommen bei jeder militärischen EU-Operation zum Einsatz, sind also nicht spezifisch auf die Kongo-Operation Artemis bezogen, sondern haben sich zu ständiger Praxis entwickelt.

Die europäische Eingreiftruppe kommt in einer gemischten Entscheidungsstruktur zum Einsatz, die durch das Nebeneinander von gemeinschaftlichen (Europäische Kommission, Europäisches Parlament), zwischenstaatlichen (Rat) und einzelstaatlichen (Mitgliedsländer) Akteuren geprägt ist.[278]

Innerhalb des von EUV und Europäischem Rat, also von den Mitgliedstaaten, vorgegebenen Rahmens ist der Rat der Entscheidungsträger der GASP.[279] Die Entscheidungskette der ESVP verläuft vom Rat, der durch den Generalsekretär/ Hohen Vertreter für die GASP unterstützt wird, über das Politische und Sicherheitspolitische Komitee zum Militärausschuss bis zum Militärstab und wieder zurück. Entsprechend der zentralen Rolle des Rates im Entscheidungsprozess ist der notwendige politische und militärpolitische Apparat bei ihm angesiedelt worden.[280]

Die oberste Ebene des EU-internen Entscheidungsprozesses zeichnet sich durch das Nebeneinander von integrativem Ansatz (Kommission), intergouvernementalem Ansatz (Rat) und hegemonialen Ansatz durch die militärisch „Großen" bzw. das ESVP-Projekt prägenden Mitgliedstaaten Deutschland, Frankreich und Großbritannien aus.[281]

Handelt die EU eigenständig, so beauftragt das PSK in einer präoperativen Phase nach Maßgabe der Beschlüsse des Rates den Militärstab mit

---

[277] Vgl. Dietrich, ESVP, S. 395.

[278] Rummel, in: Reiter/ Rummel/ Schmidt (Hrsg.), Europas ferne Streitmacht, S. 165, 173.

[279] Kielmansegg, Verteidigungspolitik der EU, S. 266; Litten, Beitrag der WEU zur ESVP, S. 252, 250f.

[280] Kielmansegg, Verteidigungspolitik der EU, S. 384.

[281] Seidelmann, Integration 25 (2002), S. 111, 113.

der Ausarbeitung mehrerer Handlungsoptionen, die vom Militärausschuss bewertet und an das PSK weitergeleitet werden.[282]

Im Fall der Kongo-Operation ging zuerst eine Initiative von einem Mitgliedstaat, Frankreich bzw. seinem Vertreter im PSK aus.[283] Daraufhin richtete das PSK eine Anfrage an das EUMC, welches diese wiederum an das EUMS weiterleitete. Die militärstrategische Planung erfolgte durch das EUMS aufgrund einer Weisung des EUMC, welches dieser wiederum in (diesmal) umgekehrter Reihenfolge an das PSK weiterleitete. Das PSK legte diesen Vorschlag dann dem Rat (mit einem vorgeschalteten Durchlauf durch den AStV) vor.[284]

Am 2./ 3. Juni 2003 gab der EU-Militärausschuss seinen militärischen Rat zu dem EU-Einsatz in der Demokratischen Republik Kongo unter VN-Mandat (Kapitel VII VN-Charta) ab.[285] Dabei handelte es sich um eine rechtlich unverbindliche Empfehlung militärischen Inhalts.

Das Politische und Sicherheitspolitisches Komitee der EU stimmte dem Einsatz in der Demokratischen Republik Kongo auf der Grundlage des militärischen Rates des EUMC am 4. Juni 2003 zu. Dabei handelte es sich um einen Krisenmanagementeinsatz im Rahmen der Europäischen Sicherheits- und Verteidigungspolitik. Die Operation bekam den Namen Artemis.[286]

In der operativen Phase von Artemis, also dem Zeitraum nach der Entscheidung über die Durchführung des Krisenbewältigungseinsatzes bis zum Ende der Operation, entschied der Rat zunächst über die Durchführung einer militärischen Operation auf der Grundlage der Vorschläge des PSK. Diese wurde dann an die teilnehmenden Drittstaaten – Kanada, Südafrika und Brasilien – bekanntgegeben. Hieran schloss sich die operative Planung an. Das EUMC genehmigte auf Grundlage der militärischen Optionen, für die sich der Rat entschieden hat, eine grundsätzliche Planungsanweisung für den *Operation Commander*. Bei einem eigenständigen EU-Einsatz (ohne Rückgriff auf Mittel und Fähigkeiten der NATO) wie der Militäroperation in Kongo 2003 wurde die operative Planung in einem der europäischen Stäbe, nämlich dem Centre de

---

282 Siedschlag/ Eder, Akteure und Zusammenspiel im EU-Krisenmanagement, S. 9f.

283 Siehe oben unter B. II. 1. a).

284 Dietrich, ESVP, S. 396f.

285 FAZ vom 04.06.2003, S. 2 sowie B. II. 1. a).

286 FAZ vom 05.06.2003, S. 1.

Planification et de Conduite des Opérations (CPCO) in Paris, Frankreich, durchgeführt.[287] Sodann billigte der Rat das Operationskonzept, woraufhin die (teilnehmenden) Drittstaaten förmlich eingeladen wurden. Erst nach dem Abschluss der Planungen wird es gemäß dem Prinzip der EU-Entscheidungsautonomie Nicht-EU-Mitgliedern ermöglicht, sich in Aktionen einzubinden. Dies ist eine andere Vorgehensweise als etwa bei NATO-Operationen im Rahmen des Programms *Partnership for Peace* (Partnerschaft für den Frieden, PfP), wo das Prinzip des gemeinsamen *decision shaping* gilt. Dieses beinhaltet die Beteiligung von Nicht-NATO-Mitgliedern auch schon am Prozess der Operationsplanung.[288]

An die förmliche Einladung der Drittstaaten schloss sich die Streitkräfteplanungskonferenz an. Durch Beschluss des Rates wurde anschließend die Operation förmlich eingeleitet und ein *ad hoc* Ausschuss der beitragenden Staaten eingerichtet.[289]

Danach erfolgte die Durchführung der Operation unter der Leitung des *Operation Commander*, Generalmajor Neveux, der auch den Rat fortlaufend unterrichtete.[290] Im Verlauf von Operationen überwachte der EUMS, der auf Weisung des EUMC tätig wurde, ständig alle militärischen Aspekte. Er nahm zusammen mit dem (designierten) *Operation Commander* die strategische Analyse vor, um den EUMC in seiner beratenden Funktion gegenüber dem für die strategische Leitung zuständigen PSK zu unterstützen. Im Lichte politischer und operativer Entwicklungen schlug der Militärstab dem EUMC neue Optionen vor, die eine Grundlage für die militärische Beratung des PSK durch den EUMC darstellten.

Das dem Rat regelmäßig Bericht erstattende PSK nahm die politische Kontrolle und strategische Leitung der Operation wahr. Zu diesem Zweck wurde ihm die Befugnis übertragen, ggf. Beschlüsse zur Änderung des Einsatzplans, der Befehlskette und der Einsatzregeln zu schaffen,[291] die dann vom Rat in jedem Einzelfall genehmigt werden müssen.

---

287 Dietrich, ESVP, S. 397f.

288 Siedschlag/ Eder, Akteure und Zusammenspiel im EU-Krisenmanagement, S. 9f.

289 Dietrich, ESVP, S. 398f.

290 Dietrich, ESVP, S. 399f.

291 Siehe Litten, Beitrag der WEU zur ESVP, S. 252, 250f.

Auf operativer Ebene war der Einsatzbefehlshaber für die Umsetzung der Vorgaben des Operationsbefehlshabers zuständig. Ihm oblag auch die Zusammenarbeit mit den örtlichen Behörden. In diesem Zusammenhang war insbesondere eine enge Kooperation mit dem Hohen Vertreter/ Generalsekretär und dem EU-Sonderbeauftragten (EUSB) für die Region der Großen Seen, Aijello, erforderlich, da diese im Rahmen ihrer jeweiligen Mandate als vorrangige Ansprechpartner für die örtlichen Behörden in Bezug auf Fragen im Zusammenhang mit der Umsetzung der gemeinsamen Aktion fungierten.[292]

Zusammenfassend lässt sich feststellen, dass die EU von der WEU das militärische Organisationsmodell bei der Durchführung von Petersberg-Aufgaben übernommen hat. Die EU-Eingreiftruppe wird aus nationalen und multinationalen Teilstreitkräften gebildet, welche die Mitgliedstaaten freiwillig angeboten haben. Die zwei militärischen Gremien der EU, nämlich der Militärausschuss und der Militärstab, orientieren sich ihrerseits an dem Vorbild der entsprechenden NATO-Gremien.[293] Nach dem Vorbild ihrer Mitgliedstaaten und der NATO hat die Union ihre militärischen Gremien den politischen Entscheidungsträgern klar untergeordnet (Primat der Politik).[294]

c) Gemeinsame Aktion 2003/423/GASP

Ausgehend von dem militärischen Rat des PSK nahm der Rat der Europäischen Union am 5. Juni 2003 die Gemeinsame Aktion des Rates 2003/423/GASP an.[295] Rechtsgrundlagen dieser Gemeinsamen Aktion waren Art. 14, 18 Abs. 5, 25 Abs. 3, 26 und 28 Abs. 3 EU-Vertrag.[296] Dies entspricht ständiger Praxis.

Die Gemeinsame Aktion ist nach Art. 14 EU-Vertrag die Handlungsform, mit der die Union im Rahmen der GASP ihre Politik hinsichtlich einer konkreten Situation bestimmt und durchsetzt. Sie hat einen opera-

---

292 Siehe Litten, Beitrag der WEU zur ESVP, S. 252, 250f.

293 Bailes, Integration 28 (2005), S. 107, 115; Litten, Beitrag der WEU zur ESVP, S. 270; Kielmansegg, Verteidigungspolitik der EU, S. 309, 476.

294 Kielmansegg, Verteidigungspolitik der EU, S. 310.

295 ABl. L 143 vom 11. Juni 2003, S. 50.

296 In der Fassung des zum damaligen Zeitpunkt gültigen EU-Vertrages von Nizza.

tiven Charakter, dient also der Umsetzung von politischen Vorgaben in konkrete Maßnahmen.[297]

Neben den Voraussetzungen des Art. 14 EUV ist bereits an dieser Stelle die Kompetenzfrage des Art. 17 Abs. 2 EUV zu prüfen, da wesentliche Elemente der Aktion, die sie zu einer militärischen machen und damit das Problem des Art. 17 EU-Vertrag aufwerfen, bereits in der Gemeinsamen Aktion vom 5. Juni 2003 festgelegt werden. Daran ändert auch der Umstand nichts, dass erst der Beschluss vom 12. Juni 2003 (siehe unten B. II. 1. d) Art. 17 Abs. 2 EU-Vertrag ausdrücklich nennt.

aa) Voraussetzungen des Art. 14 EU-Vertrag

Nach Art. 14 Abs. 1 EU-Vertrag betreffen Gemeinsame Aktionen spezifische Situationen, in denen eine operative Aktion der Union für notwendig erachtet wird. Art. 14 Abs. 3 EU-Vertrag legt die Bindungswirkung der Gemeinsamen Aktion für die Mitgliedstaaten der EU fest. Wegen der rechtlichen Verbindlichkeit Gemeinsamer Aktionen fordert Art. 14 Abs. 1 Satz 2 EUV, Einzelheiten der Durchführung hinreichend genau zu bestimmen. Festzulegen sind insbesondere das Ziel, die Mittel, der Umfang, die Bedingungen und ggf. die Dauer der Aktion.[298] Dabei handelt es sich um bestimmte Formerfordernisse.[299] Art. 14 Abs. 1 EUV verlangt die Formulierung eines Rechtstextes, der detailliert Aufschluss über das Ziel, die Mittel, den Umfang und ggf. die Dauer der Maßnahme gibt. Das Nennen der Rechtsgrundlage, allgemeine Erwägungsgründe, ein operativer Teil sowie Schlussbestimmungen, die das In-Kraft-Treten der Maßnahme und ggf. deren Veröffentlichung im Amtsblatt angeben, sind ebenfalls wesentliche Bestandteile des Textes.[300] Militäroperationen sind eine typische eigenständige Form Gemeinsamer Aktionen.[301]

---

[297] Terhechte, in: Schwarze (Hrsg.), EU-Kommentar, Art. 14 EUV Rn. 1.

[298] Cremer, in: Calliess/ Ruffert (Hrsg.), EUV/ EGV, Art. 14 EUV Rn. 19.

[299] So auch Regelsberger/ Kugelmann, in: Streinz (Hrsg.), EUV/ EGV, Art. 14 EUV Rn. 10.

[300] Regelsberger/ Kugelmann, in: Streinz (Hrsg.), EUV/ EGV, Art. 14 EUV Rn. 10.

[301] Vgl. Cremer, in: Calliess/ Ruffert (Hrsg.), EUV/ EGV, Art. 14 EUV Rn. 5.

(1) Zuständigkeit

Zuständig, die Annahme Gemeinsamer Aktionen zu beschließen, ist nach Art. 14 Abs. 1 EU-Vertrag der Rat, dem grundsätzlich auch alle Folgeentscheidungen obliegen. Die Funktion der GASP als verfahrensrechtliches Korsett für die Außenpolitik der Mitgliedstaaten wird in der Rolle des Rates als zentralisierte Entscheidungsinstanz bei Gemeinsamen Aktionen besonders deutlich.[302]

(2) Verfahren (bei der Annahme Gemeinsamer Aktionen)

Für Gemeinsame Aktionen bestehen theoretisch zwei unterschiedliche Modalitäten hinsichtlich des Verfahrens zu ihrer Annahme. Handelt es sich um eine Gemeinsame Aktion als Folgebeschluss einer Gemeinsamen Strategie, so beschließt der Rat gemäß Art. 23 Abs. 2 EUV mit qualifizierter Mehrheit, denn die Mitgliedstaaten haben bereits bei der Verabschiedung der Gemeinsamen Strategie eine einstimmige Entscheidung getroffen. Geht es hingegen um eine Gemeinsame Aktion als selbständige Maßnahme, so schreibt Art. 23 Abs. 1 EUV Einstimmigkeit vor. Lediglich Beschlüsse zur Implementierung Gemeinsamer Aktionen können dann mit Mehrheit erfolgen. Voraussetzung hierfür ist allerdings, dass sich der Rat bereits bei der Annahme der Basisentscheidung – d.h. der Gemeinsamen Aktion – im Konsens auf die Bereiche verständigt hat, die später mit qualifizierter Mehrheit zu beschließen sind.[303]

Der Gemeinsamen Aktion 2003/423/GASP des Rates vom 5. Juni 2003 über die militärische Operation der Europäischen Union in der Demokratischen Republik Kongo liegt keine allgemeine Leitlinie oder Gemeinsame Strategie des Europäischen Rates zugrunde. Da es sich um eine Gemeinsame Aktion im sicherheits- und verteidigungspolitischen Bereich handelt, muss der Rat diese einstimmig angenommen haben. Dieser Umstand steht der Rechtmäßigkeit (bzw. dem rechtmäßigen Verfahren) der Gemeinsamen Aktion nicht entgegen. Vielmehr ist die überwiegende Anzahl der unter den Verträgen von Maastricht und Amsterdam angenommenen Gemeinsamen Aktionen unmittelbar auf Bestimmungen des Vertrages über die Europäische Union gestützt wor-

---

[302] Regelsberger/ Kugelmann, in: Streinz (Hrsg.), EUV/ EGV, Art. 14 EUV Rn. 7.

[303] Regelsberger/ Kugelmann, in: Streinz (Hrsg.), EUV/ EGV, Art. 14 EUV Rn. 8.

den, ohne sich in den Rahmen von Grundsätzen und allgemeinen Leitlinien einer Gemeinsamen Strategie einzuordnen.[304]

(3) Ziel

Art. 1 der Gemeinsamen Aktion bestimmt, dass die Europäische Union eine Militäroperation in der Demokratischen Republik Kongo gemäß dem Mandat des Sicherheitsrates der Vereinten Nationen (Resolution 1484 [2003]) durchführt.

Die Europäische Truppe soll in enger Abstimmung mit den Vereinten Nationen, der Demokratischen Republik Kongo und der Mission der Vereinten Nationen in der Demokratischen Republik Kongo operieren. Sie soll unter anderem zur Stabilisierung der Sicherheitsbedingungen und zur Verbesserung der humanitären Lage in Bunia beitragen.

Dieses Ziel ergibt sich eher indirekt aus Art. 1 Abs. 2 der Gemeinsamen Aktion, die auf die Resolution 1484 (2003) des VN-Sicherheitsrates verweist.[305]

(4) Umfang und Bedingungen

Gleiches gilt für den Umfang der Gemeinsamen Aktion, der sich ebenfalls erst aus der genannten Resolution des Sicherheitsrates der Vereinten Nationen ergibt, da jene – wie bereits dargestellt – auf die Resolution des VN-Sicherheitsrates Bezug nimmt.

Frankreich fungiert als Rahmennation für die Operation, Art. 2 der Gemeinsamen Aktion. D.h., die Operation war nach dem Framework-Konzept organisiert, das der Rat am 24. Juli 2002 als Organisationsform für EU-geführte Krisenbewältigungsoperationen gebilligt hatte.[306] Dabei handelt es sich um eine von drei Möglichkeiten der Multinationalität

---

[304] Terhechte, in: Schwarze (Hrsg.), EU-Kommentar, Art. 14 EUV Rn. 3ff. und Art. 13 EUV Rn. 12; bislang sind lediglich drei Gemeinsame Strategien zu Russland, der Ukraine und dem Mittelmeerraum beschlossen worden; das liegt wohl auch daran, dass die Gemeinsame Strategie für mittel- bis langfristige Gesamtkonzepte gedacht ist, während Einsätze zum Krisenmanagement tendenziell kurzfristig geplant und beschlossen werden, vgl. auch Kielmansegg, Verteidigungspolitik der EU, S. 257.

[305] Einzelheiten zum Inhalt der Resolution 1484 (2003) finden sich unter Punkt B. II. 1. a).

[306] Vgl. Dietrich, Die ESVP, S. 466.

in der Militärpolitik,[307] die im Rahmen der rechtlichen Konstruktion einer Zusammenarbeit von Staaten im militärischen Bereich auf der völkerrechtlichen Ebene unter Punkt C. I. 4. a) detailliert dargestellt werden.

Nach Art. 6 der Gemeinsamen Aktion billigt der Rat den Einsatzplan (*Operation-plan*, OPLAN) und die Einsatzregeln und beschließt, die Operation einzuleiten.

Das Politische und Sicherheitspolitische Komitee soll unter der Verantwortung des Rates die politische Kontrolle und strategische Leitung der Operation übernehmen. Dazu ermächtigt der Rat das PSK, alle relevanten Entscheidungen nach Art. 25 EU-Vertrag, der durch den Vertrag von Nizza geändert worden war,[308] zu treffen, vgl. Art. 7 der Gemeinsamen Aktion. Damit kommt dem PSK eine dem NATO-Rat vergleichbare Handlungsfähigkeit zu.[309] Die Grenzen der Ermächtigung des PSK durch den Rat liegen inhaltlich in der Bindung an den Zweck und zeitlich in der Dauer der Krisenbewältigungsoperation, primärrechtlich im Verweis auf Art. 47 des EU-Vertrages.[310] Das bedeutet, dass eine Ermächtigung, soweit sie sich auf Art. 25 Abs. 3 EU-Vertrag stützt, gemeinschaftsrechtliche Befugnisse nicht berühren darf.[311] Im Rahmen der EU-Militäroperation in der Demokratischen Republik Kongo wurden keine zivilen Mittel eingesetzt, so dass kein Kompetenzkonflikt mit der Kommission der EU entstehen konnte. Während die Kompetenzen bei den militärischen Aspekten der Krisenbewältigung rein im Rahmen der GASP/ ESVP liegen und damit als Entscheidungen der zweiten Säule intergouvernemental erfolgen, teilen sich die Kompetenzen bei den zivilen Aspekten zwischen den unterschiedlichen Institutionen innerhalb GASP/ ESVP einerseits und der Kommission ande-

---

[307] Vgl. Varwick, IP 9/2001, S. 47, 50; Stein, in: Tomuschat (Hrsg.), Rechtsprobleme einer ESVP, S. 53, 58f.

[308] Art. 25 EU-Vertrag war durch den Vertrag von Nizza dahingehend erweitert worden, dass der Rat dem PSK im Bereich der GASP Entscheidungsbefugnisse im Rahmen seiner eigenen Kompetenzen für die beschränkte Dauer einer Krisenmanagementoperation übertragen kann; vgl. B. I. 8. c) aa).

[309] Schürr, Aufbau einer ESVI, S. 260; vgl. auch die Ausführungen unter Punkt B. I. 8. c) aa) und dd).

[310] Cremer, in: Calliess/ Ruffert (Hrsg.), Art. 25 EUV Rn. 6; Gottschald, Die GASP von Maastricht bis Nizza, S. 123.

[311] Cremer, in: Calliess/ Ruffert (Hrsg.), Art. 25 EUV Rn. 6.

rerseits auf.[312] Die Kommission ist in den Aufbau militärischer Strukturen und Kapazitäten nicht einbezogen.[313] Im zivilen Krisenmanagement spielt sie dank ihrer Ressourcen und Erfahrungen eine sehr viel größere Rolle, und soweit die Zuständigkeiten der EG reichen, kommen Divergenzen in den Entscheidungsverfahren, Organrollen und Handlungsformen hinzu.[314]

Problematisch könnte sein, ob sich das territoriale Bezugsfeld Gemeinsamer Aktionen auch außerhalb Europas erstreckt. Gemeinsame Aktionen in Sicherheitsfragen sind aber weltweit denkbar.[315] Der Rechtmäßigkeit der Gemeinsamen Aktion 2003/423/GASP steht also nicht entgegen, dass sie die Demokratische Republik Kongo und damit einen Staat außerhalb Europas betrifft.

(5) Mittel

Art. 19 der Gemeinsamen Aktion bestimmt deren Mittel. Danach legt der Rat die Verfahren für die nachträgliche Kostenregelung zur Deckung der gemeinsamen Kosten für die Operation fest. Dies soll auf der Grundlage des Musters eines Beschlusses des Rates zur Festlegung von Vorfinanzierungsverfahren für die Finanzierung einer EU-Operation mit militärischen oder verteidigungspolitischen Bezügen, der vom Rat am 27. Januar 2003 bestätigt wurde, erfolgen. Für die Zwecke der Operation gehen die Ausgaben für Kasernen und Unterkünfte für die Streitkräfte insgesamt sowie die für mit der Beförderung der Streitkräfte insgesamt zusammenhängenden Ausgaben nicht zu Lasten des GASP-Haushaltes. Nach dem zehnten Erwägungspunkt der Gemeinsamen Aktion gehen gemäß Art. 28 Abs. 3 EU-Vertrag operative Ausgaben, die aufgrund dieser Gemeinsamen Aktion mit militärischen Bezügen entstehen, zu Lasten der Mitgliedstaaten.

Der als finanzieller Bezugsrahmen dienende Betrag beläuft sich auf sieben Millionen Euro.

---

[312] Siedschlag/ Eder, Akteure und Zusammenspiel im EU-Krisenmanagement, S. 5.

[313] Vgl. parl. Antwort v. 03.04.2001, ABl. EG C 318 E vom 31.11.2001, S. 189; Kaufmann-Bühler, in: Grabitz/ Hilf, Bd. I, 38. EL, Art. 17 EUV Rn. 5.

[314] Kielmansegg, Verteidigungspolitik der EU, S. 286; vgl. auch allgemein zum zivilen Krisenmanagement Punkt B. I. 8. b) cc).

[315] Münch, Die Gemeinsame Aktion als Mittel der GASP, S. 106.

Im Gegensatz zu den vorhergehenden Regelungen im Rahmen der Operation Concordia in Mazedonien wurden bestimmte Drittstaaten, z.B. Kanada, von der finanziellen Beteiligung an der Operation Artemis befreit.[316]

(6) Zeitraum

Schließlich bestimmt Art. 15 der Gemeinsamen Aktion, dass diese am 5. Juni 2003 in Kraft tritt und am 1. September 2003 ausläuft. Damit wurde auch ein Zeitraum festgelegt.

(7) Fazit

Die Gemeinsame Aktion 2003/423/GASP entspricht den Vorgaben des Art. 14 EU-Vertrag.

Entscheidungsstrukturen und Kompetenzen sind bei den militärischen Aspekten des EU-Krisenmanagements relativ klar und durch die Konzentration auf das PSK sowie den Hohen Beauftragten auch vergleichsweise frei von EU-internen Kompetenzrivalitäten – im Gegensatz zu den zivilen Aspekten der Krisenbewältigung.[317]

Zudem ist es mit der Operation Artemis zumindest gelungen, die Anwendung der GASP-Entscheidungsverfahren erstmals auch im Bereich der ESVP erfolgreich zu praktizieren.[318]

bb) Einsatz im Rahmen der Petersberg-Aufgaben nach Art. 17 Abs. 2 EUV?

Art. 17 EUV bestimmt den Umfang der Gemeinsamen Sicherheits- und Verteidigungspolitik.[319] Mit der Einführung der sogenannten Petersberg-Aufgaben in Art. 17 Abs. 2 EUV wurde der Rat ermächtigt, Operationen bis hin zu Kampfeinsätzen zu beschließen.[320]

---

316 Vgl. Abass, in: Thrybus/ White, European Security Law, S. 134, 151.

317 Siedschlag/ Eder, Akteure und Zusammenspiel im EU-Krisenmanagement, S. 11; siehe auch B. I. 8. b) cc).

318 Schmidt-Radefeldt, Parlamentarische Kontrolle der internationalen Streitkräfteintegration, S. 283.

319 Dietrich, Die ESVP, S. 289.

320 Vgl. Dietrich, Die ESVP, S. 288; a.A. wohl Thym, DVBl. 2000, S. 676, 678.

Fraglich ist, ob die sehr weite Ermächtigung zu Gemeinsamen Aktionen in Art. 14 EU-Vertrag durch Art. 17 Abs. 2 EU-Vertrag als Spezialvorschrift ausgeschlossen wird, soweit es sich um militärische Maßnahmen handelt. Die Formulierung des Art. 17 Abs. 2 EUV („schließt ein") spricht eher dagegen. So sind die Petersberg-Aufgaben ausdrücklich nicht abschließend.[321] Die gemeinsame Verteidigungspolitik gemäß Art. 17 Abs. 1 UAbs. 1 S. 1 EU-Vertrag umfasst vielmehr ohnehin die gesamte außen- und sicherheitspolitische Nutzung militärischer Mittel.[322] Mit dem Vertrag von Nizza und der Loslösung der Europäischen Union von den operativen Kapazitäten der WEU wurde eine umfassende Kompetenz der EU für die Durchführung militärischer Krisenbewältigungsaufgaben eingeführt.[323] Dennoch stellen die Petersberg-Aufgaben die einzige ausdrückliche Konkretisierung der Kompetenzen im Verteidigungsbereich dar, die der Unionsvertrag enthält. Mit ihnen hat der EUV eine Grundsatzentscheidung über den Inhalt einer gemeinsamen Verteidigungspolitik vorweggenommen, die er ansonsten der schrittweisen Festlegung durch die Politik überlässt. Die Petersberg-Aufgaben bilden eine besonders klare Rechtsgrundlage für die ausdrücklich genannten Typen von Einsätzen. Das Krisenmanagement ist in der Praxis das einzige operative Anwendungsfeld der Verteidigungsdimension der EU.[324] Deshalb soll an dieser Stelle auch untersucht werden, ob sich die Operation Artemis in den Katalog der Petersberg-Aufgaben einordnen lässt.

Nach Art. 17 Abs. 2 EUV gehören zu den Petersberg-Aufgaben humanitäre Aufgaben und Rettungseinsätze, friedenserhaltende Aufgaben sowie Kampfeinsätze bei der Krisenbewältigung einschließlich friedensschaffender Maßnahmen.

Die EU-Militäroperation in Kongo könnte unter die Formulierung „Kampfeinsätze bei der Krisenbewältigung" fallen. Darunter fallen auch friedenserzwingende Maßnahmen (*peace-enforcement*).[325] Dafür

---

[321] Ebenso Kielmansegg, Verteidigungspolitik der EU, S. 125.

[322] Ebenso Kielmansegg, Verteidigungspolitik der EU, S. 147.

[323] Siehe unter B. I. 8. a) aa) und B. I. 9. a).

[324] Kielmansegg, Verteidigungspolitik der EU, S. 147.

[325] Cremer, in: Calliess/ Ruffert (Hrsg.), Art. 17 EUV Rn. 25; v. Eekelen, ZEI Discussion Paper (1998) C 21, S. 15; Frowein, in: Due (Hrsg.), FS Everling, S. 315, 325; Wiesmann, in: Reiter/ Rummel/ Schmidt (Hrsg.), Europas ferne Streitmacht, S. 233, 242; a.A. Gerteiser, Sicherheits- und Verteidigungspolitik der EU, S. 137.

spricht neben dem praktischen Argument[326] auch der Wortlaut des Art. 17 Abs. 2 EU-Vertrag, der allgemein „Kampfeinsätze bei der Krisenbewältigung“ nennt, in diesem Punkt also recht offen ist. Eine klarere Formulierung wäre zwar wünschenswert. Dennoch war die Militäroperation der EU in Kongo unter dem robusten Kapitel VII-Mandat des Sicherheitsrates der VN ausdrücklich gewollt. Eine europäische Sicherheits- und Verteidigungspolitik ohne die Möglichkeit, auch friedenserzwingende Maßnahmen durchzuführen, wäre zudem wenig attraktiv. Die Formulierung in Art. 17 Abs. 2 EU-Vertrag lässt diese Möglichkeit auch zu.

Die EU-Militäroperation in Kongo könnte ein solcher Fall der Friedenserzwingung im Sinne von Art. 17 Abs. 2 EU-Vertrag sein. Darunter fallen beispielsweise die Beendigung kriegerischer Auseinandersetzungen oder von Belagerungen, die gewaltsame Trennung von Kriegsparteien, die Durchsetzung von demilitarisierten Zonen, waffenfreien Gebieten, Flugverbotszonen, maritimen Sperrgebieten, Embargos, Auffang- und Schutzzonen für die Bevölkerung, des Zugangs für den Transport humanitärer Güter sowie der Schutz und die Rettung der Mitarbeiter internationaler Organisationen.[327] Das Mandat der EU-Truppe umfasste die Stabilisierung der Sicherheitsbedingungen in Bunia und die Verbesserung der humanitären Situation. Ihre Aufgabe bestand darin, die Kriegsparteien in Bunia (Hema und Lendu) zu trennen und in Bunia eine demilitarisierte Zone durchzusetzen. Weiter sollten Schutzzonen für die Bevölkerung errichtet werden, um so auch den Transport humanitärer Güter zu ermöglichen. Der Einsatz der EU in der Demokratischen Republik Kongo stellt damit einen Kampfeinsatz bei der Krisenbewältigung dar und fällt unter den Katalog der Petersberg-Aufgaben in Art. 17 Abs. 2 EU-Vertrag.

cc) Ergebnis

Die Gemeinsame Aktion 2003/423/GASP entspricht den Formvorgaben des Art. 14 EU-Vertrag (siehe schon B. II. 1. c) aa) [7]). Der Einsatz

---

[326] Es dürfte in der Praxis im Rahmen eines multinationalen Einsatzes unter der Autorität des VN-Sicherheitsrates kaum durchführbar sein, dass die EU ihre Streitkräfte zurückzieht, sobald die Grenze zwischen friedensschaffenden und friedenserzwingenden Einsätzen überschritten wird, siehe Dietrich, ESVP, S. 450.

[327] Wiesmann, in: Reiter/ Rummel/ Schmidt (Hrsg.), Europas ferne Streitmacht, S. 233, 242.

fällt auch in den exemplarischen Katalog der Petersberg-Aufgaben nach Art. 17 Abs. 2 EUV. Damit ordnet er sich zwanglos in das für das operative Krisenmanagement ausdrücklich vorgesehene Instrumentarium des EU-Vertrages ein.

d) Beschluss des Rates 2003/432/GASP

Am 12. Juni 2003 erging der Beschluss des Rates 2003/432/GASP über die Einleitung der militärischen Operation der EU in der Demokratischen Republik Kongo.[328]

Der Beschluss stützte sich auf Art. 17 Abs. 2, 25 EU-Vertrag/ Nizza und die Gemeinsame Aktion 2003/423/GASP vom 5. Juni 2003, insbesondere deren Art. 6, nach dem der Rat über die Einleitung der Operation beschließt.

aa) Rechtliche Einordnung

Rechtlich könnte es sich um einen Durchführungsbeschluss bzw. einen Beschluss zur Implementierung der Gemeinsamen Aktion 2003/423/GASP handeln. D.h., dass er gem. Art. 23 Abs. 2 S. 1 zweiter Spiegelstrich EUV auch hätte mit qualifizierter Mehrheit angenommen werden können. Zwar besteht ein weiter Beurteilungsspielraum für die Definition des Durchführungsbeschlusses, allerdings ist Art. 23 Abs. 2 EUV darin als Rechtsgrundlage anzugeben.[329] Da der Beschluss des Rates 2003/432/GASP Art. 23 Abs. 2 EU-Vertrag aber nicht als Rechtsgrundlage nennt, kann es sich auch nicht um einen Durchführungsbeschluss handeln.

Stattdessen handelt es um die förmliche Einleitung der Operation. Krisenbewältigungsoperationen der EU sind in der Praxis stets als Gemeinsame Aktion beschlossen worden, in der Regel ergänzt durch separate Beschlüsse, in denen die konkrete Einleitung der Operation angeordnet wird bzw. früher die WEU um ihre Durchführung ersucht wurde.[330]

---

[328] ABl. L 147 vom 14. Juni 2003, S. 42.

[329] Kaufmann-Bühler/ Meyer-Landrut, in: Grabitz/ Hilf, Bd. I, 38. EL, Art. 23 EUV Rn. 18, 19.

[330] Kielmansegg, Verteidigungspolitik der EU, S. 259.

bb) Operative Bestimmungen

Der Rat hat das Politische und Sicherheitspolitische Komitee ermächtigt, die relevanten Entscheidungen bezüglich der politischen Kontrolle und der strategischen Planung der Operation zu treffen, vgl. bereits Art. 7 der Gemeinsamen Aktion 2003/423/GASP und den dritten Erwägungsgrund der Gemeinsamen Aktion 2003/432/GASP. Außerdem billigte er den Operationsplan und die Einsatzregeln, Art. 1 und 2 des Beschlusses.

Die Militäroperation ist noch am gleichen Tag (12. Juni 2003) eingeleitet worden. Dazu wurde der *Operation Commander*, also der Befehlshaber der Operation, ermächtigt, den Aktivierungsbefehl zu erteilen.

cc) Fazit

Während die Gemeinsame Aktion 2003/423/GASP die Grundparameter der Operation Artemis festlegt, leitet der zweite Beschluss 2003/432/GASP die Operation förmlich ein. Dabei handelt es sich um ein typisches zweistufiges Verfahren, das auf europarechtlicher Ebene sowohl bei militärischen als auch bei zivilen Einsätzen angewandt wird.

e) Rolle des Europäischen Parlaments

Das Europäische Parlament hat an der Gemeinsamen Aktion 2003/423/GASP und dem Beschluss 2003/432/GASP zur Einleitung der Operation in der Demokratischen Republik Kongo nicht mitgewirkt. Nach Art. 21 EUV steht dem EP auch kein Mitwirkungs- bzw. Mitentscheidungsrecht zu, sondern lediglich Informations- und Anhörungsrechte. Da es sich bei der Aktion in Kongo um eine militärische ESVP-Operation gehandelt hat, bestand für das Europäische Parlament auch keine Möglichkeit, über die Finanzierung Einfluss zu nehmen.[331]

2. Vertrag von Lissabon

Die Entscheidungsstrukturen der Europäischen Sicherheits- und Verteidigungspolitik haben sich durch den Vertrag von Lissabon nicht we-

---

[331] Siehe auch die allgemeine Darstellung der Rolle des Europäischen Parlaments in der GASP/ ESVP unter Punkt B. I. 9. b).

sentlich geändert. Hinsichtlich des politischen Entscheidungsprozesses und der institutionellen Strukturen der Verteidigungsdimension bringt der Vertrag von Lissabon zwar einige Klarstellungen und Modifikationen, aber kaum grundlegende Veränderungen. So ergeben sich keine Änderungen an der Entscheidungskette Rat-PSK-EUMC-EUMS im Rahmen eines operativen Vorgehens innerhalb der GASP/ ESVP. Auch das zweistufige Verfahren für die Durchführung militärischer und ziviler Operationen wird beibehalten. Lediglich die Gemeinsame Aktion wird infolge der formalen Auflösung der Säulenstruktur und der damit einhergehenden einheitlichen Benennung der Instrumente in den Begriff „Beschluss" umbenannt.[332] Gemäß Art. 28 Abs. 1 UAbs. 1 des EU-Vertrages von Lissabon erfolgt das operative Vorgehen der Union mittels eines Beschlusses. Wie Art. 14 EUV/ Nizza sind in diesem Beschluss die Einzelheiten der Durchführung näher zu bestimmen, insbesondere ihre Ziele, ihr Umfang, die zur Verfügung stehenden Mittel sowie die Bedingungen und ggf. der relevante Zeitraum. Nach Art. 28 Abs. 2 EUV/ Lissabon sind die Beschlüsse für die Mitgliedstaaten bindend. Dies entspricht dem Regelungsgehalt von Art. 14 Abs. 3 EUV/ Nizza. Weiter kann das PSK – wie unter dem EU-Vertrag von Nizza – gemäß Art. 38 des EU-Vertrages von Lissabon vom Rat ermächtigt werden, geeignete Beschlüsse hinsichtlich der politischen Kontrolle und strategischen Leitung einer Operation zu fassen. Ebenso wie Art. 17 Abs. 2 EUV/ Nizza bildet auch der erweiterte Katalog der Petersberg-Aufgaben in Art. 43 Abs. 1 des EU-Vertrages von Lissabon eine besonders klare Rechtsgrundlage für die ausdrücklich genannten Typen von Einsätzen, ohne den operativen Handlungsspielraum der EU nach Art. 28 EUV/ Lissabon zu beschränken. Schließlich hat es auch in Bezug auf die Rolle des Europäischen Parlaments nach Art. 36 EUV/ Lissabon keine Änderungen gegeben. Es bleibt unter dem EU-Vertrag von Lissabon dabei, dass dem EP im Bereich der ESVP lediglich Informations- und Anhörungsrechte zukommen.[333]

3. „Gewaltenteilung" in der EU?

An Entscheidungen der Europäischen Sicherheits- und Verteidigungspolitik sind Rat, Kommission, Parlament und die Mitgliedstaaten in un-

---

[332] Siehe schon die Ausführungen unter Punkt B. I. 13. b).

[333] Siehe oben unter B. I. 13.

terschiedlicher Weise beteiligt. Es soll nun untersucht werden, ob man deshalb von einer „Gewaltenteilung“ in der EU sprechen kann und wie diese genau aussieht. Da Militäreinsätze die körperliche Unversehrtheit und das Leben von Menschen betreffen, stellt sich in diesem Bereich die dringende Frage der Legitimation sowohl staatlichen als auch europäischen Handelns.

a) (Klassische) Definition

Unter Gewaltenteilung versteht man im klassischen Sinn die Zuweisung der drei Hauptaufgaben des Staates (Legislative, Exekutive und Judikative) an drei unterschiedliche und von einander unabhängige Staatsorgane zum Zweck gegenseitiger Beschränkung und Kontrolle.[334] Dem Gewaltenteilungsgrundsatz liegt der Gedanke der Aufteilung der Staatsgewalt in unterschiedliche Staatsfunktionen zu Grunde, um durch wechselseitige Kontrolle, Hemmung und Mäßigung der Teilgewalten *(checks and balances)* zur Begrenzung staatlicher Machtausübung, zu ihrer Berechenbarkeit, Kontrollierbarkeit und Verantwortlichkeit zu gelangen, aber auch um sicherzustellen, dass staatliche Funktionen bestmöglich wahrgenommen werden.[335] Die horizontale Gewaltenteilung beschreibt also die Aufteilung von Macht auf mehrere einander wechselseitig kontrollierende Organe, basierend auf der Unterscheidung zwischen Exekutive, Legislative und Judikative. Das System der *checks and balances* besitzt daneben auch eine vertikale Komponente. Die vertikale Gewaltenteilung sieht die Aufteilung der Macht nach dem Subsidiaritätsprinzip auf verschiedene Ebenen vor.[336] Im Staat betrifft dies die Machtverteilung zwischen Bund und Einzelstaaten, in Deutschland sind dies die Länder. Die vertikale Gewaltenteilung ist in verschiedenen Staatssystemen unterschiedlich ausgeprägt. Eine Ausprägung stellt der Föderalismus dar.[337] Auf europäischer Ebene meint vertikale Gewaltenteilung die Kompetenzverteilung zwischen der EU und ihren Mitgliedstaaten. Eng damit verbunden ist – wie bereits angesprochen – das Sub-

---

[334] Meier/ Nelte/ Schäfer, Wörterbuch zur Sicherheitspolitik, Stichwort „Gewaltenteilung“, S. 153.

[335] Vgl. BVerfGE 68, S. 1, 86; BVerfGE 95, S. 1, 15; Degenhart, StaatsR I, Rn. 265; Grewe, in: Isensee/ Kirchhof (Hrsg.), HdbStR Bd. III, § 77 Rn. 48.

[336] Mangelsdorf, Kompetenzkontrolle im Mehrebenensystem, S. 40f.

[337] Vgl. Doehring, Allg. Staatslehre, Rn. 391.

sidaritätsprinzip: D.h., die jeweils höhere Ebene regelt nur das, was auf der jeweils unteren Ebene nicht genauso gut geregelt werden kann.[338]

Die Wahrnehmung von Außenbeziehungen stellt ein besonderes Problem jeder Theorie der Gewaltenteilung dar und forderte die traditionelle Dreiteilung von Beginn an heraus: Locke ordnete dem auswärtigen Handeln eine eigene Stellung im Gewaltenteilungsschema zu und bezeichnete sie als *Federative Power*.[339] Insofern ist zwischen Gewaltenteilung in innerstaatlichen und auswärtigen Angelegenheiten zu unterscheiden. Dies wird insbesondere deutlich, wenn man einen Blick auf Art. 59 Abs. 2 S. 1 GG wirft, der die Zustimmungsbedürftigkeit für völkerrechtliche Verträge regelt. Danach unterliegen Verträge über die politischen Beziehungen und solche, die sich auf die Gesetzgebung beziehen, einer parlamentarischen Zustimmung. Damit wird dem Bundestag zwar in bestimmtem Umfang Mitwirkungsbefugnisse an der Willensbildung für die Vornahme von Akten im Bereich der auswärtigen Beziehungen eingeräumt. Gleichzeitig wird diese Mitwirkung sowohl gegenständlich auf Verträge der dort genannten Art als auch inhaltlich auf eine bloße Zustimmung in Form eines Bundesgesetzes beschränkt.[340] Darüber hinaus verleiht Art. 59 Abs. 2 S. 1 GG den gesetzgebenden Körperschaften keine Initiativ-, Gestaltungs- oder Kontrollbefugnis im Bereich der auswärtigen Beziehungen. So kann der Bundestag kraft Art. 59 Abs. 2 S. 1 GG weder verhindern oder erzwingen, dass die Bundesregierung Vertragsverhandlungen unterlässt, aufnimmt oder abbricht oder Vertragsentwürfe bestimmten Inhalts gestaltet, noch kann er erzwingen, dass ein Vertrag, zu dem ein Zustimmungsgesetz im Sinne des Art. 59 Abs. 2 S. 1 GG ergangen ist, von der Exekutive auch abgeschlossen oder nach seinem Abschluss völkerrechtlich beendet oder aufrechterhalten wird.[341] Dagegen sind die parlamentarischen Gestaltungsmöglichkeiten in innerstaatlichen Angelegenheiten wesentlich weiter. Umgekehrt kommt der Exekutive im Rahmen der auswärtigen Gewalt ein weiter Ermessensspielraum zu, dessen gerichtliche Überprüfung sich auf willkürliche Akte beschränkt, um die außenpolitische

---

338 Vgl. Zum Subsidiaritätsprinzip Oppermann/ Classen/ Nettesheim, EuR, § 12 Rn. 23-28.

339 Locke, The second treatise of government, Rn. 146f. (S. 83); Möllers, Gewaltengliederung, S. 370.

340 BVerfGE 68, S. 1, 85.

341 Siehe dazu ausführlich BVerfGE 68, S. 1, 85f. mit dem Hinweis, dass die Sonderregelung des Friedensschlusses in Art. 115 l Abs. 3 GG davon unberührt bleibt.

Handlungsfähigkeit des Staates zu gewährleisten. Dagegen sind Ermessensentscheidungen im innerstaatlichen Bereich in der Regel voll auf sog. Ermessensfehler überprüfbar.[342]

b) Probleme der Übertragung auf die EU

Die Verwendung des Begriffs „Gewaltenteilung", der sich nach klassischer Sicht auf die Nationalstaaten bezieht, ist auf europarechtlicher Ebene gerade deshalb problematisch, weil die EU kein Staat ist.[343] Da die Mitgliedstaaten ihr aber Kompetenzen und damit Hoheitsgewalt übertragen haben, stellt sich auch auf der europarechtlichen Ebene die Frage, ob und inwieweit die Europäische Union selbst gewaltenteilig organisiert ist. Im Gegensatz zur klassischen Dreiteilung der Staatsgewalten (Legislative, Exekutive und Judikative) findet man auf Gemeinschaftsebene grundsätzlich einen viergliedrigen Aufbau (Rat, Kommission, Europäisches Parlament und Gerichtshof).[344] Hinzu kommen auf zweiter Ebene noch die nationalen Mitgliedstaaten, die ihrerseits wiederum als Vertreter im Rat auf der Gemeinschaftsebene partizipieren. Damit sind sie in gewisser Weise den Ländern vergleichbar, die in Deutschland im Bundesrat ebenfalls auf der Bundesebene mitwirken.

Das Verfassungsrecht der Mitgliedstaaten, deren völkerrechtliche Bindung an die Europäische Menschenrechtskonvention (EMRK) und das Unionsrecht selbst (Erwägungsgrund 3 der Präambel des EU-Vertrages, Art. 6 Abs. 1 und Art. 11 Abs. 1 letzter Spiegelstrich EU-Vertrag bzw. Erwägungsgrund 2 der Präambel des EU-Vertrages von Lissabon, Art. 2, 21 Abs. 1 EUV/ Lissabon sowie Art. 6 Abs. 2 des EU-Vertrages von Lissabon, der den Beitritt der Europäischen Union zur EMRK ermöglicht) erfordern eine der Struktur angepasste Übertragung rechtsstaatlicher Anforderungen auf die EU.[345] Die Gewaltenteilung dient insofern der rechtsstaatlichen Machtbegrenzung. Im Interesse der Freiheit und

---

[342] Vgl. BVerfGE 55, S. 349, 367f.; BVerfGE 68, S. 1, 86.

[343] Dies sei keine systemgerechte Kategorie für die Europäische Union, vgl. Haratsch, in: Demel/ Hausotter/ Heibeyn u.a. (Hrsg.), Funktionen und Kontrolle der Gewalten, S. 199, 203, 209; Mangelsdorf, Kompetenzkontrolle im Mehrebenensystem, S. 249.

[344] Läufer, Organe der EG, S. 216f.

[345] Bleckmann, JZ 2001, S. 53f.; Schuppert, in: Heyde/ Schaber (Hrsg.), Demokratisches Regieren in Europa?, S. 65, 73f.; Streinz, in: Streinz (Hrsg.), Art. 7 EGV Rn. 14; Mayer, AVR 41 (2003), S. 394, 407.

Sicherheit der Bürger soll einer Machtkonzentration und der damit verbundenen Gefahr des Machtmissbrauchs durch Verteilung der Aufgaben und Kompetenzen vorgebeugt werden.[346]

c) *Grundsatz der Rechtsstaatlichkeit auf europäischer Ebene*

Wenn die Mitgliedstaaten der EG/ EU wesentliche Bestandteile ihrer bisher staatlichen Befugnisse übertragen, müssen auf Gemeinschaftsebene dieselben Grundanschauungen der pluralen, liberalen und sozialen Demokratie sowie des gewaltenteilenden Rechtsstaates wie innerhalb der Mitgliedstaaten erkennbar werden. Ebenso wenig wie nichtdemokratische Staaten Mitglied der Union werden oder auf Dauer bleiben können (Art. 6 EU-Vertrag), kann die Gemeinschaft im Kern wesensmäßig anders strukturiert sein als ihre Glieder.[347] Dies wird unterstrichen durch die Kopenhagener Erklärung der EG-Staats- und Regierungschefs zur Demokratie vom 7. und 8. April 1978[348] und Erwägungsgrund 3 der Präambel des EU-Vertrages sowie Erwägungsgrund 2 der Präambel des EU-Vertrages von Lissabon.

In Art. 6 Abs. 1 und Art. 11 Abs. 1 letzter Spiegelstrich EU-Vertrag sowie in Art. 2, 21 Abs. 1 des EU-Vertrages von Lissabon bekennt sich die EU zur Rechtsstaatlichkeit. Ein Element der Rechtsstaatlichkeit ist die Gewaltenteilung. Der EuGH hat demgemäß bereits früh festgestellt, dass die EU bzw. (damalige) EG eine Rechtsgemeinschaft ist.[349]

---

[346] Vgl. Maurer, Staatsrecht, § 12 Rn. 2.

[347] Kaufmann, Europäische Integration und Demokratieprinzip, S. 101; Oppermann/ Classen/ Nettesheim, EuR, § 7 Rn. 12f., 13, 17 sowie § 16.

[348] Bulletin EG 3-1978, S. 5f.

[349] EuGH, Rs. 294/83, Slg. 1986, S. 1339, 1365, Rn. 23 (Les Verts); Gutachten 1/91 vom 14.12.1991, Slg. 1991, I-6079, 6102, Rn. 21; dabei hat der EuGH in ständiger Rechtsprechung den Begriff des „institutionellen Gleichgewichts" geschaffen; danach haben die Verträge ein System der Zuständigkeiten zwischen den verschiedenen Organen der Gemeinschaft geschaffen, das jedem Organ seinen eigenen Auftrag innerhalb des institutionellen Gefüges der Gemeinschaft und bei der Erfüllung der dieser übertragenen Aufgaben zuweist, vgl. EuGH, Rs. 9/56, Slg. 1958, 1, 36ff. (Meroni I); EuGH, Rs. 10/56, Slg. 1958, S. 51, 75ff. (Meroni II); EuGH, Rs. 138/79, Slg. 1980, S. 3333, Rn. 33 (Roquette Frères-Isoglucose/ Rat); EuGH, Rs. C-70/88, Slg. 1990, I-2041, Rn. 21-26 (EP/ Rat); EuGH, Rs. C-21/94, Slg. 1995, I-1827, Rn. 17 (EP/ Rat); Calliess, in: Calliess/ Ruffert (Hrsg.), Art. 7 EGV Rn. 8; in der Rechtsprechung des Gerichtshofes

Das Ziel der Gewaltenteilung, als Mittel der Freiheitsbewahrung und Rechtsstaatlichkeit verstanden, ist ein Strukturprinzip, das auf Gemeinschaftsebene durch ein (der Integration adäquates) System mehrerer Mittel verwirklicht werden soll. Dazu zählen die jeweils nur beschränkte Kompetenzzuweisung an die Gemeinschaftsorgane unter Versagung einer Kompetenz-Kompetenz, die Verschränkung der Willensbildungs- und Entscheidungsprozesse zwischen den Organen und ihre Besetzung, Struktur und Stellung sowie die grundsätzliche Kontrolle durch eine unabhängige Gerichtsbarkeit.[350] Einem bestimmten Modell entsprechen weder die Aufgaben noch das Verhältnis der Organe zueinander. So sind Legislativfunktionen zwischen Rat, Parlament und Kommission aufgeteilt, die Exekutivfunktionen werden von Rat und Kommission wahrgenommen, Funktionen der Rechtskontrolle nimmt der Gerichtshof wahr.[351] Dabei bildet im Wesentlichen diese Rechtskontrolle des EuGH über den Rat das Gegengewicht zu dessen starker Stellung, die der Rat auch in der ersten Säule innehat. Die vertikale Gewaltenteilung in der ersten Säule wird vor allem durch das Prinzip der begrenzten Einzelermächtigung in Art. 5 Abs. 1 EG-Vertrag bzw. Art. 5 Abs. 2 EUV/ Lissabon und das Subsidaritätsprinzip in Art. 5 Abs. 2 EG-Vertrag bzw. Art. 5 Abs. 3 des EU-Vertrages von Lissabon sowie durch die Klagemöglichkeiten der Mitgliedstaaten vor dem EuGH (insbes. Art. 230 ff. EG-Vertrag bzw. Art. 263 ff. AEUV) verwirklicht. Der eigentliche Sinn des Gewaltenteilungsprinzips, durch Funktionen- und Machtverteilung auf unterschiedliche Organe die politische Gewalt zu mäßigen, ist in diesen besonderen Formen auch in der ersten Säule verwirklicht. Verbesserungen vor allem bei der Kontrolle des Rates bleiben aber denkbar.[352]

---

dient das Prinzip hauptsächlich zur Beurteilung von Kompetenzverschiebungen zwischen den Organen.

350 Calliess, in: Calliess/ Ruffert (Hrsg.), EUV/ EGV, Art. 7 EGV Rn. 15; siehe auch Möllers, Gewaltengliederung, S. 379.

351 Bieber, in: v.d. Groeben/ Schwarze (Hrsg.), EUV/ EGV, 6. Aufl., Bd. 1, Art. 7 EGV Rn. 6; Schütz, in: Demel/ Hausotter/ Heibeyn u.a. (Hrsg.), Funktionen und Kontrolle der Gewalten, S. 19, 24.

352 Vgl. Oppermann/ Classen/ Nettesheim, EuR, § 7 Rn. 12.

d) Außen-, Sicherheits- und Verteidigungspolitik

Die ESVP baut auf den Strukturen und besonderen Verfahren der GASP auf. Das bedeutet, dass Entscheidungen auch in diesem Bereich ausschließlich dem Rat der Europäischen Union vorbehalten sind, der diese auf der Grundlage der vom Europäischen Rat festgelegten allgemeinen Leitlinien trifft. Der Europäische Rat ist wegen seiner Leitlinienkompetenz das für die Grundsätze der GASP verantwortliche Organ, während der Rat das Organ ist, dem bei der praktischen Ausführung der GASP eine Schlüsselrolle zukommt. Die starke Position des Rates beruht einerseits darauf, dass er umfassend zuständig und verantwortlich ist für alle Fragen der GASP, und andererseits darauf, dass die Stellung der anderen Organe (Kommission, Parlament, Gerichtshof) im Bereich der GASP eher schwach ist.[353] Das Verhältnis der Organe ist im Bereich der GASP und der ESVP zugunsten des Rates und des Ratsvorsitzes verschoben.[354] Der Rat „Allgemeine Angelegenheiten" als Leitungsorgan für die GASP beschließt, welche Krisenbewältigungsaktionen die EU durchführen kann. Sowohl die Kommission als auch das Europäische Parlament spielen im Bereich des militärischen Krisenmanagements keine Rolle. Normalerweise stellt dann aber die Rechtskontrolle des EuGH über den Rat das Gegengewicht zu dessen starker Stellung dar.[355] Gemäß Art. 46 EU-Vertrag/ Nizza besteht für den Bereich der GASP und damit auch für den der ESVP aber keine Zuständigkeit des EuGH. Dies ändert sich auch unter dem Vertrag von Lissabon nicht, vgl. Art. 24 Abs. 1 UAbs. 2 S. 6 EUV/ Lissabon i.V.m. Art. 275 Abs. 1 AEUV. Damit kommt keinem anderen Organ eine Mitentscheidungsbefugnis oder eine echte Kontrollbefugnis im Rahmen der GASP/ ESVP zu. Letztlich hat nur der Rat Entscheidungskompetenzen.[356]

Dies ist bedingt durch den besonderen Charakter der Außen-, Sicherheits- und Verteidigungspolitik, die traditionell Bereiche nationaler Souveränität sind und verstärkt auf dem politisch-diplomatischen Weg verfolgt werden. Die Außen- und Sicherheitspolitik ist auch in den Mit-

---

353 Semrau, GASP, S. 127; vgl. auch die Ausführungen unter Punkt B. II. 1. b).

354 Kutscher, EuR 1981, S. 392, 410; Semrau, GASP, S. 112; Wichard, in: Calliess/ Ruffert (Hrsg.), Art. 5 EUV Rn. 6.

355 Constantinesco, EG I, S. 361; Oppermann/ Classen/ Nettesheim, EuR, § 7 Rn. 13, 17; siehe auch die Ausführungen unter Punkt B. II. 1. c).

356 Semrau, GASP, S. 127; siehe auch Scheffler, Die EU als rechtlich-institutioneller Akteur im System der VN, S. 241f.

gliedstaaten überwiegend Sache der Regierungen und allenfalls begrenzt justitiabel.[357]

Außer den Zielen und Grenzen des Handelns aus Art. 11 EUV bzw. Art. 24 des EU-Vertrages von Lissabon ergeben sich die Grenzen der GASP vor allem aus dem Interesse der Mitgliedstaaten, ihre Eigenständigkeit zu erhalten, und dem verfahrensrechtlichen Schutz dieses Interesses durch das Erfordernis einstimmiger Abstimmung im Rat (Art. 23 Abs. 1 EUV bzw. Art. 31 Abs. 1 EUV/ Lissabon).[358]

e) Demokratische Legitimation

Das Hauptproblem der Gewaltenteilung im Bereich der Außenpolitik ist die demokratische Legitimation bzw. parlamentarische Kontrolle des Handelns der Exekutive.

Während sich die Mitwirkungsmöglichkeiten des EP seit Maastricht nicht weiter entwickelt haben, ist die Rolle des Rates im Bereich der zweiten Säule immer wieder gestärkt worden. Der Rat mitsamt seinem militärischen Unterbau von PSK, Militärausschuss und Militärstab entzieht sich weitgehend dem parlamentarischen Einfluss. Im Verhältnis zwischen Europäischen Parlament und Rat mangelt es an jener Kernkompetenz aller nationalen Parlamente – nämlich die Regierung über die Vertrauensfrage stürzen zu können, falls deren Politik mit der Parlamentsmehrheit nicht mehr übereinstimmt (vgl. z.B. Art. 67 GG; Art. 46 belg. Verf.; § 15 dän. Verf.; Art. 47 franz. Verf.; Art. 43 fin. Verf.; Art. 94 ital. Verf.; Art. 194 port. Verf.; Art. 113 span. Verf.).[359] Dieser Befund sollte aber nicht überbewertet werden. Denn zum einen ist dieses Mittel nur als *ultima ratio* vorgesehen, zum anderen kann es von Seiten der Regierung auch in die umgekehrte Richtung instrumentalisiert werden wie das Beispiel des ehemaligen deutschen Bundeskanzlers Gerhard Schröder zeigt, der anlässlich der deutschen Beteiligung am sog. Krieg

---

[357] Bieber, in: Beutler/ Epiney/ Haag, Die EU, § 35 Rn. 5; Grewe, in: Isensee/ Kirchhof (Hrsg.), HdbStR Bd. III, § 77 Rn. 11; Kugelmann, EuR Beiheft 2/1998, S. 99, 117; Mayer, AVR 41 (2003), S. 394, 398f.

[358] Trüe, System der Rechtsetzungskompetenzen der EG und der EU, S. 323.

[359] So auch Schmidt-Radefeldt, Parlamentarische Kontrolle der int. Streitkräfteintegration, S. 259, 266, 281f. sowie Mangelsdorf, Kompetenzkontrolle im Mehrebenensystem, S. 250 und ähnlich Maurer, swp-Studie S 11 (April 2004), S. 8.

gegen den Terrorismus in Afghanistan 2001 im Bundestag die Vertrauensfrage gestellt hat und so eine deutsche Beteiligung ermöglichte.

Die Frage, wie sich die Parlamente in den Entscheidungsprozess einbringen, ist eine innerstaatliche Angelegenheit. Zwar besteht ein Einfluss des Parlaments, allerdings ist dieser im Detail bei außen- und sicherheitspolitischen Angelegenheiten geringer und beschränkt sich teilweise auf die allgemeine parlamentarische Verantwortung der Regierung sowie die haushaltsrechtliche Kontrolle.[360] Selbst in Deutschland beschränkt sich die Beteiligung der parlamentarischen Volksvertretung auf einige wesentliche Entscheidungsvollmachten, insbesondere auf die Zustimmung zu bestimmten völkerrechtlichen Verträgen nach Art. 59 Abs. 2 GG.[361]

Im institutionellen System der Union fehlt eine Regierung, die sich zur Ausübung ihrer Aufgaben auf eine parlamentarische Mehrheit stützen müsste.[362] Der bislang rotierende Vorsitz im Rat erschwert dies weiter. Ansätze für eine parlamentarische Kontrolle sind lediglich im ersten Pfeiler ersichtlich. Im Rahmen der zweiten Säule ist das Europäische Parlament von den Exekutivorganen getrennt.[363] Der Rat wird nicht durch andere EU-Organe, sondern infolge des in der europäischen Sicherheits- und Verteidigungspolitik geltenden Einstimmigkeitsprinzips durch die Mitgliedstaaten kontrolliert. Daher wird im Rahmen der GASP und ESVP die – unterentwickelte – horizontale Gewaltenteilung durch die vertikale Gewaltenteilung kompensiert. Die horizontale Verlagerung auf den Rat zieht damit auch eine vertikale Verlagerung nach sich. Mangels jeglicher parlamentarischen Kontrolle durch das EP bei ESVP-Entscheidungen ist in diesem Bereich die Kontrolle nur über die nationalen Parlamente herzustellen. Fraglich bleibt, ob dies den Mangel an horizontaler Gewaltenteilung auch inhaltlich kompensieren kann.

Insofern fallen die Eigenheiten der EU-Mitgliedstaaten hinsichtlich der parlamentarischen Einflussnahme auf den Einsatz von Streitkräften besonders ins Gewicht.[364] Dabei ist zu bedenken, dass die rechtlichen Ein-

---

[360] Siehe dazu insbesondere die Ausführungen unter dem fortlaufenden Gliederungspunkt.

[361] Vgl. Badura, StaatsR, S. 379f.

[362] Mangelsdorf, Kompetenzkontrolle im Mehrebenensystem, S. 132; Maurer, in: Weidenfeld/ Wessels (Hrsg.), Europa von A bis Z, S. 192, 198.

[363] Mangelsdorf, Kompetenzkontrolle im Mehrebenensystem, S. 250.

[364] Mittag, Parliamentary Dimension of CFSP/ ESDP, S. 1f.; Rummel, in: Reiter/ Rummel/ Schmidt (Hrsg.), Europas ferne Streitmacht, S. 165, 174;

flussmöglichkeiten der nationalen Parlamente sehr differieren. Dies hängt auch von den konkreten politischen Konstellationen ab,[365] und soll nun genauer untersucht werden.

aa) Einheitliche Legitimation für Militäreinsätze der EU

Das Problem einer einheitlichen Legitimation für Militäreinsätze der EU ergibt sich daraus, dass die Mitgliedstaaten nur nach ihren jeweiligen verfassungsrechtlichen Gegebenheiten verpflichtet sind, im Rahmen einer Gemeinsamen Aktion Truppen zur Verfügung zu stellen.

Es soll nun exemplarisch die Legitimation für Militäreinsätze der EU in einigen Mitgliedstaaten dargestellt werden. Dabei berücksichtigt die Auswahl der Staaten – Dänemark, Deutschland, Frankreich, Schweden, Großbritannien, Italien, Spanien und Polen – größere und kleinere Länder, nördliche und südliche, zentralisierte und dezentralisierte Staaten, Länder mit einem starken und solche mit einem schwachen Parlament.[366] Zu den europäischen Partnerstaaten, mit denen Deutschland ständige multinationale Verbände gebildet hat, zählen darunter Dänemark, Frankreich, Großbritannien, Polen und Spanien.[367]

Die Auswahl der Staaten orientiert sich auch an ihrem verteidigungspolitischen Gewicht. So tragen die sechs wichtigsten waffenproduzierenden Staaten der EU (Großbritannien, Frankreich, Deutschland, Italien, Spanien und Schweden) rund 80 Prozent der gesamten Verteidigungsausgaben und 98 Prozent des finanziellen Aufwands im Bereich *Research and Development*.[368]

Daran schließen sich Überlegungen zu einer einheitlichen Legitimation für Militäreinsätze der EU an.

Schmidt-Radefeldt, in: Fischer/ Froissart/ Heintschel von Heinegg/ Raap (Hrsg.), FS Fleck, S. 489, 491 weist in diesem Zusammenhang zutreffend darauf hin, dass die demokratische Rückbindung der einzelnen Truppenteile unterschiedlich stark ausgestaltet ist und die (parlamentarische) Legitimation einer EU-Operation als ganzes nicht einheitlich ausfällt.

[365] Hölscheidt, Integration 3/2008, S. 254, 256.

[366] So auch Mittag, Parliamentary Dimension of CFSP/ ESDP, Annex III, S. 107.

[367] Vgl. Nolte/ Krieger, Europäische Wehrrechtssysteme, S. 17.

[368] Dilp/ Siedschlag, Analysestandpunkt 3 (Febr. 2006), Umdruck nach www.european-security.info, S. 11f.

(1) Dänemark

Dänemark hat nach dem ersten (negativen) Referendum zum Vertrag von Maastricht eine Protokollerklärung abgegeben, die besagt, dass es sich nicht an der Ausarbeitung und Durchführung von Beschlüssen und Maßnahmen der Union mit verteidigungspolitischen Bezügen beteiligt (Art. 6 des Protokolls[369] bzw. Art. 5 des Protokolls Nr. 22 zum EU-Vertrag von Lissabon[370]). Es will allerdings die übrigen Mitgliedstaaten an einer entsprechenden Zusammenarbeit nicht hindern.[371] Obwohl es sich momentan aufgrund dieser Sonderstellung in der GASP (*opt-out*) (noch) nicht an der Ausarbeitung und Durchführung von Beschlüssen und Maßnahmen der EU mit verteidigungspolitischen Zügen beteiligt, soll die dänische Legitimation für Militäreinsätze dennoch untersucht werden. Dies scheint gerade im Zusammenhang mit einer möglichen Aufhebung der dänischen Sonderrolle (ebenfalls durch ein Referendum) interessant.[372] Denn das Zusammentreffen des dänischen *opt-out* mit der rasanten Weiterentwicklung der ESVP setzt Dänemark zusehends unter Druck.[373]

Im Verteidigungssektor verfolgt Dänemark eine klare atlantische Ausrichtung.[374]

Der König hat nach Art. 3 der dänischen Verfassung die exekutive Gewalt inne, einschließlich des innerstaatlichen Kommandos über die Streitkräfte. Art. 19 der Verfassung bestätigt, dass der König den Staat in internationalen Angelegenheiten vertritt, was die Entscheidung über den Einsatz der Streitkräfte im Ausland einschließt. Alle Kompetenzen des Königs müssen jedoch durch Minister, die dem Parlament (Folke-

---

[369] Vgl. Protokoll Nr. 5 über die Position Dänemarks (1997), ABl. C 321 E vom 29.12.2006, S. 201.

[370] ABl. C 83 vom 30.03.2010, S. 299ff.

[371] Burghardt/ Tebbe/ Marquardt, in: v.d. Groeben/ Schwarze, EUV/ EGV, 6. Aufl., Bd. 1, Art. 17 EUV Rn. 3; Kaufmann-Bühler, in: Grabitz/ Hilf, Bd. I, 38. EL, Art. 17 EUV Rn. 15.

[372] Die dritte dänische Regierung von Konservativen und Venstre unter Ministerpräsident Rasmussen wollte versuchen, diesen EU-Vorbehalt (ebenso wie die drei übrigen) durch eine neue Volksabstimmung abzuschaffen, vgl. FAZ vom 26.11.2007, S. 13.

[373] Mittag, Parliamentary Dimension of CFSP/ ESDP, Annex III, S. 119.

[374] Vgl. Mittag, Parliamentary Dimension of CFSP/ ESDP, Annex III, S. 118.

ting) gegenüber verantwortlich sind, ausgeübt werden (Art. 12 der dänischen Verfassung).[375]

Die dänische Verfassung bewahrt das Ressortprinzip. D.h., die Regierung besitzt formal keine Kompetenzen bzgl. der Entsendung von Streitkräften. Da jedoch der Premierminister die Kompetenz hat, die Reichweite der Entscheidungsbefugnisse der einzelnen Minister zu bestimmen, ist es in der Praxis immer die Regierung als Ganzes, die in Kabinettssitzungen über den Einsatz der Streitkräfte entscheidet.[376]

Die dänische Verfassung kennt eine verfassungsrechtlich festgeschriebene formelle Zustimmungskompetenz des Parlaments für den Einsatz dänischer Streitkräfte. Art. 19 Abs. 2 der dänischen Verfassung bestimmt in diesem Zusammenhang u.a., dass der König – außer zur Verteidigung gegen einen bewaffneten Angriff auf das Königreich – ohne Zustimmung des Folketing keine militärischen Machtmittel gegen einen fremden Staat zur Anwendung bringen kann. Bemerkenswerterweise wird diese Norm – offenbar entgegen ihrem Wortlaut – so interpretiert, dass die Regierung einen bewaffneten Angriff unmittelbar zurückschlagen kann, aber für weitere Verteidigungsmaßnahmen die Zustimmung des Parlaments einholen muss.[377]

Hinsichtlich des Einsatzes der Streitkräfte in kollektiven Sicherheitseinsätzen wird Art. 19 Abs. 2 der dänischen Verfassung so ausgelegt, dass es sich nur dann, wenn die Regierung des Zielstaates zustimmt, nicht mehr um einen Einsatz der Streitkräfte „gegen einen fremden Staat" handelt. Dies bedeutet im Umkehrschluss, dass immer dann, wenn die Regierung des Zielstaates dem Einsatz nicht zustimmt (zum Beispiel bei UN-Einsätzen, die allein in Kapitel VII der VN-Charta ihre Rechtsgrundlage haben), das dänische Parlament dem Einsatz zustimmen muss. Zusätzlich zu Art. 19 Abs. 2 der dänischen Verfassung erfordert Art. 19 Abs. 1 derselben die Zustimmung des Parlaments vor der Übernahme von Verpflichtungen von „großer Bedeutung" – was auch Verpflichtungen zum Einsatz der Streitkräfte mit der Zustimmung der betroffenen Regierung einschließen kann, etwa für kollektive Sicherheitsmaßnahmen. Bislang wurde jedoch dieses Erfordernis durch bestimmte internationale Verträge (VN-Charta, NATO-Vertrag) selbst

---

[375] Nolte/ Krieger, Europäische Wehrrechtssysteme, S. 55.

[376] Nolte/ Krieger, Europäische Wehrrechtssysteme, S. 59.

[377] So Nolte/ Krieger, Europäische Wehrrechtssysteme, S. 62.

als erfüllt angesehen und nicht auf konkrete Einsätze bezogen, die auf der Grundlage derartiger Verträge stattfanden.[378]

Weiter verlangt Art. 19 Abs. 2 der dänischen Verfassung, dass jede Maßnahme, die in Ausführung dieser Bestimmung getroffen wird, unverzüglich dem Parlament mitgeteilt wird. Diese Verpflichtung zur Information ist nicht auf diejenigen Fälle beschränkt, in denen die Zustimmung des Parlaments erforderlich ist, sondern erstreckt sich außerdem auf Einsätze zum Zwecke der Verteidigung. Zusätzlich verpflichtet Art. 19 Abs. 3 der dänischen Verfassung die Regierung vor Übernahme einer Verpflichtung von größerer Bedeutung dazu, einen parlamentarischen Ausschuss zu konsultieren.[379]

(2) Deutschland

In Deutschland ist für Einsätze der Bundeswehr im Ausland neben einem Beschluss der Regierung auch die Zustimmung des Bundestages erforderlich. Die in den Vorschriften des Grundgesetzes vor dem Hintergrund der deutschen Verfassungstradition seit 1918 zum Ausdruck kommende Entscheidung für eine umfassende parlamentarische Kontrolle der Streitkräfte lässt nach dem Bundesverfassungsgericht (BVerfG) ein der Wehrverfassung zugrundeliegendes (ungeschriebenes) Prinzip erkennen, nach dem der Einsatz bewaffneter Streitkräfte der konstitutiven, grundsätzlich vorherigen Zustimmung des Bundestages unterliege.[380] Der verfassungsrechtlich geforderte Parlamentsvorbehalt gelte ungeachtet näherer gesetzlicher Ausgestaltung unmittelbar kraft Verfassung.[381] Dieser konstitutive Parlamentsvorbehalt besagt, dass für den Einsatz von bewaffneten Bundeswehrsoldaten im Ausland grundsätzlich die vorherige Zustimmung des Bundestages notwendig ist. Ebenso muss der Bundestag einer Verlängerung oder Erweiterung des Einsatzes zustimmen. Bei Gefahr im Verzug darf die Bundesregierung den sofortigen Einsatz von Streitkräften beschließen. Sie muss dann aber umgehend den Bundestag damit befassen, der das Recht hat, die Streitkräfte zurückzurufen.[382] Dem Legislativauftrag des BVerfG bzgl. der im Urteil offen gelassenen Punkte kam der Gesetzgeber erst zehn

---

378 Vgl. Nolte/ Krieger, Europäische Wehrrechtssysteme, S. 62.

379 Nolte/ Krieger, Europäische Wehrrechtssysteme, S. 63.

380 BVerfGE 90, S. 286, 387.

381 BVerfGE 90, S. 286, 389f.

382 BVerfGE 90, S. 286, 381-388.

Jahre nach Erlass des Urteils nach, indem er das Parlamentsbeteiligungsgesetz (ParlBG) verabschiedete.[383] Danach muss die Bundesregierung (als Kollektivorgan) vor der Truppenentsendung einen Antrag auf parlamentarische Zustimmung stellen, sofern ein solcher Einsatz gegeben ist. Der Antrag hat nach § 3 ParlBG Angaben über den Einsatzauftrag, das Einsatzgebiet, die rechtlichen Grundlagen des Einsatzes, die einzusetzenden Soldaten, die Fähigkeiten der einzusetzenden Streitkräfte, die geplante Dauer des Einsatzes und die voraussichtlichen Kosten sowie die Finanzierung zu enthalten. „Vorratsbeschlüsse" und zeitlich unbefristete Beschlüsse sind untersagt, die Zustimmungsbeschlüsse müssen sich auf konkrete Maßnahmen beziehen. Das Parlament entscheidet danach letztlich über die Grundsätze der jeweiligen Einsätze.[384]

Das BVerfG hat seine Rechtsprechung inzwischen weiter entwickelt. Grundsätzlich bedarf jeder bewaffnete Einsatz der Streitkräfte einer vorherigen Entscheidung des Bundestages. Der Parlamentsvorbehalt sei „parlamentsfreundlich" auszulegen und vom Verfassungsgericht voll überprüfbar. Für den Parlamentsvorbehalt komme es darauf an, ob im Einsatzzusammenhang und nach den Umständen die Einbeziehung deutscher Soldaten in bewaffnete Auseinandersetzungen konkret zu erwarten sei. Die bloße Möglichkeit, dass es zu bewaffneten Auseinandersetzungen komme, reiche dazu nicht aus. Vielmehr bedarf es der qualifizierten Erwartung. Hierfür bedürfe es hinreichend greifbarer tatsächlicher Anhaltspunkte, dass ein Einsatz nach seinem Zweck, den konkreten politischen und militärischen Umständen sowie den Einsatzbefugnissen in die Anwendung von Waffengewalt münden kann. Ein Anhaltspunkt dafür liegt vor, wenn deutsche Soldaten im Ausland Waffen mit sich führen und ermächtigt sind, von ihnen Gebrauch zu machen.[385] In seiner Entscheidung zum Lissabon-Vertrag vom 30. Juni 2009 hat das BVerfG bekräftigt, dass der konstitutive Parlamentsvorbehalt integrationsfest sei; dies betreffe aber nur die Entscheidung über

---

383 Gesetz über die parlamentarische Beteiligung bei der Entscheidung über den Einsatz bewaffneter Streitkräfte im Ausland (Parlamentsbeteiligungsgesetz), BGBl. 2005 I, S. 775ff.; siehe auch Fischer-Lescano/ Kreck, ZERP-Diskussionspapier 3/2009, S. 31f.

384 Siehe auch Fischer-Lescano/ Kreck, ZERP-Diskussionspapier 03/2009, S. 31f.

385 BVerfG, Urteil v. 07.05.2008, Az. 2 BvE 1/03, abrufbar unter: http://www.bundesverfassungsgericht.de/entscheidungen/es20080507_2bve000103.html; FAZ vom 08.05.2008, S. 1f.

einen konkreten Einsatz.[386] Das hieße aber auch, der deutsche Vertreter im Rat dürfe einer Vertragsänderung im Rahmen der ESVP, wie der Einführung einer gemeinsamen Verteidigung, die dem deutschen Parlamentsvorbehalt zuwiderläuft, nicht zustimmen.[387]

Der deutsche Bundestag hat der Entsendung von Hilfspersonal zur Unterstützung der Militäroperation in der Demokratischen Republik Kongo am 18. Juni 2003 auf den Antrag der Bundesregierung[388] und die Beschlussempfehlung des Auswärtigen Ausschusses[389] hin zugestimmt. Das Mandat des Deutschen Bundestages erstreckte sich auf die Unterstützung der vom VN-Sicherheitsrat auf französische Initiative hin entsandten Interimseingreiftruppe für Sicherheitsaufgaben im Gebiet Ituri.[390] Dies entspricht auch der Rechtsprechung des BVerfG, das in seinem Urteil vom 12. Juli 1994 festgelegt hat, dass auch Auslandseinsätze innerhalb eines Systems kollektiver Sicherheit dem Zustimmungserfordernis unterliegen.[391]

(3) Frankreich

Dagegen ist in Frankreich die Entscheidung über den Einsatz von Streitkräften im Rahmen der Petersberg-Aufgaben traditionell allein eine Entscheidung des Staatspräsidenten.[392] Seit De Gaulles Präsidentendekret von 1959 gilt die Außen- und Sicherheitspolitik als *domaine réservée* des Staatspräsidenten, der nach der Verfassung als Garant der nationalen Unabhängigkeit und der territorialen Integrität fungiert.[393] Dem Premierminister bleibt heute nicht viel mehr als eine Beratungs-

---

[386] BVerfG, Urteil vom 30. Juni 2009, Az. 2 BvE 2/08, abrufbar unter: http://www.bverfg.de/entscheidungen/es20090630:2bve000208.html, Rn. 255.

[387] BVerfG, Urteil vom 30. Juni 2009, Az. 2 BvE 2/08, abrufbar unter: http://www.bverfg.de/entscheidungen/es20090630:2bve000208.html, Rn. 388ff.

[388] BT-Drucksache 15/1168.

[389] BT-Drucksache 15/1176.

[390] Vgl. Deutscher Bundestag: „Für einen stärkeren UN-Einsatz im Nordosten der Demokratischen Republik Kongo“, http://www.uni-kassel.de/fb10/frieden/regionen/Kongo/bundestag.html; Junkert, Frieden für den Kongo?, S. 13.

[391] BVerfGE 90, S. 286, 345-355.

[392] So auch Weber-Panariello, Nationale Parlamente in der EU, S. 112.

[393] Schmidt-Radefeldt, Parlamentarische Kontrolle der internationalen Streitkräfteintegration, S. 148.

und Koordinierungsfunktion. Die Nationalversammlung gilt in Fragen der Außen- und Sicherheitspolitik (abgesehen von Kriegserklärungen) als nahezu bedeutungslos.[394] Dazu kommt noch, dass Kolonialexpeditionen traditionell nicht als „Kriege" im verfassungsrechtlichen Sinne behandelt werden und daher keiner Kriegserklärung des Parlaments bedürfen. Die Entscheidungsprärogative des Staatspräsidenten im Hinblick auf Streitkräfteeinsätze greift indes nur bei Gefahr im Verzug unbestritten.[395] Art. 16 der französischen Verfassung sieht nämlich (als Spezialfall) vor, dass der Präsident

> „nach Beratung mit dem Premierminister, dem Parlamentspräsidenten und dem Verfassungsgericht [...] in dem Fall, dass die Institutionen der Republik, die Unabhängigkeit der Nation oder die territoriale Integrität [...] einer ernsthaften und gegenwärtigen Bedrohung ausgesetzt sind und wenn die Funktion der Verfassungsorgane aufgehoben ist [...], alle erforderlichen Maßnahmen ergreifen soll."[396]

Hinzu kommen noch die politischen Mehrheitsverhältnisse (Stichwort Kohabitation), die die politische Machtfülle des Präsidenten wesentlich mitbestimmen.[397]

Auch in Frankreich gilt seit 1994 der förmliche Parlamentsvorbehalt, Art. 88-4 der französischen Verfassung. Französische Vertreter im Rat sind angewiesen, die Aussetzung einer Ratsentscheidung zu beantragen, wenn dies vom französischen Parlament gefordert wird.[398] Allerdings kann das Vorbehaltsrecht des Parlaments (wie bislang in Großbritan-

---

[394] Mittag, Parliamentary Dimension of CFSP/ ESDP, Annex III, S. 125f. sowie Siedschlag, in: Reiter/ Rummel/ Schmidt (Hrsg.), Europas ferne Streitmacht, S. 222, 225f.

[395] Schmidt-Radefeldt, Parlamentarische Kontrolle der internationalen Streitkräfteintegration, S. 149.

[396] Vgl. Nolte/ Krieger, Europäische Wehrrechtssysteme, S. 57, Gerkrath, in: Nolte (Hrsg.), European Military Law Systems, S. 275, 292f.

[397] Vgl. Gerkarth, in: Nolte (Hrsg.), European Military Systems, S. 275, 282f., 293.

[398] Art. 88-4 Constitution française, crée par Loi no. 92-554 du 25 juin 1992 constitutionnelle ajoutant à la Constitution un titre „Des Communautés européennes et de l'Union européenne", Journal Officielle du 26 juin 1992, abrufbar unter http://www.legifrance.gouv.fr/affichTexte.do?cidTexte=JORFTEXT000000723466&dateTexte=.

nien) von Seiten der Regierung beliebig genutzt und je nach Interessenlage der Ministerien instrumentalisiert werden.[399]

Nunmehr muss das Parlament infolge einer Verfassungsreform aus dem Sommer 2008 künftig über die Verlängerung eines Auslandseinsatzes entscheiden, sobald dieser vier Monate überschreitet.[400] Damit wird die Allmacht des Präsidenten als *Chef des armées* beschnitten.[401] Infolge des gestiegenen Selbstbewusstseins der Nationalversammlung in außen- und sicherheitspolitischen Fragen ist damit zu rechnen, dass die innenpolitischen Entscheidungsprozesse über eine Beteiligung Frankreichs an Petersberg-Aufgaben zur Herbeiführung des Friedens dann langwierig werden können, wenn kein Mandat der Vereinten Nationen vorliegt.[402]

(4) Schweden

Die schwedische Regierung darf in Friedenszeiten nur unter bestimmten, relativ eng umgrenzten Voraussetzungen Streitkräfte zu Auslandseinsätzen entsenden, gleichgültig, welcher Art diese Einsätze sind: wenn der Reichstag (Riksdag) vor dem Beginn der Operation zustimmt, wenn ein Gesetz die Operation unter den bestehenden Voraussetzungen erlaubt, oder wenn die Operation aufgrund eines vom Reichstag gebilligten internationalen Übereinkommens bzw. im Zuge einer bereits laufenden Operation, die der Reichstag gebilligt hat, erforderlich ist.[403]

Gemäß der schwedischen Verfassung muss das Parlament insbesondere einem Streitkräfteeinsatz auf der Grundlage von Art. 43 der VN-Charta (Bereitstellung von *Standby Forces* zur Unterstützung des Sicherheitsrates durch die Mitgliedstaaten) nicht zustimmen. Hier entscheidet die Regierung allein, weil bereits ein *Memorandum of Understanding* (MoU) im Rahmen des *United Nations Standby Arrangements System*

---

399 Maurer, swp-Studie S 29 (August 2002), S. 25; ähnlich Weber-Panariello, Nationale Parlamente in der EU, S. 143.

400 Art. 13 Loi constitutionnelle no. 2008-724 du 23 juillet 2008 de modernisation des institutiones de la Vieme Republique, modifiant Art. 35 de la Constitution française, publiée au Journal Officiel du 24 juillet 2008, edition no. 0171, abrufbar unter http://www.journal-officiel.gouv.fr/frameset.html (lois).

401 Vgl. FAZ vom 22.09.2008, S. 7.

402 Siedschlag, swp-Studie (Juli 2001), S. 3.

403 Siedschlag, in: Reiter/ Rummel/ Schmidt (Hrsg.), Europas ferne Streitmacht, S. 222, 230.

(UNSAS) besteht. Um Peacekeeping-Einheiten schneller entsenden zu können, schlossen die Vereinten Nationen nämlich im Rahmen des UNSAS mit mehreren Mitgliedsstaaten – darunter Schweden – MoU, in denen die Staaten angeben, in welchem Umfang sie Truppen und Material unter Vorbehalt für VN-Einsätze zur Verfügung stellen.[404] Ebenso ermächtigt das Gesetz über den Auslandseinsatz von Streitkräften die Regierung ohne Befragung des Reichtages bis zu 3.000 Soldaten für friedenserhaltende Aufgaben zu entsenden, die im Rahmen der VN oder der OSZE beschlossen wurden. In den Fällen, in denen die Regierung die Zustimmung des Reichstages einholen muss, hat dieser allerdings das Recht, Änderungen des Einsatzes vorzuschlagen.[405]

(5) Großbritannien

In Großbritannien fallen die auswärtigen Angelegenheiten als *crown prerogative* formell in die Kompetenz der Krone und werden als solche von der Regierung wahrgenommen, d.h. auch der Oberbefehl über die Streitkräfte ist eine ungeschriebene königliche Prärogative und die Regierung übt dieses Recht für die Krone aus.[406] Entsendeentscheidungen sind deshalb auch nur eingeschränkt gerichtlich überprüfbar.[407] Entsprechend ist die Regierung dabei grundsätzlich nicht auf die vorherige Zustimmung des Parlaments angewiesen.[408] Vielmehr hat bislang die politische Einzelfallabschätzung seitens der Regierung Form, Zeitpunkt und Umfang der parlamentarischen Beteiligung an Entsendeentscheidungen bestimmt.[409]

In seiner ersten Regierungserklärung vom 3. Juli 2007 hat der englische Premierminister Gordon Brown jedoch vorgeschlagen, dass dem House of Commons zukünftig ein (Mit-)Entscheidungsrecht im Rahmen von

---

[404] Siehe Stodiek, Hamburger Informationen zur Friedensforschung und Sicherheitspolitik 33/2001, S. 3.

[405] Siedschlag, swp-Studie (Juli 2001), S. 5.

[406] Eberl/ Fischer-Lescano, HSFK-Report 8/2005, S. 15; Siedschlag, in: Reiter/ Rummel/ Schmidt (Hrsg.), Europas ferne Streitmacht, S. 222, 227; Mittag, Parliamentary Dimension of CFSP, Annex III, S. 151 und 154 (mit der Betonung auf einer starken Stellung des britischen Premierministers).

[407] Vgl. Eberl/ Fischer-Lescano, HSFK-Report 8/2005, S. 17f.

[408] Weber-Panariello, Nationale Parlamente in der EU, S. 35.

[409] Siehe Eberl/ Fischer-Lescano, HSFK-Report 8/2005, S. 16.

Militäreinsätzen zukommen soll.[410] Dieser Vorschlag fügt sich in die generelle Forderung der Regierungserklärung ein, die Rechte des britischen Parlaments und die der dahinter stehenden Bürger zu stärken. Das britische Justizministerium hat am selben Tag ein sog. *Green Paper* veröffentlicht,[411] das vorsieht, dass das House of Commons eine parlamentarische Konvention erarbeitet, die durch eine Resolution formalisiert werden könnte. Das Papier sieht eine Beteiligung des House of Commons nur für außergewöhnliche, nicht-routinemäßige militärische Auslandseinsätze vor. Die zurückhaltenden und etwas vagen Formulierungen deuten bereits darauf hin, dass das Mitentscheidungsrecht des House of Commons inhaltlich eher schwach bleiben wird. Inzwischen hat man sich darauf geeinigt, dieses Recht in einer detaillierten Resolution des House of Commons zu regeln, die noch aussteht.[412]

Bislang kann der Premierminister noch alleine darüber entscheiden, britische Streitkräfte in den Krieg zu schicken. Dazu muss er weder die förmliche Zustimmung des Kabinetts noch des House of Commons einholen.[413] Das bedeutet, es besteht keine effektive parlamentarische Kontrolle über GASP und ESVP.[414] Gleichzeitig wehrt sich Großbritannien aber gegen ein starkes Europäisches Parlament, und vertritt in dieser Hinsicht einen intergouvernementalen Ansatz.[415]

---

[410] Vgl. Gordon Brown, Constitutional Reform Statement (3 July 2007), abrufbar unter http://www.number10.gov.uk/Page12274; die Formulierung "*...on the grave issue of peace and war it is ultimately this House of Commons that will make the decision*" ist allerdings ziemlich vage.

[411] Ministry of Justice, The governance of Britain, Cm 7170, abrufbar unter http://www.official-documents.gov.uk/document/cm71/7170/7170.pdf; die sog. Green Paper sind rechtlich unverbindlich.

[412] Vgl. dazu das White Paper, Constitutional Renewal, March 2008, Rn. 179-226 sowie Chapter 7 of the Joint Committee on the Draft Constitution Renewal Bill's report, abrufbar unter http://www.parliament.uk/commons/lib/research/briefings/snpc-04703.pdf; ursprünglich sah der Arbeitsplan der Regierung für April 2009 das Einbringen von Vorschlägen für eine House of Commons-Resolution vor; dies ist bislang nicht geschehen.

[413] Mittag, Parliamentary Dimension of CFSP, Annex III, S. 155; Weber-Panariello, Nationale Parlamente in der EU, S. 45.

[414] So Mittag, Parliamentary Dimension of CFSP, Annex III, S. 158.

[415] Vgl. Mittag, Parliamentary Dimension of CFSP, Annex III, S. 159 sowie Weber-Panariello, Nationale Parlamente in der EU, S. 98 und Maurer/ Lieb, swp-Studie S 15 (Juni 2007), S. 20.

Die parlamentarische Kontrolle der Sicherheits- und Verteidigungspolitik beschränkt sich fast auf deren Budgetierung. Es besteht keine rechtliche Verpflichtung, das Parlament zu konsultieren – seine Rolle ist lediglich beratend. Die Regierungsmitglieder sind dem House of Commons aber rechenschaftspflichtig. Deshalb ist es Praxis, dass die Minister das Parlament regelmäßig über ihre Beschlüsse im Zusammenhang mit Auslandseinsätzen unterrichten.[416] In diesem Zusammenhang steht dem Parlament auch ein Fragerecht zu, von dem es z.B. öffentlichkeitswirksam im Fall des Irak-Einsatzes 2003 Gebrauch gemacht hat. Allerdings wird das Parlament nur *ad hoc* um Zustimmung zu strittigen Einsätzen ersucht. Form, Zeitpunkt und Umfang der parlamentarischen Beteiligung an Entsendeentscheidungen werden durch politische Einzelfallentscheidungen seitens der Regierung bestimmt.[417]

Im britischen Parlament wird seit 1974 das System des parlamentarischen Kontrollvorbehalts angewandt. Minister dürfen im Rat nicht ihre Zustimmung zu EG-/ EU-Vorschlägen geben, wenn diese im zuständigen EU-Ausschuss geprüft werden oder eine Prüfung durch das Plenum oder eines der *European Standing Committees* aussteht.[418] Diese Unterrichtungen können sich zu langwierigen Debatten entwickeln, sodass man damit rechnen muss, dass es der Regierung nicht immer möglich ist, sich bei plötzlichen Krisen an Petersberg-Aufgaben zu beteiligen, die einen umfangreichen Streitkräfteeinsatz erfordern. Kleinere Interventionen, die in die Tradition von Kolonialexpeditionen passen, wie in Ost-Timor, werden jedoch vom Parlament oft gar nicht debattiert, sodass im Bereich Rettungseinsätze und friedenserhaltende Aufgaben von einem starken britischen Beitrag ausgegangen werden kann.[419]

---

[416] Siedschlag, in: Reiter/ Rummel/ Schmidt (Hrsg.), Europas ferne Streitmacht, S. 222, 227f.; Schmidt-Radefeldt, Parlamentarische Kontrolle der internationalen Streitkräfteintegration, S. 149; ähnlich Mittag, Parliamentary Dimension of CFSP, Annex III, S. 154.

[417] Vgl. Eberl/ Fischer-Lescano, HSFK-Report 8/2005, S. 16.

[418] Sog. Parliamentary scrutiny reserve, enthalten in zwei Resolutionen vom 30.10.1980 und vom 24.10.1990, abgedruckt in: House of Commons (ed.), Scrutiny after Maastricht, Session 1993-1994, S. III; siehe dazu auch Maurer, swp-Studie S 29 (August 2002), S. 24.

[419] Siedschlag, swp-Studie (Juli 2001), S. 4.

(6) Italien

Aus der italienischen Verfassung ergibt sich keine Verpflichtung der Regierung, das Parlament bei der Entscheidung über Auslandseinsätze zu konsultieren.[420] Formal besitzt die Regierung die alleinige Entscheidungskompetenz. Seit einigen Jahren ist es jedoch zur politischen Praxis geworden, dass die Regierung das Parlament bzw. eine der beiden Kammern (Abgeordnetenkammer und Senat) anhört, wenn eine konkrete Entscheidung über die Entsendung von Streitkräften ins Ausland ansteht. Nach der Debatte verabschiedet das Parlament meistens eine Resolution, in der es seine Unterstützung für den Einsatz erklärt. Teilweise werden für Auslandseinsätze auch fallbezogene Entsendegesetze verabschiedet. In diesen kann das Parlament sehr detaillierte Regelungen treffen, zum Beispiel die Dauer der Operation festschreiben und die Regierung zu laufender Unterrichtung über die Entwicklung des Einsatzes verpflichten. Weiterer Einfluss des Parlaments ergibt sich aus seinem Budgetrecht. Bei jedem Auslandseinsatz – außer in dringenden Fällen – muss die Regierung dem Parlament einen ordentlichen Gesetzesentwurf zur Finanzierung der Operation vorlegen.[421]

Es ist zu erwarten, dass Einsätze in unüberschaubaren militärischen und politischen Situationen, die häufige Anpassungen der Operationsplanung und Neudefinition der Operationsziele erforderlich machen, im italienischen Parlament auf Zustimmungsschwierigkeiten stoßen.[422]

(7) Spanien

In Spanien ist der König Oberkommandierender der Streitkräfte, Art. 62 lit. h der Verfassung. Obwohl nicht ganz zweifelsfrei,[423] ist diese königliche Prärogative rein formal und ausschließlich eine Ehrenfunktion, die ministerieller Gegenzeichnung bedarf (Art. 56 Abs. 3 der spanischen Verfassung). Allerdings vertreten auch ernst zu nehmende Stimmen in

[420] Vgl. Schmidt-Radefeldt, Parlamentarische Kontrolle der internationalen Streitkräfteintegration, S. 150; a.A. Born/ Hänggi, in: SIPRI Yearbook 2005, S. 199ff.

[421] Siedschlag, in: Reiter/ Rummel/ Schmidt (Hrsg.), Europas ferne Streitmacht, S. 222, 229; Schmidt-Radefeldt, Parlamentarische Kontrolle der internationalen Streitkräfteintegration, S. 150.

[422] Siedschlag, swp-Studie (Juli 2001), S. 5.

[423] Vgl. die Nachweise bei Hueso, in: Nolte (Hrsg.), European Military Law Systems, S. 711, 735-738.

der Literatur die Ansicht, dass der spanische Monarch in Notstandssituationen unabhängige Kompetenzen besitzt, die auf dem Prinzip der Notwendigkeit gegründet seien (als Beispiel wird in diesem Zusammenhang die Rolle von König Juan Carlos bei der Vereitelung eines Militärputsches 1981 genannt).[424]

Gemäß Art. 97 und 98 der spanischen Verfassung ist die Regierungsgewalt in Militär- und Verteidigungsfragen zwischen dem Regierungschef und dem Verteidigungsminister aufgeteilt. Ein verfassungsausführendes Gesetz bestimmt, dass der Verteidigungsminister Regierungsgewalt über „die militärische Verwaltung und die Verteidigung des Staates" ausübt. Durch dieses Gesetz werden die Kompetenzen des Premierministers zur Bestimmung der Maßnahmen der Regierung teilweise auf den Verteidigungsminister übertragen. Diese Kompetenzen sind nicht erschöpfend, da die Regierung als Ganzes weiterhin einige wichtige Funktionen ausübt.[425]

In Spanien musste das Parlament bis zum Jahr 2005 sowohl die Kriegserklärung durch den König (Art. 63 Abs. 3 der Verfassung) als auch verschiedene Stufen des Notstands (Art. 116 der Verfassung) bestätigen, mit der Ausnahme des Alarmzustands, den der Premierminister feststellen und unverzüglich in Kraft setzen konnte, wobei eine nachträgliche Bestätigung durch das Parlament nur dann erforderlich war, wenn der Zustand über 14 Tage hinaus verlängert wurde.[426] Dabei wurde der Kriegsbegriff in der innenpolitischen Diskussion z.T. weit ausgelegt und schloss auch die Teilnahme an multinationalen Koalitionen ein.[427] Nach anderer Auffassung wurden Kampfhandlungen routinemäßig ohne eine vorherige formale Kriegserklärung durchgeführt.[428]

Infolge der in der spanischen Bevölkerung unpopulären Beteiligung am Irak-Krieg 2003 und dem Regierungswechsel 2004 hat die neue spanische Regierung unter Ministerpräsident Zapatero allerdings ein neues

---

424 Nolte/ Krieger, Europäische Wehrrechtssysteme, S. 56.

425 Nolte/ Krieger, Europäische Wehrrechtssysteme, S. 65.

426 Nolte/ Krieger, Europäische Wehrrechtssysteme, S. 61; sowie Eberl/ Fischer-Lescano, HSFK-Report 8/2005, S. 27f. bzgl. der Kriegserklärung.

427 Siedschlag, Möglichkeiten und Grenzen einer Harmonisierung der europäischen Entscheidungsstrukturen im ESVP-Bereich, Umdruck nach www.esci.at/eusipo/onlinepa.html, S. 12.

428 Siehe Hueso, in: Nolte (Hrsg.), European Military Law Systems, S. 711, 741.

Entsendegesetz erlassen.[429] Danach benötigen Militäroperationen die vorherige Zustimmung des Parlaments.

Die Frage der Übertragbarkeit von Hoheitsrechten wird dagegen nicht eingehend diskutiert. Die Praxis besteht darin, einzelfallbezogene Unterstellungsabkommen abzuschließen, in denen – unterhalb der Schwelle von Hoheitsrechten – einzelne Befugnisse des spanischen Oberbefehlshabers an den multinationalen Oberbefehlshaber übertragen werden.[430]

(8) Polen

Mit der Verabschiedung der Neuen Verfassung (nach 1989) reduzierten sich die außen- und sicherheitspolitischen Kompetenzen des polnischen Staatspräsidenten. Nachdem er zunächst als Oberbefehlshaber der Streitkräfte fungierte und das Recht behielt, den Ausnahme- bzw. Kriegszustand zu verhängen, übt seit Verabschiedung der Neuen Verfassung in Friedenszeiten der Verteidigungsminister die Befehlsgewalt über das Militär aus (Art. 134 der polnischen Verfassung). Den Kriegs- bzw. Ausnahmezustand kann der Staatspräsident nur noch auf Antrag des Ministerrates und mit Zustimmung des Sejm (der ersten Kammer des polnischen Parlaments; der Senat stellt die zweite Kammer dar) verhängen, Art. 229-231 der polnischen Verfassung. Voraussetzung dafür ist aber, dass Polen entweder selbst einem bewaffneten Angriff ausgesetzt ist oder eine Verpflichtung zur gemeinsamen Verteidigung aus internationalen Abkommen besteht.[431] In der Außenpolitik ist explizit die Abstimmung mit dem Premierminister sowie dem entsprechenden Fachminister erforderlich, Art. 133 der polnischen Verfassung.[432]

Nach Art. 117 der polnischen Verfassung erfordert der Einsatz polnischer Streitkräfte im Ausland einen völkerrechtlichen Vertrag oder ein

---

[429] Vgl. Ley Orgánica 5/2005, de 17 noviembre 2005, de la Defensa Nacional, BOE Nr. 276 (18.11.2005), S. 37717ff.

[430] Vgl. Siedschlag, Möglichkeiten und Grenzen einer Harmonisierung der europäischen Entscheidungsstrukturen im ESVP-Bereich, Umdruck nach www.esci.at/eusipo/onlinepa.html, S. 12.

[431] Mittag, Parliamentary Dimension of CFSP/ ESDP, Annex III, S. 179f.; Kowalski, in: Nolte (Hrsg.), European Military Law Systems, S. 647, 664f.

[432] Mittag, Parliamentary Dimension of CFSP/ ESDP, Annex III, S. 177; Ziemer/ Matthes, in: Ismayr (Hrsg.), Die politischen Systeme Osteuropas, 2002, S. 185, 192.

Gesetz, das durch die beiden Kammern des polnischen Parlaments (Sejm und Senat) gebilligt werden muss. Daraus ergibt sich eine starke verteidigungspolitische Mitsprache des Parlaments, auch wenn seine beiden Kammern kein Recht besitzen, an Entsendeentscheidungen selber mitzuwirken. Immerhin muss das Parlament nach Art. 3 Abs. 2 des Gesetzes über die Stationierung und den Einsatz polnischer Streitkräfte im Ausland (ZUPSZ) über die Einsatzentscheidung des Präsidenten unverzüglich informiert werden. Die Entscheidung selbst wird im Amtsblatt unter Angabe aller erheblichen Einzelheiten des Streitkräfteeinsatzes veröffentlicht.[433]

Weiter haben Sejm und Senat über ihr Budgetrecht Einfluss auf die Sicherheits- und Verteidigungspolitik. Der Sejm muss diesbezüglich ein haushaltsmäßiges Gesetz verabschieden, das durch den Senat auch abgeändert werden kann.[434]

In der letzten Phase der Implementierung und Kontrolle spielt der Sejm – verglichen mit dem Senat – eine ungleich größere Rolle. Der polnische Ministerrat (*Council of Ministers*) ist dem Sejm durch ein konstruktives Misstrauensvotum politisch verantwortlich.[435]

In der Praxis wird die Außen-, Sicherheits- und Verteidigungspolitik hauptsächlich durch die polnische Regierung und den Präsidenten bestimmt, während das Parlament eher als passiver Akteur erscheint. Die Hauptursache für diese Entwicklung liegt in dem Fehlen eines konsolidierten Parteien-Systems. Einem Großteil der Abgeordneten, vor allem der populistischen Parteien im Sejm, fehlt entweder das außen- und sicherheitspolitische Interesse, oder generell der Wille, Polen in die Europäische Sicherheits- und Verteidigungsarchitektur zu integrieren. Problematisch ist auch, dass Mitglieder der Parteien Reden und Fragen in der Versammlung des Sejm oder den Komitees als Plattform für „ihre" Themen nutzen oder Kritik an Themen äußern, die die Regierung nicht direkt beeinflussen kann. Der Senat auf der anderen Seite ist zwar

---

433 Schmidt-Radefeldt, Parlamentarische Kontrolle der internationalen Streitkräfteintegration, S. 148; Siedschlag, Möglichkeiten und Grenzen einer Harmonisierung der europäischen Entscheidungsstrukturen im ESVP-Bereich, Umdruck nach www.esci.at/eusipo/onlinepa.html, S. 13; Kowalski, in: Nolte (Hrsg.), European Military Law Systems, S. 648, 667.

434 Siehe Mittag, Parliamentary Dimension of CFSP/ ESDP, Annex III, S. 185.

435 Mittag, Parliamentary Dimension of CFSP/ ESDP, Annex III, S. 185, Kowalski, in: Nolte (Hrsg.), European Military Law Systems, S. 647, 672.

nicht so stark durch solche Parteien beeinflusst, scheint aber allgemein nicht sehr aktiv im Bereich Sicherheit und Verteidigung zu sein.[436]

(9) Fazit

Damit ist die intergouvernementale verfahrensorientierte Legitimation durch die nationalen Parlamente in den EU-Staaten sehr unterschiedlich ausgeprägt.[437] Alles in allem zeigt sich ein ausgesprochen heterogenes Bild der europäischen Wehrverfassungen.[438] Es besteht zwar ein Trend zu mehr parlamentarischer Kontrolle – dieser Befund wird insbesondere deutlich, wenn man die diesbezüglichen Verfassungsänderungen in Frankreich und Spanien sowie die zumindest geplante Gesetzesänderung in Großbritannien betrachtet. Dennoch ist die parlamentarische Kontrolle bzw. Teilhabe in den EU-Mitgliedstaaten (noch) sehr unterschiedlich ausgeprägt.

Während in Großbritannien und Frankreich eine parlamentarische Zustimmung vor einer Entsendung von Streitkräften nicht erforderlich ist – die französische Verfassungsreform verlangt die Zustimmung der Assemblée nationale nur für eine Verlängerung eines Auslandseinsatzes, die vier Monate überschreitet –, ist in Dänemark, Deutschland und Schweden sowie seit Ende 2005 infolge einer Gesetzesänderung auch in Spanien eine Entsendung von Streitkräften ohne die vorherige Zustimmung des Parlaments grundsätzlich nicht möglich. In Italien verpflichtet die Verfassung die Regierung zwar nicht, die Zustimmung des Parlaments einzuholen, doch erscheint eine Truppenentsendung ohne parlamentarische Zustimmung faktisch undenkbar.[439] Infolge dieser nationalen Parlamentsvorbehalte kommt es zu zeitlichen Verzögerungen im Rahmen der Bereitstellung von Soldaten.[440] Diese Verzögerungen sind bei den Beratungen in den Ratsarbeitsgruppen, dem PSK und schließlich auch im Rat selbst (zeitlich) zu berücksichtigen. Dagegen wird das

---

436 Siehe Mittag, Parliamentary Dimension of CFSP/ ESDP, Annex III, S. 185.

437 Wagner, HSFK-Report 3/2004, S. 16, 28.

438 Schmidt-Radefeldt, Parlamentarische Kontrolle der internationalen Streitkräfteintegration, S. 150f.

439 Siehe auch Wagner, HSFK-Report 3/2004, S. 15f.; dafür spricht auch die strittige Interpretation der italienischen Gesetzeslage, siehe unter B. II. 3. e) aa) (6).

440 Vgl. FAZ vom 08.05.2008, S. 2.

Einflusspotential des Parlaments in Polen faktisch durch die Regierung und den (starken) Präsidenten begrenzt.

Mit der Ausnahme von Dänemark, Schweden und Deutschland sowie seit Ende 2005 ebenfalls Spanien und seit Mitte 2008 eingeschränkt auch Frankreich beschränkt sich die Rolle des (nationalen) Parlaments damit auf die Ausübung der allgemeinen parlamentarischen Verantwortlichkeit der Regierung und das Budgetrecht. Ein spezifisches Konsultations- oder Mitentscheidungsrecht steht den Parlamenten nicht zu.[441] Allerdings wird das Parlament zumindest informell in den politischen Prozess eingebunden.[442] Außerdem zeigen die Beispiele Spanien, Frankreich und Großbritannien, dass das Parlament – wohl auch aus innerstaatlichen Legitimationszwängen – verstärkt Einfluss bei der Entsendung von Streitkräften nimmt bzw. nehmen soll.

Dabei hat die Analyse der einschlägigen staatsorganisationsrechtlichen Normen immer den Hintergrund der historisch (unterschiedlich) gewachsenen Verfassungen zu berücksichtigen.

Nach dem klassischen englischen Modell hat der Monarch formell die gesamte exekutive Gewalt inne. In den beiden Präsidialsystemen Frankreich und Polen besitzen die jeweiligen Präsidenten wichtige Kompetenzen in Bezug auf das Militär. Da beide Präsidenten unmittelbar vom Volk gewählt werden, gibt ihnen ihre unmittelbare demokratische Legitimation eine unabhängige Position gegenüber der Regierung. Grundsätzlich können aber beide Präsidenten ihre Kompetenzen in Bezug auf die Streitkräfte nicht unabhängig vom oder gegen den Willen der Regierung ausüben.[443]

Im europäischen Verfassungsvergleich treten heterogene parlamentarische Steuerungsmöglichkeiten zutage, wobei gerade die Parlamente derjenigen Staaten, die einen großen militärischen Beitrag zur ESVP leisten (z.B. Frankreich, Großbritannien, Spanien), im Vergleich zu den kleineren oder neutralen Staaten oftmals nur über rudimentäre Kontrollkompetenzen verfügen, obwohl inzwischen Verbesserungen sichtbar sind. Diese Heterogenität wird sich kaum im Wege einer europäischen Rechtsangleichung beseitigen lassen. Insofern kann eine strikte nationale Kontrolle als Konsequenz aus dem Lissabon-Urteil des BVerfG wohl

---

441 Siedschlag, swp-Studie (Juli 2001), S. 6; Nolte/ Krieger, Europäische Wehrrechtssysteme, S. 62.

442 Schmidt-Radefeldt, Parlamentarische Kontrolle der internationalen Streitkräfteintegration, S. 150f.

443 Nolte/ Krieger, Europäische Wehrrechtssysteme, S. 56f.

kaum stilbildend im Sinne einer Vereinheitlichung der Mitwirkungsbefugnisse der nationalen Parlamente wirken. Denkbar erscheint hingegen die Schaffung gemeineuropäischer Mindeststandards der militärischen Kontrolle im institutionellen Rahmen des Europäischen Parlaments, die dann auf die nationalen Rechtsordnungen zurückwirken könnten. Dieser rechtsebenenübergreifende Legitimationsansatz ähnelt insoweit dem System der europäischen Grundrechtskontrolle – auch der nationale Grundrechtsschutz hat sich nämlich im Zusammenspiel mit dem europäischen/ internationalen Menschenrechtsschutz entwickelt und dabei wechselseitig verschränkt.[444] Mit Blick auf die Solange-Rechtsprechung des BVerfG scheint auch eine Überwindung der strikten nationalen Kontrolle – wie sie das BVerfG im Lissabon-Urteil festgeschrieben hat – im Zuge fortschreitender Integration möglich.

Eine vollständige einheitliche Legitimation europäischer Streitkräfte ist indessen erst mit einer eigenen europäischen Armee denkbar, die eigens aus „europäischem" Personal bestehen würde. Das würde bedeuten, dass von den Mitgliedstaaten von vorneherein eine bestimmte Anzahl von Truppen und Materialien für militärische Einsätze der EU zur Verfügung gestellt werden müssten. Über einen konkreten Einsatz würden dann nur noch die Regierungen der Mitgliedstaaten im Rat der Europäischen Union entscheiden. Die nationalen Parlamente hätten dann keinen Einfluss mehr auf die Entsendung von Truppen in ein Krisengebiet. Deshalb müsste für ein solches Szenario der Einfluss des Europäischen Parlaments gestärkt werden. Um eine einheitliche demokratische Legitimation einer europäischen Armee sicherzustellen, müsste der Rat vor einem konkreten militärischen Einsatz im Rahmen der EU die Zustimmung des Europäischen Parlaments einholen. Unter solchen Umständen wäre es denkbar, dass die Mitgliedstaaten ihr nationales Verfassungsrecht entsprechend anpassen. Das wäre deshalb erforderlich, weil das intergouvernementale EU-Recht – im Gegensatz zum supranationalen EG-Recht – nationales Verfassungsrecht nicht verdrängt.[445] Fraglich ist aber, ob eine solche Stärkung des Europäischen Parlaments überhaupt politisch durchsetzbar ist. Während sich nämlich Deutsch-

---

444 Schmidt-Radefeldt, Parlamentarische Kontrolle der internationalen Streitkräfteintegration, S. 235.

445 Ähnlich Pernice, WHI-Paper 8/2002, S. 4; nach Schmidt-Radefeldt, in: Fischer/ Froissart/ Heintschell von Heinegg/ Raap (Hrsg.), FS Fleck, S. 489, 505 ist eine zwischen den nationalen Parlamenten und dem Europäischen Parlament vernetzte parlamentarische Kontrolle der richtige Ansatz, solange die EU keine eigene Armee besitzt.

land für ein starkes EP einsetzt, wird in Schweden, Dänemark, Frankreich und Großbritannien der Fokus auf die Rolle der nationalen Parlamente gelegt.[446]

Die Nationalstaaten sind also nicht bereit, Streitkräfte im Vorhinein abstrakt zur Verfügung zu stellen. Grund dafür sind politische und wirtschaftliche Überlegungen. Die Außen-, Sicherheits- und Verteidigungspolitik wird nach wie vor als Domäne der Nationalstaaten gesehen. Militäroperationen im Ausland müssen auch der eigenen Bevölkerung vermittelbar sein, wie insbesondere der Irak-Krieg der Amerikaner und Briten 2003 gezeigt hat. Außerdem verfügen die Nationalstaaten oft gar nicht über genug Truppen und Materialien, um diese abstrakt (für VN- oder EU-Operationen) freizustellen. Es besteht vielmehr eine Tendenz zu Einsparungen auch im Verteidigungssektor.

bb) Zwischenergebnis

Das strukturelle Kontrolldefizit der europäischen Exekutive lässt sich durch die Verantwortlichkeit der einzelnen Ratsmitglieder im Verhältnis zu ihren jeweiligen nationalen Parlamenten nicht vollständig kompensieren. Die Kontrolle der Gemeinschaftsorgane kann durch die mitgliedsstaatlichen Parlamente allenfalls flankiert, nicht aber substituiert werden.[447] Zum einen sind die nationalen Kontrollmöglichkeiten sehr heterogen ausgestaltet, zum anderen entscheidet der Rat oftmals rein formal, so dass gar kein inhaltlicher Spielraum für eine nationale parlamentarische Kontrolle besteht. Die inhaltlichen Diskussionen finden in der Regel nämlich nicht im Rat statt, sondern in vorgeschalteten Gremien, vor allem dem PSK, dessen Sitzungen nicht öffentlich sind.[448] Es stellt sich deshalb die Frage, inwieweit man das Europäische Parlament verstärkt an Entscheidungen, die im Rahmen der GASP und ESVP gefällt werden, beteiligen könnte.

f) Konkrete Kompensationsmöglichkeiten

Das Europäische Parlament könnte und müsste früher über geplante militärische Operationen und zivile Missionen informiert werden, vor

---

[446] So Maurer, swp-Studie S 29 (August 2002), S. 24.

[447] Schmidt-Radefeldt, Parlamentarische Kontrolle der internationalen Streitkräfteintegration, S. 282f.

[448] Siehe auch von Ondarza, Studia Diplomatica 4/2008, S. 115, 120f.

allem auch durch das PSK, in dem wesentliche Entscheidungen vorformuliert werden.[449] Problematisch sind in diesem Zusammenhang zum einen die zeitliche Nähe, zum anderen die Geheimhaltungsbedürftigkeit der Einzelheiten eines Krisenmanagementeinsatzes.

Allerdings ist weitgehendes ad hoc-Management mit zunehmender Missionserfahrung immer schwieriger zu rechtfertigen. Möglichkeiten der Abhilfe für zivile Missionen bestünden in konkreten Hilfestellungen für die Kommission bei der Budgeterstellung sowie ausführlicheren Begründungspflichten. Im Rahmen des militärischen Krisenmanagements wären u.U. Vorratsbeschlüsse im Rat denkbar. Dies wirft insbesondere für Deutschland Probleme auf.

Bezüglich der Geheimhaltungsbedürftigkeit konkreter Einzelheiten eines Krisenmanagementeinsatzes sei auf die bereits bestehende Interinstitutionelle Vereinbarung vom 20. November 2002 zwischen dem Europäischen Parlament und dem Rat über den Zugang des EP zu sensiblen Informationen des Rates im Bereich der Sicherheits- und Verteidigungspolitik verwiesen.[450] Zudem wäre zu erwägen, nach dem Vorbild der Untersuchungsausschüsse im Deutschen Bundestag, bestimmte Informationen nur an einen sehr eingeschränkten Personenkreis, z.B. nur an einzelne Mitglieder bzw. den Vorsitzenden, weiterzugeben (Wertung *in camera*). Dazu wäre es sinnvoll, wenn sich der Ausschuss für Auswärtige Angelegenheiten im Europäischen Parlament, AFET, in zwei Komitees – eines zuständig für die Außenpolitik und eines zuständig für die Sicherheits- und Verteidigungspolitik – aufteilen bzw. spezialisieren würde. Ansonsten kann der Informationsfluss aufgrund der hohen Arbeitsbelastung der Ausschussmitglieder auch gar nicht überschaut werden.[451] Mit dem Unterausschuss für Menschenrechte (DROI) und dem Unterausschuss für Sicherheit und Verteidigung (SEDE) existiert bereits ein ausbaufähiges Modell.[452]

Zudem sollte das Europäische Parlament an Nominierungsentscheidungen für Schlüsselpositionen in GASP und ESVP – wie den Hohen Repräsentanten für die GASP und die Vorsitzenden von EUMC und CIVCOM oder Sondergesandte – beteiligt werden. Ein Minimum wäre

---

[449] So auch Mittag, Parliamentary Dimension of CFSP/ ESDP, S. 55 und Maurer, swp-Studie S 29 (August 2002), S. 10.

[450] ABl. C 298 vom 30.11.2002, S. 1; dazu auch Schmidt-Radefeldt, in: Fischer/ Froissart/ Heintschel von Heinegg/ Raap (Hrsg.), FS Fleck, S. 489, 498.

[451] So auch Mittag, Parliamentary Dimension of CFSP/ ESDP, S. 56, 101.

[452] Siehe auch die Ausführungen unter B. I. 9. b) cc).

eine Anhörung durch das EP, wie sie bei der Ernennung des EZB-Personals in Art. 112 Abs. 2 lit. b EG-Vertrag bzw. Art. 283 Abs. 2 UAbs. 2 AEUV vorgesehen ist. Ein weitergehender Schritt bestünde in der Etablierung des auf die Europäische Kommission anwendbaren Verfahrens nach Art. 214 Abs. 2 EG-Vertrag, wonach die Zustimmung des Europäischen Parlaments für die Ernennung erforderlich ist.[453] Gemäß Art. 17 Abs. 7 des EU-Vertrages von Lissabon ist in diesem Bereich nun sogar die Wahl des Kommissionspräsidenten durch die Mehrheit der EP-Mitglieder vorgesehen. Gegen eine solche Stärkung des Europäischen Parlaments im Bereich der Gemeinsamen Außen-, Sicherheits- und Verteidigungspolitik durch den Vertrag von Lissabon hat sich insbesondere Großbritannien gesperrt, das bislang wie Frankreich nicht unbedingt eine Stärkung des EP unterstützt.[454] Großbritannien und Frankreich sind als Mitgliedstaaten mit alten diplomatischen und kolonialen Traditionen und ausgeprägten Geltungsansprüchen Hauptverfechter eines intergouvernementalen Ansatzes und fordern (dagegen) den Ausbau der außenpolitischen Strukturen des Ratssekretariats.[455] Immerhin dient die im Vertrag von Lissabon vorgesehene Direktwahl des Kommissionspräsidenten durch das EP (auf Vorschlag des Europäischen Rates) ebenfalls der parlamentarischen Stärkung der zweiten Säule und verbessert die Kontrolle der Exekutive jedenfalls im Bereich des zivilen Krisenmanagements.[456] Auch die neue Außenbeauftragte der EU muss als Vizepräsidentin der Kommission vom Europäischen Parlament bestätigt werden.

Zur Verbesserung der Kompetenzkontrolle ist die Kooperation des EP mit den nationalen Parlamenten auszubauen.[457] Zwar kann die Kontrolle der Ratsvertreter durch die nationalen Parlamente die Kontrolle durch das EP nicht ersetzen. Ein Grund hierfür ist, dass die nationalen Parlamente kaum über die ausreichenden Ressourcen verfügen, um die

---

453 Mittag, Parliamentary Dimension of CFSP/ ESDP, S. 2f.

454 Maurer, swp-Studie S 29 (August 2002), S. 9.

455 Lieb/ Maurer, swp-Studie S 15 (Juni 2007), S. 20.

456 Mangelsdorf, Kompetenzkontrolle im Mehrebenensystem, S. 252.

457 Vgl. dazu auch das Protokoll Nr. 1 zum EU-Vertrag von Lissabon über die Rolle der nationalen Parlamente in der Europäischen Union, ABl. C 115 vom 09.05.2008, S. 203-205; Mittag, Parliamentary Dimension of CFSP/ ESDP, S. 3f.; Mangelsdorf, Kompetenzkontrolle im Mehrebenensystem, S. 253.

informell gestalteten Stadien der EU-Entscheidungsabläufe effektiv zu kontrollieren.[458]

In diesem Zusammenhang erscheint insbesondere der Ausbau der Konferenz der Europaausschüsse, COSAC (*Conférence des Organes spécialisées dans les affaires communautaires et européennes des parlements de l'Union européenne*), als interparlamentarische Kooperationsebene interessant.[459] Die COSAC wurde 1989 als eine im Sechsmonatsrhythmus tagende Konferenz der auf Angelegenheiten der EG spezialisierten Ausschüsse gegründet. Mit ihr wurde ein auch für das EP nützliches Medium zum gegenseitigen Informationsaustausch der Parlamente geschaffen. Sie äußert sich nicht gegenüber den Mitgliedstaaten, sondern gegenüber deren Kollektivvertretung, dem Rat. Eine Weiterentwicklung käme vor allem im Bereich der Verknüpfung der COSAC mit den gemeinsamen Sitzungen der Fachausschüsse der nationalen Parlamente und des Europäischen Parlaments in Betracht.[460] Diese Vorschläge werden in Protokoll Nr. 1 zum EU-Vertrag von Lissabon, das sich mit der Rolle der nationalen Parlamente in der EU befasst, in der Form aufgegriffen, dass die Konferenz der Europa-Ausschüsse den Austausch von Informationen und bewährten Praktiken zwischen dem EP und den nationalen Parlamenten fördern soll und interparlamentarische Konferenzen zu Einzelthemen organisieren kann, deren Beiträge aber für die nationalen Parlamente rechtlich unverbindlich sind.[461]

g) Fazit

Die intergouvernementalen Organe Europäischer Rat und Rat, sowie der Generalsekretär/ Hoher Vertreter für die GASP sind im Bereich der Europäischen Sicherheits- und Verteidigungspolitik die entscheidenden Organe. Dagegen haben die supranationalen Organe Kommission und Europäisches Parlament nur untergeordnete Mitwirkungsrechte. Der EuGH übt keine gerichtliche Kontrolle aus. Dies resultiert auch aus der intergouvernementalen Ausrichtung der GASP und ESVP. Eine radika-

---

[458] Maurer, swp-Studie S 29 (August 2002), S. 10.

[459] Vgl. Maurer, swp-Studie S 29 (August 2002), S. 30, 34; Mittag, Parliamentary Dimension of CFSP/ ESDP, S. 56.

[460] Eine solche Verknüpfung sieht das Protokoll Nr. 1 zum Vertrag von Lissabon vor; vgl. bereits Maurer, swp-Studie S 29 (August 2002), S. 6, 20f.

[461] Vgl. Protokoll Nr. 1 über die Rolle der nationalen Parlamente in der Europäischen Union, ABl. C 115 vom 09.05.2008, S. 203, 205.

le Änderung wäre nur durch eine Vergemeinschaftung dieser bislang intergouvernementalen Politikbereiche denkbar.[462] Diese ist aber politisch gegenwärtig weder gewollt noch erreichbar.

Darüber hinaus lässt sich das Defizit parlamentarischer Kontrolle jedoch nicht beliebig durch einen Ausbau der Mitwirkungsrechte des Europäischen Parlaments korrigieren. Demokratische Legitimation in einem Integrationsverbund ist ohnehin schwierig, weil sie neben den parlamentarischen Befugnissen auch eine hinreichende politisch-soziale Homogenität des Integrationsverbundes voraussetzt. Mehr noch: der auf absehbare Zeit nicht zur Disposition stehende strikt intergouvernementale Charakter der EU-Verteidigungsdimension ist mit weitreichenden Kontroll- und Mitentscheidungsbefugnissen eines supranationalen Parlaments nicht vereinbar.[463]

Im Ergebnis wird nach außen gerichtete Rechtserzeugung in Mehrebenen-Rechtsordnungen von der Exekutive der höheren Ebene, also im Fall der EU durch den Rat, seinen Unterbau sowie die Kommission (im Bereich des zivilen Krisenmanagements), regelmäßig ohne gerichtliche Kontrolle *ex post* oder parlamentarische Maßstabsetzung *ex ante* wahrgenommen.[464] Dieser Mangel an horizontaler Gewaltenteilung zwischen den EU-Institutionen kann auch nicht durch eine vertikale Kontrolle über die nationalen Parlamente der Mitgliedstaaten kompensiert werden, da diese die Kontrolle der Gemeinschaftsorgane sowohl praktisch als auch theoretisch nicht ersetzen können. Dies ist auch bedingt durch die besondere Ausformung der Entscheidungs- und Durchführungsverfahren im Rahmen der ESVP. Obwohl der Rat entscheidendes Beschlussorgan ist, besteht auf der Ebene der Staats- und Regierungschefs bzw. Außenminister kaum Raum für (inhaltliche) Diskussionen. Diese werden vielmehr durch die dem Rat vorgeschalteten Gremien, insbesondere das PSK, „vorweggenommen".[465] Dessen Sitzungen sind in der Regel nicht öffentlich. Die nationale Kontrolle der jeweiligen Ratsmitglieder wird so zu einer formal-juristischen, die sehr inhaltsschwach ist. Insgesamt wird dies dem Grundsatz der Gewaltenteilung nicht gerecht.

---

[462] Kielmansegg, Verteidigungspolitik der EU, S. 383.

[463] So Kielmansegg, Verteidigungspolitik der EU, S. 481.

[464] Möllers, Gewaltengliederung, S. 369; Maurer, swp-Studie S 29 (August 2002), S. 10.

[465] Siehe auch von Ondarza, Studia Diplomatica 4/2008, S. 115, 120f.

4. Zusammenfassung

Für eine militärische Operation im Rahmen der ESVP müssen Verständigungs- und Entscheidungsprozesse auf und zwischen verschiedenen Ebenen stattfinden:

- unter den Mitgliedstaaten (insbesondere den Truppenstellern),
- zwischen der EU und den Mitgliedstaaten,
- in den Mitgliedstaaten auf innenpolitischer Ebene.

Gleichzeitig müssen diese Prozesse koordiniert und synchronisiert werden. Die Entscheidung auf EU-Ebene ist ein mehrstufiges Verfahren. Der Ratspräsidentschaft fällt in diesem Zusammenhang eine zentrale koordinierende Funktion durch ihren Vorsitz auch in den relevanten Gremien zu. Dem ersten Entschluss des Rates für gemeinsames Handeln in einer Krisensituation folgen Beratungs- und Planungsarbeiten im Ratssekretariat, PSK und EUMC. Gegebenenfalls sind auch die CIVCOM, die Police Unit, das Krisenzentrum sowie die EU-Kommission einzubinden. Im ersten Schritt wird das Krisenmanagement-Konzept nach den Vorgaben des Rates erstellt. Erst wenn die *battle group*, das Hauptquartier und der Operationskommandeur sowie die konkreten Details der Operation festgelegt sind, kann die militärische Seite mit der konkreten Operationsplanung beginnen. Abschließend müssen auf EU-Ebene alle Mitgliedstaaten dem Einsatzbeginn zustimmen. In einer Reihe von Mitgliedstaaten müssen die Truppenstellenden die Entsendung von battle group-Kontingenten durch ihre nationalen Parlamente mandatieren lassen. Auf EU-Ebene kann der Entscheidungsprozess nur unwesentlich beschleunigt werden. Vor dem Hintergrund bereits vorhandener Probleme werden Planungs- und Entscheidungsarbeit sowie Führung nicht nur aufwändiger, sondern auch komplexer.[466]

III. Zurechnung von Entscheidungen der ESVP

Unklar bleibt oft, wer Zurechnungssubjekt einer außenpolitischen Maßnahme ist. Der EU und ihren Mitgliedstaaten ist es noch immer nicht gelungen, eindeutig in nach außen erkennbarer Weise zu definieren, wieweit die GASP bloß eine Koordinierung der Außenpolitik der

---

[466] Mölling, swp-Diskussionspapier FG 2, 2007/05, S. 10, 13.

Mitgliedstaaten ist, wieweit die Organe der GASP sozusagen als Organe der einzelnen Mitgliedstaaten oder als selbständige Organe der EU agieren.[467]

Es soll deshalb der Frage nachgegangen werden, wem im Rahmen der zweiten Problemlage Europäisches Verwaltungsrecht die Entscheidungen zuzurechnen sind, die in der ESVP gefällt werden, sowie die Tätigkeiten, die in ihrem Rahmen durchgeführt werden. Dabei kommen, wie soeben dargelegt, zum einen die Mitgliedstaaten, zum anderen die Europäische Union in Betracht. Wie die Untersuchung zeigen wird, rechtfertigt sich der Rekurs auf den Begriff des „Europäischen Verwaltungsrechts" durch die konkrete Ausgestaltung militärischer Maßnahmen, die im Rahmen der EU durchgeführt werden. Die Durchführung militärischer EU-Operationen erfolgt nämlich ähnlich wie die Umsetzung des auf europäischer Ebene gesetzten Verwaltungsrechts durch die Mitgliedstaaten.[468] In beiden Fällen werden auf europarechtlicher Ebene gesetzte Verpflichtungen durch die Mitgliedstaaten umgesetzt. Im Unterschied zum allgemeinen Verwaltungsrecht, das supranational abgedeckt wird, kann die intergouvernmental ausgestaltete Europäische Sicherheits- und Verteidigungspolitik aber keine Anpassung der jeweiligen nationalen Umsetzungsakte bewirken. Letztere bedürfen vielmehr besonderer Berücksichtigung. Dies betrifft insbesondere die Bereitstellung von Truppen und Material für militärische EU-Operationen. Zu diesem Zweck wird die EU-Militäroperation in der Demokratischen Republik Kongo wieder als Beispielsfall betrachtet, um anschießend die Neuerungen des Vertrages von Lissabon zu beleuchten.

1. Militäroperation in Kongo

Die Frage der Zurechnung von Entscheidungen der ESVP ist gerade deshalb so problematisch, weil sie in einem zweistufigen System ablaufen. Auf der ersten Stufe entscheidet der Rat über einen militärischen Einsatz. Dann folgen in einer zweiten Stufe die nationalen Entscheidungen, ob und welche Truppen für einen solchen Einsatz zur Verfügung gestellt werden. Dieser Befund spiegelt das zwischen der EU und ihren Mitgliedsstaaten bestehende Mehrebenensystem wider.

---

467 Fröhlich, Das Projekt der GESVP, S. 11.

468 Siehe zum allgemeinen Verwaltungsrecht Kadelbach, Allgemeines Verwaltungsrecht unter europäischem Einfluss.

Danach spielen die Mitgliedstaaten der EU in der Verteidigungspolitik eine Doppelrolle. Sie sind einmal Mitwirkende der GASP und ESVP, handeln also gemeinsam im Rahmen der Union. Zugleich sind sie selbst Akteure neben und außerhalb der EU, sei es unilateral, sei es in Form multilateraler Zusammenarbeit. Dadurch bestimmen sie Umfang und Grenzen der Verteidigungsdimension der EU gleichermaßen von innen wie von außen.[469]

Da Kommission, Rat und Mitgliedstaaten jeweils eigene institutionelle Strukturen besitzen und spezifische Verfahren ausgeprägt haben, stellt sich das europäische Außenwirken als „gekoppelte", hochkomplexe „Mehrebenendiplomatie" dar.[470]

Einerseits sind die GASP und damit auch die ESVP immer noch intergouvernemental ausgestaltet. Demzufolge müssten die Entscheidungen der ESVP den Mitgliedstaaten zugerechnet werden. Andererseits besteht aber auch ein Interesse der Mitgliedstaaten daran, diese Entscheidungen der EU zuzurechnen. Dahinter steht das politische Ziel von militärischem *burden-sharing* unter Effizienzgesichtspunkten und die Etablierung als ernst zu nehmender Partner der USA. Die einschlägigen Kompetenzen der Mitgliedstaaten verbleiben bei diesen, gleichzeitig aber nehmen permanent in Brüssel vertretene Funktionsträger und Dienste Einfluss auf deren Entscheidungen.[471] Fraglich bleibt, wie dies rechtlich zu beurteilen ist.

a) Gemeinsame Aktion 2003/423/GASP und Beschluss 2003/432/GASP des Rates

Entscheidend ist auf der ersten Stufe, ob diese Gemeinsame Aktion und dieser Beschluss des Rates zur Einleitung der Militäroperation in Kongo den Mitgliedstaaten oder der EU selbst zuzurechnen ist. Dabei handelt es sich um spezifische Instrumente bzw. Handlungsformen der Union, derer sich die Mitgliedstaaten bedienen.

Ausschlaggebendes Kriterium für die Zurechnung ist deshalb die Abgrenzung zwischen einem Handeln der EU als Organisation und einem bloßen gemeinschaftlichen Handeln ihrer Mitgliedstaaten. Als weitere Kriterien werden die Zuständigkeit für sowie die Bindungswirkung die-

---

[469] Kielmansegg, Verteidigungspolitik der EU, S. 199.

[470] So Maurer/ Lieb, swp-Studie S 15 (Juni 2007), S. 30.

[471] Fröhlich, Das Projekt der GESVP, S. 13.

ser Instrumente und die Beteiligung an der Operation untersucht, aus denen sich ebenfalls Rückschlüsse für die Zurechnung ziehen lassen.

aa) Zuständigkeit

Nach Art. 17 Abs. 1 UAbs. 1 S. 1 EUV/ Nizza liegt eine Dreiteilung der Verteidigungsdimension vor: der Bereich der gemeinsamen Verteidigungspolitik, der Bereich der gemeinsamen Verteidigung und der unbenannte Bereich des Aufbaus integrierter militärischer Strukturen.[472] In die Zuständigkeit der EU fällt dabei ohne weiteres lediglich die gemeinsame Verteidigungspolitik.

Die Abgrenzung zwischen gemeinsamer Verteidigung und gemeinsamer Verteidigungspolitik bewirkt eine Grauzone, die sich nur schwer zuordnen lässt. Dazu zählt vor allem die Ausarbeitung und Durchführung militärischer Operationen. Mithin ist danach zu fragen, ob gemeinsame Einsätze der nationalen Streitkräfte der Mitgliedstaaten unter der Verantwortung der EU zur gemeinsamen Verteidigungspolitik gehören und somit in den Zuständigkeitsbereich der Union fallen, oder der gemeinsamen Verteidigung zuzuordnen sind. Bei genauerer Betrachtung zeigt sich allerdings, dass diese Abgrenzung nur beschränkt relevant ist.[473]

Es liegt bereits begrifflich nahe, dass Aufbau und Nutzung operativer Kapazitäten zur gemeinsamen Verteidigungspolitik gehören. Während nämlich die gemeinsame Verteidigung einen rechtlichen oder faktischen Zustand beschreibt, stellen militärische Operationen eine Handlung dar. Damit lassen sie sich als Bestandteil eines verteidigungspolitischen Gestaltungsprozesses begreifen. In diesem Prozess gehören die politische Entscheidung über die Anwendung militärischer Mittel und ihre tatsächliche Umsetzung so eng zusammen, dass die Verbandskompetenz der Union kaum vernünftig auf erstere begrenzt werden kann. Im Übrigen sind gemeinsame Streitkräfteeinsätze im Einzelfall relativ leicht zu verwirklichen, vielfach leichter als eine gemeinsame verteidigungspolitische Konzeption. Auch deshalb ist die Durchführung militärischer Operationen der gemeinsamen Verteidigungspolitik zuzuordnen, nicht erst der gemeinsamen Verteidigung.[474] Folglich fällt sie in die Zuständigkeit der EU.

---

[472] So Kielmasegg, Verteidigungspolitik der EU, S. 456.

[473] Vgl. Kielmansegg, Verteidigungspolitik der EU, S. 130.

[474] Kielmansegg, Verteidigungspolitik der EU, S. 131.

bb) Bindungswirkung

Der Rat der EU ist zuständig für die Annahme einer Gemeinsamen Aktion, die die Mitgliedstaaten nach Art. 14 Abs. 3 EU-Vertrag/ Nizza bindet.

Dabei handelt es sich um eine völkerrechtliche Bindung.[475] Die Rechtsbindung trifft die Mitgliedstaaten als solche. Eine innerstaatliche Geltung kann nur in dem Maße eintreten, als dies die jeweilige mitgliedsstaatliche Verfassung für völkerrechtliche Verträge gestattet.[476] Im Gegensatz zum supranationalen Gemeinschaftsrecht besteht also keine Vorrangwirkung gegenüber nationalem Verfassungsrecht. Demzufolge erscheinen die Mitgliedstaaten als autonome Handlungssubjekte. Dabei muss allerdings auch bedacht werden, dass die Gemeinsame Aktion nach Art. 14 EU-Vertrag/ Nizza ein spezielles Handlungsinstrument der Union ist. Soweit Gemeinsame Aktionen beschlossen werden, ist kein Raum für eine rein nationale Außenpolitik. Die „Pflicht", an einer Gemeinsamen Aktion mitzuwirken, variiert aber je nach den tatsächlichen, politischen und verfassungsrechtlichen Gegebenheiten, die in den einzelnen Mitgliedstaaten unterschiedlich sind. Dies gilt vor allem, wenn es sich um den Einsatz von Truppen handelt.[477] Die militärischen Beiträge der Mitgliedstaaten zur Schnellen Eingreiftruppe beruhen nämlich auf keiner rechtlichen Verpflichtung und ziehen auch keine Verpflichtung zur Beteiligung an militärischen Operationen nach sich. Auch die Handlungsform der Gemeinsamen Aktion verliert insoweit ihre ansonsten typische rechtliche Bindungswirkung. Durch dieses Freiwilligkeitsprinzip wird die strikte Intergouvernementalität der EU-Verteidigungspolitik mit letzter Konsequenz durchgeführt. Lediglich die gemeinsame Finanzierung militärischer Einsätze ist verpflichtend. Aber auch hier lässt der EU-Vertrag eine anderweitige Regelung durch den Rat zu und nimmt außerdem diejenigen Mitgliedstaaten aus, die sich zuvor konstruktiv enthalten haben.[478]

Die Union kann einen Mitgliedstaat damit weder zur Teilnahme an einer militärischen Operation verpflichten, noch kann sie ihm eigene militärische Operationen untersagen. Ebenso wenig kann sie ihm rechtsverbindlich konkrete Vorgaben über seine Streitkräftestrukturen ma-

---

[475] Cremer, in: Calliess/ Ruffert (Hrsg.), Art. 14 EUV Rn. 20; Geiger, Art. 14 EUV Rn. 2.

[476] Geiger, Art. 14 EUV Rn. 2.

[477] Kaufmann-Bühler, in: Grabitz/ Hilf, Bd. I, 38. EL, Art. 14 EUV Rn. 20.

[478] Kielmansegg, Verteidigungspolitik der EU, S. 384.

chen. Diese Kernbereiche nationaler Souveränität werden von den Mitgliedstaaten auf absehbare Zeit nicht preisgegeben.[479]

Die Organe der Gemeinschaft werden dagegen durch Beschlüsse nach Art. 14 Abs. 3 EU-Vertrag nicht unmittelbar gebunden. Vielmehr trifft sie aufgrund des Kohärenzgebots aus Art. 3 Abs. 2 EU-Vertrag bei der Ausübung ihrer Kompetenzen innerhalb der GASP bzw. ESVP grundsätzlich nur eine Pflicht zur Rücksichtnahme und Nichtbehinderung.[480]

cc) Beteiligung

Hinsichtlich der Beteiligungsstruktur wurden Streitkräfte bzw. Streitkräfteelemente von Frankreich, Deutschland, Belgien, Griechenland, Schweden, Großbritannien, Südafrika, Brasilien und Kanada bereitgestellt. Außerdem stellten Frankreich, Deutschland, Österreich, Belgien, Spanien, Griechenland, Irland, Italien, die Niederlande, Portugal, Schweden, Großbritannien, Ungarn und Brasilien Personal für das *Operation Headquarters* (OHQ) mit Sitz in Paris und bzw. oder das *Force Headquarters* (FHQ) in Entebbe (Uganda) zur Verfügung. Die übrigen Mitgliedstaaten der EU (mit Ausnahme Dänemarks[481]) haben sich (zumindest) finanziell an der Operation beteiligt und diese im Rat einstimmig beschlossen.

Da die Teilnahme eines Mitgliedstaates auch dann freiwillig bleibt, wenn er dem zugrundeliegenden Beschluss zugestimmt hat, ist eine positive Beteiligung an der Gemeinsamen Aktion möglich, ohne dass zugleich auch verbindlich Truppen oder Personal zur Verfügung gestellt werden müssen. Eine finanzielle Beteiligung ist aber nur dann ausgeschlossen, wenn ein Fall der konstruktiven Enthaltung vorliegt. Die Mitgliedstaaten, die den Einsatz prinzipiell unterstützen und lediglich keinen militärischen Beitrag leisten möchten, konnten dem Einsatzbeschluss deshalb gefahrlos zustimmen. Dies ist ein Ausfluss des Freiwilligkeitsprinzips, das es nicht ermöglicht, einen Mitgliedstaat zur aktiven Teilnahme an einer militärischen Operation zu verpflichten.[482]

---

[479] Vgl. Kielmansegg, Verteidigungspolitik der EU, S. 474.

[480] Cremer, in: Calliess/ Ruffert (Hrsg.), Art. 14 EUV Rn. 20.

[481] Aufgrund seiner Sonderstellung in der GASP (*opt-out*) beteiligte sich Dänemark nicht an der Militäroperation in Kongo; siehe zum *opt-out* Dänemarks die Ausführungen unter Punkt B. II. 3. e) aa) (1).

[482] Kielmansegg, Verteidigungspolitik der EU, S. 275.

dd) Abgrenzung zwischen einem Handeln der EU als Organisation und einem bloßen gemeinschaftlichen Handeln ihrer Mitgliedstaaten

Im Rahmen der NATO ist wegen ihres Charakters als internationale Organisation mit eigener Völkerrechtspersönlichkeit zwischen solchen Maßnahmen zu unterscheiden, die der Organisation als Verband oder Körperschaft zuzurechnen sind, und solchen, die lediglich gemeinschaftlich durchgeführte Operationen ihrer Mitgliedstaaten darstellen. Denn selbst wenn im Ergebnis in beiden Fällen die Gesamtheit der in der NATO vereinigten Staaten handelt, bestehen unterschiedliche Voraussetzungen und Rechtsfolgen der Inanspruchnahme der Einrichtungen und Strukturen der Organisation, je nachdem, ob diese für die Organisation oder für die gemeinsam handelnden Mitgliedstaaten eingesetzt werden.[483]

Diese Abgrenzungskriterien können auch für die Europäische Union fruchtbar gemacht werden. Wesentlich für den Umfang der Handlungsbefugnisse einer internationalen Organisation ist der Grad der rechtlichen Verselbständigung der Organisation gegenüber ihren Mitgliedstaaten.[484]

Fraglich ist zunächst, ob die EU – ebenso wie die NATO – völkerrechtsfähig ist. Wenn die Europäische Union keine Völkerrechtspersönlichkeit besitzt, führt dies nämlich zwangsläufig dazu, dass die Entscheidungen, die im Rahmen der GASP und ESVP gefällt werden, den Mitgliedstaaten (u.U. gemeinschaftlich) zuzurechnen sind.

Im Völkerrecht wird die Rechtssubjektivität einer Organisationseinheit entweder ausdrücklich im Gründungsvertrag der Organisation zuerkannt, oder aber sie wird bei den Aufgaben- und Funktionszuweisungen an die Organisation stillschweigend vorausgesetzt.[485]

---

483 Holstein, Verhältnis des SR der VN zu NATO und OSZE, S. 159.

484 Holstein, Verhältnis des SR der VN zu NATO und OSZE, S. 160.

485 Siehe Kleine, Militärische Komponente der ESVP, S. 172; dieser Ansatz folgt der sog. subjektiven Theorie, nach der der im Gründungsvertrag zum Ausdruck kommende Wille der Mitgliedstaaten entscheidend für die Völkerrechtsfähigkeit einer internationalen Organisation ist, vgl. Sloot, Implied powers im EG-Recht, S. 11 sowie Ipsen, VölkerR, 5. Aufl., § 6 Rn. 6; dagegen hat sich die sog. objektive Theorie, nach der das Völkerrecht einer internationalen Organisation Rechtsfähigkeit verleihe, wenn sie *de facto* als von ihren Mitgliedern unabhängige Wirkungseinheit existiere, gegenüber der herrschenden Lehre von der begrenzten Völkerrechtsfähigkeit internationaler Organisationen (sog.

(1) Ausdrückliche Völkerrechtsfähigkeit

Eine klare Vorschrift in Bezug auf die Völkerrechtsfähigkeit der Europäischen Union fehlt im EU-Vertrag von Nizza. Im Gegensatz zur Völkerrechtsfähigkeit der EG (Art. 281 EG-Vertrag) ist diejenige der EU nicht positiv geregelt.[486] Eine ausdrückliche Verleihung der Rechtspersönlichkeit an die Europäische Union wurde trotz entsprechender Vorschläge sowohl auf der Regierungskonferenz in Maastricht als auch auf der in Amsterdam abgelehnt.[487] Politisch ist dies durch die Angst der Mitgliedstaaten vor einem Verlust ihrer nationalen Souveränität motiviert.

(2) Implizite Völkerrechtsfähigkeit[488]

Die einschlägigen Kriterien zur Bestimmung, ob eine internationale Organisation Rechtspersönlichkeit besitzt, wurden 1949 vom Internationalen Gerichtshof (IGH) im *Reparations for Injuries Suffered in the Service of the United Nations*-Fall (auch *Bernadotte*-Fall genannt) aufgestellt.[489] In diesem Gutachten hat der IGH festgestellt, dass auch eine internationale Organisation mit Völkerrechtspersönlichkeit ausgestattet sein kann, wobei die Völkerrechtspersönlichkeit abhängig ist von den Aufgaben und Funktionen der internationalen Organisation. D.h., einer internationalen Organisation kommt nach der sog. implied-powers-Lehre Völkerrechtspersönlichkeit zu, wenn sie nur dann ihre nach dem Gründungsvertrag zugewiesenen Aufgaben und Funktionen sinnvoll wahrnehmen kann, obwohl die Völkerrechtspersönlichkeit nicht

subjektive Theorie) nicht durchsetzen können, vgl. Dahm/ Delbrück/ Wolfrum, Völkerrecht Bd. I/2, S. 207f.

486 Vgl. Tomuschat, FCE 1/2003, S. 3; Hilmes, Die EU als Partei völkerrechtlicher Verträge, S. 61.

487 Gerteiser, Sicherheits- und Verteidigungspolitik der EU, S. 52f.; Streinz, Jura 1998, S. 57, 60f.

488 Die Begriffe „implizite Völkerrechtsfähigkeit“ und „Völkerrechtsfähigkeit nach der implied-powers-Lehre“ werden in der folgenden Anwendung unterschiedslos gebraucht.

489 In dem Gutachten hatte der IGH auf Antrag der Generalversammlung der Vereinten Nationen über die Völkerrechtspersönlichkeit der Vereinten Nationen zu entscheiden, die eine Voraussetzung dafür ist, dass die Vereinten Nationen Schadensersatz für Schäden, die ihr selbst und ihren Vertretern entstanden sind, verlangen können; vgl. ICJ Reports 1949, S. 174ff.

ausdrücklich verliehen wurde.[490] Ob die Mitgliedstaaten einer Organisation Rechtsfähigkeit verliehen haben, ist also im Wesentlichen eine Frage der Auslegung des Gründungsvertrages.[491] Ziel und Zweck der Organisation (*effet utile*) sind also gleichzeitig Grund und Grenze für eine Ausweitung ihrer Kompetenzen über die geschriebenen hinaus. Es handelt sich um stillschweigende, abgeleitete Kompetenzen.

Fraglich ist aber zunächst, ob im Rahmen der EG bzw. EU die implied-powers-Lehre dieselbe Tragweite hat wie sonst bei internationalen Organisationen. Die Verträge zur Gründung der Europäischen Gemeinschaften enthielten nämlich eine ausdrückliche Ermächtigung zur Vertragsergänzung (Art. 308 EGV). Diese galt aber nur für die EG und nicht für die EU. Mithin ergeben sich aus Art. 308 EGV für die Anwendung der implied-powers-Lehre keine Einschränkungen für die Europäische Union selbst. Folglich hat die implied-powers-Lehre im Rahmen der EU dieselbe Tragweite wie sonst bei internationalen Organisationen. Eine implizite Verleihung der Völkerrechtsfähigkeit kommt dann in Betracht, wenn die Vertragsstaaten mit dem Unionsvertrag hinreichend deutlich ihren Willen zum Ausdruck gebracht haben, dass sie ein jedenfalls ihnen gegenüber zur eigenständigen Willensbildung befähigtes Rechtssubjekt mit eigenen, ihnen gegenüber auszuübenden Kompetenzen schaffen wollten, das auf Dauer angelegt und aufgrund einer Einigung der Gründungsstaaten auf dem Gebiet des Völkerrechts zustande gekommen ist.[492] Problematisch ist dabei vor allem, ob die EU fähig ist, eigenständig rechtliche Interessen zu verfolgen und Kompetenzen gegenüber den Mitgliedstaaten auszuüben.

Aufschluss über die Völkerrechtsfähigkeit einer internationalen Organisation können in diesem Zusammenhang Bestimmungen über den Abschluss völkerrechtlicher Verträge mit dritten Völkerrechtssubjekten, Bestimmungen über das Gesandtschaftsrecht, über Immunitäten und Privilegien geben.[493]

---

490 Siehe Zuleeg, International Organizations: Implied-Powers, in: Bernhardt (Hrsg.), EPIL II, S. 1312f.; Hilmes, Die EU als Partei völkerrechtlicher Verträge, S. 32f.

491 Bothe, Streitkräfte internationaler Organisationen, S. 11.

492 Pechstein, in: Streinz (Hrsg.), Art. 1 EUV Rn. 16; Kleine, Militärische Komponente der ESVP, S. 172f.; Hobe/ Kimmnich, Einführung VR, Kap. 3.2.2, S. 123f.; Ipsen, VölkerR, 5. Aufl., § 6 Rn. 2.

493 ICJ Reports 1949, S. 174, 178f.; Pechstein, in: Streinz (Hrsg.), Art. 1 EUV Rn. 18.

Völkerrechtlich beachtenswert sind die Erklärungen der Ratspräsidentschaft der Union zur GASP nach Art. 18 EU-Vertrag/ Nizza im Namen der Union, insbesondere zur weltweiten Situation von Demokratie und Menschenrechten. Sie können als völkerrechtlich relevante Handlungen der Union betrachtet werden. Derartige Erklärungen werden häufig auf Ersuchen von Drittstaaten abgegeben und außerdem an den Generalsekretär der Vereinten Nationen übermittelt.[494]

Der Sprachgebrauch des Art. 20 EU-Vertrag, der nur von den diplomatischen und konsularischen Vertretungen der Mitgliedstaaten und den Delegationen und Vertretungen der Kommission spricht, ist eher ein Argument gegen eine eigene völkerrechtliche Handlungsfähigkeit der Union bis zum Vertrag von Nizza.[495] Zwar unterhält die EU ihrerseits in Ausübung ihres aktiven Gesandtschaftsrechts Vertretungen bei anderen internationalen Organisationen (zum Beispiel bei den Vereinten Nationen oder bei der Organisation für wirtschaftliche Zusammenarbeit und Entwicklung, OECD).[496] Sie entsendet Sonderbeauftragte in verschiedene Gebiete der Welt, die in ihrem Namen handeln und schickt Beobachter in Konfliktgebiete. Außerdem werden auf der Ebene der passiven Vertretung die Vertreter von Drittländern in Brüssel bei der Union und nicht bei der Europäischen Gemeinschaft akkreditiert.[497] Allerdings nehmen Frankreich und Großbritannien – die beiden ständigen Mitglieder des Sicherheitsrates der Vereinten Nationen – nach wie vor eine weitgehende Sonderrolle für sich in Anspruch, obwohl sie nach Art. 19 Abs. 2 UAbs. 2 EU-Vertrag/ Nizza verpflichtet sind, sich im Sicherheitsrat der VN abzustimmen und die übrigen Mitglieder der EU darüber zu unterrichten sowie die Interessen der gesamten EU wahrzunehmen.[498]

Dreh- und Angelpunkt der Diskussion um die Völkerrechtsfähigkeit der EU ist Art. 24 EU-Vertrag, der der Europäischen Union seit dem Inkrafttreten des Vertrages von Amsterdam eine (eigene) Vertragsschlusskompetenz verleiht. Allerdings ist dabei die 4. Erklärung zu der

---

[494] Schroeder, in: v. Bogdandy (Hrsg.), Europäisches Verfassungsrecht, S. 373, 391f.

[495] Stumpf, in: Schwarze (Hrsg.), EU-Kommentar, Art. 1 EUV Rn. 9.

[496] Klein, in: Graf Vitzthum (Hrsg.), VölkerR, 4. Abschn. Rn. 100.

[497] Jacqué, in: v.d. Groeben/ Schwarze (Hrsg.), EUV/ EGV, 6. Aufl., Bd. 1, Art. 1 EUV Rn. 14; siehe auch Hilmes, Die EU als Partei völkerrechtlicher Verträge, S. 79.

[498] Fritzler/ Unser, Die EU, S. 198f.

Schlussakte des EU-Vertrages (Amsterdam) zu beachten. In dieser Erklärung zu den Art. 24 und 38 des EU-Vertrages wird explizit eine Übertragung von Zuständigkeiten der Mitgliedstaaten auf die Union im Zusammenhang mit den genannten Artikeln ausgeschlossen.[499] Es wäre unplausibel, wenn man in diesem Zusammenhang annehmen würde, die im Rat vertretenen Mitgliedstaaten würden einerseits die ausdrückliche Einführung einer Völkerrechtspersönlichkeit der EU ablehnen, andererseits diese durch die Hintertür gleichwohl einführen.[500] Eine Übertragung von Zuständigkeiten der Mitgliedstaaten auf die EU ist demnach mit Art. 24 EUV nicht gewollt gewesen. Art. 24 EU-Vertrag stellt vielmehr eine Bündelung der Verträge der einzelnen Mitgliedstaaten mit dem jeweiligen Vertragspartner dar[501] und dient nur der formalen Vereinfachung. Diese Auslegung des Art. 24 EU-Vertrag macht ihn nicht überflüssig, sondern erleichtert den Abschluss völkerrechtlicher Verträge im Bereich der GASP entscheidend.[502]

Möglicherweise kommt aber der nachträglichen Praxis der Union auf dem Gebiet des Vertragsschlusses nach Art. 24 EUV besondere Bedeutung zu. Diese Praxis wird nämlich teilweise als weiteres Kriterium der implied-powers-Lehre angesehen, wenn sie die Rechtspersönlichkeit der internationalen Organisation bestätigt.[503] Demnach könnte man die Völkerrechtssubjektivität der Union auch aus ihren völkerrechtlichen

---

[499] ABl. C 340 vom 10.11.1997, S. 131.

[500] Pechstein, in: Streinz (Hrsg.), Art. 1 EUV Rn. 19; Hilmes, Die EU als Partei völkerrechtlicher Verträge, S. 68-70; diese Auffassung bildet auch nach wie vor die Grundlage für die praktische Haltung der beteiligten Staaten; i.E. ähnlich Scheffler, Die EU als rechtlich-institutioneller Akteur im System der VN, S. 227f.

[501] Kugelmann, EuR Beiheft 2/1998, S. 99, 112; Haratsch/ Koenig/ Pechstein, EuR, Rn. 80.

[502] Bandilla-Dany, Die GASP nach Amsterdam, S. 56; die Gegenauffassung verkennt, dass sie sich in Widerspruch zum klaren historischen Willen des Gesetzgebers, nämlich der EU-Mitgliedstaaten, setzt und verwechselt zudem die politische Motivation hinter der Regelung des Art. 24 EUV mit seiner rechtlichen Wirkung; so auch Ipsen, VölkerR, 5. Aufl., § 6 Rn. 18.

[503] Vgl. ICJ Reports 1949, S. 174, 179; Pachinger, Völkerrechtspersönlichkeit der EU, S. 103; Pechstein, in: Streinz (Hrsg.), Art. 1 EUV Rn. 19; gemäß Art. 31 Abs. 3 lit. b) Wiener Vertragsrechtskonvention muss für die Auslegung eines Vertrages auch „jede spätere Übung bei der Anwendung des Vertrags“ berücksichtigt werden; siehe dazu auch Hilmes, Die EU als Partei völkerrechtlicher Verträge, S. 70.

Aktivitäten ableiten. Zunächst hat die Union selber in Rechtsakten erklärt, dass sie an Normen des Völkerrechts gebunden ist.[504] Inzwischen hat die EU auf der Grundlage von Art. 24 EU-Vertrag eine Vielzahl von völkerrechtlichen Abkommen geschlossen, in denen sie ausdrücklich als teilnehmende Partei genannt wird.[505] Dazu zählen z.B. die Statusabkommen mit dem Aufnahmestaat, d.h. Status of Forces und Status of Mission Agreements (SOFA/ SOMA), die bei der Entsendung von militärischen oder zivilen Missionen deren Rechtsstatus regeln,[506] Abkommen, die die Beteiligung von Drittstaaten an EU-Operationen regeln sowie solche, die die Beziehungen zur NATO und den Geheimschutz betreffen bis hin zur Zusammenarbeit in Strafsachen, der Schengen-Assoziierung, der Zusammenarbeit mit dem Internationalen Strafgerichtshof und der Terrorismusbekämpfung.[507]

Diese Praxis der GASP spricht eher für die Völkerrechtssubjektivität der Union. Erklärungen im Rahmen der GASP werden nämlich regelmäßig im Namen der Europäischen Union abgegeben. Auch Gemeinsame Aktionen ergehen im Namen der Europäischen Union.[508]

Die unter dem EUV in der Fassung von Maastricht abgeschlossene internationale Vereinbarung zwischen der EU, der WEU und der Republik Bosnien-Herzegowina über die Verwaltung der Stadt Mostar vom

---

[504] Vgl. Abs. 2 der Erwägungsgründe zur Verordnung (EG) Nr. 1334/2000 des Rates über eine Gemeinschaftsregelung für die Kontrolle der Ausfuhr von Gütern und Technologien mit doppeltem Verwendungszweck, ABl. L 159 vom 30.06.2000, S. 1, wonach sicherzustellen ist, dass „die internationalen Verpflichtungen und Verantwortlichkeiten der Mitgliedstaaten (...) und die der Europäischen Union eingehalten werden"; Schroeder, in: v. Bogdandy (Hrsg.), Europäisches Verfassungsrecht, S. 373, 390.

[505] Dazu zählen u.a. zwei völkerrechtliche Abkommen hinsichtlich der Tätigkeit der Überwachungsmission der Europäischen Union (EUMM) in der ehemaligen jugoslawischen Republik Mazedonien, ABl. L 125 vom 05.05.2001, S. 2 und ABl. L 241 vom 11.09.2001, S. 2: darin werden den Aufnahmestaaten konkrete völkerrechtliche Pflichten gegenüber der Union auferlegt, zum Beispiel über den Schutz und die Sicherheit der Mission und ihrer Mitglieder bzw. ihr Recht auf Bewegungsfreiheit; dies zeigt, dass die EU bewusst als Vertragspartner von den Mitgliedstaaten eingesetzt wurde, um so ihr außenpolitisches Gewicht auf internationaler Ebene zu stärken.

[506] Sari, ICLQ 57 (2008), S. 53, 56; Thym, ZaöRV 2006, S. 863, 876.

[507] Übersicht bei Thym, ZaöRV 66 (2006), S. 863, 875-899.

[508] Semrau, GASP, S. 161; Stein, in: FS Bernhardt, S. 1129, 1140 geht ebenfalls von einer grundsätzlichen Deliktsfähigkeit der EU aus.

5. Juli 1994 hatte die Ratspräsidentschaft dagegen noch „für die Mitgliedstaaten der Union im Rahmen der Union handelnd“ unterzeichnet. Diese Änderung in der Vertragspraxis (vgl. Art. 31 Abs. 3 lit. b Wiener Vertragsrechtskonvention), welcher die Mitgliedstaaten im Rat nicht widersprochen haben, könnte auf eine (beschränkte) Völkerrechtssubjektivität der Union hindeuten. Allerdings kann der fehlende Wille der Mitgliedstaaten, der EU im Wege der Vertragsänderung (Art. 48 EUV/ Nizza) ausdrücklich oder implizit eine eigenständige Rechtspersönlichkeit zu verleihen, nicht durch eine abweichende Praxis des Rates ersetzt werden. Wie der EuGH hinsichtlich des EGV festgestellt hat, kann eine spätere Übung der Gemeinschaftsorgane das Primärrecht nicht ändern.[509] Ungeachtet seiner Rechtsnatur muss dies in Bezug auf das Unionsrecht jedenfalls dann entsprechend gelten, wenn die Änderung des rechtlichen *status quo* eine verfassungsrechtliche Dimension erreicht. Die Verleihung der Völkerrechtsfähigkeit betrifft das rechtliche Fundament der EU. Eine derartige Systemverschiebung ist daher dem Vertragsänderungsverfahren nach Art. 48 EUV/ Nizza vorbehalten.[510]

Im Ergebnis kann man die Auslegung des EU-Vertrages, insbesondere der Bestimmungen über den Abschluss völkerrechtlicher Verträge mit dritten Völkerrechtssubjekten, der Bestimmungen über das Gesandtschaftsrecht sowie über Immunitäten und Privilegien argumentativ sowohl für eine bereits (unter dem Vertrag von Nizza) bestehende Völkerrechtsfähigkeit der EU als auch dagegen verwenden.[511] Da jedenfalls die Rechtssubjektivität der Europäischen Union nach dem EU-Vertrag – in der Fassung des Vertrages von Nizza – zweifelhaft geblieben ist,[512]

509 EuGH, Rs. 68/86, Vereinigtes Königreich/ Rat, Slg. 1988, S. 855, Rn. 24; EuGH, Rs. C-84/94, Arbeitszeit, Slg. 1996, I-5755, Rn. 19.

510 So Hilf, in: Grabitz/ Hilf, Bd. I, 38. EL, Art. 1 EUV Rn. 37; Pechstein, in: Streinz (Hrsg.), Art. 1 EUV Rn. 19; anders Hilmes, Die EU als Partei völkerrechtlicher Verträge, S. 76-78, der meint, die Grenze zwischen einer zulässigen vertragsändernden nachträglichen Praxis und einem Verstoß gegen Art. 48 EUV sei schwer bestimmbar.

511 Vgl. zum Streitstand in der Literatur Kielmansegg, Verteidigungspolitik der EU, S. 105, 180; Scheffler, Die EU als rechtlich-institutioneller Akteur im System der VN, S. 209-228 und Hilmes, Die EU als Partei völkerrechtlicher Verträge, S. 61ff.; die Debatte ist inzwischen zunehmend ideologisch geprägt, so auch Scheffler, Die EU als rechtlich-institutioneller Akteur im System der VN, S. 223 mit dem Hinweis, dass die Diskussion um die Rechtspersönlichkeit der EU in einer Sackgasse angekommen sei.

512 Vgl. den Schlussbericht der Gruppe III „Rechtspersönlichkeit“ des Konvents vom 01.10.2002, CONV 305/02, Rn. 8.

besteht nur eine unsichere Möglichkeit, Rechtsakte „der Union" – und nicht den Mitgliedstaaten der EU – zuzurechnen.[513] Jedenfalls entspricht die Verneinung der impliziten Völkerrechtsfähigkeit der EU dem klaren historischen Willen des Gesetzgebers, nämlich der EU-Mitgliedstaaten.[514] Wie die genauere Untersuchung der Situation unter dem Vertrag von Lissabon noch zeigen wird (vgl. B. III. 2.), ist die Völkerrechtsfähigkeit der EU aber auch nicht allein ausschlaggebend für die Zurechnung von Entscheidungen.

(3) Juristische Konstruktion von EU-Militäroperationen

Die entscheidende Frage lautet vielmehr, ob Militäroperationen, die im Rahmen der EU durchgeführt werden, der EU selbst zuzurechnen sind oder der Gesamtheit ihrer Mitgliedstaaten.

Dabei ist genau zwischen den relevanten rechtlichen Grundlagen und der öffentlichen Wahrnehmung zu unterscheiden, auch wenn eine unionseigene Zurechnung wünschenswert wäre.

Einerseits ist der Rat ein Organ der Union und nicht der Mitgliedstaaten und seine Beschlüsse, auch wenn sie einstimmig ergehen, werden im Namen der EU gefasst.[515] Folglich erging die Gemeinsame Aktion 2003 /423/GASP nach deren Art. 1 Abs. 1 im Namen der Europäischen Union, so dass man allein vom Wortlaut darauf schließen könnte, die EU sei das Zurechnungssubjekt. Diese Einschätzung entspricht auch dem Bild der öffentlichen Wahrnehmung.[516] In den einschlägigen Zeitungsartikeln war stets von der Militäroperation der EU in Kongo die Rede. Zudem verbietet Art. 14 Abs. 7 EU-Vertrag/ Nizza den Mitgliedstaaten ein selbständiges *opting-out* aus Gemeinsamen Aktionen und statuiert

---

[513] So auch Cremer, in: Kadelbach (Hrsg.), Außenbeziehungen der EU, S. 47, 53.

[514] Ebenso Ipsen, VölkerR, 5. Aufl., § 6 Rn. 18; anders Hilmes, Die EU als Partei völkerrechtlicher Verträge, S. 74-76, der der Auffassung ist, dass der historische Wille einiger Mitgliedstaaten der Konstruktion einer Völkerrechtsfähigkeit der Union durch eine teleologische und systematische Auslegung des EU-Vertrages nicht entgegensteht.

[515] Burghardt/ Tebbe/ Marquardt, in: v.d. Groeben/ Schwarze (Hrsg.), EUV/ EGV, 6. Aufl., Bd. 1, Art. 11 EUV Rn. 2.

[516] So auch Kadelbach, in: Kadelbach (Hrsg.), Außenbeziehungen der EU, S. 9, 15.

damit die hohe Bindungswirkung dieser Instrumente.[517] Es soll also gerade erreicht werden, dass die Mitgliedstaaten geschlossen auftreten und eine Einheit bilden. Des Weitern sind die Entscheidungsgremien der EU fest in die Operation eingebunden. Man hat sich bewusst dafür entschieden, die Militäroperation in Kongo im Rahmen der EU durchzuführen. Die EU bildet also praktisch den „institutionellen Rahmen" für ein Tätigwerden ihrer Mitgliedstaaten, die sich der spezifischen Instrumente der EU bedienen. Es sind nicht mehr die Mitgliedstaaten, die in den hergebrachten Formen intergouvernementaler Zusammenarbeit kooperieren, sondern sie tun dies jetzt im Rat. Sie nutzen für ihre außenpolitische Zusammenarbeit das zentrale gemeinschaftliche Beschlussorgan der Union mit seinen Usancen, namentlich seiner Geschäftsordnung. Die GASP wird dadurch nicht vergemeinschaftet, sie bleibt gleichwohl in der Sache intergouvernementale Zusammenarbeit (vgl. Art. 1 S. 3 EUV), hat sich aber institutionell der Gremien und Formen zu bedienen, in denen die Gemeinschaft handelt.[518]

Wie bei der NATO gewährt auch der EU-Vertrag der Europäischen Union nur einen sehr geringen Raum zur Entfaltung einer Tätigkeit, die man als eigene Tätigkeit der Organisation, unterschieden von der der Mitgliedstaaten, bezeichnen könnte: im Hauptorgan der NATO, dem Rat, herrscht wie im Rat der EU strenges Einstimmigkeitsprinzip. Auf militärischem Gebiet handeln daher nicht die Organisationen, sondern die Staaten handeln gemeinsam. Soweit die Befehlsgewalt über Streitkräfte der NATO-Staaten durch integrierte Kommandos ausgeübt wird, können diese Kommandos nur als gemeinsame Organe der beteiligten Staaten angesehen werden. Demgemäß bleiben die diesem Kommando unterstellten Truppen in vollem Umfang nationale Truppen.[519]

Innerhalb der zweiten Säule wird der Rat im Rahmen eines völkerrechtlichen Systems tätig, das von den Mitgliedstaaten bestimmt wird. Der Rat ist damit ausführendes Organ der Mitgliedstaaten, denen er als Entscheidungszentrum dient. Dieses Ergebnis entspricht auch dem Regelungsgehalt der GASP-Bestimmungen, die eine Koordinierungsplattform errichten wollen, d.h. ein Verfahren vorgeben, um die einzelstaatlichen Willen der Mitgliedstaaten zu einem gemeinsamen Handeln zu

---

517 Vgl. Bandilla-Dany, Die GASP nach Amsterdam, S. 112.

518 Kaufmann-Bühler, in: Grabitz/ Hilf, Bd. I, 38. EL, Art. 11 EUV Rn. 15.

519 Bothe, Streitkräfte internationaler Organisationen, S. 84f.

verbinden.[520] Insofern dient Art. 14 EUV/ Nizza als Rechtsgrundlage für eine gemeinschaftliche Zurechnung. Innerhalb der GASP und ESVP stellt das Unionsorgan Rat nur eine intergouvernementale Regierungskonferenz dar, die – aufgrund der strikten Geltung des Einstimmigkeitsprinzips im sicherheits- und verteidigungspolitischen Bereich – keinen von den Mitgliedstaaten unabhängigen Willen bilden kann. Danach sind die Mitgliedstaaten die einschlägigen Zuordnungssubjekte für Entscheidungen der GASP/ ESVP, auch wenn die Europäische Union als formale „Hülle“ bzw. „Rahmen“ fungiert.[521]

ee) Ergebnis

Die Gemeinsame Aktion 2003/423/GASP und der Beschluss 2003/432/ GASP des Rates der EU sind nicht der Europäischen Union, sondern der Gesamtheit ihrer Mitgliedstaaten zuzurechnen. Die Untersuchung hat gezeigt, dass die EU von den Mitgliedstaaten bewusst als Handlungsforum für die Militäroperation in Kongo gewählt wurde. Ansonsten hätte es Frankreich auch offen gestanden, eine eigene militärische Operation in Bunia einzuleiten. Zudem handelt es sich bei der Gemeinsamen Aktion und dem Einleitungsbeschluss um spezifische Instrumente der EU, derer sich die Mitgliedstaaten bedienen. Ähnlich wie im Rahmen des allgemeinen Verwaltungsrechts führen die Mitgliedstaaten Gemeinschaftsrechtsakte – nämlich Gemeinsame Aktionen und Beschlüsse – durch. Allerdings kann die intergouvernmental ausgestaltete ESVP nicht auf die konkreten mitgliedstaatlichen Durchführungsmaßnahmen durchschlagen und diese modifizieren – anders als im allgemeinen Verwaltungsrecht, das zum supranational ausgestalteten Politikbereich der Europäischen Union zählt. Wegen des in der GASP und ESVP geltenden Einstimmigkeitsprinzips ist die Union nicht zu einer von den Mitgliedstaaten unabhängigen Willensbildung und Umsetzung in der Lage und kann in diesem Sinne nicht als eigenständiger Akteur be-

---

[520] So auch Münch, EuR 1996, S. 415, 420; Kielmansegg, Verteidigungspolitik der EU, S. 458 sowie Holstein, Verhältnis des SR der VN zu NATO und OSZE, S. 198f., die die Auffassung vertritt, dass der Rat im Bereich der GASP wegen dessen intergouvernementalen Charakters nur für die Staaten und nicht für die EU selbst tätig wird.

[521] Ähnlich Kaufmann-Bühler, in: Grabitz/ Hilf, Bd. 1, 38. EL, Art. 11 EUV Rn. 14-17; Tomuschat, FCE 1/2003, S. 3.

zeichnet werden. Diese Eigenschaft bleibt ihren Mitgliedstaaten vorbehalten.[522]

Aus der Dreiteilung der europäischen Verteidigungsdimension folgt, dass die Verteidigungspolitik der EU rechtlich von zwei Prinzipien beherrscht wird, die sich unmittelbar aus dieser Abgrenzung ergeben: dem Freiwilligkeitsprinzip und dem Rückgriffsprinzip.[523] Dieser Aspekt ist vor allem für die Entscheidung über die Bereitstellung von Truppen relevant.

b) Entscheidung bzgl. der Bereitstellung von Truppen

Die Entscheidung über die Bereitstellung von Truppen für eine konkrete Militäroperation fällt in den Bereich der gemeinsamen Verteidigung, und damit nicht in die Zuständigkeit der EU, sondern in die der teilnehmenden Mitgliedstaaten.[524]

Die Europäische Sicherheits- und Verteidigungspolitik hat bewusst auf die Bildung einer eigenen permanenten Kommandostruktur verzichtet. Stattdessen erfolgt die Einsatzführung entweder unter Rückgriff auf nationale oder multinationale Kapazitäten der Mitgliedstaaten der EU oder unter Rückgriff auf Mittel und Fähigkeiten der NATO.[525] Entscheidendes Merkmal der ESVP ist damit das Rückgriffsprinzip. Die EU ist faktisch und rechtlich darauf angewiesen, im Einzelfall auf externe Planungs- und Kommandostrukturen zurückzugreifen.[526]

Die gemeinsame Verteidigung i.S.v. Art. 17 Abs. 1 UAbs. 1 EUV/ Nizza fällt nicht in die Unionszuständigkeit. Daher kann aus Art. 11 Abs. 2 EUV/ Nizza bzw. Art. 24 Abs. 3 des EU-Vertrages von Lissabon keine rechtliche Verpflichtung der Mitgliedstaaten hergeleitet werden, sich an

---

522 So Kielmansegg, Verteidigungspolitik der EU, S. 458.

523 So Kielmansegg, Verteidigungspolitik der EU, S. 456.

524 So auch Kielmansegg, Verteidigungspolitik der EU, S. 128f. mit dem Hinweis auf die Neutralitätsproblematik, das Verhältnis zur NATO und die nationale Souveränität der Mitgliedstaaten als Aspekte, die aufgrund ihrer besonderen Sensibilität nicht der gemeinsamen Verteidigungspolitik, sondern allenfalls der gemeinsamen Verteidigung zugeordnet werden können.

525 Fröhlich, Das Projekt der GESVP, S. 25; Wiesmann, in: Reiter/ Rummel/ Schmidt (Hrsg.), Europas ferne Streitmacht, S. 233, 235.

526 Kielmansegg, Verteidigungspolitik der EU, S. 368.

militärischen Aktionen unter dem Dach der Union zu beteiligen[527] – weder hinsichtlich der Einbringung von Truppen in den Streitkräftekatalog noch hinsichtlich der Beteiligung mit eigenen Streitkräften an einer bestimmten EU-Operation. Jeder Mitgliedstaat entscheidet souverän und freiwillig, ob er für eine bestimmte Operation eigene Kontingente zur Verfügung stellt und um welche Kontingente es sich dabei handelt. Das gilt selbst bei einstimmig beschlossenen Gemeinsamen Aktionen.[528] Für jede Operation ist also ein erneuter force generation-Prozess unter der Leitung des designierten Operationsbefehlshabers notwendig.[529] Die EU-Mitgliedstaaten verpflichten sich bei der Nominierung von Einsatzkräften im Rahmen „freiwilliger Kooperation", diese Fähigkeiten verfügbar zu halten. Welche Einsatzkräfte im Bedarfsfall tatsächlich angeboten und eingesetzt werden, bleibt nationalen und EU-Einzelfallentscheidungen vorbehalten.[530]

Aus dem Freiwilligkeitsprinzip folgt naturgemäß, dass im Regelfall nicht alle Unionsmitglieder mit eigenen Verbänden an einer EU-Operation beteiligt sind. Militärisch hat diese Beliebigkeit freilich ihre Grenzen. Der Streitkräftekatalog enthält keine systematischen Doppelungen, ist also nicht darauf ausgerichtet, derartige Ausfälle auszugleichen.[531] Folglich kann im Konfliktfall nicht ausgeschlossen werden, dass die Mitgliedstaaten ihre Mittel zurückziehen, wenn sie vitale Interessen bedroht sehen oder aus innenpolitischen Zwängen gar nicht anders handeln können.[532]

Die Handlungsfähigkeit der ESVP wird deshalb wesentlich von den von der jeweiligen nationalen Verfassung vorgegebenen innenpolitischen Entscheidungsprozessen bei der Entsendung von Streitkräften ab-

---

527 Kielmansegg, Verteidigungspolitik der EU, S. 206; siehe zur Rechtslage unter dem Vertrag von Lissabon insbesondere die Ausführungen unter dem nachfolgenden Punkt B. III. 2. b).

528 Siehe auch B. III. 1. a) aa).

529 Kielmansegg, Verteidigungspolitik der EU, S. 324; Wiesmann, in: Reiter/ Rummel/ Schmidt (Hrsg.), Europas ferne Streitmacht, S. 233, 256.

530 Wiesmann, in: Reiter/ Rummel/ Schmidt (Hrsg.), Europas ferne Streitmacht, S. 233, 256.

531 Kielmansegg, Verteidigungspolitik der EU, S. 325.

532 Fröhlich, Das Projekt der GESVP, S. 19f.

hängen – und nicht nur von politischen Solidaritätsbekundungen.[533] Die Schaffung einer Europa-Armee ist in dem Konzept der Schnellen Eingreiftruppe nicht vorgesehen.

Für Operationen unter Rückgriff auf NATO-Mittel und -Fähigkeiten gilt das sogenannte Berlin Plus-Abkommen, das im Dezember 2002 nach einem langen Streit zwischen der Türkei und Griechenland unterzeichnet wurde und am 17. März 2003 in Kraft trat.[534]

Die Militäroperation in Kongo war der erste Einsatz im Rahmen der ESVP, der ohne Rückgriff auf Mittel und Fähigkeiten der NATO durchgeführt wurde.

Bei solchen autonomen Einsätzen, also bei einem Rückgriff einer EU-geführten Operation auf Kommandostrukturen ihrer Mitgliedstaaten – als Alternative zum Rückgriff auf Mittel und Fähigkeiten der NATO – gibt es das Konzept der Rahmennation (*Framework Nation*). Dabei wird auf nationale Hauptquartiere der Mitgliedstaaten zurückgegriffen. Diese Nutzung nationaler Hauptquartiere ist die erste Option, wenn die EU nicht auf Mittel und Fähigkeiten der NATO zurückgreift. Die Mitgliedstaaten haben prinzipiell eine ausreichende Zahl von Hauptquartieren für diesen Zweck angezeigt, aber ihre tatsächliche Bereitstellung bleibt einer souveränen Entscheidung im Einzelfall überlassen.[535]

Die Entscheidung über den Einsatz von nationalen Truppen bei EU-geführten Militäroperationen verbleibt bei den Mitgliedstaaten. Dies ist angesichts der Tatsache, dass bei solchen Entscheidungen ein sensibler Kernbereich staatlicher Hoheitsgewalt betroffen wird, nur konsequent im Sinne der strikten Intergouvernementalität der zweiten Säule.

---

[533] Siedschlag, in: Reiter/ Rummel/ Schmidt (Hrsg.), Europas ferne Streitmacht, S. 222, 223; vgl. zur (einheitlichen) Legitimation von Militäreinsätzen der EU die Ausführungen unter Punkt B. II. 3. e) aa).

[534] Vgl. Europäischer Rat in Kopenhagen, 12./ 13. Dez. 2002, Schlussfolgerungen des Vorsitzes, Nr. 15917/02, Brüssel, 29.01.2003; in dieser formalen Übereinkunft wird der EU der gesicherte Zugriff auf Fähigkeiten und Mittel der NATO garantiert; das Abkommen sagt der EU für Krisenbewältigungsaufgaben einschließlich militärischer Operationen logistische Unterstützung der NATO dort zu, wo die NATO als Ganzes nicht engagiert ist, vgl. auch die Ausführungen unter B. I. 8. b) bb) und B. I. 11.

[535] Kielmansegg, Verteidigungspolitik der EU, S. 369; vgl. zum Framework-Nation-Konzept insbesondere die Ausführungen unter Punkt C. I. 4. a) bb).

c) *Kommandokette für EU-geführte militärische Operationen*

Die Kommandokette für EU-geführte Militäroperationen soll nun kurz am Beispiel der EU-Militäroperation Artemis in Kongo dargestellt werden. Die rechtlich relevanten Details dazu werden im Rahmen der rechtlichen Konstruktion einer Zusammenarbeit von Staaten im militärischen Bereich auf der völkerrechtlichen Ebene (C. I. 4.) behandelt.

Aufgrund der notwendigen Verzahnung von nationalen und multinationalen Strukturen muss für jede Operation eine komplizierte ad hoc-Kommandokette aufgebaut werden. Die vorliegenden Ausführungen konzentrieren sich dabei auf die militärische Einsatzführung.

Die EU verfügt nicht über eine präsente Kommandostruktur. Falls ein Rückgriff auf NATO-Mittel im konkreten Fall nicht möglich oder erwünscht ist – wie im Fall der EU-Militäroperation in Kongo 2003, muss die EU aus den vorhandenen nationalen bzw. den multinationalen Hauptquartieren, die nicht der NATO-Kommandostruktur angehören, eine ad hoc-Kommandostruktur bilden.[536]

Die Verbindung zwischen militärischer und politischer sowie zwischen europäischer und nationaler Führungsebene nimmt der Militärausschuss, und damit ein eigenes europäisches Gremium wahr.[537]

Die militärische Einsatzführung der Streitkräfte obliegt der Kommandokette (*chain of command*), d.h. den Befehlshabern und Kommandeuren mit ihren Hauptquartieren und Stäben, die für die Durchführung von Operationen verantwortlich sind. Der Rahmen ihrer Befehlsbefugnis wird festgelegt. Die umfassende Befehlsgewalt (*full command* – die Unterstellung in jeder Hinsicht),[538] die disziplinar- und strafrechtliche Befugnisse mit einschließt, bleibt bei den Nationen. Nicht anders als im Rahmen der NATO behält jeder Mitgliedstaat die volle Befehlsgewalt über seine teilnehmenden Truppenteile. D.h., lediglich *operational command*, also das operative Kommando – die Unterstellung von Truppen für Einsätze und Übungen,[539] um die Truppe im konkreten Einsatz zu führen, wird für die Dauer des Einsatzes übertragen.[540]

---

[536] Heise, swp-Studie S 26 (September 2005), S. 10.

[537] Geiger, Rechtliche Rahmenbedingungen der Multinationalität, S. 130; Kielmansegg, Verteidigungspolitik der EU, S. 313.

[538] Vgl. Walz, NZWehrr 1986, S. 89, 94.

[539] Siehe Kleine, Militärische Komponente der ESVP, S. 243; *operational control* – eine Abstufung der Befugnis des *operational command* – ist die einem militärischen Führer übertragene Befugnis, ihm unterstellte Kräfte so zu führen,

Die Weisungsrechte des Operationsbefehlsführers, der auf der Grundlage der vom Militärstab entwickelten militärstrategischen Optionen ein Operationskonzept und einen Operationsplan ausarbeitet – auch wenn die Entscheidung über beide Dokumente nach Übermittlung durch den Militärausschuss und das PSK vom Rat getroffen wird[541] – sind damit auf operative Fragen beschränkt und umfassen nicht die administrative oder disziplinarrechtliche Kontrolle. Es handelt sich also nicht um eine truppendienstliche Unterstellung mit förmlicher Befehlsgewalt des Operationsbefehlshabers. Die Bindungswirkung seiner Weisungen fließt letztlich aus einer dahingehenden nationalen Anordnung bei der Unterstellung der betroffenen Verbände, die eingeschränkt und auch widerrufen werden kann.[542]

Die Kriterien für Auswahl und Festlegung der Kommandokette sind vielfältig und einzelfallbezogen. Dies verdeutlicht, dass Entscheidungen über die Einsatzführung – wie auch die Einsatzführung selbst – von Fall zu Fall getroffen werden müssen, häufig unter erheblichem Zeitdruck.[543]

In Anlehnung an das CJTF (*Combined Joint Task Forces*)-Konzept der NATO und das in der WEU entwickelte Führungskonzept und dessen Terminologie hat sich die EU für eine C2-Struktur auf drei Ebenen entschieden:

- auf der militärstrategischen Ebene mit Operationsbefehlshaber (*Operation Commander*) und Hauptquartier (*Operation Head-*

dass er bestimmte Aufträge oder Aufgaben erfüllen kann, die im allgemeinen nach Art, Zeit und Raum begrenzt sind, siehe dazu Geiger, Rechtliche Rahmenbedingungen der Multinationalität, S. 120 und Kleine, Militärische Komponente der ESVP, S. 243.

[540] Siehe Kleine, Militärische Komponente der ESVP, S. 242f. sowie Kielmansegg, Verteidigungspolitik der EU, S. 327f.; Gerhardt, in: Hoyer/ Kaldrack (Hrsg.), ESVP, S. 166, 173 und Geiger, Rechtliche Rahmenbedingungen der Multinationalität, S. 120f.

[541] Fröhlich, Das Projekt der GESVP, S. 25; Schuwirth, in: Hoyer/ Kaldrack (Hrsg.), ESVP, S. 238, 242; Kielmansegg, Verteidigungspolitik der EU, S. 327f.

[542] Siehe Nolte/ Krieger, Europäische Wehrrechtssysteme, S. 108; Kleine, Militärische Komponente der ESVP, S. 242f. sowie Kielmansegg, Verteidigungspolitik der EU, S. 327f.; Gerhardt, in: Hoyer/ Kaldrack (Hrsg.), ESVP, S. 166, 173 und Geiger, Rechtliche Rahmenbedingungen der Multinationalität, S. 120f. und S. 172 mit dem Hinweis auf dieselbe Regelung in der NATO.

[543] Wiesmann, in: Reiter/ Rummel/ Schmidt (Hrsg.), Europas ferne Streitmacht, S. 233, 238.

quarters), welches die gesamte Operation plant und führt, und in der Regel ortsfest und entsprechend der für die jeweilige Operation erforderlichen Zusammensetzung der Streitkräfte teilstreitkraftübergreifend ausgelegt ist, d.h. sowohl für Heer als auch für Luftwaffe und Marine;

- auf der operativen Ebene, auf der die konkrete Operationsführung angesiedelt ist, mit dem ebenfalls vom Rat ernannten Einsatzbefehlshaber (*Force Commander*) und im Regelfall vor Ort durch ein verlegbares Hauptquartier (*Force Headquarters*), das ebenso teilstreitkraftübergreifend ausgestattet und besetzt ist;
- auf der taktischen Ebene, die in der Regel mit Teilstreitkräften organisiert ist, mit Befehlshabern/ Kommandeuren der Einsatzkomponenten (*Component Commanders*) sowie ihren Hauptgefechtsständen/ Stäben: *Land Component Commander*, *Air Component Commander*, *Maritime Component Commander*, *Rear Area Component Commander*, *Special Operations Commander*, *Psychological Operations Commander*. Unter den Komponentenkommandos sind die Kommandeure und Stäbe der nationalen oder multinationalen Teilstreitkraft- und Spezialkontingente der Truppensteller angesiedelt, z.B. Divisionen/ Brigaden, *Air Operations Center*, Marineeinsatzgruppen, logistische und Sanitätsgruppen, Führungs- und Transportstreitkräfte, Fallschirm- und Luftlandetruppen.[544]

Die EU besitzt keine eigenen Hauptquartiere, von denen aus Operationen geplant und geführt werden können. Stattdessen kann sie zu diesem Zweck auf allen Kommandoebenen Hauptquartiere der Streitkräfte ihrer Mitgliedstaaten nutzen, wie bei der Operation Artemis in Kongo geschehen.[545] Die Schnelligkeit, mit der diese Operation durchgeführt wurde, beruhte darauf, dass Frankreich sowohl das *Operation Headquarters* (OHQ), nämlich das *Centre de planification et de Conduite des Opérations* (CPCO) in Paris, als auch das *Force Headquarters* (FHQ) in Bunia (DRK) bzw. Entebbe (Uganda) und den Großteil der

---

[544] Wiesmann, in: Reiter/ Rummel/ Schmidt (Hrsg.), Europas ferne Streitmacht, S. 233, 239; Kielmansegg, Verteidigungspolitik der EU, S. 328-330; Varwick, IP 1/2007, S. 46, 47; Heise, swp-Studie S 26 (September 2005), S. 10f.; zu den wesentlichen Aufgaben in der Kommandokette siehe Wiesmann, in: Reiter/ Rummel/ Schmidt (Hrsg.), Europas ferne Streitmacht, S. 233, 240f.

[545] Kielmansegg, Verteidigungspolitik der EU, S. 327f.; siehe auch die Ausführungen unter Punkt B. III. 1. b).

Truppen stellte. Unter Kostengesichtspunkten sind derartige von Nationen für den Einzelfall zusammengestellte Hauptquartiere allerdings alles andere als effizient.[546]

Der entscheidende Unterschied zur Kommandostruktur bei militärischen Operationen, die durch die NATO durchgeführt werden, liegt auf der operativen Ebene: die NATO-Hauptquartiere auf dieser Ebene (*Joint Forces Commands* Brunssum, Niederlande, *Joint Headquarters* Lisbon, Portugal, *Joint Forces Commands* Naples, Italien) sind nämlich im Gegensatz zu denjenigen auf EU-Ebene integriert. D.h., die drei genannten NATO-Hauptquartiere (unterhalb des „neuen" strategischen Kommandos *Allied Command Operations* in SHAPE – *Supreme Headquarters Allied Powers Europe*, bei Mons, Belgien) werden sowohl gemeinsam von den NATO-Mitgliedstaaten finanziert als auch gemeinsam von ihnen genutzt und stehen nicht zur alleinigen Verfügung einer bestimmten Nation.

Dagegen kann die EU für die Durchführung von autonomen Militäroperationen nur auf nationale Hauptquartiere zurückgreifen, die dann entsprechend multinationalisiert werden. Diese werden zwar nach dem Finanzierungsmechanismus der EU für militärische Krisenbewältigungsoperationen (ATHENA) für die Dauer der Operation aus einem Sonderhaushalt auch gemeinsam finanziert. Vor und nach einer konkreten Operation obliegt die Finanzierung dann aber wieder dem jeweiligen Nationalstaat. Es liegt damit anders als in der NATO keine dauerhafte gemeinsame Finanzierung und Nutzung vor.

Außerdem bestehen in den integrierten Stäben der NATO sowie gegenüber den sog. *NATO forces* Weisungsbefugnisse des ausländischen Vorgesetzten.[547] Ein solcher integrierter Stab ist multinational zusammengesetzt, die Dienstposten werden entsprechend dem jeweiligen Beitrag der Nationen verteilt und die Spitzendienstposten nach dem Rotationsprinzip besetzt.[548]

Mit der Einsatzfähigkeit der *NATO Response Force* (NRF) verfügt die NATO darüber hinaus über ständige, integrierte Streitkräfte, in der

---

[546] Heise, swp-Studie S 26 (September 2005), S. 10f.

[547] Siehe Geiger, Rechtliche Rahmenbedingungen der Multinationalität, S. 123.

[548] Vgl. Stein, in: Tomuschat (Hrsg.), Rechtsprobleme einer ESVP, S. 53, 58f.

See-, Land- und Luftstreitkräfte sowie Einheiten für Sonderoperationen unter einem einzigen Befehlshaber zusammengefasst sind.[549]

2. Vertrag von Lissabon

Nun soll untersucht werden, ob der Vertrag von Lissabon eine eindeutigere oder gegebenenfalls eine andere Entscheidung bezüglich der Zurechnung von Entscheidungen der ESVP fällt. Dazu sind die entsprechenden Bestimmungen des Vertrages genauer zu analysieren, wobei wieder zwischen einer Gemeinsamen Aktion und dem Einleitungsbeschluss für eine EU-geführte Militäroperation auf der einen Seite und der Entscheidung bzgl. der Bereitstellung von Truppen auf der anderen Seite zu differenzieren ist.

a) Gemeinsame Aktion und Einleitungsbeschluss für eine EU-geführte Militäroperation

Der Vertrag von Lissabon ändert an den skizzierten Organisations- und Entscheidungsverfahren nur wenig. Insbesondere hebt er die Säulenstruktur der Union nur in formaler Hinsicht auf. Gegensatz und Grenzziehung zwischen supranationaler und intergouvernementaler Methode werden aufrechterhalten, so dass auch das sicherheitspolitische Kohärenzproblem weitgehend unverändert bestehen bleibt.[550]

Die neue Doppelrolle des Präsidenten als Spitze von Kommission und Rat ändert für sich genommen nichts an der Verteilung der Zuständigkeiten im Bereich der Außen- und Sicherheitspolitik, d.h. der weitgehenden Zuständigkeit der Kommission etwa für die Handels-, Zoll- und Währungspolitik und der Koordinierung der nationalen Politiken im Rat, soweit Politikbereiche betroffen sind, die weiterhin intergouvernemental ausgestaltet sind.[551] Im Bereich militärischer Operationen bleibt der Rat das entscheidende Beschlussorgan.

In Bezug auf den Beschluss einer Gemeinsamen Aktion bestimmt Art. 28 des Vertrages von Lissabon (EUV) ähnlich wie bisher Art. 14 EU-

[549] Jones, NATO-Brief Frühjahr 2004, Umdruck nach www.nato.int/docu/review/2004/issue1/german/military_pr.html, S. 2.

[550] Kielmansegg, Verteidigungspolitik der EU, S. 386.

[551] Pernice, WHI-Paper 8/2002, S. 3.

Vertrag/ Nizza, dass der Rat die erforderlichen Europäischen Beschlüsse erlässt, wenn eine internationale Situation ein operatives Vorgehen der Union verlangt. Nach Abs. 2 dieser Bestimmung des Vertrages von Lissabon sind diese Europäischen Beschlüsse für die Mitgliedstaaten bei ihren Stellungnahmen und ihrem Vorgehen bindend. Damit wird eine Bindungswirkung wie in Art. 14 Abs. 3 EU-Vertrag/ Nizza statuiert und die bisher geltende Rechtslage nicht geändert.[552] Obwohl der Vertrag von Lissabon zu den einschlägigen Fragen des Entscheidungsverfahrens nichts Wesentlich Neues bringt, stellt sich die Zurechnungsfrage im Hinblick auf die Tatsache neu, dass die EU nun eindeutig Rechtspersönlichkeit besitzt, vgl. Art. 47 des EU-Vertrages von Lissabon.

aa) Personale Tragweite der Rechtsfähigkeit

Fraglich ist zunächst, wie weit die personale Tragweite der Rechtsfähigkeit der EU unter dem Vertrag von Lissabon reicht. Dies ist ein Problem der Anerkennung der Rechtspersönlichkeit.

Die Problematik der Anerkennung der Rechtspersönlichkeit ist zunächst bei den Staaten als ursprünglichen Völkerrechtssubjekten von Bedeutung. Nach der herrschenden Lehre kommt der Anerkennung der Rechtspersönlichkeit hier bloß deklaratorische Wirkung zu.[553]

Im Gegensatz zu den Staaten entsteht die internationale Organisation durch den Gründungsvertrag, die Satzung. Deshalb hat die (ausdrückliche oder stillschweigende) Anerkennung für die Völkerrechtspersönlichkeit internationaler Organisation konstitutive Wirkung.[554] Eine An-

---

[552] Siehe schon die Ausführungen unter Punkt B. II. 2.

[553] Das heißt, dass ein Neustaat ab dem Zeitpunkt Völkerrechtssubjekt ist, in dem die drei Elemente Staatsvolk, Staatsgebiet und Staatsregierung gegeben sind, unabhängig von einer Anerkennung oder Nichtanerkennung; die Gegenauffassung besagt, dass der Anerkennung konstitutive Wirkung zukommt; vgl. zum Streitstand Stein/ v. Buttlar, VölkerR, Rn. 322f.; Pachinger, Völkerrechtspersönlichkeit der EU, S. 34.

[554] Seidl-Hohenveldern/ Loibl, Recht der IO, Rn. 0701 f.; Ginther, International Organizations: Responsiblity, in: Bernhardt (Hrsg.), EPIL II, S. 1336, 1338; ebenso Meng, ZaöRV 1985, S. 324, 326; Hilmes, Die EU als Partei völkerrechtlicher Verträge, S. 34f.; dafür spricht vor allem, dass ein völkerrechtlicher Vertrag (Satzung) nur die Vertragsparteien, nicht aber Drittstaaten bindet; deren Rechtslage soll sich nicht durch die Gründung einer internationalen Organisation automatisch verschlechtern (*res inter alios acta*); die Gegenauffassung – siehe dazu Pernice, AVR 26 (1988), S. 406, 431 – widerspricht dem Grundsatz,

erkennung durch konkludente Handlung stellt z.B. die Aufnahme diplomatischer Beziehungen zur einer solchen Organisation durch Ernennung von Diplomaten zu ständigen Beobachtern bei dieser dar.[555] Außerdem erkennen diejenigen Staaten, die mit der internationalen Organisation Verträge schließen, sie zumindest implizit an. So schafft die Formulierung der oben genannten Abkommen mit Jugoslawien und Mazedonien[556] einen Präzedenzfall für spätere Abkommen.[557] Inzwischen gibt es eine Fülle von Abkommen, in denen die EU selbst Vertragspartei ist.[558] Wenn der Vertrag von Lissabon der EU ausdrücklich Rechtspersönlichkeit verleiht, ist es demnach wahrscheinlich, dass dritte Staaten die EU als Völkerrechtssubjekt anerkennen.

Aus dem konstitutiven Charakter der Anerkennung folgt jedoch nicht, dass Organe, insbesondere Streitkräfte im Verhältnis zum nichtanerkennenden Staat überhaupt keinem Völkerrechtssubjekt zuzuordnen sind. Auch das Nichtmitglied kann nicht an der Tatsache vorbei, dass die Organisation ein Instrument der Zusammenarbeit ihrer Mitgliedstaaten ist. Handlungen der Organisation müssen also im Verhältnis zu dem die Organisation nicht anerkennenden Nichtmitglied als gemeinschaftliche Handlungen ihrer Mitglieder angesehen werden.[559]

bb) Juristische Konstruktion von EU-Militäroperationen

Ausschlaggebendes Kriterium für die Zurechnung von Entscheidungen, die im Rahmen der GASP und ESVP gefällt werden, ist wiederum die Abgrenzung zwischen einem Handeln der EU als Organisation und einem bloßen gemeinschaftlichen Handeln ihrer Mitgliedstaaten. Auch wenn der EU Rechtspersönlichkeit zukommt, muss man das gemein-

---

dass Verträge grundsätzlich nur *inter partes* wirken, siehe dazu schon Bothe, Streitkräfte internationaler Organisationen, S. 11.

[555] Seidl-Hohenveldern/ Loibl, Recht der IO, Rn. 0710; Meng, ZaöRV 1985, S. 324, 328; Hilmes, Die EU als Partei völkerrechtlicher Verträge, S. 34.

[556] Vgl. Fußnote 505.

[557] Jacqué, in: v.d. Groeben/ Schwarze (Hrsg.), EUV/ EGV, 6. Aufl., Bd. 1, Art. 1 EUV Rn. 16.

[558] Siehe dazu auch die Aufzählung unter Punkt B. III. 1. a) dd) (2) sowie weitere Beispiele bei Hilmes, Die EU als Partei völkerrechtlicher Verträge, S. 72f.

[559] Bothe, Streitkräfte internationaler Organisationen, S. 11.

same Handeln nicht notwendigerweise ihr selbst zurechnen. Vielmehr kommt es auf die rechtliche Situation im Einzelfall an.

So hebt der Vertrag von Lissabon die Säulenstruktur des EU-Vertrages nur formal auf. GASP und ESVP bleiben intergouvernemental. In der ESVP herrscht weiter das Einstimmigkeitsprinzip. Die Bestimmungen zur qualifizierten Mehrheitsentscheidung in der GASP finden wie bisher keine Anwendung auf „Beschlüsse mit militärischen oder verteidigungspolitischen Bezügen" (Art. 31 Abs. 4 des EU-Vertrages von Lissabon). Wegen der Fortgeltung des Einstimmigkeitsprinzips in militärischen Fragen bildet der Rat nur die Gesamtheit der Mitgliedstaaten und deren gemeinsamen Willen ab. Einen eigenen, davon unterscheidbaren Willen kann er dagegen nicht bilden. Die einzelnen Mitgliedstaaten sind an ihre Willenserklärungen im Rat auch nach außen gebunden. Die Zurechnung ist damit von einem potentiellen militärischen Beitrag unabhängig und knüpft lediglich an die Zustimmung zu einer bestimmten militärischen Operation im Rat an.

Anders sieht es im Bereich des zivilen Krisenmanagements und z.B. bei dem Abschluss von Verträgen aus. So sind die Verträge, die die EU auf der Grundlage von Art. 37 des EU-Vertrages von Lissabon (ehemaliger Art. 24 EU-Vertrag/ Nizza) abschließt, der EU selbst zuzurechnen. Dazu zählen auch die *Status of Mission Agreements* (SOMA) und *Status of Forces Agreements* (SOFA), die bei der Entsendung von zivilen Missionen oder militärischen Operationen deren Rechtsstatus regeln. Im Bereich des Krisenmanagements ohne militärische oder verteidigungspolitische Bezüge gilt unter dem Vertrag von Lissabon nicht mehr das Einstimmigkeitsprinzip. Vielmehr wird dieser Bereich für qualifizierte Mehrheitsentscheidungen geöffnet. Damit wird es dem Rat möglich, einen eigenen Willen zu bilden, der u.U. auch dem Willen einzelner Mitgliedstaaten zuwiderläuft. Die Entscheidungen, die in diesem Bereich getroffen werden, sind daher der EU selbst zuzurechnen.

Im militärischen Bereich, in dem weiter das Einstimmigkeitsprinzip gilt, sind es dagegen im Ergebnis die Mitgliedstaaten in ihrer Gesamtheit, die eine (bestimmte) Operation gemeinsam beschließen und diese auch durchführen. Sie bedienen sich dazu der Strukturen des Rates, die sie selbst geschaffen haben. Die Beschlüsse des Europäischen Rates und des Rates sind nur die Form gemeinsamen Handelns, an dem Kommission und Parlament bloß beteiligt sind. Rechtlich zuzuordnen sind Akte im Rahmen der GASP/ ESVP allein der Gesamtheit der Mitgliedstaaten – mit Ausnahme Dänemarks (*opt-out*).

Im Ergebnis hat sich also die Rechtslage unter dem Vertrag von Lissabon nicht geändert. Wie unter dem Vertrag von Nizza werden die Entscheidungen, die im Rahmen der GASP und ESVP gefällt werden, der Gesamtheit der Mitgliedstaaten zugerechnet. Dieser Befund ist auch dem Umstand geschuldet, dass der Vertrag von Lissabon die juristische Konstruktion von Militäreinsätzen aus dem Vertrag von Nizza übernimmt.

b) Entscheidung über die Bereitstellung von Truppen

Hinsichtlich der Entscheidung über den Einsatz nationaler Streitkräfte sind die Formulierungen des Vertrages von Lissabon nicht eindeutig.

Gemäß Art. 42 Abs. 1 S. 2 des EU-Vertrages von Lissabon sichert die Gemeinsame Sicherheits- und Verteidigungspolitik der Union die auf zivile und militärische Mittel gestützte Fähigkeit zu Operationen. Auf diese kann die Union bei Missionen außerhalb der Union zur Friedenssicherung, Konfliktverhütung und Stärkung der internationalen Sicherheit gemäß den Grundsätzen der Charta der Vereinten Nationen zurückgreifen. Sie erfüllt diese Aufgaben mit Hilfe der Fähigkeiten, die von den Mitgliedstaaten bereit gestellt werden.

Dies könnte einerseits heißen, dass die Mitgliedstaaten verpflichtet sind, entsprechende (militärische) Fähigkeiten für die ESVP zur Verfügung zu stellen. Es ist aber andererseits auch nicht ausgeschlossen, dass die EU weiterhin abhängig ist von dem, was die Mitgliedstaaten bereit sind zu geben. Die Formulierung ist insofern nicht eindeutig. Allerdings lässt sie sprachlich – also vom Wortlaut her – die EU als Zurechnungssubjekt von Entscheidungen der ESVP erscheinen. Ob dies auch rechtlich gewollt war, bleibt offen. Insofern ist festzuhalten, dass die Mittel, ob militärischer oder ziviler Art, die „Fähigkeiten", die der EU von den Mitgliedstaaten zur Verfügung gestellt werden, konstituieren. Es handelt sich also nicht um originär eigene Mittel der EU.[560]

Art. 42 Abs. 3 S. 1 des EU-Vertrages von Lissabon bestimmt, dass die Mitgliedstaaten der Union für die Umsetzung der ESVP zivile und militärische Fähigkeiten als Beitrag zur Verwirklichung der vom Rat festgelegten Ziele zur Verfügung stellen. Diese Formulierung könnte man auch als rechtliche Verpflichtung der Mitgliedstaaten deuten, sich mit eigenen Beiträgen an der Europäischen Eingreiftruppe zu beteiligen. Dies würde dann als eine Stärkung der EU selbst zu werten sein. Mit der möglichen Folge, dass der Europäischen Union die Entscheidungen der ESVP zugerechnet werden können. Zunächst einmal handelt es sich

---

[560] Cremer, in: Calliess/ Ruffert (Hrsg.), VerfEU, Art. I-41 Rn. 21.

jedoch um eine Bekräftigung des Rückgriffsprinzips: die Verteidigungsdimension der Union basiert nicht auf integrierten EU-Streitkräften, sondern auf Kontingenten der Mitgliedstaaten. Darüber hinaus dürfte die Vorschrift auch eine generelle Verpflichtung begründen, überhaupt zu der Ausstattung der Union mit operativen Kapazitäten beizutragen. Das geht – auch angesichts der vagen Formulierung – aber nicht über den Verpflichtungsgrad hinaus, der sich ohnehin aus der allgemeinen Unterstützungs- und Loyalitätspflicht ableiten lässt.[561]

Es könnte sich auch um eine souveräne Entscheidung der Mitgliedstaaten selbst handeln. Dafür spricht zum einen die Formulierung in Art. 42 Abs. 1 S. 4 des EU-Vertrages von Lissabon: („Sie – d.h. die Europäische Union – erfüllt diese Aufgaben mit Hilfe der Fähigkeiten, die von den Mitgliedstaaten bereit gestellt werden"). Zum anderen sitzen die beteiligten Mitgliedstaaten auch alle im Rat und können dort auf die zu verfolgenden Ziele Einfluss nehmen.

Eine rechtliche Verpflichtung der Mitgliedstaaten zur Beteiligung an einer militärischen Operation würde bereits in den Bereich der gemeinsamen Verteidigung fallen; solange diese noch nicht eingeführt ist, kann die militärische Organisation der EU nur auf freiwilligen Beiträgen aufbauen. Daran ändert auch der Vertrag von Lissabon nichts.[562] So lässt sich auch aus Art. 24 Abs. 3 des EU-Vertrages von Lissabon keine rechtliche Verpflichtung der Mitgliedstaaten zur Beteiligung an EU-Militäroperationen herleiten.[563]

Die Formulierungen von Art. 42 Abs. 1 S. 4 und Abs. 3 S. 1 des EU-Vertrages von Lissabon wurden bewusst offen gewählt, um die „Verfassung" der EU für künftige Entwicklungen offen zu halten. Das bedeutet, dass die Entscheidung über den Einsatz von Streitkräften noch in die Zuständigkeit der Mitgliedstaaten fällt. Auch unter dem Vertrag von Lissabon sind die von den Mitgliedstaaten bereitgestellten Streitkräfte nämlich nicht als EU-eigene konzipiert. Darauf wird noch zurückzukommen sein. Gleichzeitig gibt es aber schon Entwicklungen für eine europäische Eingreiftruppe nach dem *Helsinki Headline Goal*, die der EU für Bedarfsfälle ständig/ *ad hoc* zur Verfügung stehen soll, so dass

---

[561] Kielmansegg, Verteidigungspolitik der EU, S. 325; Cremer, in: Calliess/ Ruffert (Hrsg.), VerfEU, Art. I-41 Rn. 22.

[562] Vgl. Kielmansegg, Verteidigungspolitik der EU, S. 325.

[563] Siehe dazu schon die Ausführungen unter dem vorangegangenen Punkt B. III. 1. b).

dann nicht für jeden Einsatz die nationale Legitimationskette in Gang gesetzt werden muss.

Art. 42 Abs. 3 S. 1 des EU-Vertrages von Lissabon legt sogar primärrechtlich fest, dass es die Mitgliedstaaten sind, die der Union die notwendigen militärischen Fähigkeiten zur Verfügung stellen. Dabei wird aber nicht der Aufbau europäischer Streitkräfte angestrebt, sondern die Nutzbarmachung nationaler Streitkräfte für europäische Zwecke.[564]

Insgesamt besteht eine Tendenz zur Verstärkung des jeweiligen nationalen Einflusses, weil auch nach dem Vertrag von Lissabon am intergouvernementalen Ansatz in der GASP und ESVP festgehalten wird, was sich insbesondere bei der Stärkung des Europäischen Rates bemerkbar macht.[565]

c) Ergebnis

Aus dem Vertrag von Lissabon ergeben sich keine grundlegenden Änderungen im Hinblick auf die Zurechnung von Entscheidungen, die im Rahmen der ESVP gefällt werden. Eine Gemeinsame Aktion und ein Beschluss des Rates, eine Militäroperation der EU einzuleiten, sind nach wie vor den Mitgliedstaaten gemeinsam zuzurechnen. Auch die Entscheidung bzgl. des Einsatzes nationaler Soldaten verbleibt bei den Mitgliedstaaten. Allerdings lässt der Vertrag von Lissabon von seinem Wortlaut her auch eine Zurechnung über die Entscheidung, bestimmte Truppen einzusetzen, an die EU zu, falls dies praktisch verwirklicht werden kann. Dies ist wiederum abhängig vom Willen der souveränen Mitgliedstaaten.

IV. Verstärkte Zusammenarbeit

An keiner der bisherigen militärischen ESVP-Operationen beteiligten sich alle EU-Mitgliedstaaten. An der Operation Artemis in Kongo waren sogar nur sechs Unionsmitglieder aktiv beteiligt: Frankreich stellte etwa 90% der Truppen, vor Ort unterstützt durch kleinere Kontingente

---

[564] Kielmansegg, Verteidigungspolitik der EU, S. 319.

[565] Vgl. Maurer, swp-Studie S 6 (Febr. 2003), S. 1.

aus Großbritannien, Schweden und Belgien; Deutschland und Griechenland leisteten logistische Unterstützung.[566]

Von der operativen Durchführung einer gemeinsam beschlossenen Aktion ist die Verstärkte Zusammenarbeit aber zu unterscheiden. So stellt sich auf europarechtlicher Ebene noch die Frage, wie das Vorgehen in der Außen-, Sicherheits- und Verteidigungspolitik mittels einer Kerngruppe rechtlich und politisch zu beurteilen ist. Wenn man die kontroversen Stimmen zur Gemeinsamen Erklärung Deutschlands, Frankreichs, Luxemburgs und Belgiens zur Europäischen Sicherheits- und Verteidigungspolitik vom 29. April 2003 betrachtet, erscheint dies zumindest politisch fraglich.[567] Zwar lässt Art. 17 Abs. 4 EUV eine engere Zusammenarbeit zwischen zwei oder mehr Mitgliedstaaten zu, soweit diese nicht der Zusammenarbeit nach Titel V EU-Vertrag (GASP) zuwiderläuft oder sie behindert. Allerdings ist ein solches Zuwiderlaufen oder Behindern der GASP juristisch gar nicht überprüfbar, da der EuGH über diesen Bereich keine Jurisdiktion ausübt, vgl. Art. 46 EU-Vertrag, in dem Titel V EU-Vertrag (GASP) nicht genannt wird. Dies gilt gemäß Art. 24 Abs. 1 UAbs. 2 S. 6 EUV i.V.m. Art. 275 Abs. 1 AEUV auch unter dem Vertrag von Lissabon. Der EU-Vertrag von Lissabon führt neue Formen der Zusammenarbeit ein. Wegen der formellen Auflösung der Säulenstruktur wird im EUV (Lissabon) nicht mehr explizit zwischen Verstärkter Zusammenarbeit innerhalb und außerhalb der GASP unterschieden.

1. (Ausgewählte) Formen Verstärkter Zusammenarbeit

Obwohl eine Tendenz der Mitgliedstaaten besteht, im Bereich der GASP nach dem Konsensprinzip zu handeln,[568] erlaubt diese Feststellung noch keine Aussage über den praktischen Anwendungsbereich der Verstärkten Zusammenarbeit im Bereich der GASP.[569]

---

[566] Kielmansegg, Verteidigungspolitik der EU, S. 412, Fn. 101; vgl. auch B. III. 1. a) cc).

[567] Vgl. FAZ vom 05.06.2003, S. 2 sowie die Ausführungen unter Punkt B. III. 1. a) cc).

[568] Marquardt, in: v.d. Groeben/ Schwarze (Hrsg.), EUV/ EGV, 6. Aufl., Bd. 1, Art. 27a-e EUV Rn. 11.

[569] Anders insofern Marquardt, in: v.d. Groeben/ Schwarze (Hrsg.), EUV/ EGV, 6. Aufl., Bd. 1, Art. 27a-e EUV Rn. 6, der annimmt, der praktische An-

Institutionell sieht der EU-Vertrag verschiedene Möglichkeiten der Verstärkten Zusammenarbeit vor, nämlich in Art. 17 Abs. 4 EU-Vertrag außerhalb des Forums der GASP und in den durch den Vertrag von Nizza neu eingeführten Art. 27 a-e EU-Vertrag innerhalb dieses Forums. Die Verstärkte Zusammenarbeit nach den zuletzt genannten Vorschriften wird durch Art. 20 EUV/ Lissabon i.V.m. Art. 326-334 AEUV übernommen. Der Vertrag von Lissabon enthält keine Art. 17 Abs. 4 EUV/ Nizza entsprechende Regelung. Die neu eingeführte ständige strukturierte Zusammenarbeit (Art. 42 Abs. 6 i.V.m. Art. 6 EUV/ Lissabon) sowie die Durchführung einer Mission durch eine Gruppe von Mitgliedstaaten (Art. 42 Abs. 5 i.V.m. Art. 44 EUV/ Lissabon) stellen Formen der Zusammenarbeit innerhalb der Union dar.

a) Verstärkte Zusammenarbeit außerhalb der GASP

Nach Art. 17 Abs. 4 EU-Vertrag ist die Entwicklung einer engeren Zusammenarbeit zwischen zwei oder mehr Mitgliedstaaten auf zweiseitiger Ebene sowie im Rahmen der NATO möglich, soweit sie der nach Titel V EU-Vertrag vorgesehenen Zusammenarbeit nicht zuwiderläuft und diese nicht behindert. Auch unter dem Vertrag von Lissabon bleibt es den EU-Mitgliedstaaten unbenommen, außerhalb des EU-Vertrages miteinander zu kooperieren. Für die NATO wird dies in Art. 42 Abs. 7 UAbs. 2 EUV/ Lissabon implizit anerkannt, indem ein Vorrang der im Rahmen der NATO eingegangenen Verpflichtungen vor der Beistandspflicht der EU statuiert wird.

Diese Bestimmung erlaubt eine engere sicherheits- und verteidigungspolitische Zusammenarbeit innerhalb des Kreises der EU-Mitgliedstaaten, aber außerhalb des Forums der GASP. Damit hält sie die Möglichkeit offen, dass einzelne Mitgliedstaaten untereinander, losgelöst vom organisatorischen Kontext der GASP, intensiver kooperieren. Dabei bedienen sich die Mitgliedstaaten – im Gegensatz zur Verstärkten Zusammenarbeit innerhalb der GASP – nicht der Organe, Verfahren und Mechanismen der Verträge, um die erforderlichen Rechtsakte und Beschlüsse anzunehmen, sondern sie bewegen sich außerhalb dieses Rahmens. D.h., die Mitgliedstaaten werden autonom außerhalb des EUV tätig. Die Entscheidungsmechanismen und –verfahren der EU werden nicht in Anspruch genommen. Damit fällt sozusagen eine (Entscheidungs-) Ebene weg, nämlich die europarechtliche. Dieser Umstand

wendungsbereich der Verstärkten Zusammenarbeit im Bereich der GASP sei gering.

zieht eine Vereinfachung der Entscheidungsverfahren nach sich. Allerdings erfolgt diese verfahrenstechnisch einfachere Lösung außerhalb des einheitlichen institutionellen Rahmens des EU-Vertrages. Das Kohärenzgebot sorgt zwar dafür, dass sich die Zusammenarbeit der Mitgliedstaaten außerhalb der bestehenden Verträge nicht zur Unionspolitik in Widerspruch setzt. Die institutionelle Verankerung ist aber bei weitem nicht so weit ausgeprägt wie im Binnenbereich der Verträge.

Beispiele für eine Verstärkte Zusammenarbeit außerhalb der GASP bilden das Eurokorps und das Deutsch-Niederländische Korps. Generell kann die Verstärkte Zusammenarbeit außerhalb der GASP auf bi- oder multilateraler Ebene, aber auch im Rahmen der NATO geschehen. Selbst dort geht es aber nur um eine engere Zusammenarbeit zwischen zwei oder mehreren EU-Staaten, nicht um Rechte und Pflichten der EU-Staaten als NATO-Mitglieder (dafür galt Art. 17 Abs. 1 UAbs. 2 EUV, der inzwischen durch die Integration der Petersberg-Aufgaben in die ESVP obsolet geworden ist). Vermieden werden soll nämlich, dass die besondere Nähe einzelner Mitgliedstaaten GASP-interne Spannungen auslöst.[570]

Infolge der unterschiedlichen Mitgliederstrukturen von EU und NATO besteht die Gefahr der Blockbildung: so ist Zypern zwar EU-, aber nicht NATO-Mitgliedstaat, während die Türkei Mitglied der NATO, aber nicht der EU ist. Diese Situation wird durch den türkisch-griechischen (bzw. türkisch-zypriotischen) Konflikt noch verschärft. Außerdem ist Frankreich zwar Mitglied der NATO, hat aber seit 1966 an deren integrierten militärischen Strukturen nicht teilgenommen. Auf dem Bukarester NATO-Gipfel im April 2008 wurde indessen die Reintegration Frankreichs in die integrierten militärischen Strukturen beschlossen.[571] Diesem Plan Sarkozys stimmte auch die Assemblé nationale am 18. März 2009 zu, nachdem Premierminister Fillon die Vertrauensfrage gestellt hatte. Die Zustimmung des französischen Parlaments war rechtlich zwar nicht erforderlich, sollte aber dem Widerstand von Abgeordneten der Regierung entgegenwirken.[572]

Die sich aus den nach wie vor differierenden Mitgliederstrukturen ergebenden Schlussfolgerungen werden im Rahmen der Implikationen der Verstärkten Zusammenarbeit (für das europäische Mehrebenensys-

---

570 Cremer, in: Calliess/ Ruffert (Hrsg.), Art. 17 EUV Rn. 27.

571 Vgl. FAZ vom 26.04.2008, S. 12.

572 Vgl. http://www.tagesschau.de/ausland/frankreichnato106.html.

tem) unter dem nachfolgenden Punkt B. IV. 2. zusammenhängend dargestellt.

b) Verstärkte Zusammenarbeit innerhalb der GASP

Durch den Vertrag von Nizza wurden die Art. 27 a-e EU-Vertrag neu eingeführt, die die Möglichkeit einer Verstärkten Zusammenarbeit auf den Bereich des Titels V EU-Vertrag ausdehnen.[573]

Verstärkte Zusammenarbeit ist nach dem Sprachgebrauch der europäischen Verträge die engere Kooperation einer Mindestzahl von Mitgliedstaaten im Rahmen des Gemeinschaftsgefüges unter den fest umschriebenen Voraussetzungen der Art. 43-45, 27 a-e EUV. Ziel der Verstärkten Zusammenarbeit aufgrund dieser Vorschriften ist der Erlass von partiellem Sekundärrecht durch eine Gruppe von Staaten, die hierzu durch einen Grundsatzbeschluss des Rates ermächtigt wird.[574] Dabei bedienen sich die Mitgliedstaaten der Organe, Verfahren und Mechanismen der Verträge, um die erforderlichen Rechtsakte und Beschlüsse anzunehmen.[575] Gleiches gilt nach Art. 20 i.V.m. Art. 326-334 AEUV.

Art. 27 a EU-Vertrag nennt die Ziele, die eine solche Verstärkte Zusammenarbeit verfolgt. Dazu zählen, die Werte der gesamten Union zu wahren und ihren Interessen zu dienen, unter Behauptung der Identität der Union als kohärenter Kraft auf internationaler Ebene. Ähnlich bestimmt Art. 20 Abs. 1 UAbs. 1 des EU-Vertrages von Lissabon, dass die Verstärkte Zusammenarbeit darauf ausgerichtet ist, die Verwirklichung der Ziele der Union zu fördern, ihre Interessen zu schützen und ihren Integrationsprozess zu stärken.

Nach Art. 27 b EU-Vertrag (in der Fassung des Vertrages von Nizza) betrifft die Verstärkte Zusammenarbeit (nach diesem Titel) die Durchführung einer Gemeinsamen Aktion oder die Umsetzung eines Gemeinsamen Standpunktes. Das zeigt, dass der EU-Vertrag im Bereich des Titels V gesteigerten Wert darauf legt, das mitgliedsstaatliche Handeln zu bündeln.[576] Die Verstärkte Zusammenarbeit innerhalb der GASP kann nach dem Vertrag von Nizza nicht Fragen mit militärischen

---

[573] Cremer, in: Calliess/ Ruffert (Hrsg.), Art. 27a EUV Rn. 1.

[574] Depra, Verstärkte Zusammenarbeit, S. 75.

[575] Marquardt, in: v.d. Groeben/ Schwarze (Hrsg.), EUV/ EGV, 6. Aufl., Bd. 1, Art. 27a-27e EUV Rn. 1.

[576] Cremer, in: Calliess/ Ruffert (Hrsg.), Art. 27b EUV Rn. 1.

oder verteidigungspolitischen Bezügen betreffen. Folglich war der Anwendungsbereich dieses Instruments *de facto* auf Einzelfallflexibilität beschränkt.[577] Diese Beschränkung war ein politisches Zugeständnis an Großbritannien, das geopolitischen und strategischen Gegebenheiten Rechnung trägt. Es sollte verhindert werden, dass das nicht unproblematische Verhältnis der ESVP zur NATO dadurch belastet wird, dass eine Verstärkte Zusammenarbeit das militärische und verteidigungspolitische Handeln innerhalb der Union zersplittert und schwerer durchschaubar macht.[578] Hauptgrund für einen Ausschluss der Verstärkten Zusammenarbeit auf dem Gebiet der Verteidigungspolitik war nämlich die Furcht vor einer Konkurrenz zur NATO und der Umstand, dass die weitere Entwicklung von NATO, WEU und EU noch nicht endgültig geklärt bzw. noch offen waren.[579] Dieses Verhältnis scheint unter dem Vertrag von Lissabon nicht mehr ganz so vage zu sein – ein Umstand, der die Ausdehnung der Verstärkten Zusammenarbeit auf Maßnahmen mit militärischen oder verteidigungspolitischen Implikationen erklärt. Während die NATO für größere, anspruchsvollere militärische Operationen sowie die Unterstützung der EU durch die Berlin plus-Vereinbarung zuständig ist, liegt der Schwerpunkt der EU – nach Übernahme der WEU-Funktionen – auf dem zivil-militärischen Krisenmanagement sowie kleineren Operationen und dem Rückgriff auf die NATO im Rahmen von Berlin plus.

Unter dem Vertrag von Lissabon wird die Verstärkte Zusammenarbeit in Art. 20 EUV i.V.m. Art. 326-334 des Vertrages über die Arbeitsweise der EU dann auch auf alle Bereiche der GASP und ESVP ausgedehnt. Sie wird also nicht mehr auf die Durchführung von Sekundärrechtsakten einer Aktion oder eines Standpunktes der Union beschränkt und kann auch Fragen mit militärischen oder verteidigungspolitischen Bezügen betreffen.[580] Damit soll der Anwendungsbereich der Verstärkten Zusammenarbeit erweitert werden. Ob dieser dann auch praktisch genutzt wird, ist derzeit noch nicht absehbar. Ein exponiertes Anwendungsfeld der Verstärkten Zusammenarbeit könnte auf dem verteidi-

---

[577] So Gerteiser, Sicherheits- und Verteidigungspolitik der EU, S. 113; zustimmend Kielmansegg, Verteidigungspolitik der EU, S. 409.

[578] Cremer, in: Calliess/ Ruffert (Hrsg.), Art. 27b EUV Rn. 2; Epiney/ Abt/ Mosters, DVBl. 2001, S. 941, 948; Kugelmann, EuR 2004, S. 322, 328.

[579] Depra, Verstärkte Zusammenarbeit, S. 259.

[580] Dies verdeutlicht indirekt Art. 333 Abs. 3 AEUV; Cremer, in: Calliess/ Ruffert (Hrsg.), EUV/ EGV, Art. 27b EUV Rn. 3.

gungspolitischen Gebiet liegen. Hier bestünden Chancen für eine sinnvolle Ausdifferenzierung, da dieser Bereich für Mehrheitsentscheidungen politisch zu sensibel ist.[581]

Zudem sind sicherheits- und verteidigungspolitische Fragen auch weiterhin dem Einstimmigkeitszwang unterworfen, während Beschlüsse in anderen Bereichen der GASP in bestimmten Fällen mit qualifizierter Mehrheit gefasst werden können.[582] Die Mitgliedstaaten, die beabsichtigen, untereinander eine Verstärkte Zusammenarbeit nach Art. 27 b EU-Vertrag zu begründen, haben einen entsprechenden Antrag an den Rat zu richten, Art. 27 c EU-Vertrag. Dieses Antragserfordernis findet sich auch unter dem Vertrag von Lissabon in Art. 329 Abs. 2 AEUV wieder.

Die Verstärkte Zusammenarbeit setzt nach dem Vertrag von Nizza eine Mindestteilnehmerzahl von acht Mitgliedstaaten voraus (Art. 43 lit. g EU-Vertrag).[583] Nach dem Vertrag von Lissabon müssen sich mindestens neun Mitgliedstaaten – bei gegenwärtig 27 Mitgliedstaaten also ein Drittel – beteiligen, Art. 20 Abs. 2 S. 1 des EU-Vertrages von Lissabon.[584]

Während das Europäische Parlament bei der Begründung der Verstärkten Zusammenarbeit bislang lediglich angehört wurde und nur in Ausnahmefällen zustimmen musste, ist es durch den Vertrag von Lissabon durch ein generelles Zustimmungserfordernis gestärkt worden.[585]

Nach wie vor ist die Verstärkte Zusammenarbeit nur als letztes Mittel gedacht (Art. 43 a EU-Vertrag/ Nizza sowie Art. 20 Abs. 2 S. 1 erster HS des EU-Vertrages von Lissabon). Folglich hatten die Art. 27 a-e EUV/ Nizza in der Theorie nur eine geringe, in der Praxis überhaupt keine Bedeutung.[586]

---

[581] So auch Kugelmann, EuR 2004, S. 322, 342.

[582] Siehe Art. 333 Abs. 3 AEUV; Marquardt, in: v.d. Groeben/ Schwarze (Hrsg.), EUV/ EGV, 6. Aufl., Bd. 1, Art. 27a-e EUV Rn. 5.

[583] Epiney/ Abt/ Mosters, DVBl. 2001, S. 941, 946; Wiedmann, EuR 2001, S. 185, 209.

[584] Siehe Ruffert, in: Calliess/ Ruffert (Hrsg.), VerfEU, Art. I-44 Rn. 24.

[585] Ruffert, in: Calliess/ Ruffert (Hrsg.), VerfEU, Art. I-44 Rn. 26.

[586] Kielmansegg, Verteidigungspolitik der EU, S. 409; Thym, Ungleichzeitigkeit, S. 43, der eine Erklärung in der Symbolkraft der Verstärkten Zusammenarbeit vermutet, da sie weder sachlich auf einen bestimmten Politikbereich noch geographisch auf einzelne Mitgliedstaaten beschränkt sei.

Art. 27 a-e EU-Vertrag/ Nizza sowie Art. 20 EUV/ Lissabon i.V.m. Art. 326-334 AEUV schließen nicht aus, dass Mitgliedstaaten außerhalb der drei Säulen des EU-Vertrages zusammenarbeiten.[587] So sind auch informelle *coalitions of the willing* im Prinzip zulässig und können in Krisensituationen *ad hoc* gebildet werden, etwa nach dem Muster der Operation Alba, mit der 1997 die öffentliche Ordnung in Albanien wiederhergestellt wurde.[588]

c) Europäische Sicherheits- und Verteidigungsunion (ESVU)

Die Idee der Europäischen Sicherheits- und Verteidigungsunion soll als ein Beispiel für die zahlreichen Bestrebungen betrachtet werden, ein sog. Kerneuropa zu errichten. Die Wahl dieses Beispiels ist auch durch den Umstand motiviert, dass ein Element der ursprünglichen Vorschläge – wenn auch in wesentlich abgespeckter Form (vorgeschlagen war ursprünglich ein militärisches Hauptquartier der EU) – als zivil-militärische Zelle (*Civ-/ Mil-Cell*)[589] im Militärstab der EU (EUMS) verwirklicht wurde. Zudem stellt das Konzept der ESVU ein Gegenmodell zu den verschiedenen multinationalen Brigaden, z. B. dem Eurokorps und dem deutsch-niederländischen Korps, dar, die Modelle Verstärkter Zusammenarbeit außerhalb der GASP verwirklichen.

Die verfassungspolitische Debatte konzentrierte sich in den vergangenen Jahren auf die Integrationskonzepte des Europas *à la carte* und des Kerneuropas. Der EUV verwirklicht jedoch keines der beiden Integrationskonzepte umfassend, sondern ist eher pragmatisch politisch angelegt.[590]

Außerdem ist zu bedenken, dass die theoretischen Unterschiede zwischen den verschiedenen Integrationskonzepten bei der praktischen Umsetzung verschwimmen,[591] wobei die uneinheitliche Terminologie das Verständnis nicht unbedingt erleichtert.[592] Bei den verwendeten Be-

---

[587] Cremer, in: Calliess/ Ruffert (Hrsg.), Art. 27a EUV Rn. 2.

[588] Gerteiser, Sicherheits- und Verteidigungspolitik der EU, S. 115; Kielmansegg, Verteidigungspolitik der EU, S. 413f.

[589] Siehe zur *Civ-/ Mil-Cell* die Ausführungen unter den Punkten B. I. 11 und 12.

[590] Thym, Ungleichzeitigkeit, S. 40.

[591] So Thym, Ungleichzeitigkeit, S. 36.

[592] Ähnlich Ruffert, in: Calliess/ Ruffert (Hrsg.), VerfEU, Art. I-44 Rn. 4.

griffen handelt es sich zumeist um politische, nicht um Rechtsbegriffe.[593]

Generell stellt der Entwurf eines Kerneuropas (ähnlich: Europa der konzentrischen Kreise) eine Konzeption räumlich differenzierter Integration dar, der die beschleunigte und vertiefte Integration auf eine Minderheit der geographisch zentral gelegenen wie im historischen Integrationsprozess zeitlich an erster Stelle stehenden Mitgliedstaaten beschränkt.[594]

Am 29. April 2003 fand in Brüssel ein Vierergipfel (sog. Pralinengipfel) zwischen Frankreich, Belgien, Deutschland und Luxemburg zur ESVP statt. Dabei wurde das Konzept einer europäischen Sicherheits- und Verteidigungsunion (ESVU) zur raschen und weiter reichenden Integration von Mitgliedstaaten, die dazu bereit sind, vorgeschlagen. Das Konzept sollte auch in den Verfassungsentwurf des Konvents eingebracht werden. In diesem Zusammenhang wurden ein EU-Generalstab, eine Beschaffungsagentur für Rüstungsgüter sowie höhere Wehretats gefordert.[595] Die ESVU sollte in einem mehrstufigen Prozess entstehen. Als erstes sollten die nationalen Verteidigungspolitiken besser koordiniert werden. Angedacht war die Entstehung einer Art europäischer Sicherheitskooperation, wobei die multinationale Kooperation weiter vertieft werden sollte. Die Bereitstellung von Kontingenten für eine europäische Eingreiftruppe weist bereits in diese Richtung. Als zweites sollten aber explizit europäische Formen einer Sicherheitszusammenarbeit gefunden werden. In einer Art Kerneuropa sollte eine Annäherung in dem brisanten Feld der Sicherheitspolitik beschleunigt werden, das jedem Mitgliedstaat der EU offen stehen sollte.[596]

Das Konzept der ESVU beinhaltet also zum einen eine militärische Beistandsverpflichtung, zum anderen die systematische Koordinierung der nationalen Verteidigungspolitiken. Letztere umfasst neben einer Angleichung der politischen Standpunkte zu Fragen von Sicherheit und Verteidigung auch die Abstimmung von Verteidigungsmaßnahmen.[597] Damit strebt das Konzept aber auch die zeitlich gestaffelte Erreichung

---

593 In Anlehnung an Ehlermann, EuR 1997, S. 362, 363f.

594 Darstellung nach Ruffert, in: Calliess/ Ruffert (Hrsg.), VerfEU, Art. I-44 Rn. 4-7.

595 Walther, Entwicklung der ESVP, S. 16.

596 Cyrus, Die ESVP, http://www.europa-digital.de/text/aktuell/dossier/esvp03/player.shtml.

597 Dietrich, ESVP, S. 496.

gemeinsamer Integrationsziele an und ist mithin nur vorübergehenden Charakters, orientiert sich also nicht in reinster Weise an dem theoretischen Konzept des Kerneuropas.[598]

Letztendlich handelt es sich bei der ESVU um eine Art Verstärkter Zusammenarbeit innerhalb der bestehenden Verträge bzw. zu deren Erweiterung. Die Mitgliedstaaten sollen sich dabei nämlich – wie im Rahmen von Art. 27 a-e EUV/ Nizza bzw. Art. 20 EUV/ Lissabon i.V.m. Art. 326-334 AEUV – der Organe und Verfahren der Verträge bedienen.

2. Implikationen für das europäische Mehrebenensystem

Eine gemeinsame Außenpolitik setzt gemeinsame Ziele voraus. Bei differierenden Interessenlagen der Mitgliedstaaten kann man die Verstärkte Zusammenarbeit aber nicht mehr als gemeinsame Politik verstehen.[599]

Zwar ist das Projekt ESVP längst offen für flexible Modelle: alle außenpolitischen und militärischen Schritte der EU basieren auf dem Prinzip der Freiwilligkeit (vgl. Art. 17 EU-Vertrag bzw. Art. 42 des EU-Vertrages von Lissabon). Der EU-Vertrag erlaubt damit den neutralen Staaten in der EU eine konstruktive Enthaltung, den übrigen in diesem Rahmen auch ein „Mehr“ im „Kern“. Dänemark wurde aus historischen Gründen bereits bei der Ratifizierung des Maastrichter Vertrages ein umfangreicher opt-out-Anhang – der die freiwillige Nicht-Teilnahme an neuen EU-Politiken erlaubt – zugestanden.[600]

Die hier vorgestellten Formen Verstärkter Zusammenarbeit weisen einige Implikationen für das europäische Mehrebenensystem auf, die im Folgenden dargestellt werden.

---

[598] Siehe auch Ruffert, in: Calliess/ Ruffert (Hrsg.), VerfEU, Art. I-44 Rn. 4-7.

[599] Tsatsos, in: ders. (Hrsg.), Verstärkte Zusammenarbeit, S. 13, 18.

[600] Wittrock, Die ESVU kann kommen, http://www.europa-digital.de/text/aktuell/dossier/esvp03/esvu.shtml; vgl. die Ausführungen unter Punkt B. II. 3. e) aa) (1).

a) Verhältnis EU/ NATO

Sowohl die Verstärkte Zusammenarbeit innerhalb wie außerhalb der Union als auch das Modell der ESVU stehen vor dem Problem der Blockadesituation auf Grund der unterschiedlichen Mitgliederstrukturen von EU und NATO. Jede Form der (hier dargestellten) Verstärkten Zusammenarbeit impliziert daher ein Problembewusstsein für das Verhältnis der EU zur NATO.

Zu dem Treffen des sog. Pralinengipfels zwischen Deutschland, Frankreich, Luxemburg und Belgien, die alle zu den Gegnern des Irak-Krieges 2003 zählen, war Großbritannien nicht eingeladen worden. Ausgehend von diesen Rahmenbedingungen sahen Kritiker in den Vorschlägen dieser Zusammenkunft nicht nur eine angestrebte größere Unabhängigkeit der EU, sondern ein Gegenmodell in Konkurrenz zur NATO.[601]

Auf Grund des türkisch-griechischen (bzw. türkisch-zypriotischen) Konflikts hat die EU-Erweiterung 2004 um zehn neue Mitglieder die Zusammenarbeit zwischen EU und NATO verkompliziert, anstatt durch die gewachsene Überlappung der Mitgliederstrukturen beider Organisationen die Entscheidungsfindung und praktische Zusammenarbeit zu erleichtern. So sind neunzehn Mitgliedstaaten gleichzeitig EU- und NATO-Mitglieder. Dazu zählen Belgien, Bulgarien, Dänemark – das nicht an der ESVP teilnimmt –, Deutschland, Estland, Frankreich, Griechenland, Großbritannien, Italien, Lettland, Litauen, Luxemburg, die Niederlande, Polen, Portugal, Rumänien, die Slowakei, Slowenien, Spanien, Tschechien und Ungarn.[602]

Ein Beispiel für die problematische Zusammenarbeit ist der Ausschluss Maltas und Zyperns von den gemeinsamen Sitzungen der EU und der NATO im Rahmen der Operation Althea (Berlin plus) unter Verweis auf den Beschluss des Europäischen Rates von Kopenhagen 2002, da Malta und Zypern nicht Mitglieder der Partnerschaft für den Frieden (*Partnership for Peace* – PfP) sind und keine bilateralen Sicherheitsabkommen mit der NATO geschlossen haben. Dadurch können sie weder an Berlin plus noch an dessen Implementierung teilnehmen. Falls diese Länder Anträge zur Aufnahme in PfP stellen würden, um diesen Mangel zu beheben, würde die türkische Regierung sie voraussichtlich blockieren, um nicht mit Blick auf die eigenen Beitrittsverhandlungen einen wichtigen Hebel aus der Hand zu geben. Mit ihrem Verhalten un-

---

601 Walther, Entwicklung der ESVP, S. 16.

602 Kupferschmidt, swp-Studie S 7 (April 2006), S. 15.

tergräbt die Türkei die Ziele der strategischen Partnerschaft und könnte einige EU-Mitglieder dazu veranlassen, noch strikter auf Autonomie zu setzen.[603]

Das Verhältnis zur NATO ist auch einer der politisch schwierigsten Punkte auf dem Weg von der Europäischen Sicherheits- und Verteidigungspolitik zu einer Europäischen Sicherheits- und Verteidigungsunion. Solange der Rückgriff auf Strukturen der NATO für die Einsätze europäischer Verbände unabdingbar ist, gibt es keine eigenständige Verteidigungspolitik der Union. Die EU ist (noch) auf die NATO angewiesen und damit können die atlantischen Partner USA und Kanada ebenso auf die verteidigungspolitischen Entscheidungen der Unionsmitglieder Einfluss nehmen wie die Türkei.[604] D.h., zusätzlich zum europäischen Mehrebenensystem, das zwischen der EU und ihren Mitgliedstaaten besteht, kommen noch die Systeme der NATO-Mitgliedstaaten und das NATO-System selbst ins Spiel. Das europäische Mehrebenensystem wird damit noch um ein weiteres, alliiertes Mehrebenensystem, das zwischen der NATO und ihren Mitgliedstaaten besteht, ergänzt bzw. überlagert.

Interessanterweise verfügen weder EU noch NATO über eigene Streitkräfte. Einsätze beider Organisationen müssen daher von den Streitkräften ihrer Mitgliedstaaten durchgeführt werden, die zu diesem Zweck der politischen Kontrolle und strategischen Leitung der jeweiligen Organisation unterstellt werden. Soweit sich die Mitgliedschaften von NATO und EU überschneiden, greifen beide Organisationen also auf die Streitkräfte derselben Staaten zurück.[605]

Die Ausgestaltung der sich überlagernden Mehrebenensysteme sieht dabei folgendermaßen aus: Will die EU auf NATO-Planungskapazitäten zurückgreifen, ist die Zustimmung des Nordatlantikrates, dem wichtigsten Entscheidungsorgan der NATO, erforderlich. Dieser übt bei einem autonomen NATO-Einsatz auch die politische Kontrolle und strategische Leitung über die Operation aus. Bei einer Operation unter Berlin plus trägt aber der Rat der EU bzw. – im Rahmen seiner Ermächtigung durch den Rat, vgl. Art. 25 Abs. 3 EUV/ Nizza bzw. Art. 38 Abs. 3 EUV/ Lissabon – das PSK die politische Kontrolle und

---

[603] So die Einschätzung von Kupferschmidt, swp-Studie S 7 (April 2006), S. 15; siehe zu dieser Problematik auch Naert, International Law Aspects of the EU's Security and Defence Policy, S. 45.

[604] Kugelmann, EuR 2004, S. 322, 328.

[605] Kielmansegg, Verteidigungspolitik der EU, S. 356.

strategische Leitung. Hier überlagern sich also jeweils intergouvernementale Strukturen (Nordatlantikrat und Rat der EU), die nach dem gleichen Muster (Einstimmigkeitsprinzip im Nordatlantikrat sowie in der EU auch unter dem Vertrag von Lissabon jedenfalls bei Fragen mit militärischen oder verteidigungspolitischen Bezügen) funktionieren, da die ESVP im Gegensatz zum EG-Recht nicht supranational, sondern intergouvernemental ausgestaltet ist.

Bereits in der Planungsphase greift der EU-Militärstab auf die Expertise des DSACEUR, also des Stellvertretenden Oberkommandierenden von Europa, zurück. Dieser nimmt dann Planungskapazitäten von SHAPE oder einem anderen NATO-Hauptquartier in Anspruch. SHAPE – das alliierte Hauptquartier in Europa – nimmt damit die gleiche Arbeit wie für den Internationalen Militärstab der NATO, die höchste militärische Instanz der NATO, wahr.[606] Im Rahmen der Durchführung einer militärischen Operation unter Berlin plus ist SHAPE dann das oberste Hauptquartier. Der DSACEUR übt in der Regel die operative Kontrolle über die teilnehmenden Mitgliedstaaten aus. Er berichtet dem Rat der EU und erhält von diesem seine politischen und strategischen Weisungen für die Operation. Damit tritt er an die Stelle des *Operation Commander* im Falle einer autonomen EU-Militäroperation. Die Systeme überlappen sich also immer an strategischen Schnittpunkten, die jeweils spiegelbildlich ausgestaltet sind. Auf jeder Ebene stehen sich die entsprechenden Vertreter gegenüber. Angesichts der Orientierung an NATO-Strukturen beim Aufbau der Europäischen Sicherheits- und Verteidigungspolitik überrascht dieser Befund nicht.

b) Zurechnung von Entscheidungen

Es ist fraglich, wem die Entscheidungen und Handlungen zuzurechnen sind, die mehrere Mitgliedstaaten im Rahmen der Verstärkten Zusammenarbeit treffen und ausführen.

Dabei ist danach zu unterscheiden, ob die Verstärkte Zusammenarbeit innerhalb oder außerhalb des Forums der GASP/ ESVP stattfindet.

Im Rahmen der Verstärkten Zusammenarbeit außerhalb der GASP/ ESVP können nur die einzelnen Mitgliedstaaten, die daran teilnehmen, Zurechnungssubjekte der dort getroffenen Maßnahmen und Entscheidungen sein. Da die europarechtliche Entscheidungsebene wegfällt, ko-

---

[606] Vgl. Kielmansegg, Verteidigungspolitik der EU, S. 349; Thym, Ungleichzeitigkeit, S. 172; siehe auch schon die Ausführungen unter Punkt B. I. 11.

operieren die Mitgliedstaaten als autonome Völkerrechtssubjekte miteinander. So hat sich auch in der rechtlichen Zuordnung, jedenfalls der deutschen Truppen, mit der Schaffung des Eurokorps oder des Deutsch-Niederländischen Korps zunächst nichts geändert. D.h., sie werden weiterhin den Mitgliedstaaten zugeordnet. Die Truppen bleiben nach der bestehenden Vereinbarung auch der NATO zugeordnet.[607]

Dagegen ist die Frage der Zurechnung von Entscheidungen und Handlungen, die im Rahmen der Verstärkten Zusammenarbeit innerhalb der GASP durchgeführt werden, nicht so einfach zu beantworten. Zurechnungssubjekte in diesem Zusammenhang könnten zum einen die einzelnen Mitgliedstaaten sein, die sich an der Verstärkten Zusammenarbeit beteiligen, zum anderen aber auch die Gruppe der Mitgliedstaaten selbst, die die Verstärkte Zusammenarbeit durchführt.

Unter dem Vertrag von Lissabon kommt wegen der Verleihung der Rechtspersönlichkeit an die EU (Art. 47 des EU-Vertrages von Lissabon) auch die Europäische Union als Zurechnungssubjekt in Betracht. Bereits unter dem Vertrag von Nizza stützt die Verweisung des Art. 27 a Abs. 2 EUV auf Art. 11 EUV die These, dass die Union Träger der Verstärkten Zusammenarbeit wäre. Solange der EU unter dem Vertrag von Nizza noch keine Rechtspersönlichkeit zukam,[608] erscheint dies fernliegend. Theoretisch wäre es dennoch möglich gewesen, die Union als Träger einer Verstärkten Zusammenarbeit zu qualifizieren und für die Mitgliedstaaten, die dieser Zusammenarbeit fernbleiben, einen Ausnahmezustand vorzusehen, wie dies im EG-Vertrag für die Währungsunion angelegt war (Art. 122 EGV).[609] Wie bereits im Rahmen der Zurechnung von Entscheidungen gezeigt, bildet die EU im intergouvernementalen Bereich der gemeinsamen Sicherheits- und Verteidigungspolitik aber nur den „institutionellen Rahmen“ für ein Tätigwerden ihrer Mitgliedstaaten, die sich der spezifischen Instrumente der EU bedienen.[610]

Auch wenn die Union als solche *de lege lata* deshalb nicht als Träger der Verstärkten Zusammenarbeit angesehen werden konnte, so ist dennoch die Verbindung einer Verstärkten Zusammenarbeit in der GASP mit der Politik der Union im Vertragstext in ausgeprägter Weise vorhanden. Auf diese Weise war es möglich, außenpolitisch die Avantgarde

---

607 Kaufmann-Bühler, in: Grabitz/ Hilf, Bd. I, 38. EL, Art. 17 EUV Rn. 32.

608 Siehe dazu die Ausführungen unter B. III. 1. a) dd) (1) und (2).

609 Kaufmann-Bühler, in: Grabitz/ Hilf, Bd. I, 38. EL, Art. 27 a EUV Rn. 5.

610 Vgl. die Ausführungen unter B. III. 1. a) dd) (3) und B. III. 2. a) bb).

als für die Union handelnd darzustellen, auch wenn rechtlich die Union als Ganzes durch die Avantgarde weder vertreten noch verpflichtet werden konnte.[611] D.h., Drittstaaten und Weltöffentlichkeit hätten einen differenzierten, d.h. heterogenen Militäreinsatz im Namen der „Europäischen Union" politisch wohl auch dann allen Mitgliedstaaten zugerechnet, wenn einzelne Mitgliedstaaten sich nicht an der Verstärkten Zusammenarbeit beteiligt hätten.[612]

Fraglich bleibt gleichwohl, wem die Entscheidungen und Handlungen dann rechtlich zuzurechnen sind, die im Rahmen der Verstärkten Zusammenarbeit innerhalb der GASP durchgeführt werden.

Die Mitgliedstaaten setzen in diesem Bereich partielles Sekundärrecht, das für sie bindend ist. Es gibt also einen europarechtlichen Verpflichtungstatbestand. Die Mitgliedstaaten werden durch einen Beschluss des Rates zur Verstärkten Zusammenarbeit ermächtigt. Dieser wird damit innerhalb eines völkerrechtlichen Systems tätig, das von den Mitgliedstaaten bestimmt wird.

Infolge des Umstandes, dass die Mitgliedstaaten die Organe und Verfahren des EU-Vertrages für ihre Zusammenarbeit nutzen, fällt die europarechtliche Ebene nicht weg. D.h., die Mitgliedstaaten kooperieren nicht einfach als autonome Völkerrechtssubjekte miteinander, sondern als EU-Mitgliedstaaten. Auch wenn die EU als Ganzes militärisch tätig wird, werden die Entscheidungen und Handlungen, die in diesem Zusammenhang gefällt werden, der Gesamtheit der sich beteiligenden Mitgliedstaaten zugerechnet und eben nicht der EU als Ganzes (B. III. 1. a). Für den spezielleren Fall, dass nur ein Teil der EU-Mitgliedstaaten eine Operation durchführt, kann dann eigentlich nichts anderes gelten. Zurechnungssubjekt der Entscheidungen und Handlungen, die im Rahmen dieser Verstärkten Zusammenarbeit gefällt werden, wäre dann die Gruppe der Mitgliedstaaten, die diese durchführt. Es würde sich mithin um gemeinschaftlich durchgeführte „Sonder"-Operationen der EU-Mitgliedstaaten handeln.

Demnach ist zu untersuchen, ob das „Band" des im Europarecht verankerten Verpflichtungstatbestandes ausreicht, um die Gruppe der Mitgliedstaaten, die die Verstärkte Zusammenarbeit durchführt, als einheitliches Zurechnungssubjekt zu betrachten. Dabei ist zu bedenken, dass die Streitkräfte und militärischen Fähigkeiten der Mitgliedstaaten auch

---

[611] So Kaufmann-Bühler, in: Grabitz/ Hilf, Bd. I, 38. EL, Art. 27 a EUV Rn. 5.

[612] Thym, Ungleichzeitigkeit, S. 169.

im Rahmen der Verstärkten Zusammenarbeit nicht integriert sind – anders z.B. beim Deutsch-Niederländischen Korps oder beim Eurokorps.

Fraglich ist, wie eine gemeinsame Zurechnung zu der Gruppe von Staaten zu konstruieren ist. Anhaltspunkte dafür könnten sich aus den Draft Articles on State Responsibility der International Law Commission (ILC) ergeben. Auslegungsmethodisch stellen die Draft Articles der ILC allerdings nur Vorarbeiten und damit lediglich ergänzende Mittel der Interpretation dar.[613] Dennoch lassen sich aus ihnen Rückschlüsse für die Zurechnung von Entscheidungen ziehen, weil sie die international anerkannten Grundsätze für die Verantwortlichkeit von Staaten und deren Haftung kodifizieren.

Nach Art. 47 ILC Draft Articles on State Responsibility haftet im Falle von mehreren verantwortlichen Staaten grundsätzlich jeder Staat einzeln entsprechend seiner Verantwortung bzw. entsprechend seines ihm zurechenbaren Beitrages. Etwas anders gilt nur dann, wenn eine andere vertragliche Abrede zwischen den beteiligten Staaten besteht.[614] Eine solche vertragliche Abrede könnte sich aus dem gemeinsamen Finanzierungsmechanismus der EU für Operationen mit militärischen oder verteidigungspolitischen Bezügen, ATHENA, ergeben. Dafür müsste ATHENA auch im Rahmen der Verstärkten Zusammenarbeit Anwendung finden. Unter dem Vertrag von Nizza umfasste die Verstärkte Zusammenarbeit aber gerade keine Fragen mit militärischen oder verteidigungspolitischen Bezügen. Dies ist erst unter dem Vertrag von Lissabon der Fall. Dann ist aber Art. 332 des Vertrages über die Arbeitsweise der Europäischen Union einschlägig, der bestimmt, dass die sich aus der Durchführung einer Verstärkten Zusammenarbeit ergebenden Ausgaben, mit Ausnahme der Verwaltungskosten der Organe, von den beteiligten Mitgliedstaaten getragen werden, sofern der Rat nicht nach Anhörung des Europäischen Parlaments durch einstimmigen Beschluss sämtlicher Mitglieder des Rates etwas anderes beschließt. Demnach führen die beteiligten Mitgliedstaaten die Verstärkte Zusammenarbeit zwar gemeinsam durch, haften aber jeweils einzeln nach den ihnen zurechenbaren Verursachungsbeiträgen. Gleiches gilt auch für die Rechtslage unter dem Vertrag von Nizza. Infolge einer fehlenden vertraglichen Abrede zwischen den Mitgliedstaaten bleibt es bei dem in Art. 47 ILC Draft Articles on State Responsibility formulierten Grundsatz, dass die

---

[613] Vgl. Ipsen, VölkerR, 5. Aufl., § 16 Rn. 51f.

[614] Crawford, The ILC's Draft Articles on State Responsibility, Art. 47 Rn. 3, S. 272.

beteiligten Staaten jeweils einzeln nach ihrem Verursachungsbeitrag haften. Gemeinsame Strukturen der EU werden auch nicht in dem Maße in Anspruch genommen, als wenn die EU sich als „Ganzes" betätigt. Die Verstärkte Zusammenarbeit innerhalb der GASP und ESVP beschränkt sich darauf, nur einen institutionellen Rahmen für die „gewillten" Mitgliedstaaten zur Verfügung zu stellen.

Im Ergebnis sind die Entscheidungen und Handlungen, die im Rahmen der Verstärkten Zusammenarbeit innerhalb der GASP gefällt und durchgeführt werden, den einzelnen Mitgliedstaaten zuzurechnen, die sich jeweils daran beteiligen.

c) Fazit

Im vorangegangenen Abschnitt wurden flexible Formen der Zusammenarbeit dargestellt, die als mögliches Modell für zukünftige Einsätze dienen könnten – falls einige Mitgliedstaaten einen Einsatz aus politischen Gründen ablehnen. Dabei ist allerdings im Blick zu halten, dass durch das Instrument der Verstärkten Zusammenarbeit zwar die Handlungsfähigkeit der EU erhöht wird, dies aber nur durch eine Verkomplizierung der Verträge „erkauft" werden kann.

Die Verstärkte Zusammenarbeit könnte einen Ausweg aus Blockadesituationen weisen, da die Vertiefung der Integration zunehmend die Reservate nationalstaatlicher Souveränität berührt, womit tendenziell eine Zunahme des dagegen gerichteten Widerstandes zu prognostizieren ist.[615]

Um Blockadesituationen zu vermeiden bzw. zu entschärfen, käme auch eine Assoziierung der Türkei an die Europäische Sicherheits- und Verteidigungspolitik – unabhängig von Beitrittsverhandlungen – in Betracht.[616] Der Gleichlauf der Mitgliedstaaten in NATO und ESVP wäre damit deutlich besser gewährleistet. Allerdings darf in diesem Zusammenhang nicht übersehen werden, dass sich allein durch eine solche Assoziierung der türkisch-griechische (bzw. türkisch-zypriotische) Konflikt nicht lösen lässt.

---

615 Becker, in: v.d. Groeben/ Schwarze (Hrsg.), EUV/ EGV, 6. Aufl., Bd. 1, Art. 43 EUV Rn. 15; Depra, Verstärkte Zusammenarbeit, S. 61 und 271; Thym, Ungleichzeitigkeit, S. 47; Tsatsos, in: ders. (Hrsg.), Verstärkte Zusammenarbeit, S. 7.

616 So auch Kupferschmidt, swp-Studie S 7 (April 2006), S. 6.

Ob die Verstärkte Zusammenarbeit (innerhalb der GASP) tatsächlich zur Integrationsförderung beiträgt,[617] kann angesichts des Umstandes, dass die Vorschriften seit dem Amsterdamer Vertrag (Mai 1999) nicht zur Anwendung gekommen sind und man sich augenscheinlich auch nicht um Anlässe hierfür bemüht hat,[618] allenfalls als theoretische Möglichkeit gesehen werden, an der in der Praxis aber kein Interesse besteht. Wie bereits oben gezeigt, spricht aber die Einheitlichkeit des Auftretens, die in der Außenpolitik von entscheidender Bedeutung ist, für die Verstärkte Zusammenarbeit.[619]

Die Verstärkte Zusammenarbeit außerhalb der GASP hat sich bereits in anderen Bereichen wie beispielsweise der Sozialpolitik oder der EURO-Gruppe als erfolgreich bewiesen.[620] Ergo könnte man es einfach bei einer möglichen Zusammenarbeit außerhalb der Verträge belassen, die eventuell zu einem späteren Zeitpunkt wieder in die Verträge überführt werden könnte. Allerdings werden die durch Flexibilität entstehenden Konflikte dadurch, dass sie sich in der externen Sphäre abspielen, nur vordergründig geringer.[621]

---

617 So Depra, Verstärkte Zusammenarbeit, S. 51; Thym, Ungleichzeitigkeit, S. 63; Kleine, Militärische Komponente der ESVP, S. 299; Weidenfeld, in: Rotte/ Sprungala (Hrsg.), Probleme und Perspektiven der ESVP, S. 16, 28.

618 Ruffert, in: Calliess/ Ruffert (Hrsg.), VerfEU, Art. I-44 Rn. 40.

619 So Bender, ZaöRV 2001, S. 729, 753 und Depra, Verstärkte Zusammenarbeit, S. 257.

620 Vgl. Oppermann, DVBl. 2003, S. 1234, 1240.

621 Grieser, Flexible Integration, S. 172.

C. Völkerrechtliche Ebene

Nach der Behandlung der europarechtlichen Ebene von Militäreinsätzen der EU – innerhalb der auch die nationale Ebene dargestellt wurde – soll nun die völkerrechtliche Ebene solcher Operationen genauer betrachtet werden. Im Rahmen der vorliegenden Arbeit stellt die völkerrechtliche Ebene nach der nationalen und der europäischen Ebene die dritte Ebene im europäischen Mehrebenensystem dar. Hier stellt sich zunächst die Frage, wer im Rahmen von Militäroperationen der EU Adressat von Rechten und Pflichten des Völkerrechts ist. Dabei denkt man zuerst an die EU-Mitgliedstaaten. Möglicherweise kommt aber die EU selbst als Adressat in Betracht, wenn ihr unter dem Vertrag von Lissabon Völkerrechtsfähigkeit zukommt.[622]

Entscheidend für die Beantwortung der Frage nach dem „richtigen" Adressaten von völkerrechtlichen Rechten und Pflichten ist die rechtliche Konstruktion einer Zusammenarbeit von Staaten im militärischen Bereich. Hier existieren verschiedene Modelle, die im Einzelnen genauer zu analysieren sind.

Als weitere Problempunkte werden die inhaltlichen Bindungen an das Recht der Vereinten Nationen sowie an das humanitäre Völkerrecht und die Menschenrechte untersucht.

I. Adressaten von Rechten und Pflichten des Völkerrechts

Für die Frage nach dem Adressaten von Rechten und Pflichten des Völkerrechts bei autonomen EU-Militäroperationen ist letztlich entscheidend, welches Völkerrechtssubjekt handelt. Ausgangspunkt ist dabei die völkerrechtliche Zurechnung. Dann ergeben sich folgende Möglichkeiten:

- die Handlungen der nationalen Soldaten werden dem Staat zugerechnet, dem sie angehören;

[622] Vgl. die Ausführungen unter B. III. 1. a) dd) (1) und (2) sowie B. III. 2.

- sie werden den Mitgliedstaaten gemeinsam zugerechnet; fraglich ist dann, welchen Mitgliedstaaten sie zugerechnet werden; eventuell nur den beteiligten;
- sie werden der EU zugerechnet, wenn und soweit sie völkerrechtsfähig ist. Andernfalls kommt nur eine Zurechnung an die EU-Mitgliedstaaten in Betracht.

1. Nationale Zurechnung

Als erste Möglichkeit käme eine Zurechnung der Handlungen der nationalen Soldaten an den (Mitglied-)Staat in Betracht, dem sie angehören. Auslöser der Haftung ist die Eigenschaft der Soldaten als Staatsorgane. Grundsätzlich haftet jeder Staat für seine Organe, es sei denn, es gäbe eine Rechtsgrundlage für die Zuordnung zu einem oder mehreren anderen Völkerrechtssubjekten.[623]

Alle Mitgliedstaaten der EU sind zugleich Vertragspartner der VN-Charta und damit auch Mitglieder der Vereinten Nationen. Die Adressatenfunktion für Normen der VN-Charta ergibt sich dann direkt aus ihrer Mitgliedschaft bei den Vereinten Nationen, bleibt also von der europarechtlichen Ebene völlig losgelöst. Diese Adressatenfunktion für völkerrechtliche Normen schlechthin ergibt sich aus der Qualifizierung der EU-Mitgliedstaaten als originäre Völkerrechtssubjekte Staaten.[624]

Diese völkerrechtliche Ausgangslage wird vor allem durch den intergouvernementalen Charakter der GASP und der ESVP gestützt. Die Form der zwischenstaatlichen Koordination und Kooperation ist nämlich typisch für das Völkerrecht. Aus dieser Sicht handeln die Mitgliedstaaten der EU im Bereich der GASP und ESVP als souveräne Völkerrechtssubjekte der Nationalstaaten, also als klassische Völkerrechtssubjekte. Die im EU-Vertrag vorgesehenen Handlungsmöglichkeiten werden danach als Akte der Vertragsstaaten selbst angesehen.[625]

---

[623] Vgl. Art. 1, 4 ILC Draft Articles on the Responsibility of States for Internationally Wrongful Acts.

[624] Siehe Hobe/ Kimminich, Einführung VR, Kap. 3.2.2 und 3.2.4.7, S. 125, 151f.; Herdegen, VR, § 40, S. 275-279.

[625] Pechstein, in: Streinz (Hrsg.), Art. 1 EUV Rn. 16.

2. Gesamtheit der EU-Mitgliedstaaten

Möglich wäre aber auch, dass die Gesamtheit der EU-Mitgliedstaaten die Adressaten von Rechten und Pflichten des Völkerrechts sind, wenn sie an Militäroperationen der Europäischen Union teilnehmen.

a) Relevanter Adressatenkreis

Die Gesamtheit der EU-Mitgliedstaaten meint in diesem Zusammenhang die Gesamtheit der an einer konkreten militärischen Operation der EU beteiligten Mitgliedstaaten – sei es durch die Bereitstellung von Truppen, Hauptquartieren, Material oder durch finanzielle Unterstützung. Nur diejenigen Mitgliedstaaten, die sich weder aktiv noch finanziell an einer solchen Operation beteiligen, können nicht Adressaten von Rechten und Pflichten des Völkerrechts sein. Hier fehlt überhaupt ein Anknüpfungspunkt für eine völkerrechtliche Verantwortlichkeit. Keine Beteiligung liegt z.B. im Falle Dänemarks vor.[626] Eine andere Möglichkeit, sich nicht zu beteiligen, besteht in der Ausübung der konstruktiven Enthaltung nach Art. 23 Abs. 1 UAbs. 2 EU-Vertrag/ Nizza bzw. Art. 31 Abs. 1 UAbs. 2 des EU-Vertrages von Lissabon. Danach ist der Mitgliedstaat, der sich bloß der Stimme enthält, nicht verpflichtet, den Beschluss durchzuführen oder ihn bloß zu finanzieren, akzeptiert jedoch, dass der Beschluss für die Union bindend ist.[627]

b) Rechtsgrundlage für eine Zurechnung

Entscheidend ist, ob es eine Rechtsgrundlage für die Zuordnung der nationalen Staatsorgane Streitkräfte zur Gesamtheit der an einer konkreten Operation beteiligten EU-Mitgliedstaaten gibt.[628] Ansatzpunkte

---

[626] *Opt-out* Dänemarks im Bereich der GASP und ESVP, siehe dazu schon oben unter Punkt B. II. 3. e) aa) (1).

[627] Diese These wird insbesondere durch die Legaldefinition des Art. 1 lit. b) ATHENA gestützt, nach der beitragende Staaten die Mitgliedstaaten sind, die sich nach Art. 28 Abs. 3 des Vertrags über die Europäische Union an der Finanzierung der betreffenden Militäroperation beteiligen und die Drittstaaten, die sich aufgrund der zwischen ihnen und der Europäischen Union geschlossenen Abkommen an der Finanzierung der gemeinsamen Kosten dieser Operation beteiligen, vgl. dazu die Ausführungen unter dem folgenden Punkt C. I. 2. b).

[628] Siehe oben C. I. 1.

könnten sich wieder aus Art. 47 ILC Draft Articles on State Responsibility ergeben.[629] Eine vertragliche Abrede, die den Grundsatz der jeweils einzelnen Haftung nach Verursachungsbeiträgen modifiziert, könnte sich aus dem gemeinsamen Finanzierungsmechanismus der EU für Operationen mit militärischen oder verteidigungspolitischen Bezügen, ATHENA, ergeben. So trifft Art. 43 Abs. 4 ATHENA eine Regelung für die außervertragliche Haftung. Danach

> „kommen die beitragenden Mitgliedstaaten nach den allgemeinen Grundsätzen, die den Rechtsordnungen der Mitgliedstaaten gemeinsam sind und dem im Einsatzgebiet geltenden Truppenstatut über Athena für die Schäden auf, die durch das Hauptquartier für die Operationsführung, das operativ-taktische Hauptquartier (*Force Headquarters*) oder das Hauptquartier einer Streitkräftekomponente (*Component Headquarters*) [...] oder durch das betreffende Personal in Ausführung seines Auftrags verursacht wurden".

Ein interner Rückgriff eines beitragenden Staates auf die EG oder die Mitgliedstaaten wird durch Abs. 5 ausgeschlossen. Damit liegt für den Bereich der (für die Dauer einer Operation) gemeinsamen Hauptquartiere[630] eine von der allgemeinen völkerrechtlichen Regelung abweichende vertragliche Regelung vor.

Fraglich ist, ob sich aus der Formulierung des Art. 43 Abs. 4 ATHENA („[...] nach den allgemeinen Grundsätzen, die den Rechtsordnungen der Mitgliedstaaten gemeinsam sind und dem im Einsatzgebiet geltenden Truppenstatut [...]") eine gesamtschuldnerische Haftung herleiten lässt. Grundsätzlich lassen sich interne rechtliche Gestaltungen nicht ohne weiteres auf die internationale Ebene übertragen. Begriffe wie „gemeinsam", „gesamtschuldnerisch" oder „solidarisch" stammen nämlich aus unterschiedlichen rechtlichen Traditionen.[631] ATHENA selbst spricht nicht explizit von einer „gesamtschuldnerischen" Haftung der beteiligten Mitgliedstaaten. Die Formulierung „nach den allgemeinen Grundsätzen, die den Rechtsordnungen der Mitgliedstaaten gemeinsam sind" wird aber auch in Art. 288 Abs. 2 EG-Vertrag/ Nizza, der die au-

---

629 Einzelheiten zu den ILC Draft Articles on State Responsibility sind Punkt B. IV. 2. b) zu entnehmen.

630 Siehe zur Konstruktion der temporär gemeinsamen Hauptquartiere die Ausführungen unter Punkt B. III. 1. c) Kommandokette für EU-geführte militärische Operationen.

631 Vgl. Crawford, The ILC Draft Articles on State Responsibility, Art. 47 Rn. 3, S. 272.

ßervertragliche Haftung der Europäischen Gemeinschaft regelte bzw. Art. 340 Abs. 2 AEUV, der unter dem Vertrag von Lissabon eine parallele Regelung für die Union trifft, benutzt. Die Verweisung bezieht sich dabei nach allgemein anerkannter Auffassung nicht auf die konkreten Normen, die in den verschiedenen Mitgliedstaaten für die Staatshaftung gelten, sondern auf allgemeine Rechtsgrundsätze.[632] In Verbindung mit dem ausschließlichen Rechtsprechungsauftrag in Art. 235 EG-Vertrag/ Nizza bzw. Art. 268 AEUV als Rechtsprechungsauftrag speziell für die außervertragliche Haftung stellt dieser Verweis eine Ermächtigung an den EuGH zur richterlichen Ausprägung des Haftungstatbestandes dar.[633] Der EuGH hat in diesem Zusammenhang bereits anerkannt, dass nach allgemeinen Rechtsgrundsätzen auch eine gesamtschuldnerische Haftung zwischen Europäischer Gemeinschaft und einem Mitgliedstaat möglich ist, wenn sowohl die EG (durch ihre Organe oder Bediensteten) als auch ein Mitgliedstaat den Schaden mit verursacht haben.[634] Zwar hat der EuGH wegen Art. 46 EU-Vertrag/ Nizza bzw. Art. 24 Abs. 1 UAbs. 2 S. 6 EUV/ Lissabon i.V.m. Art. 275 Abs. 1 AEUV keine (Rechtsprechungs-)Kompetenzen im Bereich der GASP/ ESVP (siehe bereits die Ausführungen unter Punkt B. II. 3. d). Dennoch zeigt der Vergleich, dass die gesamtschuldnerische Haftung grundsätzlich als ein allgemeiner Grundsatz, der den Rechtsordnungen der Mitgliedstaaten gemeinsam ist, angesehen werden kann.

Für eine gesamtschuldnerische Haftung im Rahmen der ESVP könnte sprechen, dass die für die Dauer einer Operation gemeinsamen Hauptquartiere auch gemeinsam finanziert werden. Nach ATHENA gehen nämlich nur solche Schäden zu Lasten des gemeinsamen Finanzierungsmechanismus der EU, die durch die gemeinsamen Führungsstrukturen der EU verursacht werden, also durch die integrierten Hauptquartiere und deren Personal. Die Haftung für Schäden, die durch die von den Mitgliedstaaten gestellten Streitkräftekontingente verursacht werden,

---

[632] Siehe Gilsdorf/ Niejahr, in: v.d. Groeben/ Schwarze (Hrsg.), EUV/ EGV, 6. Aufl., Bd. 4, Art. 288 EGV Rn. 14.

[633] v. Bogdandy, in: Grabitz/ Hilf, Bd. III, 38. EL, Art. 288 EGV Rn. 29.

[634] Vgl. Gilsdorf/ Niejahr, in: v.d. Groeben/ Schwarze (Hrsg.), EUV/ EGV, 6. Aufl., Bd. 4, Art. 288 EGV Rn. 94; Oppermann/ Classen/ Nettesheim, EuR, § 15 Rn. 7 sowie § 38 Rn. 17 (explizit für die völkerrechtliche Haftung); dass die Gesamtschuld dem Gemeinschaftsrecht nicht fremd ist, zeigt Art. 27 Abs. 2 EAG; außerdem existiert auch im völkerrechtlichen Deliktsrecht das Institut der Gesamtschuld, vgl. Säuberlich, Außervertragliche Haftung im Gemeinschaftsrecht, S. 243 mit weiteren Nachweisen.

verbleibt hingegen ausschließlich bei dem jeweiligen Entsendestaat.[635] Zu beachten ist auch, dass dieser Finanzierungsmechanismus vom Rat als mit eigener Rechtspersönlichkeit ausgestattete autonome Einrichtung geschaffen wurde.[636] So spricht der Ausschluss eines internen Rückgriffs nach Art. 43 Abs. 5 ATHENA nicht zwingend gegen eine gesamtschuldnerische Haftung, weil er sich nur auf die EG (nicht EU)[637] und die Mitgliedstaaten bezog und damit dem unter dem Vertrag von Nizza bestehenden Kohärenzproblem zwischen erster und zweiter Säule Rechnung trug. Zudem ist ein interner Rückgriff auch im nationalen Recht abdingbar.[638] Dabei ist zu berücksichtigen, dass ATHENA den Topf, aus dem die Schäden abgegolten werden, die durch die gemeinsamen Hauptquartiere verursacht werden, selbst bereitstellt. Dieser Topf speist sich wiederum aus den Beiträgen der Mitgliedstaaten, die sich nach deren Bruttosozialprodukt (BSP) bemessen. Die Mitgliedstaaten haften dann entsprechend ihrer jeweiligen Beiträge. Für den Fall, dass ein Mitgliedstaat den Schaden, der durch gemeinsame Hauptquartiere verursacht worden ist, im Außenverhältnis vollständig ausgleicht, kann er im Innenverhältnis Rückgriff auf den ATHENA-Mechanismus selbst nehmen.

Im Ergebnis liegt mit Art. 43 Abs. 4 ATHENA eine Rechtsgrundlage für die Zurechnung der temporär gemeinsamen Hauptquartiere zur Gesamtheit der jeweils beteiligten EU-Mitgliedstaaten vor, die dafür auch gesamtschuldnerisch haften.

c) Organleihe?

Zu untersuchen bleibt weiter, ob man die Streitkräfte, die von den Mitgliedstaaten für eine konkrete Operation bereit gestellt werden, nicht als gemeinsame Organe der beteiligten Staaten konstruieren kann. So ähnelt der Rückgriff auf nationale Streitkräfte für EU-geführte Einsätze

---

[635] Vgl. Beschluss 2008/975/GASP des Rates vom 18.12.2008, ABl. L 345 vom 23.12.2008, S. 96, 101, Art. 15 i.V.m. Anhang III-A; Kielmansegg, Verteidigungspolitik der EU, S. 331.

[636] Vgl. Burghardt/ Tebbe/ Marquardt, in: v.d. Groeben/ Schwarze (Hrsg.), EUV/ EGV, Bd. 1, 6. Aufl., Art. 28 EUV Rn. 10.

[637] Der hier untersuchten ATHENA-Regelung lag noch die Rechtslage unter dem Vertrag von Nizza zugrunde. Nach Inkrafttreten des Vertrages von Lissabon wurde der Mechanismus einem Review unterzogen. Siehe auch C. I. 3. a).

[638] Vgl. § 426 BGB und allgemein Literatur zur gestörten Gesamtschuld.

einer völkerrechtlichen Organleihe, für die üblicherweise eine Verschiebung der Zurechnung angenommen wird.[639] Das Rechtsinstitut der Organleihe ist im Völkerrecht inzwischen anerkannt.[640] Dies wird auch durch die Existenz von Art. 6 der ILC Draft Articles on State Responsibility belegt, der zeigt, wie die Organleihe im Völkerrecht gewohnheitsrechtlich geregelt wird. Die völkerrechtliche Organleihe stellt ein Sonderproblem der Zurechenbarkeit eines tatsächlichen Geschehens dar. Eine solche Organleihe liegt vor, wenn ein Staat einzelne Organe einem anderen Staat oder einer internationalen Organisation unter – eventuell nur teilweiser – Ausgliederung aus der eigenen Hoheitsgewalt zur Verfügung stellt. Diese „entliehenen" Organe üben dann auf Weisung, im Namen und unter Kontrolle des begünstigten Staates oder der internationalen Organisation öffentliche Funktionen aus. In der Regel führt dies dazu, dass das Verhalten des „entliehenen" Organs dem begünstigten Staat bzw. der internationalen Organisation zuzurechnen ist.[641] Das hieße, das von den Mitgliedstaaten für eine bestimmte Operation abgestellte Militär könnte der Gesamtheit der beteiligten EU-Mitgliedstaaten zugerechnet werden, wenn die Mitgliedstaaten die von ihnen für eine konkrete Operation zur Verfügung gestellten Truppen aus ihrer nationalen Hoheitsgewalt ausgliedern und unter die Kontrolle der Gesamtheit der EU-Mitgliedstaaten stellen.

aa) Übertragung von *operational command*

Die beteiligten Einsatzkräfte unterstehen aber weiterhin in jeder Hinsicht ihren jeweiligen nationalen Behörden. Da die Streitkräfte im Rahmen einer ESVP-Operation nicht ihre nationale Identität verlieren, werden sie auch nicht zu Organen der Gesamtheit der Mitgliedstaaten oder gar der EU (vgl. dazu die Ausführungen unter Punkt C. I. 3).[642] Die Befehlsgewalt des Operationsbefehlshabers ist begrenzt – auch hier kommt die fortbestehende militärische Souveränität der Mitgliedstaaten

[639] Siehe Kielmansegg, Verteidigungspolitik der EU, S. 330; Schmalenbach, Haftung IO, S. 103-105; Holstein, Verhältnis des SR der VN zu NATO und OSZE, S. 194.

[640] Breitmoser/ Richter, EuGRZ 1991, S. 141, 146; Hilf, Die Organisationsstruktur der Europäischen Gemeinschaften, S. 212f.; Ipsen, VölkerR, 5. Aufl., § 40 Rn. 22; Holstein, Verhältnis des SR der VN zu NATO und OSZE, S. 193.

[641] Ipsen, VölkerR, 5. Aufl., § 40 Rn. 20, 22.

[642] So bereits Bothe, Streitkräfte internationaler Organisationen, S. 82.

zum Ausdruck. Nicht anders als im Rahmen der NATO behält jeder Mitgliedstaat die volle Befehlsgewalt über seine teilnehmenden Truppenteile. Lediglich *operational command* wird für die Dauer des Einsatzes übertragen. *Full command* hingegen verbleibt stets bei den Mitgliedstaaten.[643]

bb) Konstruktion einer Anweisung zur Zusammenarbeit

Auf innerstaatlicher Ebene findet das internationale, auch in der NATO gebräuchliche Begriffspaar *full command* einerseits und *operational command* andererseits seine Entsprechung in der Konstruktion einer rücknehmbaren und inhaltlich begrenzten Übertragung von Kommandogewalt.[644] Nach deutschem Verfassungsrecht erfordert nämlich die Begründung eines formellen Vorgesetzten-Untergebenen-Verhältnisses zwischen einem ausländischen Befehlshaber und einem Soldaten der Bundeswehr eine Übertragung von Hoheitsrechten im Sinne des Art. 24 Abs. 1 GG. Um unterhalb dieser Schwelle zu bleiben, wird die Über-

---

[643] Siehe Kleine, Militärische Komponente der ESVP, S. 242f. sowie Kielmansegg, Verteidigungspolitik der EU, S. 327f. und Gerhardt, in: Hoyer/ Kaldrack (Hrsg.), ESVP, S. 166, 173; zur Terminologie siehe die Ausführungen unter Punkt B. III. 1. c); mit *full command* ist die umfassende Befehlsgewalt, die Unterstellung in jeder Hinsicht gemeint, die straf- und disziplinarrechtliche Befugnisse einschließt, vgl. Walz, NZWehrr 1986, S. 89, 94; mit dem Terminus *operational command* wird die Unterstellung von Truppen für Einsätze und Übungen beschrieben, *operational command* ist die einem militärischen Führer übertragene Befugnis, unterstellten Führern Aufträge zu erteilen oder Aufgaben zuzuweisen, Truppenteile zu dislozieren, die Unterstellung von Kräften neu zu regeln u.a., vgl. Kleine, Militärische Komponente der ESVP, S. 243; *operational control* – eine Abstufung der Befugnis des *operational command* – ist die einem militärischen Führer übertragene Befugnis, ihm unterstellte Kräfte so zu führen, dass er bestimmte Aufträge oder Aufgaben erfüllen kann, die im allgemeinen nach Art, Zeit und Raum begrenzt sind, siehe dazu Geiger, Rechtliche Rahmenbedingungen der Multinationalität, S. 120 und Kleine, Militärische Komponente der ESVP, S. 243.

[644] Nolte/ Krieger, Europäische Wehrrechtssysteme, S. 108; Kleine, Militärische Komponente der ESVP, S. 247f.; Geiger, Rechtliche Rahmenbedingungen der Multinationalität, S. 172 mit dem Hinweis auf dieselbe Regelung in der NATO; die Anwendung des Prinzips der Anweisung zur Zusammenarbeit auch im Rahmen der EU folgt zwangsläufig aus der lockeren Struktur der Eingreiftruppe, die nach dem Freiwilligkeitsprinzip aufgebaut ist, vgl. Kielmansegg, Verteidigungspolitik der EU, S. 327f.

tragung bestimmter begrenzter Kommandobefugnisse rechtlich im Wege einer Anweisung zur Zusammenarbeit auf der Grundlage von § 7 Soldatengesetz (SG) konstruiert. Dabei erhält der deutsche Soldat von seinem Vorgesetzten den Befehl (im Sinne des § 11 Abs. 1 SG), den Anweisungen des ausländischen Vorgesetzten zu folgen. Dieser Befehl ist rücknehmbar und inhaltlich beschränkt, umfasst also insbesondere keine Disziplinarbefugnisse.[645] Grundlage der Anweisung zur Zusammenarbeit ist die Zentrale Dienstvorschrift (ZDv) 1/50 der Bundeswehr.[646]

Bei den Anweisungen ausländischer Vorgesetzter handelt es sich nicht um Befehle im wehrrechtlichen Sinne. Die Nichtbefolgung einer ausländischen Weisung ist demnach nicht wehrstrafrechtlicher Ungehorsam, sondern ein Verstoß gegen die Pflicht zum treuen Dienen im Sinne von § 7 SG, mithin ein Dienstvergehen. Die truppendienstliche Unterstellung bleibt von der Anweisung auf Zusammenarbeit unberührt, und die Sanktionsbefugnisse bei Nichtbefolgung ausländischer Anweisungen verbleiben in nationaler Hand.[647]

Nach ganz herrschender Auffassung hat mit dieser Einräumung von *operational command* keine (besondere verfassungsrechtliche Anforderungen begründende) Übertragung von Hoheitsgewalt stattgefunden.[648] Die Streitkräfte für EU-geführte Krisenbewältigungsoperationen werden nämlich nicht „verschmolzen“, sie unterstehen keiner einheitlichen

---

645 Nolte/ Krieger, Europäische Wehrrechtssysteme, S. 108; Kleine, Militärische Komponente der ESVP, S. 247f.; Geiger, Rechtliche Rahmenbedingungen der Multinationalität, S. 172 sowie Stein, in: Tomuschat (Hrsg.), Rechtsprobleme einer ESVP, S. 53, 60 mit dem Hinweis auf dieselbe Regelung in der NATO.

646 Kleine, Militärische Komponente der ESVP, S. 249; Walz, NZWehrr 1986, S. 89, 94f.

647 Geiger, Rechtliche Rahmenbedingungen der Multinationalität, S. 142; Kleine, Militärische Komponente der ESVP, S. 212; nach a.A. dürfen ausländische Vorgesetzte deutschen Soldaten militärische Befehle erteilen; die Übertragung von Befehlsbefugnissen auf ausländische Vorgesetzte sei nach einfachem Dienstrecht möglich (sog. Bündelungsmodell), vgl. Kirchhof, NZWehrr 1998, S. 152, 157, 159f.; dieses Modell wurde zwar bei den Verhandlungen zum Korps Nordost von allen Vertragsparteien akzeptiert, und findet dort auch praktische Anwendung, vgl. die Nachweise bei Geiger, Rechtliche Rahmenbedingungen der Multinationalität, S. 178f.; allerdings stellt dies nur einen Einzelfall dar, der nicht ohne weiteres auf Situationen anderer militärischer Zusammenschlüsse übertragen werden kann.

648 Nolte/ Krieger, Europäische Wehrrechtssysteme, S. 109.

europäischen Disziplinarordnung und auch nicht der Strafgewalt der Gemeinschaft gemäß einem einheitlichen Militärstrafrecht.[649] Da die alleinige Entscheidungsgewalt über den Einsatz der Streitkräfte bei den Mitgliedstaaten verbleibt, entsteht auch kein Automatismus, der den zuständigen EU-Organen den unmittelbaren Zugriff auf die Streitkräfte der Mitgliedstaaten erlauben würde.[650] Das alleinige Verbleiben der entsprechenden Truppenteile unter der Hoheitsgewalt ihres jeweiligen Heimatstaates kommt auch in dem EU-SOFA zum Ausdruck, das die EU-Staaten am 17. November 2003 unterzeichnet haben.[651] Dieses völkerrechtliche Übereinkommen regelt nach dem Vorbild des NATO-Truppenstatuts zum einen den rechtlichen Status des zum EU-Militärstab abgeordneten Personals, zum anderen die rechtliche Stellung der Einheiten, die der EU für Krisenbewältigungseinsätze oder Übungen von den Mitgliedstaaten zur Verfügung gestellt werden. U.a. wird die Straf- und Disziplinargewalt geregelt, die in den Händen der Nationalstaaten verbleibt[652] (siehe zum EU-Truppenstatut auch die Ausführungen unter Punkt C. I. 4. a) bb) sowie die Unterschiede zur rechtlichen Konstruktion bei VN-Missionen unter Punkt C. I. 4. a) cc).

cc) Konsequenzen für die Organleihe

Problematisch ist, ob es für die Begründung einer Verantwortlichkeit der Union infolge einer Organleihe ausreicht, wenn die Mitgliedstaaten der Union über die gestellten Verbände nur *operational command* oder *operational control* übertragen, also die Letztentscheidung über Befehle eines EU-Oberbefehlshabers behalten.[653] Weiter behalten die Mitglied-

---

[649] So die Kriterien bei Bothe, Streitkräfte internationaler Organisationen, S. 82.

[650] Dietrich, ESVP, S. 362f; siehe schon die Ausführungen unter Punkt B. III. 1. b).

[651] ABl. C 321 vom 31.12.2003, S. 6.

[652] Dietrich, ESVP, S. 363; Kielmansegg, Verteidigungspolitik der EU, S. 326.

[653] Hier tut sich ein großes Meinungsspektrum auf: verneinend wohl Ipsen, VölkerR, 5. Aufl., § 40 Rn. 21ff. i.V.m. § 66 Rn. 20; Kielmansegg, Verteidigungspolitik der EU, S. 330f. nimmt eine parallele Verantwortung an; für eine subsidiäre Haftung der MS, sofern die IO völkerrechtsfähig ist: Meng, ZaöRV 1985, S. 324, 339; Pernice, AVR 26 (1988), S. 406, 419 nimmt demgegenüber eine ausschließliche Haftung der IO an und hält die Anerkennung derselben für deklaratorisch; für eine ausschließliche Haftung der IO ist auch Schmalenbach, Haftung IO, S. 249f.

staaten die Entscheidungsgewalt hinsichtlich der Beendigung von Einsätzen. D.h., sie können ihre Streitkräfte rechtlich jederzeit – also auch inmitten eines Einsatzes – wieder zurück holen.[654]

Auch in der NATO bleiben die einem integrierten Kommando unterstellten Truppen in vollem Umfang nationale Truppen. Auf militärischem Gebiet handelt nämlich nicht die Organisation, sondern handeln die Staaten gemeinsam. Soweit die Befehlsgewalt über Streitkräfte der NATO-Staaten durch integrierte Kommandos ausgeübt wird, können diese Kommandos nur als gemeinsame Organe der beteiligten Staaten angesehen werden.[655] Auch in der EU ist allein die Übertragung von *operational command* für die Dauer des Einsatzes nicht ausreichend, um die nationalen Soldaten effektiv aus ihrer nationalen Hoheitsgewalt auszugliedern. Vielmehr werden sie nur temporär und bedingt ausgegliedert. Eine effektive Kontrolle übt damit nur der jeweilige Mitgliedstaat aus. Die Einbindung sog. „europäischer" Gremien in die Durchführung einer EU-Krisenoperation ist nicht so eng wie es auf den ersten Blick erscheint. So ist z.B. der Militärausschuss nicht befugt, dem Operationsbefehlshaber rechtlich verbindliche Anweisungen zu erteilen. Dies ist ein Ausfluss der intergouvernementalen Struktur der ESVP.

Die Mitgliedstaaten überlassen der EU für einen Krisenmanagement-Einsatz Truppen nicht im Wege der Organleihe, sondern übertragen lediglich das operationelle Kommando für ihre nach wie vor nationalen Soldaten auf die EU. Das hat zur Folge, dass die EU-Befehle nur unter dem Vorbehalt der jederzeitigen Korrektur durch die vorrangige nationale Befehls- und Kommandogewalt ausgeführt werden.[656]

Damit liegt keine Rechtsgrundlage für eine Zurechnung der nationalen Organe Streitkräfte zu der Gesamtheit der EU-Mitgliedstaaten vor. Es verbleibt bei der allgemeinen völkerrechtlichen Regelung, dass die einzelnen Mitgliedstaaten, die Truppen für eine konkrete Operation bereit stellen, die Adressaten von Rechten und Pflichten des Völkerrechts sind.

---

[654] Da die politische Glaubwürdigkeit doch sehr in Mitleidenschaft gezogen würde, erscheint es praktisch eher unwahrscheinlich, dass ein Staat erst Streitkräfte zur Verfügung stellt und diese dann wieder zurückholt; dennoch erscheint eine solche innenpolitisch motivierte „Kehrtwende" nicht völlig ausgeschlossen; siehe auch die Ausführungen unter Punkt B. I. 8. b) bb).

[655] Bothe, Streitkräfte internationaler Organisationen, S. 84f.

[656] Siehe auch Ipsen, VölkerR, 5. Aufl., § 40 Rn. 21.

d) Ergebnis

Die Mitgliedstaaten haften gemeinsam gesamtschuldnerisch für Schäden, die durch die (für die Dauer einer Operation) gemeinsamen Hauptquartiere verursacht worden sind, während die Mitgliedstaaten jeweils einzeln für ihre Truppen haften. Das bedeutet für die Ausgangsfrage nach dem „richtigen" Adressaten von Rechten und Pflichten des Völkerrechts, dass die beteiligten Mitgliedstaaten in ihrer Gesamtheit für die temporär gemeinsamen Hauptquartiere und jeweils einzeln für die von ihnen bereitgestellten Truppen die Adressaten von Rechten und Pflichten des Völkerrechts sind, wenn sie militärische ESVP-Operationen durchführen.

3. Europäische Union

Schließlich kommt auch die Europäische Union selbst als Adressat von Rechten und Pflichten des Völkerrechts in Betracht, wenn und soweit sie völkerrechtsfähig ist. Unter dem Vertrag von Nizza war die EU nicht völkerrechtsfähig.[657] Folglich kommen nur die EU-Mitgliedstaaten als Adressaten von Rechten und Pflichten des Völkerrechts in Betracht.[658] Unter dem Vertrag von Lissabon, der der EU ausdrücklich Rechtspersönlichkeit verleiht, kommt auch die EU als Adressatin von Rechten und Pflichten des Völkerrechts in Betracht, wenn diese – wie die Praxis nahelegt – von dritten Völkerrechtssubjekten im konkreten Fall anerkannt wird (siehe zur Anerkennung die Ausführungen unter Punkt B. III. 2. a) aa).

Als Rechtspersönlichkeit haftet die EU für die von ihr eingegangenen Verpflichtungen oder verursachten Schäden. Art. 41 Abs. 1 bis 3 des EU-Vertrages von Lissabon sichern ihre Ausstattung mit den erforderlichen Finanzmitteln. Verpflichtungen oder Schäden können der operativen Tätigkeit der Union im Sinne von Art. 31 Abs. 2 EUV/ Lissabon zugerechnet werden.[659] Unter diese operativen Ausgaben fallen allerdings ausdrücklich nicht Ausgaben aufgrund von Maßnahmen mit militärischen oder verteidigungspolitischen Bezügen. Für diesen Bereich

---

[657] Vgl. dazu die Ausführungen unter Punkt B. III. 1. a) dd) (1) und (2).

[658] Siehe dazu oben C. I. 1. und 2.

[659] Wichard, EuR 1999, S. 170, 175.

sieht der spezielle Finanzierungsmechanismus der EU, ATHENA, eine Sonderregelung vor.

a) Rechtsgrundlage für eine Zurechnung

Voraussetzung für die Adressatenfunktion der EU ist eine Rechtsgrundlage, die die Handlungen der einzelnen Mitgliedstaaten im Rahmen der Durchführung einer ESVP-Operation der EU selbst zurechnet. Fraglich ist in diesem Zusammenhang, ob die staatlichen Organe – also die Streitkräfte – im Rahmen der Durchführung einer ESVP-Operation in ihrer Eigenschaft als Organe der EU oder als staatliche Organe handeln.[660]

Wie bereits gezeigt,[661] bleiben die nationalen Streitkräfte aber auch im Rahmen einer ESVP-Operation nationale Organe. Eine Organleihe liegt nicht vor. Unerheblich ist dabei, ob man die Gesamtheit der EU-Mitgliedstaaten oder die EU selbst als „Begünstigte" im Rahmen der Organleihe konstruiert.[662] Auch unter dem Vertrag von Lissabon werden die Streitkräfte, die die Mitgliedstaaten für ESVP-Operationen bereitstellen, nämlich nicht als EU-eigene konstruiert (vgl. in diesem Zusammenhang insbes. die Ausführungen unter Punkt B. III. 2. b).

---

660 Theoretisch käme auch ein Handeln in Doppelfunktion in Betracht, nämlich als Organe sowohl ihrer Heimatstaaten als auch der EU; zur Doppelverpflichtung allgemein siehe Ipsen, VölkerR, 5. Aufl., § 41 Rn. 4.

661 Vgl. die Ausführungen unter Punkte C. I. 2.

662 Hinsichtlich der Argumentation sei auf die Ausführungen unter Punkt C. I. 2. verwiesen; lediglich die dogmatische Konstruktion ist geringfügig anders: so hat die ILC zusätzlich zu den genannten Draft Articles on State Responsibility zwischen Mai 2003 und August 2008 auch Draft Articles on the Responsibility of International Organizations erstellt, vgl. Law Commission, Reports on the responsibility of international organizations, UN Doc. A/CN.4/532, A/CN.4/541, A/CN.4/553, A/CN.4/564, A/CN.4/583, A.CN.4/L.725, A.CN.4/L.725/Add.1; nach Art. 5 ILC Draft Articles on the Responsibility of International Organizations ist das Verhalten eines staatlichen Organs einer internationalen Organisation zuzurechnen, wenn und soweit sie effektive Kontrolle darüber ausübt; hier geht es letztlich um eine wertende rechtliche Beurteilung, für die das Ausmaß der Kontrolle der Union über den Einsatz der von den Mitgliedstaaten gestellten Streitkräfte und Mittel entscheidend ist; damit wird inhaltlich aber derselbe Ansatzpunkt wie unter den Draft Articles on State Responsibility gewählt.

Die Mitglieder haben die Organisation zwar gegründet, um kollektiv als Gruppe handeln zu können.[663] Damit fungiert die EU aber nur als formale „Hülle". Der Rat ist – wie bereits auf der europarechtlichen Ebene festgestellt – ausführendes Organ der Mitgliedstaaten, denen er als Entscheidungszentrum dient. D.h., die Mitgliedstaaten haften für die von ihnen entsandten Truppen – die national bleiben – selbst. Dieses Ergebnis wird auch durch die folgenden Überlegungen bestätigt: im Rahmen von ATHENA gibt es Festlegungen dazu, welche Kosten als gemeinsame Operationskosten über ein EU-/ ATHENA-Konto abgewickelt werden. Für einzelne Operationen wird dies ggf. noch konkretisiert. So wurde der Ersatz für Schäden, die durch die eingesetzten Streitkräfte im Rahmen der EU-Operation EUFOR Tchad/ RCA verursacht wurden, als sog. *Nation Borne Costs*, also Kosten, die naturgemäß bei den einzelnen Nationen anfallen, verwaltet. Diese Kosten wurden von ATHENA vorfinanziert und sind nach der Regelung, die für EUFOR Tchad getroffen wurde, intern im Rahmen des ATHENA-Mechanismus auszugleichen.[664]

Für die – für die Dauer einer konkreten Operation – gemeinsamen Hauptquartiere trifft ATHENA die Sonderregelung in Art. 42 Abs. 4, die besagt, dass die beteiligten Mitgliedstaaten für diese haften (siehe dazu schon die Ausführungen unter Punkt C. I. 2. b). Um die EU als Haftungssubjekt zu konstruieren, müsste man die Vorschrift entgegen ihrem ausdrücklichen Wortlaut auslegen. Es erscheint plausibler, dass die Vorschrift unter dem Vertrag von Lissabon (im Zuge eines erneuten ATHENA-Reviews) sprachlich angepasst wird. Dies ist bislang noch nicht geschehen. Andererseits muss auch bedacht werden, dass ATHENA einen autonomen Finanzierungsmechanismus mit eigener Rechtspersönlichkeit darstellt und die Finanzierung des Mechanismus selbst über die Mitgliedstaaten erfolgt – mit Ausnahme Dänemarks und derjenigen Mitgliedstaaten, die sich im Rahmen einer Abstimmung über eine konkrete Operation im Rat enthalten haben (siehe oben unter Punkt C. I. 2. b). Es bleibt abzuwarten, ob die Mitgliedstaaten im Konsens eine andere Regelung unter dem Vertrag von Lissabon treffen. Zunächst bleibt es also bei der bereits oben unter Punkt C. I. 2. b) festgestellten Rechtslage, dass die jeweils beteiligten EU-Mitgliedstaaten in ihrer Ge-

[663] Pitschas, Völkerrechtliche Verantwortlichkeit der EG und ihrer MS, S. 51.

[664] Vgl. Act of the Special Committee (ATHENA), Rules applicable to the administrative management of the "Nation Borne Costs" (NBC) for EUFOR Tchad/ RCA, Compensation for damages or injuries that would be caused by forces, EU Doc. No. 321/2008 REV 3.

samtheit gesamtschuldnerisch für die (für die Dauer einer konkreten Operation) gemeinsamen Hauptquartiere haften. Art. 42 Abs. 4 ATHENA stellt insofern die Rechtsgrundlage für eine Zurechnung der entsprechenden Handlungen zu der Gesamtheit der Mitgliedstaaten dar.

b) Ergebnis

Konsequenterweise sind Adressaten von Rechten und Pflichten des Völkerrechts unter dem Vertrag von Lissabon nach der derzeitigen Rechtslage sowohl die einzelnen EU-Mitgliedstaaten (für ihre Truppen) als auch die Gesamtheit der beteiligten EU-Mitgliedstaaten (für die temporär gemeinsamen Hauptquartiere).

4. Rechtliche Konstruktion einer Zusammenarbeit von Staaten im militärischen Bereich

Im Rahmen der Nutzanwendung auf den konkreten Fall ist die Beantwortung der Frage nach dem „richtigen" Adressaten von völkerrechtlichen Rechten und Pflichten abhängig von der rechtlichen Konstruktion einer Zusammenarbeit von Staaten im militärischen Bereich. Es geht also um die Frage, welches Subjekt bei einer europäischen Militäraktion wie in Kongo Träger völkerrechtlicher Rechte und Pflichten ist. In diesem Zusammenhang ist auch die Kommandokette für EU-geführte Militäroperationen näher zu beleuchten (siehe dazu schon die Ausführungen auf der europarechtlichen Ebene unter Punkt B. III. 1. c).

a) Konzepte militärischer Zusammenarbeit

Die Konstruktion der Zusammenarbeit der EU-Mitgliedstaaten im Bereich des europäischen Krisenmanagements fußt auf dem Freiwilligkeitsprinzip und dem Intergouvernementalitätsprinzip. Es handelt sich um eine fragile, nur auf Grund politischen Drucks durchsetzbare Konstruktion. Sie ist abhängig von politischen Konstellationen.

Allgemein gibt es unterschiedliche Gestaltungsmöglichkeiten einer Koordinations- oder Führungsebene bei internationalen Militäreinsätzen,[665] die nun im Einzelnen genauer analysiert werden sollen.

aa) Lead-Nation-Konzept

Unter dem Lead-Nation-Konzept ist ein von einem nationalen Stab geführter gemischter Großverband zu verstehen. Er ist national zusammengesetzt und wendet nationale Führungs- und Einsatzgrundsätze an. Das Stabspersonal von anderen Nationen ist relativ klein, kann aber bei Bedarf aufgestockt werden. Die zugeordneten Verbände handeln nach nationalen Grundsätzen auf der Basis von Vereinbarungen über Interoperabilität – d.h. der Fähigkeit von Streitkräften aus verschiedenen Nationen, in Einsätzen zusammenzuarbeiten.

Nach diesem Modell werden deutsche Streitkräfte als nationale, geschlossene Einheiten unter dem Kommando eines Verteidigungsbündnisses eingesetzt, so z.B. im ursprünglichen Modell der NATO. Es treten primär Rechtsfragen zur Übertragung militärischer Befehlsgewalt auf das Bündnis, zu den Rechtsbeziehungen zwischen ihm und deutschen Truppen sowie zu deren Auslandseinsatz auf. Diese Fragen werden „gelöst", indem keine Hoheitsgewalt auf den ausländischen Kommandeur übertragen wird. Statt *full command* wird nur *operational command* übertragen.[666]

Beim Lead-Nation-Konzept werden nationale Führungs- und Einsatzgrundsätze angewandt. Es besteht also ein starkes Band zwischen den Truppen und ihren Nationalstaaten. Indem nationale, geschlossene Einheiten eingesetzt werden, findet keine Ausgliederung aus der nationalen Hoheitsgewalt statt. Konsequenterweise sind die Handlungen der Soldaten dem Kontingent stellenden Staat selbst zuzurechnen. Eine Rechtsgrundlage für die Zurechnung der Staatsorgane Streitkräfte zu einem oder mehreren anderen Völkerrechtssubjekten ist nicht ersichtlich. Wegen der fehlenden Ausgliederung der nationalen Organe Streitkräfte aus der Hoheitsgewalt des jeweiligen Staates liegt insbesondere keine Organleihe vor (vgl. dazu vor allem die Ausführungen unter Punkt C. I. 2. c).

[665] Vgl. zur Darstellung der verschiedenen Modelle Varwick, IP 9/2001, S. 47, 50 und Kirchhof, NZWehrr 1998, S. 152.

[666] Zu den Begrifflichkeiten und zur juristischen Konstruktion vgl. Punkt C. I. 2.

bb) Framework-Nation-Konzept

Unter dem Framework-Nation-Konzept ist ein gemischter Verband zu verstehen, in dem eine Nation den Rahmen stellt und für die Führung des Stabes verantwortlich ist. Die *Framework-Nation* stellt dann den überwiegenden Teil der Posten im Stab.

Dieser zweite Weg internationalen Einsatzes deutscher Streitkräfte setzt selbständige Verbände aus Soldaten verschiedener Entsendestaaten zusammen. Die gemischte Zusammensetzung kann sich auf Führungs- und Unterstützungseinheiten beschränken und darunter Raum für nationale Truppenelemente lassen. Sprachbarrieren, Inkompatibilitäten technischer Standards oder militärischer Einsatzverfahren können so im konkreten Einsatz vermieden werden.

Das Framework-Nation-Konzept wurde am 24. Juli 2002 vom Rat als konzeptionelle Grundlage für autonome EU-geführte Krisenmanagementoperationen mit Rückgriff auf eine Rahmennation gebilligt, wird seitdem in der ESVP angewendet und lag auch der Militäroperation Artemis zugrunde. Im Vergleich zum Lead-Nation-Modell einerseits (vgl. vorangehend aa)) und zum Integrationskonzept andererseits (vgl. nachfolgende cc)) stellt es einen „Mittelweg" dar. Die nationalen Verbände werden zumindest teilweise und bedingt aus ihren nationalen Hoheitsordnungen ausgegliedert und für die Dauer einer Operation dem *operational command* des EU-Oberbefehlshabers unterstellt.

Das Framework-Nation-Modell ist von seiner Konstruktion näher am Lead-Nation-Konzept orientiert als am Integrationsmodell. Sowohl das Framework-Nation-Modell als auch das Lead-Nation-Konzept zeichnen sich dadurch aus, dass sie Operationen unter einem gemeinsamen „Dach" durchführen, ohne dass Streitkräfte effektiv und langfristig aus ihrer nationalen Hoheitsgewalt ausgegliedert werden.

Im Rahmen des Framework-Konzepts steht die sog. Rahmennation im Vordergrund. Fraglich ist, ob dies auch eine besondere Verantwortlichkeit dieser nach sich zieht. Die Konstruktion legt zunächst nahe, dass Handlungen dem Führungsstaat zugerechnet werden könnten. Für eine solche Zurechnung der Handlungen der nationalen Organe Streitkräfte zum Führungsstaat innerhalb einer „gemeinsamen" Operation müsste es eine Rechtsgrundlage geben.

Wie bereits gezeigt, stellt Art. 43 bzw. 42 Abs. 4 ATHENA nur eine Rechtsgrundlage für die Zurechnung der gemeinsamen Hauptquartiere für die Dauer einer konkreten Operation dar. Diese werden den beteiligten EU-Mitgliedstaaten in ihrer Gesamtheit zugerechnet. Für die einzelnen Truppen haften die Mitgliedstaaten aber grundsätzlich selbst.

Etwas anderes könnte nur dann gelten, wenn eine Organleihe vorliegen würde. Die Handlungen der beteiligten Truppen würden dem Führungsstaat dann zugerechnet, wenn die nationalen Organe Streitkräfte rechtlich dem Führungsstaat zuzurechnen wären. Wie bereits oben unter Punkt C. I. 2. c) dargestellt, werden die nationalen Streitkräfte im Rahmen von multilateralen militärischen Operationen aber weder der EU noch der NATO im Wege der Organleihe überlassen. Auch in der NATO ist das Framework-Modell gebräuchlich. Im Rahmen von NATO-Operation-en ist es üblich, dass, soweit eine Haftungspflicht besteht und anerkannt wird, die einzelnen an der Operation beteiligten NATO-Mitgliedstaaten für die Schäden haften, die ihre jeweiligen Truppen im Ausland verursachen. Alle einschlägigen Abkommen im NATO-Rahmen, wie NATO-Truppenstatut, Zusatzabkommen zum NATO-Truppenstatut und PfP-Truppenstatut liegen diesem Prinzip zugrunde, wenn auch für Friedensstationierung/ Übungsaufenthalte auf eigenem Gebiet. Selbst das Abkommen zu den NATO-Hauptquartieren verweist auf die Verantwortung des jeweiligen Entsendestaates für seine Soldaten/ ziviles Gefolge, die in dem Hauptquartier Dienst tun. Entscheidend ist, dass dem jeweiligen Befehlshaber nur *operational command* und eben nicht *full command* übertragen wird.

Ebenso wie das NATO-Truppenstatut dient auch das EU-SOFA als Beweis, dass die jeweiligen Truppen in vollem Umfang national bleiben: wären die dem NATO-Befehl unterstellten Streitkräfte Organe der NATO, dann hätte dieses Abkommen die Beziehungen zwischen Organisation und Gaststaat (etwa nach Art der Statusabkommen für VN-Streitkräfte) regeln müssen. Stattdessen regelt das Abkommen das Verhältnis von *sending state* (Entsendestaat) und *receiving state* (Empfangsstaat), rechnet die Truppen also nicht der Organisation, sondern dem Entsendestaat zu. Gleiches gilt für das EU-Truppenstatut.[667] Die Streitkräfte der EU-Mitgliedstaaten werden also nicht aus ihrer nationalen Hoheitsgewalt ausgegliedert. Insbesondere werden sie nicht der freien Verfügbarkeit der Mitgliedstaaten entzogen oder gemeinsam finanziert. Daran ändert auch die Nutzung des Framework-Nation-Modells nichts. Vielmehr stellt das Framework-Nation-Modell eine pragmatische Konstruktion für die Organisation militärischer Machtmittel dar. Im Ergebnis sind die Handlungen der nationalen Soldaten dem Staat zuzurechnen, dem sie angehören.

---

[667] Vgl. EU-Truppenstatut, ABl. C 321 vom 31.12.2003, S. 6; sowie Bothe, Streitkräfte internationaler Organisationen, S. 85 für die NATO.

cc) Integrationskonzept

Unter dem Integrationskonzept ist ein Großverband zu verstehen, der einen multinational zusammengesetzten Stab hat, in dem die Dienstposten anteilig, dem Beitrag der Nationen entsprechend, besetzt werden. Die Spitzenposten werden nach dem Rotationsprinzip aufgeteilt. Der kommandierende General hat weitgehende Verfügungsgewalt über die ihm unterstellten Truppen.

Beispielsweise sind das Eurokorps oder das Deutsch-Niederländische Korps nach dem Modell des integrierten Großverbandes aufgebaut. Führungs- und Einsatzgrundsätze werden dort in Anlehnung an NATO-Standards weiterentwickelt und für die beteiligten Nationen bindend erlassen. Die zugeordneten Großverbände können bereits in Friedenszeiten unter *operational command* des kommandierenden Generals gestellt werden.[668] In nationaler Verantwortung verbleiben die truppendienstliche Unterstellung sowohl der der Brigade jeweils zugeordneten nationalen Einheiten und Verbände als auch der jeweiligen nationalen Anteile an den integrierten Stäben und Stabsbataillionen.[669] Nationale Befehls- und Disziplinarbefugnisse werden nicht übertragen, sondern bleiben in nationaler Hand.[670] D.h., die dem Eurokorps zugeordneten Verbände unterstehen in jedem Fall ihrem nationalen Befehlsstrang. Für das dem Korpsstab unterstellte Personal werden diese national verbliebenen Aufgaben auf rein nationale Zellen innerhalb des Stabes übertragen. So ist eine integrierte Zusammenarbeit gewährleistet, ohne dass nationale Hoheitsgewalt übertragen wird.[671] Eine integrierte Militärstruktur wäre in dieser Form, also unter gleichzeitiger Ausgliederung von Straf- und Disziplinargewalt, auch für die EU denkbar.

Eine weitergehende Übertragung von Kommandogewalt ist in multinationalen Truppenverbänden, die aufgrund eines gesetzlich ratifizierten völkerrechtlichen Vertrages gegründet wurden, denkbar. Ein solcher Verband ist das I. (Deutsch-Niederländische) Korps, das integrierte Weisungs- und Kontrollbefugnis über die unterstellten Streitkräfte vor-

---

[668] Stein, in: Tomuschat (Hrsg.), Rechtsprobleme einer ESVP, S. 53, 59.

[669] Stein, in: Tomuschat (Hrsg.), Rechtsprobleme einer ESVP, S. 53, 59; Kleine, in: Nolte (Hrsg.), European Military Law Systems, S. 889, 895.

[670] So werden auch die deutschen Truppen mit der Schaffung des Eurokorps rechtlich weiterhin Deutschland zugeordnet, vgl. Kaufmann-Bühler, in: Grabitz/ Hilf, Bd. I, 38. EL, Art. 17 EUV Rn. 32.

[671] Kleine, Militärische Komponente der ESVP, S. 217.

sieht.[672] Dazu gehört auch der (noch) einmalige gemeinsame Wachdienst von Niederländern und Deutschen.[673]

Die Vereinten Nationen, genauer gesagt ihre Peacekeeping-Kontingente, sind ein weiteres Beispiel für einen Großverband, der nach dem Integrationskonzept organisiert ist bzw. – abhängig von der konkreten rechtlichen Ausgestaltung im Einzelfall – werden kann. Die VN haben in der Regel nationale Kontingente förmlich als ein de iure-Organ in ihre Peacekeeping-Streitkräfte eingegliedert (Beispiel UNFICYP [*United Nations Peacekeeping Force in Cyprus*]: *„The Force as a subsidary organ of the United Nations* […]").[674] Gleiches ist im Rahmen der *Arab League Security Force* durch die Arabische Liga erfolgt. Durch den förmlichen Gründungs- und Bestellungsakt wird der Militärverband rechtlich existent, organisatorisch in die internationale Organisation eingegliedert und mit konkreten Aufgaben betraut.[675]

Die Frage, wem Streitkräfte, die im Rahmen eines integrierten Großverbandes eingesetzt werden, zugerechnet werden können, lässt sich nicht pauschal beantworten. Dies ist abhängig von der konkreten rechtlichen Ausgestaltung im Einzelfall.

Bei VN-geführten Missionen besteht der wesentliche integrierende Faktor für die nationalen Kontingente darin, dass diese auch der ausschließlichen Befehlsgewalt der Vereinten Nationen unterliegen können. Dies hängt von der konkreten Ausgestaltung des Mandats ab.[676] So

---

672 Siehe Nolte/ Krieger, Europäische Wehrrechtssysteme, S. 109.

673 Kleine, in: Nolte (Hrsg.), European Military Law Systems, S. 889, 900.

674 Siehe Schmalenbach, Haftung IO, S. 105.

675 Schmalenbach, Haftung IO, S. 105.

676 Vgl. dazu insbes. die Entscheidung der Großen Kammer des EGMR zur Zulässigkeit der Anträge No. 71412/01 (Bekir Behrami gegen Frankreich) und 78166/01 (Ruzhdi Saramati gegen Frankreich, Deutschland und Norwegen) vom 31.5.2007, abrufbar unter www.echr.coe.int/; die Große Kammer des EGMR stellt für eine Zurechnung von Handlungen bzw. Unterlassungen der internationalen Zivil- bzw. Sicherheitsverwaltung im Kosovo (UNMIK und KFOR) an die Vereinten Nationen insbesondere darauf ab, dass der VN-Sicherheitsrat die höchste Entscheidungsgewalt und Kontrolle über die Sicherheitsmission behalten habe; die Delegation der Befugnis zur Errichtung einer internationalen Präsenz – der KFOR – sowie das Einsatzkommando über diese an die NATO, die bereits in der Res. 1244 geregelt wurde, ändere daran nichts (Rn. 133-141); im Gegensatz zur KFOR sei UNMIK ein subsidiäres Organ der VN, das dem Sicherheitsrat direkt unterstellt war (Rn. 142f.); Näheres zu dieser Entscheidung findet sich unter Punkt C. II. 4.

existieren (z.T. auch informelle und/ oder mündliche) Abkommen zwischen der VN und den truppenstellenden Staaten, die die jeweiligen Kontingente rechtlich in den Organisationsapparat der Vereinten Nationen integrieren. Formell wird dies dadurch erreicht, dass die Regeln, die die innere Struktur der Streitmacht bestimmen, durch Verweis zum Bestandteil jener Abkommen gemacht werden. Die teilnehmenden Staaten anerkennen auf diese Weise die ausschließliche Befehlsgewalt der VN über ihre Mitglieder der Streitkräfte.[677]

D.h., deutsche Streitkräfte oder Soldaten können völlig aus dem deutschen Hoheitsverband aus- und einer internationalen Organisation derart eingegliedert werden, dass sie internationalisiert und ihre Handlungen der internationalen Organisation zugerechnet werden. Diesen Weg sehen – wie gerade gezeigt – verschiedene Abkommen zwischen den Vereinten Nationen und ihren Mitgliedstaaten vor. Interessant ist in diesem Zusammenhang, dass auch die Vereinten Nationen nicht selbst die Straf- und Disziplinargewalt über ihre Peacekeeping-Kontingente ausüben. Wenn die Teilnehmerstaaten an VN-Operationen Disziplinar- und Strafmaßnahmen gegenüber ihren Soldaten ergreifen, so erfüllen sie damit im Verhältnis zu Drittstaaten keine eigene Pflicht, sondern eine Pflicht der Vereinten Nationen, sie handeln, wie die angelsächsische Doktrin es ausgedrückt hat, als *agents* der VN.[678] Die Eingliederung als Organ der Vereinten Nationen ist bei anderen Streitkräften, die den VN von ihren Mitgliedstaaten zur Verfügung gestellt werden, nicht zwingend der Fall. So sind die Streitkräfte der VN-Mitgliedstaaten im Rahmen der Korea-Aktion 1950 nicht zu Organen der VN geworden. Vielmehr blieben die beteiligten Mitgliedstaaten dritten Staaten gegenüber für die Handlungen ihrer Soldaten verantwortlich.[679]

Dagegen handelt es sich beim Eurokorps zwar um einen integrierten Verband. Die Mitgliedstaaten gliedern ihre Streitkräfte aber nicht vollständig aus ihrer nationalen Hoheitsgewalt aus, so dass diese dem Korps selbst zugerechnet werden könnten. Vielmehr bleiben die jeweiligen Truppen nationale Organe, für die die jeweiligen Mitgliedstaaten haften. Der entscheidende Unterschied liegt in der formalen Stellung der Streitkräfte: während diese bei VN-geführten Missionen durch Abkommen in die Hoheitsgewalt der Vereinten Nationen selbst integriert

---

[677] Bothe, in: Simma (Hrsg.), VN-Charta, nach Art. 38 Rn. 61f.

[678] Bothe, Streitkräfte internationaler Organisationen, S. 56.

[679] Siehe Bothe, Streitkräfte internationaler Organisationen, S. 61ff.

werden können, existieren derartige Abkommen z.B. nicht im Rahmen des Eurokorps.

b) Kommandokette für EU-geführte militärische Operationen

In Ergänzung zur obigen Darstellung im Rahmen der Zurechnung auf der europarechtlichen Ebene (Punkt B. III. 1. c) werden die rechtlich relevanten Details der Kommandokette für EU-geführte Militäroperationen nun im Rahmen der völkerrechtlichen Ebene dargestellt und im Hinblick auf die Ausgangsfrage nach dem „richtigen" Adressaten von Rechten und Pflichten des Völkerrechts analysiert.

aa) Politische Kontrolle und strategische Leitung

Die politische Kontrolle und strategische Leitung von EU-geführten Militäroperationen liegt im Wesentlichen in den Händen des PSK (siehe dazu vor allem die Ausführungen unter Punkt B. I. 8. c). Die im Rat vertretenen Mitgliedstaaten treffen die politische und rechtliche Entscheidung über einen EU-Militäreinsatz. Dem Politischen und Sicherheitspolitischen Komitee kommt eine Schlüsselrolle im Krisenmanagement zu, vor allem die Aufgabe der politischen Kontrolle und strategischen Leitung eines militärischen Einsatzes, nachdem die EU-internen Beratungen und Vorbereitungen (Rat, Rat der Ständigen Vertreter, Kommission, PSK, EUMC, EUMS) und ggf. auch externe Konsultationen und Vereinbarungen (VN, OSZE, NATO, Drittstaaten) zu einer Entscheidung des Rates für die Durchführung einer EU-Operation geführt haben.[680] Allerdings ist die Delegationsmöglichkeit auf das PSK begrenzt. Art. 25 UAbs. 3 EUV/ Nizza sowie Art. 38 Abs. 3 des EU-Vertrages von Lissabon behalten die Grundentscheidungen über eine Operation, nämlich deren Zweck und Dauer, dem Rat vor. Daher können Einleitung und Beendigung einer Operation ebenso wie deren Auftrag nur vom Rat selbst beschlossen oder nachträglich verändert werden.[681] Die Mitgliedstaaten behalten damit die „Zügel in der Hand".

Demnach erfolgt die Ausarbeitung militärischer Optionen in einer Krisensituation erst auf Ersuchen des PSK, und es ist der Rat, der die Auswahl zwischen diesen Optionen trifft und über die weiteren Grundfragen der Operationsgestaltung – Befehlskette, Operationskonzept und

---

680 Siehe Wiesmann, swp-Studie S 39 (Nov. 2001), S. 6.

681 Kielmansegg, Verteidigungspolitik der EU, S. 278f.

Operationsplan – entscheidet.[682] Auch der Operationsbefehlshaber an der Spitze der militärischen Befehlskette wird vom Rat ernannt und ist dem PSK und dem EU-Militärstab für den Verlauf der Operation verantwortlich (siehe insbes. die Ausführungen unter Punkt B. I. 8. c).

Wesentliche Bestandteile der politischen Kontrolle und strategischen Leitung militärischer Operationen, die das PSK wahrnimmt, sind:

- Planungsdirektiven,
- Maßnahmen zur Aktivierung der vorgesehenen Kräfte,
- die Bewertung von militärstrategischen Optionen, Operationskonzepten und -plänen unter Einschluss der Einsatzführungsfragen, wie auch
- die Herbeiführung von Ratsentscheidungen und deren Implementierung.

Die wesentlichen Arbeiten zur Vorbereitung einer EU-geführten Militäroperation laufen in den einzelnen Ratsarbeitsgruppen (sowohl den vertikalen Gruppen, z.B. Afrika oder Terrorismus, als auch den horizontalen Querschnittsgruppen, z.B. RELEX – *Relations extérieures* – Außenbeziehungen) und dem PSK ab. Wenn auf diesen Ebenen eine Einigung zwischen den nationalen Vertretern der Mitgliedstaaten zustande kommt, entscheidet der Rat darüber nur noch formell (sog. A-Punkt). Die Mitgliedstaaten werden sowohl in den Ratsarbeitsgruppen als auch im PSK bemüht sein, ihre nationalen Interessen durchzusetzen.

Zur Rolle von EUMC und EUMS sei vor allem auf die Ausführungen unter Punkt B. I. 8. c) verwiesen.

Alle EU-Nationen sind in den Gremien auf der politisch-strategischen Ebene gleichberechtigt vertreten, auch dann, wenn sie sich nicht an den Einsatzkräften beteiligen. Dennoch hängen Überzeugungs- und Durchschlagskraft nationaler Positionen in diesen Prozessen maßgeblich von den jeweiligen Beiträgen ab, die die Mitgliedstaaten leisten, vor allem für die Kräfte im Einsatzraum, aber auch für die Bereitstellung der Führungselemente.[683]

Aufgrund des in der ESVP vorherrschenden Einstimmigkeitsprinzips sind die Entscheidungen, die in dem Bereich der politischen Kontrolle und strategischen Leitung von EU-Militäroperationen getroffen werden, den beteiligten Mitgliedstaaten gemeinsam zuzurechnen. Der Rat

---

[682] Kielmansegg, Verteidigungspolitik der EU, S. 130.

[683] Wiesmann, in: Reiter/ Rummel/ Schmidt (Hrsg.), Europas ferne Streitmacht, S. 233, 274.

dient insofern nur als „institutioneller Rahmen“ (siehe dazu schon die Ausführungen unter Punkt B. III. 1. a), vor allem dd)). Insofern fungiert der Unterbau des Rates lediglich zur Vorbereitung von Entscheidungen, die rechtlich durch den Rat bestätigt werden müssen. D.h., diese Entscheidungen sind rechtlich auf die im Rat vertretenen Mitgliedstaaten zurückzuführen und diesen zuzurechnen. Insofern fungieren Art. 14 EU-Vertrag/ Nizza bzw. Art. 28 EUV/ Lissabon als Rechtsgrundlagen für eine Zurechnung der rechtlich relevanten Entscheidungen an die Gesamtheit der Mitgliedstaaten. Wegen des im Rat geltenden Einstimmigkeitsprinzips in verteidigungspolitischen Fragen kann der Rat nämlich selbst keinen eigenen Willen bilden (siehe schon die Ausführungen unter Punkt B. III. 1. a) dd) [3]). Zurechnungssubjekte bleiben vielmehr die Mitgliedstaaten, die einen gemeinsamen einheitlichen Willen bilden müssen, um handlungsfähig zu sein und EU-Operationen durchführen zu können. Insofern bilden auch politische Kontrolle und strategische Leitung solcher Operationen das intergouvernementale System der Europäischen Sicherheits- und Verteidigungspolitik ab.

bb) Militärische Einsatzführung

Die militärische Einsatzführung unterliegt sowohl den Vorgaben der politisch-strategischen Ebene als auch der souveränen Verfügungsgewalt der Mitgliedstaaten, die allein befugt sind, über ihre Militärs zu entscheiden.

Die militärische Operationsführung muss daher stets mit den beteiligten Mitgliedstaaten abgestimmt werden – wie auch im Vorfeld eines Einsatzes von Streitkräften unter Ägide der Vereinten Nationen. Beide Aufgaben – Verbindung zwischen militärischer und politischer sowie zwischen europäischer und nationaler Führungsebene – nimmt der Militärausschuss, und damit ein eigenes europäisches Gremium wahr (siehe schon die Darstellung der Kommandokette für EU-geführte militärische Operationen unter Punkt B. III. 1. c). Dieses „europäische“ Gremium setzt sich dabei aus den Generalstabschefs der Mitgliedstaaten zusammen, die durch ihre militärischen Delegierten vertreten werden. Es handelt sich also um Vertreter der Mitgliedstaaten, die weisungsgebunden sind.

In diesem Zusammenhang wird die unterschiedliche Zusammensetzung von staatlichen Organen und Organen internationaler Organisationen relevant. Während staatliche Organe durchweg homogen strukturiert sind, überwiegt bei Organen von internationalen Organisationen eine heterogene Zusammensetzung, d.h. sie sind entweder mit Vertretern ihrer Mitgliedstaten oder mit internationalen Beamten besetzt.[684] Das ESVP-Regelwerk unterscheidet – wie das der NATO – eindeutig zwischen der Wahrnehmung nationaler Interessen durch weisungsgebundene nationale Vertreter in Gremien für gemeinsame Konsultation und Entscheidung und der Ausübung internationaler Funktionen durch beauftragte Personen oder Organisationselemente, die an nationale Positionen nicht gebunden und nationalen Weisungen nicht unterworfen sind.[685]

Nationale Interessen können in der ESVP namentlich in den Ratsarbeitsgruppen, im EUMC, EUMS sowie im PSK und letztlich auch (auf höchster Ebene) im Rat wahrgenommen werden. Internationale Funktionen werden primär durch die Kommission ausgeübt, deren Befugnisse im Rahmen des militärischen Krisenmanagements – im Gegensatz zum zivilen Krisenmanagement – allerdings gering sind.

Die Mitgliedstaaten versuchen natürlich dort, wo sie die Möglichkeit haben, nämlich in den Ratsarbeitsgruppen, im EUMC und EUMS sowie im PSK, ihre nationalen Interessen zu verfolgen und einzubringen. Sowohl in den Ratsarbeitsgruppen als auch in EUMS (Militärpersonal der Mitgliedstaaten) und EUMC (Generalstabschefs der Mitgliedstaaten, vertreten durch ihre militärischen Delegierten) sowie im PSK (nationale Vertreter auf der Ebene der hohen Beamten/ Botschafter) sitzen jeweils weisungsgebundene Vertreter ihrer Mitgliedstaaten.

Wie bereits unter Punkt B. III. 1. c) ausgeführt, verfügt die EU weder über permanente Führungsstrukturen, noch über eigene Hauptquartiere. Stattdessen kann sie zu diesem Zweck auf allen Kommandoebenen Hauptquartiere der Streitkräfte ihrer Mitgliedstaaten nutzen, wie bei der Operation Artemis in Kongo geschehen.[686] Für diese Rolle des *Operation Headquarters* (OHQ) stehen im Wesentlichen fünf nationale Hauptquartiere zur Verfügung: die britischen *Permanent Joint Headquarters* in Northwood, das französische *Centre de Planification et de Conduite des Opérations* in Paris, das deutsche Einsatzführungskommando in Potsdam sowie das *Commando Operativo di vertice Interforze* in Rom und ein OHQ im griechischen Larissa.[687]

---

[684] Pitschas, Völkerrechtliche Verantwortlichkeit der EG und ihrer MS, S. 50.

[685] Wiesmann, swp-Studie S 39 (Nov. 2001), S. 41.

[686] Siehe dazu bereits die Ausführungen unter Punkt B. II. 1. b).

[687] Kielmansegg, Verteidigungspolitik der EU, S. 328.

Die Mitgliedstaaten sind rechtlich nicht verpflichtet, ihre Hauptquartiere – ebenso wie Soldaten und Material – tatsächlich zur Verfügung zu stellen. Handelt es sich, wie beim Eurokorps, um multinationale Hauptquartiere, so ist die Zustimmung aller daran beteiligter Staaten erforderlich.[688] Wie bereits festgestellt, sind die Streitkräfte der Mitgliedstaaten wegen der fehlenden Ausgliederung aus ihrer jeweiligen nationalen Hoheitsgewalt auch dann ihrem jeweiligen Entsendestaat zurechenbar, wenn dieser an Operationen teilnimmt, die im Rahmen der ESVP durchgeführt werden. Lediglich die gemeinsamen Hauptquartiere sind den beteiligten EU-Mitgliedstaaten für die Dauer einer konkreten Operation gemeinsam zuzurechnen (siehe dazu die Ausführungen unter Punkt C. I. 2. b)).

Für jeden Einsatz wird der Operationsbefehlshaber *ad hoc* vom Rat ernannt. Er steht an der Spitze der militärischen Befehlskette und führt die Operation militärstrategisch in eigener Verantwortung. Als *Operation Commander* kommen militärische Führer der 4/3-Sterne-Ebene aller Teilstreitkräfte aus EU-Nationen in Betracht.[689] Es handelt sich um einen nationalen Vertreter. Seine Ernennung erfolgt, sobald die Entscheidung gefallen ist, auf der Grundlage der vom Militärstab entwickelten militärstrategischen Optionen ein Operationskonzept und einen Operationsplan auszuarbeiten. Dafür ist der Operationsbefehlshaber verantwortlich, auch wenn die Entscheidung über beide Dokumente nach Übermittlung durch den Militärausschuss und das PSK vom Rat getroffen wird.[690] Der Operationsbefehlshaber unterliegt damit den politisch-strategischen Weisungen des PSK und muss seine Operationsführung mit dem Militärausschuss abstimmen. Aber der Militärausschuss führt nicht selbst – kann dies als Gremium auch gar nicht –, sondern beaufsichtigt nur. Auch der Vorsitzende des Militärausschusses ist nicht Vorgesetzter des Operationsbefehlshabers, sondern „vorrangiger Ansprechpartner".[691]

Die Handlungen des Operationsbefehlshabers könnten wegen dessen einstimmiger Ernennung durch den Rat den Mitgliedstaaten gemeinsam zuzurechnen sein. Der *Operation Commander* ist auch gegenüber dem Rat verantwortlich. Während der Operation wird diese Ratsfunktion an

---

[688] Kielmansegg, Verteidigungspolitik der EU, S. 328-330.

[689] Wiesmann, swp-Studie S 39 (Nov. 2001), S. 14.

[690] Fröhlich, Das Projekt der GESVP, S. 25; Schuwirth, in: Hoyer/ Kaldrack (Hrsg.), ESVP, S. 238, 242; Kielmansegg, Verteidigungspolitik der EU, S. 327f.

[691] Kielmansegg, Verteidigungspolitik der EU, S. 314.

das PSK delegiert; militärische Weisungen erhält der *Operation Commander* vom EU-Militärausschuss. Das bedeutet, er handelt im Auftrag aller an einer konkreten Operation beteiligten Mitgliedstaaten. Die Handlungen des *Operation Commander* geschehen auf Anweisung der Mitgliedstaaten. Formal nimmt der *Operation Commander* keine nationalen Weisungen entgegen. Weil alle „wesentlichen" Entscheidungen des *Operation Commander* vom Rat bestätigt werden müssen, so auch der OPlan, führt der *Operation Commander* als Sprachrohr der Mitgliedstaaten deren gemeinsamen Willen aus. Dieser gemeinsame Wille der EU-Mitgliedstaaten wird im Rat gebildet. Wegen des in der ESVP geltenden Einstimmigkeitsprinzips ist dies aber nicht der eigene Wille des Rates,[692] sondern der gemeinsame Wille der Mitgliedstaaten. Die Rechtsgrundlage für eine gemeinsame Zurechnung bildet in diesem Zusammenhang wieder Art. 14 EUV/ Nizza bzw. Art. 28 des EU-Vertrages von Lissabon (vgl. B. III. 1. a) dd) [3] und B. III. 2. a) bb)). Folglich sind die dieser Willensbildung erwachsenen Handlungen und Entscheidungen des *Operation Commander* den Mitgliedstaaten auch gemeinsam zuzurechnen.

cc) Ergebnis

Die Bedeutung der Verteidigungsdimension der EU wird dadurch begrenzt, dass ihre Mitgliedstaaten eigenständige verteidigungspolitische Akteure bleiben. Sie haben im Bereich der GASP keine Kompetenzen abgetreten, sondern sich lediglich bestimmte unionsrechtliche Bindungen auferlegt.[693]

Zur Bildung einer operativen Kommandokette für die Durchführung von militärischen ESVP-Operationen sind auf EU-Ebene verschiedene Gremien geschaffen worden, deren wesentliche Funktion darin besteht, dem Rat als dem Entscheidungsgremium im Rahmen der GASP und ESVP zuzuarbeiten und Entscheidungen zuzuspitzen. Rechtlich verbindliche Entscheidungen trifft aber nur der Rat. Diese Entscheidungen sind wegen des Einstimmigkeitsprinzips im Rahmen der GASP und ESVP den Mitgliedstaaten gemeinsam zuzurechnen.

---

[692] Siehe dazu schon die Ausführungen unter Punkt B. III. 1. a) dd) (3) für die Rechtslage unter dem Vertrag von Nizza sowie B. III. 2. a) bb) für die Rechtslage unter dem Vertrag von Lissabon.

[693] Kielmansegg, Verteidigungspolitik der EU, S. 250.

Abhängig von der konkreten Ausgestaltung im Einzelfall ist eine Organleihe nur im Rahmen des Integrationskonzepts möglich. Sowohl im Rahmen des Lead-Nation-Konzepts als auch im Rahmen des Framework-Nation-Konzepts sind die Streitkräfte der jeweiligen Mitgliedstaaten als Staatsorgane ihrer Entsendestaaten konzipiert. Das hat zur Folge, dass die Mitgliedstaaten jeweils individuell für ihre Streitkräfte haften.

II. Inhaltliche Bindungen an das Völkerrecht

In einem zweiten Schritt sollen nun die inhaltlichen Bindungen (der Europäischen Union) an das Völkerrecht untersucht werden. Dabei geht es um die rechtliche Analyse eines praktisch erwünschten militärischen Eingreifens. Untersucht wird, wer welche (völkerrechtlichen) Regeln beachten muss, wenn die EU militärisch tätig wird. Konsequenzen hat dies vor allem für die Haftung. Dazu ist zunächst die Rolle der EU im *conflict-management* der Vereinten Nationen genauer zu untersuchen. Diesbezüglich geht es um die Verortung der Europäischen Union im System der VN. Anschließend folgt eine Analyse der Bindung der EU an die Grundsätze der VN-Charta und ihrer Bindung an die Bestimmungen der Satzung im Einzelnen, soweit sie überhaupt der Sache nach anwendbar sind. Abschließend werden die Bindungen der Union an die Entscheidungen des VN-Sicherheitsrates sowie an das humanitäre Völkerrecht und die Menschenrechte genauer untersucht.

1. Rolle der EU im *conflict-management* der Vereinten Nationen

Zunächst soll die Rolle der Europäischen Union im *conflict-management* der Vereinten Nationen herausgearbeitet werden, um dadurch einen besseren Einblick in die völkerrechtliche Stellung der EU auf internationaler Ebene zu bekommen.

Die Vereinten Nationen bilden ein System kollektiver Sicherheit, das von dem Leitgedanken geprägt ist, dass die universelle Hauptverantwortung für die Aufrechterhaltung und Wahrung des Weltfriedens und der internationalen Sicherheit beim VN-Sicherheitsrat liegt (Art. 24 VN-Charta). Gleichwohl erkennt die VN-Charta auch die Existenz anderer Sicherheitseinrichtungen an. Art. 51 VN-Charta setzt kollektive Verteidigungsbündnisse voraus, Kapitel VIII der Satzung behandelt regionale Sicherheitseinrichtungen. Für zwischenstaatliche Einrichtungen gilt Art. 103 VN-Charta, wonach die Verpflichtungen der VN-Mitgliedstaaten aus der VN-Charta Vorrang vor anderen internationalen Übereinkünften haben.[694]

Die Europäische Union hat sich in der Regierungskonferenz zum Vertrag von Amsterdam entschieden, den Schwerpunkt der Union in sicherheitspolitischer Hinsicht auf Maßnahmen des internationalen Krisenmanagements zu legen. Durch die Aufnahme der Petersberg-Aufgaben zeigen die Mitgliedstaaten ihre Bereitschaft und den Wunsch, im Rahmen der Union solche Aufgaben zu übernehmen. Eine gemeinsame Verteidigung wurde nur als Zielbestimmung in Art. 17 Abs. 1 des EU-Vertrages von Amsterdam und Nizza aufgenommen.[695] Auch nach Art. 42 Abs. 2 EUV/ Lissabon bedarf die Einführung einer gemeinsamen Verteidigung eines einstimmigen Beschlusses des Europäischen Rates. Demzufolge kommt die EU zwar nicht als Verteidigungsbündnis, aber als geeignete internationale Organisation im Sinne von Art. 48 Abs. 2 VN-Charta oder als regionale Abmachung gemäß Art. 52, 53 VN-Charta in Betracht. Daran ändert auch die Beistandsklausel in Art. 42 Abs. 7 UAbs. 1 Satz 1 des EU-Vertrages von Lissabon nichts. Es handelt sich zwar um eine echte Rechtspflicht.[696] Diese übernimmt im Wesentlichen die Formulierung von Art. V WEU-Vertrag, geht aber über eine politische Beistandspflicht nicht hinaus. Diese Einschränkung ihrer materiellen Tragweite resultiert auch aus der Neutralität einiger Mitgliedstaaten und dem Vorrang der entsprechenden NATO-Verpflichtungen. Es handelt sich nicht um eine militärische Beistandsverpflichtung.[697] Auch unter dem Vertrag von Lissabon stellt die EU kein Verteidigungsbündnis dar.

---

694 Siehe Dietrich, ESVP, S. 442; dies wird im Rahmen der Bindung an die Bestimmungen der VN-Charta im Einzelnen nochmals relevant, vgl. dazu die Ausführungen unter Punkt C. II. 1. a) bb).

695 Gerteiser, Sicherheits- und Verteidigungspolitik der EU, S. 132.

696 Cremer, in: Calliess/ Ruffert (Hrsg.), VerfEU, Art. I-41 Rn. 18.

697 Siehe auch Dietrich, ESVP, S. 502; anders Kielmansegg, Verteidigungspolitik der EU, S. 212, der annimmt, die EU greife mit der Einführung der Beistandspflicht in den Bereich der „gemeinsamen Verteidigung" über und dabei übersieht, dass der Beistandsklausel aufgrund ihrer Einschränkungen praktisch keine eigene Bedeutung zukommt, da diejenigen EU-Staaten, die zur Übernahme einer Beistandsverpflichtung bereit sind, diese in der NATO organisieren und die übrigen sich auf ihre Neutralität berufen können; vgl. zur Beistandsklausel die Ausführungen unter Punkt B. I. 13. e).

a) Geeignete internationale Organisation gemäß Art. 48 Abs. 2 VN-Charta

Nach Art. 48 Abs. 2 VN-Charta werden die Beschlüsse des Sicherheitsrates der VN zur Wahrung des Weltfriedens und der internationalen Sicherheit von den Mitgliedern der Vereinten Nationen unmittelbar sowie durch Maßnahmen in den geeigneten internationalen Einrichtungen durchgeführt, deren Mitglieder sie sind. Eine geeignete internationale Einrichtung im Sinne von Art. 48 Abs. 2 VN-Charta ist jede von den Vereinten Nationen unabhängige internationale Abmachung oder Einrichtung, die nach ihrer Satzung geeignet ist, den Sicherheitsrat bei der Durchführung seiner Beschlüsse im Rahmen des Kapitels VII VN-Charta zu unterstützen.[698]

Die Union ist eine von den Vereinten Nationen unabhängige internationale Einrichtung, deren Mitgliedstaaten auch gleichzeitig Mitglieder der Vereinten Nationen sind.[699] Sie müsste außerdem (nach ihrer Satzung) geeignet sein, den Sicherheitsrat bei der Durchführung seiner Beschlüsse im Rahmen des Kapitels VII VN-Charta zu unterstützen. Der Sicherheitsrat der Vereinten Nationen kann im Rahmen des Kapitels VII VN-Charta sowohl militärische (Art. 42 VN-Charta) als auch nicht-militärische Zwangsmaßnahmen (Art. 41 VN-Charta) beschließen. Es ist deshalb zu klären, welche Zwangsmaßnahmen die Europäische Union nach ihrer Satzung, also nach dem EU-Vertrag, durchführen kann, um den Sicherheitsrat der VN zu unterstützen.

Art. 48 Abs. 2 VN-Charta verlangt keine Völkerrechtspersönlichkeit, sondern lediglich eine organisatorische Struktur, welche die Durchführung von Zwangsmaßnahmen fördern kann.[700] Folglich stand die fehlende Völkerrechtsfähigkeit der EU (unter dem Vertrag von Nizza) einer entsprechenden Einordnung nicht im Wege.

aa) Nicht-militärische Zwangsmaßnahmen nach Art. 41 VN-Charta

Für die Durchführung nicht-militärischer Zwangsmaßnahmen nach Art. 41 VN-Charta besteht eine Kompetenz der Europäischen Union, zum Beispiel Sanktionen gemäß Art. 301 EG-Vertrag/ Nizza bzw.

---

[698] Bryde, in: Simma (Hrsg.), VN-Charta, Art. 48 Rn. 9; Gerteiser, Sicherheits- und Verteidigungspolitik der EU, S. 132f.

[699] Gerteiser, Sicherheits- und Verteidigungspolitik der EU, S. 141.

[700] Kielmansegg, Verteidigungspolitik der EU, S. 217; Dietrich, ESVP, S. 447.

Art. 215 AEVU zu verhängen. Des Weiteren wurde ein nicht-militärischer Mechanismus im Bereich des Krisenmanagements der EU aufgebaut. Im Mai 2000 wurde der Ausschuss für zivile Aspekte des Krisenmanagements (CIVCOM) eingesetzt und im Juni 2001 wurde im Ratssekretariat eine Polizeieinheit für die Durchführung und Planung von EU-Polizeioperationen eingerichtet. Es besteht auch ein entsprechendes Selbstverständnis der Union, in diesem Bereich für Maßnahmen des Sicherheitsrates der VN zur Verfügung zu stehen.[701] Folglich ist die EU nach ihrer Satzung geeignet, nicht-militärische Zwangsmaßnahmen, wie beispielsweise Sanktionen oder Embargos nach Art. 39, 41 VN-Charta durchzuführen.[702] Die Gemeinsamen Strategien (Art. 15 EUV/ Nizza) bzw. Beschlüsse (Art. 29 EUV/ Lissabon) und ggf. EU-Verordnungen (bei Finanzsanktionen und Waffenembargos), die in diesem Zusammenhang auf der Grundlage von Art. 60, 301, 308 EGV/ Nizza bzw. Art. 75, 215, 352 AEUV ergehen, stellen eine spezielle Form der Implementierung bzw. Umsetzung von VN-Sicherheitsresolutionen dar.[703] Darauf wird im Rahmen der Bindung an die Bestimmungen der VN-Charta im Einzelnen noch zurückzukommen sein.

bb) Militärische Zwangsmaßnahmen nach Art. 42 VN-Charta

Die Europäische Union könnte nach ihrer Satzung auch geeignet sein, militärische Zwangsmaßnahmen nach Art. 42 VN-Charta durchzuführen. Dabei handelt es sich um friedenserzwingende Maßnahmen (*peace-enforcement*).

Während friedensschaffende und friedenserhaltende Maßnahmen ausdrücklich im Katalog der Petersberg-Aufgaben in Art. 17 Abs. 2 EU-Vertrag/ Nizza bzw. Art. 43 Abs. 1 EUV/ Lissabon genannt werden, ist dies bei friedenserzwingenden Maßnahmen nicht der Fall. Daraus wird zum Teil gefolgert, dass die EU militärische Zwangsmaßnahmen in Form von friedenserzwingenden Maßnahmen nicht durchführen

---

[701] Vgl. zum Beispiel die Erklärung des Ratsgipfels von Helsinki im Dezember 1999.

[702] Ebenso Gerteiser, Sicherheits- und Verteidigungspolitik der EU, S. 136.

[703] Vgl. Bryde/ Reinisch, in: Simma (ed.), UN-Charter, vol. I, 2. Aufl., Art. 48 para. 9 sowie die Ausführungen zur Bindung an die Bestimmungen der VN-Charta im Einzelnen unter Punkt C. II. 2. a) bb) und an Entscheidungen des Sicherheitsrates der VN unter Punkt C. II. 2. b).

kann.[704] Nach anderer Auffassung schließen die Petersberg-Aufgaben in Art. 17 Abs. 2 EU-Vertrag/ Nizza bzw. Art. 43 Abs. 1 EUV/ Lissabon auch friedenserzwingende Maßnahmen (*peace-enforcement*) mit ein.[705] Dabei wird zum Teil dann aber im Rahmen der völkerrechtlichen Zulässigkeit entweder die Zustimmung des betroffenen Staates oder eine Resolution des Sicherheitsrates der VN für erforderlich gehalten.[706] Der EU-Vertrag enthält aber keine konkrete Begrenzung der Petersberg-Aufgaben etwa nach Bedrohungsintensität oder völkerrechtlicher Zulässigkeit militärischer Maßnahmen. Die völkerrechtliche Rechtfertigung ist losgelöst von der europarechtlichen Zulässigkeit zu sehen, da es sich um verschiedene Regime handelt. Wie bereits oben dargestellt (vgl. die Einordnung der Operation Artemis in den Rahmen der Petersberg-Aufgaben unter Punkt B. I. 1. c) bb)), lässt der Wortlaut von Art. 17 Abs. 2 EU-Vertrag/ Nizza auch die Durchführung friedenserzwingender Maßnahmen zu. Für den erweiterten Katalog der Petersberg-Aufgaben in Art. 43 Abs. 1 des EU-Vertrages von Lissabon kann dann nichts anderes gelten. Mittlerweile kann davon ausgegangen werden, dass dies ebenfalls von den Mitgliedstaaten der EU befürwortet wird. Die Europäische Union ist also in der Lage, militärische Zwangsmaßnahmen nach Art. 42 VN-Charta durchzuführen.

In der Resolution 1484 (2003) des Sicherheitsrates der VN, die die Grundlage für die EU-Militäroperation in der Demokratischen Republik Kongo bildet, nimmt der Sicherheitsrat lediglich Bezug auf Kapitel VII der VN-Charta und ermächtigt dazu, alle möglichen Maßnahmen zu ergreifen, um das Mandat zu erfüllen. Es handelt sich damit um ein robustes Mandat, das der EU auch die Ergreifung von militärischen Zwangsmaßnahmen gestattet. Wie gezeigt, ist es der Union auch rechtlich möglich, diese Maßnahmen durchzuführen.

---

[704] Gerteiser, Sicherheits- und Verteidigungspolitik der EU, S. 137.

[705] Cremer, in: Calliess/ Ruffert (Hrsg.), Art. 17 EUV Rn. 25; v. Eekelen, ZEI Discussion Paper (1998) C 21, S. 15; Frowein, in: Due (Hrsg.), FS Everling, S. 315, 325; Wiesmann, in: Reiter/ Rummel/ Schmidt (Hrsg.), Europas ferne Streitmacht, S. 233, 242.

[706] Cremer, in: Calliess/ Ruffert (Hrsg.), Art. 17 EUV Rn. 25; Frowein, in: Due (Hrsg.), FS Everling, S. 315, 325.

cc) Sonstige Maßnahmen

Nach Art. 17 Abs. 2 EU-Vertrag/ Nizza konnte die Europäische Union humanitäre Aufgaben und Rettungseinsätze, friedenserhaltende Aufgaben sowie Kampfeinsätze bei der Krisenbewältigung einschließlich friedensschaffender Maßnahmen durchführen. Dieser Katalog ist durch Art. 43 Abs. 1 des EU-Vertrages von Lissabon noch um gemeinsame Abrüstungsmaßnahmen sowie die Bekämpfung des Terrorismus erweitert worden.

Unter humanitäre Aufgaben fallen beispielsweise die Vor-Ort-Unterstützung der Zivilbevölkerung in Katastrophengebieten und Hilfeleistung bei Hungersnöten, beim Wiederaufbau zerstörter Infrastruktur und beim Minenräumen. Zu den Rettungsaufgaben zählt die Evakuierung von Zivilisten aus Kriegs- und Krisengebieten, insbesondere auch zur Rettung von bedrohten EU-Bürgern aus ihren Gastländern. Beispiele für friedenserhaltende Aufgaben (*peace-keeping*) sind der präventive Einsatz zur Verhinderung eines Konflikts oder seiner Eskalation oder Ausweitung, die Überwachung eines Waffenstillstands oder Friedensabkommens zwischen Kriegsparteien, von Vereinbarungen über Entwaffnung und Demilitarisierung, von Grenzen und Lufträumen, Seegebieten und Embargos, die Schaffung eines sicheren Umfelds für die Wahrnehmung der Aufgaben von internationalen Organisationen und Nicht-Regierungsorganisationen (NGOs) sowie die Mitwirkung an der Wiederherstellung der öffentlichen Ordnung. Unter friedensschaffende Maßnahmen (*peace-making*) fallen zum Beispiel die Beendigung kriegerischer Auseinandersetzungen oder Belagerungen, die Durchsetzung von demilitarisierten Zonen, waffenfreien Gebieten, Flugverbotszonen, maritimen Sperrgebieten, Embargos, Auffang- und Schutzzonen für die Bevölkerung, des Zugangs für den Transport humanitärer Güter sowie der Schutz und die Rettung der Mitarbeiter internationaler Organisationen.[707]

Die Union ist also ebenfalls in der Lage, Maßnahmen des internationalen Krisenmanagements in Form von friedensschaffenden und -erhaltenden Aufgaben, humanitären Aufgaben und Rettungseinsätzen durchzuführen. Diese Operationen stellen ein Element internationaler

---

[707] Wiesmann, in: Reiter/ Rummel/ Schmidt (Hrsg.), Europas ferne Streitmacht, S. 233, 242.

Friedenserhaltung dar, das in der Charta nicht ausdrücklich vorgesehen ist.[708]

dd) Ergebnis

Die EU kann als geeignete internationale Organisation im Sinne des Art. 48 Abs. 2 VN-Charta bezeichnet werden. Dies bezieht sich sowohl auf die Fähigkeit, dem Sicherheitsrat zur Durchführung von nicht-militärischen Maßnahmen nach Art. 39, 41 VN-Charta als auch zur Durchführung von militärischen Maßnahmen nach Art. 39, 42 VN-Charta zur Verfügung zu stehen.

Die Implementierung bzw. Umsetzung von VN-Sicherheitsrats-Resolutionen durch die EU in Form von Gemeinsamen Strategien bzw. Beschlüssen unter dem Vertrag von Lissabon und ggf. EU-Verordnungen (bei Finanzsanktionen und Waffenembargos) kann in diesem Zusammenhang als eine spezielle Form der Umsetzung von Sicherheitsratsentscheidungen durch eine internationale Organisation angesehen werden.[709]

Die eigentlichen Adressaten und umsetzenden Akteure bleiben allerdings die Mitgliedstaaten. Art. 48 Abs. 2 VN-Charta betrachtet die jeweilige internationale Einrichtung nur als Handlungsrahmen und Modalität für die einzelstaatliche Umsetzung von Zwangsmaßnahmen. Eine Verpflichtung zur Teilnahme an militärischen Operationen begründet Art. 48 VN-Charta sowieso nicht – dazu wäre der Abschluss eines Sonderabkommens nach Art. 43 VN-Charta erforderlich.[710]

b) Regionale Abmachung gemäß Art. 52, 53 VN-Charta

Die Europäische Union kommt darüber hinaus auch als regionale Abmachung im Sinne von Art. 52, 53 VN-Charta in Betracht.

---

[708] Anders insoweit Gerteiser, Sicherheits- und Verteidigungspolitik der EU, S. 141f., die annimmt, diese Aufgaben setzen immer die Zustimmung des betroffenen Staates voraus.

[709] Bryde/ Reinisch, in: Simma (ed.), UN-Charter, vol. I, 2. Aufl., Art. 48 para. 9.

[710] Kielmansegg, Verteidigungspolitik der EU, S. 217; siehe dazu auch die Ausführungen zur Bindung an die Bestimmungen der VN-Charta im Einzelnen unter Punkt C. II. 2. a) bb).

Eine solche regionale Abmachung im Sinne des Kapitels VIII der VN-Charta ist jedes auf Dauer angelegte multinationale Abkommen, durch welches sich Staaten eines bestimmten geographischen Gebietes (unter Ausnutzung der zwischen ihnen bestehenden Gemeinsamkeiten) verpflichten, die Vereinten Nationen bei der Wahrung des Weltfriedens und der internationalen Sicherheit innerhalb des Vertragsgebietes durch die Bereithaltung effektiver Streitbeilegungsmechanismen zu unterstützen, und dadurch zum Ausdruck bringen, auf der Grundlage der Charta der Vereinten Nationen handeln zu wollen. Außerdem muss die betroffene Staatenverbindung noch ein diesbezügliches Selbstverständnis haben. Die regionale Abmachung bildet ein System kollektiver Sicherheit, das sich primär gegen Aggressionen aus dem Kreis der Mitgliedstaaten richtet.[711] Sie muss nicht völkerrechtsfähig sein.[712]

Die EU ist ein auf Dauer angelegtes multinationales Abkommen von Staaten eines bestimmten geographischen Gebietes. Problematisch ist aber das Merkmal der Binnenausrichtung der Streitbeilegungsmechanismen.[713] Nach anderer Auffassung ist eine Binnenausrichtung und ein eigener Mechanismus der Regionalorganisation zur friedlichen Streitbeilegung nicht erforderlich.[714] Dieser Streit kann aber dahinstehen, wenn ein solcher Mechanismus innerhalb der EU existiert.

Art. 17 und 24 EU-Vertrag/ Nizza bzw. Art. 42 und 37 EUV/ Lissabon zeigen, dass das Sicherheitskonzept der EU eindeutig auf Konflikte außerhalb der Union ausgerichtet ist. Für den Fall einer unionsinternen Streitigkeit fand sich im EU-Vertrag kein Mechanismus. Der EuGH war nur für Streitigkeiten innerhalb der Europäischen Gemeinschaften sowie für Kompetenzabgrenzungen zwischen den Gemeinschaften und den intergouvernementalen Bereichen der EU zuständig, vgl. Art. 46 EU-Vertrag. Wie bereits dargestellt, waren Konflikte innerhalb der GASP und ESVP in der Praxis durch politischen Druck und Kompro-

---

[711] Fleuß, Die operationelle Rolle der WEU, S. 150f.; Randelzhofer, in: Maunz/ Dürig, Art. 24 Abs. 2 GG Rn. 11.

[712] Kleine, Militärische Komponente der ESVP, S. 176; Dietrich, ESVP, S. 442; Hummer/ Schweitzer, in: Simma (Hrsg.), VN-Charta, Art. 52 Rn. 58.

[713] Gerteiser, Sicherheits- und Verteidigungspolitik der EU, S. 143; Kielmansegg, Verteidigungspolitik der EU, S. 218f.; Dietrich, ESVP, S. 442; Kleine, Militärische Komponente der ESVP, S. 178.

[714] Walter, VN und Regionalorganisationen, S. 125; Kielmansegg, Verteidigungspolitik der EU, S. 220.

misse zu lösen.[715] Dies gilt auch unter dem Vertrag von Lissabon. Wegen der formalen Auflösung der Säulenstruktur erstreckt sich die Zuständigkeit des EuGH nun zwar auf das Unionsrecht (vgl. Art. 19 EUV/ Lissabon i.V.m. Art. 251-281 AEUV), allerdings sind GASP und ESVP weiterhin davon ausgenommen (siehe Art. 24 Abs. 1 UAbs. 2 S. 6 EUV/ Lissabon i.V.m. Art. 275 Abs. 1 AEUV). In materieller Hinsicht ist die Zuständigkeit des EuGH durch den Vertrag von Lissabon nicht erweitert worden.

Aus historischer Sicht ist der Aspekt innerer Sicherheit im Rahmen der europäischen Integration aber durchaus relevant. Der Gedanke der inneren Sicherheit war sowohl bei der Europäischen Gemeinschaft für Kohle und Stahl als auch bei der Gründung der damaligen Europäischen Wirtschaftsgemeinschaft präsent. Die politischen Einigungsbemühungen standen seit Ende des zweiten Weltkrieges unter dem Zeichen der inneren Befriedung Europas und der Konfliktvermeidung.[716] Der eigentliche historische Beitrag der EG/ EU ist, die Beziehungen der Mitgliedstaaten auf eine stabile, friedliche Basis zu stellen. Diese Aufgabe wirkt, auch im Zusammenhang mit der Osterweiterung der EU, nach wie vor fort.[717] Damit besteht ein binnenausgerichteter Streitbeilegungsmechanismus der Europäischen Union, so dass der oben genannte Streit dahinstehen kann.

Bemerkenswert ist auch die formelle Vertretung der Europäischen Union bei einem Treffen des Generalsekretärs der Vereinten Nationen mit Regionalorganisationen, das im Rahmen der *Agenda for Peace* stattfand.[718] Dies legt sowohl ein dahingehendes Selbstverständnis der EU als auch eine Akzeptanz dieses Status durch die Vereinten Nationen nahe.[719]

Demgegenüber ist Körbs der Auffassung, dass die EU keine regionale Abmachung im Sinne von Kapitel VIII der VN-Charta darstelle, weil sie sich nicht die Wahrnehmung der spezifischen Aufgaben des Kapitels

---

[715] Gerteiser, Sicherheits- und Verteidigungspolitik der EU, S. 143f.; Semrau, GASP, S. 157f.

[716] Frowein, in: Due (Hrsg.), FS Everling, S. 315; Gerteiser, Sicherheits- und Verteidigungspolitik der EU, S. 144; ähnlich Kleine, Militärische Integration in Europa, S. 178.

[717] Gerteiser, Sicherheits- und Verteidigungspolitik der EU, S. 145; Ischinger, ZEI Discussion Paper (1998) C 14, S. 3f.

[718] Frowein, in: Due (Hrsg.), FS Everling, S. 315, 319f.

[719] Gerteiser, Sicherheits- und Verteidigungspolitik der EU, S. 145.

VIII der VN-Charta zum Ziel gesetzt habe.[720] Dagegen spricht aber, dass die Bedeutung der friedlichen Beilegung von Streitigkeiten von Seiten der Union immer wieder betont wird, was sich auch im Aufbau der zivilen Komponente der Krisenbewältigung niederschlägt.

Im Fall der Operation Artemis in der Demokratischen Republik Kongo wurde die EU allerdings nicht nach Kapitel VIII der VN-Charta in Anspruch genommen. Gleiches gilt auch für die Operation Concordia in Mazedonien und die EU-Polizeimission in Bosnien und Herzegowina (EUMP) sowie die weiteren Operationen, die im Rahmen der ESVP durchgeführt wurden.

Dieser Umstand ändert aber nichts daran, die EU als regionale Abmachung im Sinne von Art. 52 VN-Charta einzuordnen, da die VN-Charta weder eine abschließende Begriffsbestimmung für Regionalorganisationen enthält, noch ein Verfahren zur Anerkennung von Regionalorganisationen vorsieht.[721]

Insofern kann die EU durchaus als regionale Abmachung im Sinne von Art. 52 VN-Charta angesehen werden. Daraus ergeben sich für die Union keine zusätzlichen Kompetenzen, da es sich bei den Art. 52, 53 VN-Charta um reine Durchführungsbestimmungen handelt. Die EU ist jedoch verpflichtet, interne Konflikte zunächst friedlich durch ihre Streitbeilegungsmechanismen zu regeln (Art. 52 Abs. 2 VN-Charta) und kann von den Vereinten Nationen im Konfliktfall in Anspruch genommen werden.[722] Dann trifft sie auch die in Art. 54 VN-Charta geregelte Informationspflicht.[723]

c) Ergebnis

Die Verteidigungspolitik der EU ist VN-freundlich ausgestaltet. Sie ist offen für militärische Einsätze im VN-Rahmen. Aus Sicht der VN-Charta kann die EU dementsprechend als Regionalorganisation nach

[720] Körbs, Friedenssicherung durch VN und Regionalorganisationen, S. 371.

[721] Vgl. Wolfrum, in: Neuhold/ Simma (Hrsg.), Neues europäisches Völkerrecht nach dem Ende des Ost-West-Konfliktes?, S. 147, 148; Bartelt, Der rechtliche Rahmen für die neue operative Kapazität der Europäischen Union, S. 143.

[722] Gerteiser, Sicherheits- und Verteidigungspolitik der EU, S. 145; Ipsen, Völkerrecht, 5. Aufl., § 60 Rn. 32f.

[723] Vgl. auch Kielmansegg, Verteidigungspolitik der EU, S. 222.

Art. 52 und 48 Abs. 2 der VN-Charta in Maßnahmen der Vereinten Nationen zur Friedenssicherung einbezogen werden.[724]

2. Charta der Vereinten Nationen und Entscheidungen des Sicherheitsrates

Als nächster Punkt sollen die Bindung der EU an die Charta der Vereinten Nationen und die Entscheidungen des Sicherheitsrates der VN untersucht werden.

a) Charta der Vereinten Nationen

Die Europäische Union ist nicht Mitglied der Vereinten Nationen und deshalb auch vertraglich nicht an die Charta der Vereinten Nationen gebunden. Das Problem, dass die EU als Nichtmitglied der VN nicht *qua* Vertragsrecht an die VN-Charta gebunden ist, stellt sich aber nur, wenn und soweit die EU Rechtspersönlichkeit besitzt. Dies ist allerdings erst unter dem Vertrag von Lissabon der Fall (siehe zur Frage der Rechtspersönlichkeit der EU die Ausführungen unter Punkt B. III. 1. a) dd) [1] und [2] sowie B. III. 2. a) aa) und nachfolgend C. II. 2. a) aa) [4]). Unter dem Vertrag von Nizza blieb dann gemeinsames Handeln der Mitgliedstaaten. Diese sind als Mitgliedstaaten der Vereinten Nationen[725] selbstverständlich vertraglich an die VN-Charta gebunden. Die Mitgliedstaaten können ihre Pflichten aus der VN-Charta nicht aushöhlen, indem sie in eine nicht rechtsfähige internationale Organisation „flüchten". Dies soll nun genauer untersucht werden. Im Rahmen der Analyse ist zwischen einer Bindung an die Grundsätze der Satzung und einer Bindung an die Bestimmungen der Satzung im einzelnen, soweit sie überhaupt der Sache nach anwendbar sind, zu unterscheiden.

---

[724] So auch Kielmansegg, Verteidigungspolitik der EU, S. 463; vgl. die umfassende Untersuchung von Scheffler, Die EU als rechtlich-institutioneller Akteur im System der VN mit dem Hinweis auf S. 622, dass das VN-relevante Handeln vor allem in der GASP stark an die EU-Mitgliedstaaten gekoppelt bleibt.

[725] Mayer, AVR 41 (2003), S. 394, 397; Oppermann/ Classen/ Nettesheim, EuR, § 38 Rn. 12 („Selbstverpflichtung").

aa) Bindung an die Grundsätze der Charta der VN

Art. 11 und Art. 6 EU-Vertrag/ Nizza sowie mehrere Erklärungen, die im Namen der EU abgegeben wurden, legen eine „Selbstverpflichtung“ der Mitgliedstaaten auf die grundlegenden Prinzipien der VN-Charta nahe. Fraglich ist, ob diese Selbstverpflichtung über die Pflichten der Mitgliedstaaten aus der VN-Charta hinausgeht. Unter dem Vertrag von Lissabon ist genauer zu untersuchen, welche Bedeutung der Selbstverpflichtung der EU auf die Grundsätze der VN-Charta in Art. 21 Abs. 2 lit. c, 42 Abs. 1 S. 3 EU-Vertrag zukommt.

(1) Art. 11 EU-Vertrag

Art. 11 Abs. 1, 1. und 3. Spiegelstrich EU-Vertrag/ Nizza unterstreicht die Selbstdefinition der Europäischen Union als Friedensmacht, indem er auf die Grundsätze der Charta der Vereinten Nationen, die Prinzipien der Schlussakte von Helsinki und die Ziele der Charta von Paris rekurriert.[726] Die GASP/ ESVP unterliegt somit weltweit anerkannten Grundsätzen des Zusammenlebens der Völker. Sie schafft kein regionales oder ein von den allgemeinen Grundsätzen der Völkergemeinschaft abweichendes Rechtssystem.[727] Die Bindungen der GASP nach Art. 11 Abs. 1 EU-Vertrag sind Rechtsbindungen.[728] Bei den Grundsätzen der VN-Charta handelt es sich um die Vorschriften, auf denen das System kollektiver Sicherheit der Vereinten Nationen beruht. Dies sind einerseits das Gewaltverbot gemäß Art. 2 Ziffer 4 VN-Charta, andererseits der Einsatz vom VN-Sicherheitsrat gemäß Kapitel VII der Charta angeordneter oder genehmigter kollektiver Zwangsmaßnahmen im Falle einer Bedrohung oder eines Bruchs des Friedens oder einer Angriffshandlung.[729] Die GASP versteht sich damit als Anwender bestehenden Völkerrechts. Nur auf dieser Basis kann sie den Anspruch weltweiter Wirkungsmöglichkeiten glaubhaft vertreten. Dies schließt nicht aus, dass die Union durch ihre Praxis zur Fortentwicklung des Völkerrechts beitragen kann, insbesondere auf Feldern, die völkerrechtlich im Fluss

---

[726] Fröhlich, Das Projekt der GESVP, S. 11.

[727] Kaufmann-Bühler, in: Grabitz/ Hilf, Bd. I, 38. EL, Art. 11 EUV Rn. 25.

[728] Mayer, AVR 41 (2003), S. 394, 398; Oppermann/ Classen/ Nettesheim, EuR, § 39 Rn. 7.

[729] Geiger, Art. 11 EUV Rn. 6; Regelsberger/ Kugelmann, in: Streinz (Hrsg.), Art. 11 EUV Rn. 6.

sind.[730] So wurde das Vorliegen eines VN-Mandates für militärische Einsätze noch nicht explizit als Voraussetzung für ein Handeln der EU im Rahmen der ESVP statuiert.[731] Dies hat aber politische Gründe. So soll möglichst breiter politischer Handlungsspielraum gewahrt bleiben. Gerade vor dem Hintergrund der Erfahrungen des Irak-Krieges wollen einige Mitgliedstaaten frühzeitige Vorfestlegungen vermeiden.

Militärische Zwangsmaßnahmen sind unionsrechtlich im Grundsatz nur dann zulässig, wenn sie von Kapitel VII und VIII VN-Charta gedeckt sind, sich also auf eine Ermächtigung des VN-Sicherheitsrates stützen können.[732] So ist im Falle eines militärischen Tätigwerdens der EU als Regionalorganisation auf Grund von Kapitel VIII VN-Charta nach Art. 53 Abs. 1 S. 2 erster HS VN-Charta ein Mandat des Sicherheitsrates erforderlich.[733]

Auch die Operation Artemis in der Demokratischen Republik Kongo war durch den Sicherheitsrat nach Kapitel VII VN-Charta autorisiert.

An diese Grundsätze der Charta der Vereinten Nationen sind die EU-Mitgliedstaaten aber als Mitgliedstaaten der VN schon *qua* Vertragsrecht gebunden. Die in Art. 11 EU-Vertrag statuierte Selbstbindung an die Grundsätze der Charta der Vereinten Nationen ist daher nicht konstitutiv, sondern lediglich deklaratorisch. Etwas anderes könnte aber unter dem Vertrag von Lissabon gelten (siehe dazu die Ausführungen unter C. II. 2. a) aa) [4]).

(2) Art. 6 Abs. 1 EU-Vertrag

Als Anknüpfungspunkt für eine europaverfassungsrechtliche Rechtspflicht zur Beachtung des Völkerrechts kommt auch der Grundsatz der Rechtsstaatlichkeit (Art. 6 Abs. 1 EU-Vertrag/ Nizza) in Betracht. Man könnte annehmen, dass das gegenseitige Versprechen der Mitgliedstaa-

---

730 Kaufmann-Bühler, in: Grabitz/ Hilf, Bd. I, 38. EL, Art. 11 EUV Rn. 25; Kielmansegg, Verteidigungspolitik der EU, S. 182f.

731 Vgl. auch Schorlemer, DGVN-Policy Paper 1/2007, S. 3.

732 So auch Kielmansegg, Verteidigungspolitik der EU, S. 226; dieses Erfordernis leitet sich aber nicht aus Art. 17 Abs. 2 EU-Vertrag/ Nizza ab, siehe dazu die Ausführungen unter Punkt C. II. 1 a) bb).

733 Zur Einordnung der Europäischen Union als regionale Organisation i.S.v. Kapitel VIII VN-Charta siehe die Ausführungen unter Punkt C. II. 1. b); zur Bindung an die Bestimmungen der VN-Charta im Einzelnen vgl. nachfolgend C. II. 2. a) bb).

ten in Art. 6 Abs. 1 EU-Vertrag, rechtsstaatlich zu bleiben und die Herrschaft des Rechts anzuerkennen, auch die unbedingte Einhaltung jedenfalls der tragenden Grundsätze des Völkerrechts und der VN-Charta bedeutet. Im europäischen Verfassungsverbund bedingen und stabilisieren sich nationale und europäische Verfassungsprinzipien gegenseitig. Sie sind Ausdruck der gemeinsamen Verfassungsüberzeugungen der Mitgliedstaaten. Das europäische Verfassungsrecht würde danach grundsätzlich auch ein Gewaltverbot mit einem Friedensgebot für die internationalen Beziehungen beinhalten.[734]

Nach anderer Auffassung stützen weder die Entstehungsgeschichte von Art. 6 (Abs. 1) EUV noch die Begrifflichkeit noch der systematische Zusammenhang eine Auslegung, wonach mit dem Prinzip der Rechtsstaatlichkeit auch eine generelle Einhaltung des Völkerrechts und insbesondere des Gewaltverbots gegenüber Drittstaaten geboten sei. Vor diesem Hintergrund genüge es nicht, darauf zu verweisen, dass sich im Verfassungsrecht vieler Mitgliedstaaten derartige Gebote finden. Aus diesem Befund allein lasse sich nicht schließen, dass diese Gebote auch unionsrechtlich verankert werden sollten.[735]

Die Entstehungsgeschichte von Art. 6 Abs. 1 EU-Vertrag ist eng mit der Einführung des Sanktionsmechanismus gemäß Art. 7 EUV verzahnt.[736] In diesem Zusammenhang erscheint es doch sehr fraglich, ob die Verletzung von Völkerrecht eine Aussetzung von Mitgliedsstaatsrechten auslösen sollte.[737] Auch aus systematischer Perspektive erlangt Art. 6 Abs. 1 EUV erhebliche Bedeutung als Tatbestandsvoraussetzung für das Sanktionsverfahren nach Art. 7 EUV und für den Beitritt zur Union nach Art. 49 Abs. 1 EUV. Damit ist die Vorschrift der materielle Bezugspunkt für alle Fragen der EU-Mitgliedschaft.[738]

Wie bereits dargestellt (C. II. 1. a) bb)), ist die völkerrechtliche Rechtfertigung eines EU-geführten Krisenmanagementeinsatzes aber losgelöst von seiner europarechtlichen Zulässigkeit nach Art. 17 Abs. 2 EU-Vertrag zu sehen. Es handelt sich um verschiedene Regime. Demnach ist die Beachtung der grundlegenden Regelungen des Völkerrechts unabhängig von einer EU-Mitgliedschaft.

---

734 Mayer, AVR 41 (2003), S. 394, 406, 410, 413.

735 Kielmansegg, Verteidigungspolitik der EU, S. 215.

736 Hilf/ Schorkopf, in: Grabitz/ Hilf, Bd. I, 38. EL, Art. 6 EUV Rn. 17.

737 Vgl. Kielmansegg, Verteidigungspolitik der EU, S. 215; zweifelnd sogar Mayer, AVR 41 (2003), S. 394, 413.

738 Hilf/ Schorkopf, in: Grabitz/ Hilf, Bd. I, 38. EL, Art. 6 EUV Rn. 36.

Zudem wurde die in Art. 6 Abs. 1 EUV verwendete Formel, deren Bestandteil die Rechtsstaatlichkeit ist, aus der Präambel des EUV übernommen, die ihrerseits auf die Mitgliedstaaten bezogen ist. Dieser Zusammenhang ist auch in Art. 6 Abs. 1 EUV nicht vollständig aufgegeben, da die vier Prinzipien den Mitgliedstaaten nach dem Wortlaut gemeinsam sind.[739]

Demnach liefert Art. 6 Abs. 1 EU-Vertrag weder sprachlich noch historisch noch systematisch einen eindeutigen Anhaltspunkt für eine Selbstverpflichtung auf die (Grundsätze der) Charta der Vereinten Nationen, die über die Pflichten der EU-Mitgliedstaaten als VN-Mitglieder hinaus gehen würde. Ein Anknüpfungspunkt für eine europarechtliche Pflicht zur Beachtung des Völkerrechts lässt sich daraus nicht herleiten.[740]

(3) Erklärungen der EU

Mehrere Erklärungen, die im Namen der Europäischen Union abgegeben wurden, nehmen ebenfalls Rekurs auf die Grundsätze der Charta der Vereinten Nationen.

Der Europäische Rat in Köln im Juni 1999 verweist in Anlage III der Schlussfolgerungen des Rates auf die Verpflichtung der EU aus Art. 11 EU-Vertrag auf die Grundsätze der Charta der Vereinten Nationen.[741]

Auf dem Europäischen Rat in Helsinki im Dezember 1999 wurde beschlossen, dass die EU die Hauptverantwortung des Sicherheitsrates der Vereinten Nationen für die Wahrung des Weltfriedens und der internationalen Sicherheit anerkennt, vgl. Anlage IV der Schlussfolgerungen des Vorsitzes.[742]

In den Schlussfolgerungen des Vorsitzes des Europäischen Rates in Santa Maria da Feira am 19. und 20. Juni 2000 wird die Entwicklung einer militärischen sowie nicht-militärischen Fähigkeit zur Krisenbewältigung der EU unter uneingeschränkter Einhaltung der Grundsätze der Charta der Vereinten Nationen befürwortet.[743] Die EU-Mitgliedstaaten

---

739 Hilf/ Schorkopf, in: Grabitz/ Hilf, Bd. I, 38. EL, Art. 6 EUV Rn. 27.

740 Ebenso Kielmansegg, Verteidigungspolitik der EU, S. 215.

741 Abrufbar unter: http://www.consilium.europa.eu/ueDocs/cms_Data/docs/pressData/de/ec/ACF191B.html.

742 Abrufbar unter: http://www.consilium.europa.eu/ueDocs/cms_Data/docs/pressData/de/ec/00300-r1.d9.htm.

743 Press Rel. Sta. Maria da Feira (19/6/2000) Nr. 200/1/00.

haben sich in Bezug auf das zivile Krisenmanagement auf ein Arrangement geeinigt, das die Vereinten Nationen stärkt. Die Fähigkeiten des zivilen Krisenmanagements sind nicht nur für EU-geführte Operationen vorgesehen, sondern könnten auch einer VN- oder OSZE-geführten Operation zur Verfügung gestellt werden. Die Polizeikräfte und anderes ziviles Personal sollen in Zusammenarbeit mit den einschlägigen internationalen Organisationen und entsprechend den bereits international vereinbarten Richtlinien ausgewählt und ausgebildet werden. Die EU strebt eine enge Kooperation mit dem *Department of Peacekeeping Operations* (DPKO; Hauptabteilung Friedensicherungseinsätze) der VN an und möchte mit dem Aufbau der eigenen Fähigkeiten zum zivilen Krisenmanagement den internationalen Prozess der Entwicklung von Standards in diesem Bereich fördern. Die militärischen Instrumente der EU-Krisenbewältigungsstrategie wurden in diesem Arrangement noch ausgeklammert. Die operative Kontrolle der militärischen Instrumente soll ausschließlich der EU bzw. der NATO vorbehalten bleiben. Jede Form der Unterstellung von EU-Kräften unter die Führung der Vereinten Nationen bleibt ausgeschlossen.[744]

Die vom Vorsitz am Ende einer Tagung des Europäischen Rates veröffentlichten Schlussfolgerungen geben die aus der Sicht aller Mitgliedstaaten für die Öffentlichkeit wichtigsten Ergebnisse wieder und enthalten im Anhang weitere vom ER angenommene Beschlüsse.[745] Diese sog. Ratsschlussfolgerungen (also die Schlussfolgerungen des Vorsitzes des Europäischen Rates) sind intergouvernemental-völkerrechtlicher Natur,[746] besitzen aber nur eine politische Bindungswirkung und sind nicht justiziabel (Art. 46 EUV/ Nizza bzw. Art. 24 Abs. 1 UAbs. 2 S. 6 des EU-Vertrages von Lissabon i.V.m. Art. 275 Abs. 1 AEUV).[747]

Die Gemeinsame Erklärung der Europäischen Union und der Vereinten Nationen über die Zusammenarbeit beider Organisationen im Bereich der Krisenbewältigung vom 24. September 2003[748] begrüßt die bereits existierende Kooperation zwischen EU und VN im Bereich des zivilen und militärischen Krisenmanagements, insbesondere auf dem Balkan

---

[744] Dembinski, HSFK-Report 11/2000, S. 34; Schorlemer, DGVN-Policy Paper 1/2007, S. 2, 6; Gareis, Vereinte Nationen 4/2008, S. 154, 156f.

[745] Wichard, in: Calliess/ Ruffert (Hrsg.), EUV/ EGV, Art. 4 EUV Rn. 8.

[746] Vgl. Haratsch/ Koenig/ Pechstein, EuR, Rn. 96.

[747] Ebenso Pechstein, in: Streinz (Hrsg.), EUV/ EGV, Art. 4 EUV Rn. 3; Oppermann/ Classen/ Nettesheim, EuR, § 7 Rn. 59-62.

[748] Press Rel. 12510/03 (Presse 266).

und in Afrika. Ausgehend von den Erfahrungen mit der Polizeioperation in Bosnien (EUMP) und der Operation Artemis in der Demokratischen Republik Kongo bildet diese Erklärung den Rahmen für die Entwicklung konkreter Initiativen, die durch die Schaffung von Konsultations- und Informationsmechanismen den Austausch zwischen beiden Organisationen erleichtern sollen.

Dieser gemeinsame Konsultationsmechanismus auf Arbeitsebene, der sogenannte EU-VN-Lenkungsausschuss (*Steering Committee*) ist seit 2004 tätig. In seinem Rahmen treffen sich zweimal jährlich Vertreter aus EU-Ratssekretariat und dem DPKO der VN, um entsprechende Möglichkeiten zu diskutieren.[749]

Die EU verabschiedete ein knappes Jahr nach der Gemeinsamen Erklärung vom September 2003 im Juni 2004 ein Folgedokument zur Umsetzung der Erklärung im Bereich des militärischen Krisenmanagements (*EU-UN Cooperation in Military Crisis Management Operations – Elements of Implementation of the EU-UN Joint Declaration*).[750] Als Grundlage einer ESVP-Operation wird darin die Entscheidungsautonomie der EU sowie die politische und strategische Kontrolle von ESVP-Einsätzen durch das PSK der EU betont. Auf dieser Grundlage werden folgende Kooperationsformen vorgeschlagen:

- die Bereitstellung nationaler militärischer Fähigkeiten in Form einer VN-Operation, wobei die EU gegebenenfalls die freiwillig bereitgestellten Beiträge ihrer Mitgliedstaaten koordiniert (sog. *Clearing house process*, Bsp. *United Nations Interim Force in Lebanon* [Unifil]-Einsatz in Libanon);
- die Durchführung einer EU-Operation auf Anfrage der VN, entweder als stand-alone-Operation unter VN-Mandat (Bsp. EUFOR-Althea in Bosnien-Herzegowina) oder in Form der Verantwortungsübernahme für eine spezielle Komponente im Rahmen einer VN-Operation (sog. *modular approach*);
- sowie die Unterstützung der VN bei der schnellen Krisenreaktion. Dabei kommt einerseits das *brigding model* in Betracht, in dessen Zuge eine ESVP-Operation für einen begrenzten Zeitraum Lücken eines operativen VN-Engagements überbrückt. Dies soll

---

[749] Vgl. Lang, Europäische Sicherheit online, Umdruck nach http://www.europaeische-sicherheit.de/Ausgaben/2007/2007_07/04_Lang/2007,07,04.html, S. 2.

[750] Abrufbar unter http://consilium.europa.eu/uedocs/cmsUpload/EU-UN_co-operation_in_Military_Crisis_Management_Operations.pdf.

den Vereinten Nationen die Möglichkeit verschaffen, eine bestehende Operation an eine neue Lage und/ oder neue Aufgaben anzupassen bzw. aufzustocken. Beispiele für ein solches *brigding model* stellen die Operation Artemis aus dem Jahr 2003, die durchgeführt wurde, um die VN-Mission MONUC in Kongo zu verstärken, sowie die EUFOR TCHAD/ RCA,[751] die Anfang 2008 initiiert worden ist, dar. Zum anderen gibt es in diesem Zusammenhang das *stand-by-model*, das die Bereitstellung einer *over the horizon reserve* oder *extraction force* durch die EU impliziert, welche im Falle einer Lageverschärfung die VN unterstützen würde, sowie das sog. *support model*, das eine zeitlich und räumlich befristete Verstärkung von VN-Kräften für die Erfüllung spezifischer Aufgaben vorsieht (Bsp. EUFOR RD Congo zur Wahlunterstützung in der Demokratischen Republik Kongo 2006).[752]

In der Gemeinsamen Erklärung über die Zusammenarbeit zwischen VN und EU bei der Krisenbewältigung vom 7. Juni 2007 in Berlin wird diese Kooperation nochmals bekräftigt.[753]

Die Erklärungen betonen die Hauptverantwortung des Sicherheitsrates der VN für die Aufrechterhaltung von Frieden und Sicherheit gemäß der VN-Charta.

Eine weitere Intensivierung der Zusammenarbeit und der Koordinierung soll durch regelmäßigen politischen Dialog auf hoher Ebene zwischen dem VN-Sekretariat und der EU-Troika über allgemeine Aspekte der Krisenbewältigung sowie regelmäßigen Gedankenaustausch zwischen hohen Beamten des VN-Sekretariats und dem Politischen und Sicherheitspolitischen Komitee der EU erreicht werden. Vorgesehen sind außerdem kontinuierliche Sitzungen des Lenkungsausschusses VN-EU, einschließlich ad hoc-Sitzungen, falls erforderlich. Der Aufbau spezifischer Koordinierungs- und Kooperationsmechanismen für Krisensitua-

---

[751] Gemeinsame Aktion 2007/677/GASP vom 15.10.2007 (ABl. L 279 vom 23.10.2007, S. 21-24) sowie Einleitungsbeschluss 2008/101/GASP vom 28.01. 2008 (ABl. L 34 vom 08.02.2008, S. 39).

[752] Vgl. Lang, Europäische Sicherheit online, Umdruck nach http://www.europaeische-sicherheit.de/Ausgaben/2007/2007_07/04_Lang/2007,07,04.html, S. 2; Gareis, Vereinte Nationen 4/2008, S. 154, 158; Schorlemer, DGVN-Policy Paper 1/2007, S. 5.

[753] Abrufbar unter http://www.eu2007.de/de/News/download_docs/Juni/0607RAA/010VNEUErklaerung.pdf.

tionen, in denen sich EU und VN gemeinsam engagieren, wird fortgesetzt. Die so gewonnenen Erfahrungen sollen systematisch gemeinsam ausgewertet werden. Außerdem sollen Überlegungen zu weiteren Schritten zur Verstärkung der Zusammenarbeit in Gang gebracht werden.

Man kann also durchaus von einer Etablierung der Zusammenarbeit auf Arbeitsebene sprechen, die allerdings noch keinen expliziten Eingang in das Primärrecht gefunden hat.[754]

Schließlich hat auch Javier Solana, der damalige Hohe Vertreter für die Außen- und Sicherheitspolitik der EU, mehrfach die entscheidende Rolle des Sicherheitsrates der Vereinten Nationen (für die Friedenssicherung) betont. Diese Rolle wolle die EU unterstützen und müsse deshalb auch in der Lage sein, den Vereinten Nationen – wie 2003 in Kongo – militärische Fähigkeiten für VN-Friedensmissionen zur Verfügung zu stellen.[755]

Diese Erklärungen, die im Namen der EU abgegeben wurden sowie namentlich die darauf aufbauenden Kooperationsmechanismen sind inzwischen so konkret, dass sie über rein politische Absichtserklärungen hinausgehen. Sie betreffen vor allem das operative Krisenmanagement. Ihr hoher Grad an Konkretisierung unterscheidet sie von den Pflichten der EU-Mitgliedstaaten aus der VN-Charta. Als VN-Mitgliedstaaten müssen sie alle Pflichten aus der VN-Charta einhalten. Dazu gehören das Gewaltverbot nach Art. 2 Ziffer 4 VN-Charta, das Interventionsverbot (Art. 2 Ziffer 6 VN-Charta), der Grundsatz der friedlichen Streitbeilegung (Art. 2 Ziffer 3, Kap. VI VN-Charta), die Einhaltung bindender Resolutionen des VN-Sicherheitsrates gemäß Art. 25 VN-Charta, der Vorrang der VN-Charta vor anderen vertraglichen Verpflichtungen (Art. 103 VN-Charta) sowie Beistandsverpflichtungen (Art. 2 Ziffer 5, Kap. VII, VIII VN-Charta) – die aber keine konkrete Form der Unterstützung verlangen und auch lediglich finanzieller Natur sein können; jedenfalls sind die VN-Mitgliedstaaten nicht verpflichtet, Truppen für einen konkrete VN-Mission zur Verfügung zu stellen.

Zur Beantwortung der Frage, ob die gemeinsamen Erklärungen zwischen den Vereinten Nationen und der EU über das hinaus gehen, was sich für die Mitgliedstaaten ohnehin aus der VN-Charta ergibt, ist zu differenzieren. So handelt es sich bei der Betonung der Hauptverantwortung des Sicherheitsrates für die Wahrung des Weltfriedens und die

---

[754] Siehe auch Kielmansegg, Verteidiungspolitik der EU, S. 224.

[755] Vgl. FAZ vom 03.05.2004, S. 4 und FAZ vom 05.05.2004, S. 7.

internationale Sicherheit lediglich um die deklaratorische Feststellung der Verpflichtung der Mitgliedstaaten aus Art. 25 VN-Charta. Dagegen gehen die sich aus den Erklärungen ergebenen Zusammenarbeitspflichten in der Form von Konsultations- und Informationsmechanismen sowie der Institutionalisierung konkreter Kooperationsformen im Bereich des zivilen und militärischen Krisenmanagements darüber hinaus. Insofern sind sie konstitutiv.

(4) Vertrag von Lissabon

Auch der Vertrag von Lissabon sieht in Art. 21 Abs. 2 lit. c, 42 Abs. 1 S. 3 EUV vor, dass die Gemeinsame Sicherheits- und Verteidigungspolitik gemäß den Grundsätzen der Charta der Vereinten Nationen durchgeführt wird. Da der EU mit dem Vertrag von Lissabon ausdrücklich Völkerrechtsfähigkeit zukommt (Art. 47 EU-Vertrag/ Lissabon), ist die Ausgangslage nun eine andere als unter dem Vertrag von Nizza (siehe dazu schon oben C. II. 2. a) aa)). Eine Bindung kommt dann auf der Grundlage von Völkergewohnheitsrecht in Betracht. Dazu ist zunächst zu ermitteln, welche Vorschriften und Grundsätze der VN-Charta Gewohnheitsrecht darstellen. Dazu zählen u.a. das Prinzip der friedlichen Streitbeilegung (vgl. Art. 2 Ziffer 3 VN-Charta), das Gewalt- sowie das Interventionsverbot (Art. 2 Ziffer 4 und Ziffer 6 VN-Charta).[756]

Als eigenständiges Rechtssubjekt ist die Europäische Union an das allgemeine Völkergewohnheitsrecht gebunden. Diese gewohnheitsrechtliche Bindung wird von der EU in einer Art Selbstverpflichtung bestätigt: nach Art. 21 Abs. 2 lit. b des EU-Vertrages von Lissabon gehört nämlich zu den Grundsätzen, von denen sich die EU bei ihrem Handeln auf internationaler Ebene leiten lässt, auch die Achtung des Völkerrechts. Ferner stellt es eines der Ziele der Union dar, zur strikten Einhaltung des Völkerrechts, insbesondere zur Wahrung der Grundsätze der Vereinten Nationen, beizutragen (Art. 3 Abs. 5 Satz 2 EU-Vertrag/ Lissabon).[757] Fraglich ist, welche Bedeutung dieser Selbstverpflichtung zukommt. Wenn die Bestimmungen über die ESVP das Prinzip der Bindung an die Grundsätze der VN-Charta wiederholen, ist dies als Klarstellung nicht unwichtig. Eine rechtliche Bindungswirkung wird zwischen Völkerrechtssubjekten nämlich nicht ausschließlich auf

---

[756] Tomuschat, in: Simma (Hrsg.), VN-Charta, Art. 2 Ziff. 3 Rn. 9; Ausführungen unter Punkt C. II. 2. a) aa) (1).

[757] Cremer, in: Calliess/ Ruffert (Hrsg.), VerfEU, Art. I-41 Rn. 7.

der Grundlage der in Art. 38 Abs. 1 IGH-Statut aufgeführten Rechtsquellen begründet. Vielmehr können sich Völkerrechtssubjekte durch einseitige Rechtsakte in ihren Beziehungen zu anderen Völkerrechtssubjekten rechtlich binden.[758] Die Akte entfalten aber nur dann Rechtswirkung, wenn dies entweder ausdrücklich im Gründungsvertrag vorgesehen ist oder wenn die Mitgliedstaaten sie als für sich verbindlich anerkennen.[759] Dies ist hier der Fall. Der EU-Vertrag statuiert auch unter Lissabon, dass die Gemeinsame Außen-, Sicherheits- und Verteidigungspolitik gemäß den Grundsätzen der VN-Charta durchgeführt wird. Neben die Verpflichtungen der EU-Mitgliedstaaten aus Völkervertragsrecht tritt eine eigene völkergewohnheitsrechtliche Verpflichtung der Europäischen Union auf die Grundsätze der VN-Charta hinzu. Diese Verpflichtung der EU wird durch die Bestimmungen des Lissabonner Vertrages lediglich deklaratorisch aufgegriffen. D.h., sie ergibt sich nicht aus den einzelnen Bestimmungen des Lissabonner Vertrages zur Beachtung der Grundsätze der VN-Charta, sondern aus Gewohnheitsrecht, an das die EU aufgrund ihrer Rechtsfähigkeit nun gebunden ist. Im Ergebnis dient die Selbstverpflichtung der EU auf die Grundsätze der VN-Charta wie unter dem Vertrag von Nizza der Betonung einer Verpflichtung, die sich ohnehin aus Vertragsrecht (Nizza) bzw. Gewohnheitsrecht (Lissabon) ergibt. Sie zeigt aber auch den Willen der EU-Mitgliedstaaten, international handlungsfähig zu sein.

(5) Ergebnis

Unter dem Vertrag von Nizza sind die EU-Mitgliedstaaten als VN-Mitglieder vertraglich an die Grundsätze der VN-Charta gebunden. Die in Art. 11 EU-Vertrag statuierte Selbstbindung an die Grundsätze der VN-Charta ist insofern nur deklaratorisch. Im Ergebnis ändert sich diese Situation durch den Lissabon-Vertrag nicht. Zwar kommt der EU dann ausdrücklich Rechtspersönlichkeit zu, so dass sie an Völkergewohnheitsrecht gebunden ist. Die Selbstbindung der EU gemäß Art. 21 Abs. 2 lit. c, 42 Abs. 1 S. 3 EU-Vertrag/ Lissabon auf die Grundsätze der VN-Charta unterstreicht diese Bindung der Völkerrechtspersönlichkeit EU an das Völkergewohnheitsrecht und dient – wie unter Nizza – der Klarstellung.

---

[758] Ipsen, Völkerrecht, 5. Aufl., Einleitung, Rn. 3.

[759] Ipsen, Völkerrecht, 5. Aufl., § 18 Rn. 22.

Konstitutiv sind die Zusammenarbeitspflichten im operativen Bereich zwischen der EU und den Vereinten Nationen, die sich aus den gemeinsamen Erklärungen über die Zusammenarbeit beider Organisationen von 2003 und 2007 ergeben und über das hinaus gehen, zu dem sich die EU-Mitgliedstaaten als VN-Mitglieder ohnehin verpflichtet haben.

Auch die Operation Artemis verdeutlicht den politischen Willen und die Fähigkeit der Union zur schnellen und wirksamen Reaktion auf Krisensituationen. Außerdem stärkt die Operation die Zusammenarbeit zwischen EU und Vereinten Nationen im Bereich der Krisenbewältigung.

Die EU hat als Rechtsgemeinschaft ein strukturelles Interesse an der Stärkung der VN und ihrer friedenssichernden Funktion. Das Projekt der europäischen Integration entwickelt sich am besten in einem Umfeld, das von multilateralen Strukturen und handlungsleitenden völkerrechtlichen Normen geprägt ist. Zudem zieht die EU auch Nutzen daraus, in Krisensituationen nicht die alleinige Verantwortung übernehmen zu müssen und auf multilaterale Strukturen zurückgreifen zu können, wenn die eigenen Fähigkeiten nicht ausreichen, um eine Krise zu bewältigen.[760]

Die Praxis zeigt, dass die EU bereit ist, die Verantwortung für Missionen von den Vereinten Nationen zu übernehmen (wie etwa im Fall der Polizeimission in Bosnien-Herzegowina). Umgekehrt ist es jedoch nicht möglich, im Zuge einer Umwidmung, dem sog. *re-hatting*, die Streitkräfte einer EU-Operation den Vereinten Nationen zu unterstellen.[761]

Die militärischen Aspekte der Zusammenarbeit EU-VN im Krisenmanagement sind auch praktisch sehr wichtig. Die VN, die unter quantitativen Mangel und qualitativen Defiziten mitgliedsstaatlicher Mittel- und Kräftebeiträge leiden, haben ebenfalls ein strukturelles Interesse an der Einbindung der Europäischen Union, die sich mit ihrem multidimensionalen Krisenmanagementansatz (zivil-militärisches Krisenmanagement) für die Bewältigung komplexer Krisen (potentiell) eignet, auch wenn das System noch nicht seine volle Leistungsfähigkeit erreicht

---

760 Dembinski, HSFK-Report 11/2000, S. 34.

761 Gareis, Vereinte Nationen 4/2008, S. 154, 158.

hat.[762] Außerdem trifft die EU in vielen Teilen der Welt auf eine höhere Akzeptanz als die NATO.[763]

bb) Bindung an die Bestimmungen der VN-Charta im Einzelnen

Im Rahmen der Untersuchung der Bindung der Europäischen Union an die Bestimmungen der VN-Charta im Einzelnen soll der Fokus auf die Probleme gelegt werden, bei denen es auf eine solche Bindung ankommt. Das sind zum einen die Bestimmungen über militärische Zwangsmaßnahmen nach Kapitel VII VN-Charta (insbesondere Art. 39, 42 VN-Charta), die bei der Durchführung von Militäroperationen eine besondere Rolle spielen, zum anderen die Bestimmungen über nicht-militärische Zwangsmaßnahmen nach Art. 39, 41 desselben Kapitels der VN-Charta, die in der praktischen Umsetzung durch die EU bereits den EuGH beschäftigt haben. Die Bestimmungen über die Befugnisse des Sicherheitsrates in den Art. 24, 25 VN-Charta, die möglicherweise ebenfalls für die EU bindend sein könnten, werden im Zusammenhang mit der Frage der Bindung der Europäischen Union an Entscheidungen des VN-Sicherheitsrates behandelt (siehe nachfolgend Punkt C. II. 2. b)).

Grundsätzlich sind nur diejenigen Bestimmungen der VN-Charta auf die EU anwendbar, die weder die Organe noch die Mitgliedschaft betreffen. Von besonderer praktischer Bedeutung sind im vorliegenden Zusammenhang militärische und nicht-militärische Zwangsmaßnahmen nach Kapitel VII der VN-Charta. Kapitel VII VN-Charta beinhaltet Maßnahmen bei Bedrohungen oder Bruch des Friedens und bei Angriffshandlungen. Sachlich eignen sich aber nicht alle Vorschriften von Kapitel VII VN-Charta für eine potentielle Bindung der EU. Zwar sind die EU-Mitgliedstaaten ihrerseits vertraglich an die VN-Charta gebunden. Und die EU ist unter dem Vertrag von Lissabon als Völkerrechtssubjekt gewohnheitsrechtlich ebenfalls an die Grundsätze der VN-Charta wie das Gewaltverbot gebunden. Die EU ist aber nicht verpflichtet, einem Ersuchen des Sicherheitsrates nach militärischen Einsätzen nachzukommen. Ein Tätigwerden hängt vielmehr vom „guten Willen“ der EU-Mitgliedstaaten selbst ab und damit von politischen Pa-

---

[762] Vgl. Lang, Europäische Sicherheit online, Umdruck nach http://www.europaeische-sicherheit.de/Ausgaben/2007/2007_07/04_Lang/2007,07,04.html, S. 1; Schorlemer, DGVN-Policy Paper 1/2007, S. 4.

[763] Vgl. Gareis, Vereinte Nationen 4/2008, S. 154, 156.

rametern. Insofern gilt für die EU als autonome internationale Organisation nichts anderes als für die NATO.[764] Aus der Verpflichtung der EU-Mitgliedstaaten, die als VN-Mitgliedstaaten durch VN-Resolutionen gebunden werden, kann man nicht schließen, dass auch die Europäische Union als eine davon zu unterscheidende internationale Organisation ebenfalls an militärische Zwangsmaßnahmen des Sicherheitsrates nach Art. 39, 42 VN-Charta gebunden ist. Würde man dies annehmen, dann müsste ja auch die NATO, deren Mitglieder ebenfalls ausnahmslos VN-Mitgliedstaaten sind, selbst an vom Sicherheitsrat angeordnete militärische Zwangsmaßnahmen gebunden sein. Dies ist aber nicht der Fall. Einerseits sind auch die VN-Mitgliedstaaten auf Grund fehlender Sonderabkommen nach Art. 43 VN-Charta rechtlich nicht verpflichtet, Truppen für eine spezifische VN-Mission zur Verfügung zu stellen.[765] Ein Rückgriff ist vielmehr nur auf Grund der jährlich erstellten Listen der truppenstellenden Staaten auf einer ad hoc-Basis möglich. Andererseits können sich die Mitgliedstaaten durch ihre Mitgliedschaft in der EU nicht ihren Verpflichtungen aus der VN-Charta entziehen. Sie sind damit aber auf einer anderen Ebene gebunden: die Verpflichtungen aus der VN-Charta trifft sie nämlich nicht als EU-Mitgliedstaaten, sondern als Mitgliedstaaten der Vereinten Nationen. Diese Bindung erstreckt sich außerdem nur auf die finanzielle Beteiligung zwingend. Obwohl die EU als regionale Abmachung im Sinne der Art. 52, 53 VN-Charta angesehen werden kann (C. II. 1. b)), hat der VN-Sicherheitsrat kein Zugriffsrecht auf die EU nach Art. 53 Abs. 1 S. 1 VN-Charta. Es gibt nämlich keine unionsrechtliche Selbstverpflichtung, die fehlende Sonderabkommen nach Art. 43 VN-Charta eventuell ersetzen könnte. Art. 53 Abs. 1 S. 1 VN-Charta kann die generellen Eingriffsbefugnisse des Sicherheitsrates nach Art. 24, 39 ff. VN-Charta bekanntermaßen nicht erweitern. Vielmehr steht eine Inanspruchnahme durch den Sicherheitsrat nach Art. 53 Abs. 1 S. 1 VN-Charta unter dem Vorbehalt von Art. 43 VN-Charta.[766] Auf Grund der fehlenden Sonderabkommen gemäß Art. 43 VN-Charta, die weder die EU noch ihre

---

[764] Kielmansegg, Verteidigungspolitik der EU, S. 225; Gareis/ Varwick, IP 5/ 2007, S. 68, 72.

[765] Frowein, in: Simma (Hrsg.), VN-Charta, Art. 42 Rn. 16 sowie Art. 43 Rn. 18.

[766] Siehe Ress/ Bröhmer, in: Simma (ed.), UN-Charter, vol. I, 2. Aufl., Art. 53 para. 11; Kielmansegg, Verteidigungspolitik der EU, S. 222, 225.

Mitgliedstaaten, die alle zugleich VN-Mitgliedstaaten sind,[767] abgeschlossen haben, liegt keine Bindung an diese Vorschrift vor.

Dementsprechend bindet auch Art. 44 VN-Charta die EU nicht, welcher die Teilnahme von Staaten regelt, die sich aufgrund von Abkommen nach Art. 43 zur Stellung von Streitkräften verpflichtet haben, an den Entscheidungen des Sicherheitsrates über die Durchführung militärischer Zwangsmaßnahmen teilzunehmen.[768]

An diesem Befund ändert auch das Planungssystem *United Nations Standby Arrangements System* (UNSAS) nichts, das die Vereinten Nationen 1994 entwickelt haben. Es kommt zwar den Abkommen nach Art. 43 VN-Charta nahe. Im Rahmen dieses Instruments zeigen nämlich VN-Mitgliedstaaten militärische und zivile Mittel und Fähigkeiten an, die sie grundsätzlich den Vereinten Nationen für friedenserhaltende Maßnahmen auf Anforderung und nach nationaler Zustimmung im konkreten Einzelfall bereitstellen wollen. UNSAS sieht vier verschiedene Stufen der Beteiligung vor. Level 1 besteht aus der Anzeige von zivilen und militärischen Fähigkeiten. UNSAS Level 2 beinhaltet detailliertere technische Informationen. Mit UNSAS Level 3 gehen die Staaten eine vertragliche Vereinbarung in Form eines *Memorandum of Understanding* zur Bereitstellung spezifischer Kräfte ein. Eine Vereinbarung über eine konkrete Zusage von Material (*contingent-owned equipment*) (UNSAS Level 4) ist bisher noch von keinem Mitgliedsstaat eingegangen worden.[769] Das bedeutet, dass die Vereinten Nationen kein Zugriffsrecht auf entsprechende Ressourcen der Mitgliedstaaten haben. Vielmehr können die von den Mitgliedstaaten in UNSAS eingestellten Beiträge jederzeit zurückgezogen werden.[770]

Ebenso kann die EU nicht an Art. 45 VN-Charta gebunden sein, der vorsieht, dass die VN-Mitgliedstaaten für die Durchführung dringender militärischer Operationen Luftstreitkräfte bereithalten – und der im Übrigen bislang ohne praktische Bedeutung geblieben ist. Wie bereits festgestellt, ist die EU nämlich nicht verpflichtet, die Vereinten Natio-

---

[767] Vielmehr erfolgt das Zurverfügungstellen von Truppen seitens der VN-Mitgliedstaaten aus politischen oder finanziellen Motiven; siehe zum letztgenannten Aspekt insbesondere die schlecht ausgebildeten afrikanischen Truppen, die gerne bei den Vereinten Nationen „geparkt“ werden.

[768] Bryde, in: Simma (Hrsg.), VN-Charta, Art. 44 Rn. 1.

[769] Siehe http://www.auswaertiges-amt.de/diplo/de/Aussenpolitik/Internat Organe/VereinteNationen/DundVN/VN-Friedensmissionen.html.

[770] Siehe zu UNSAS bereits die Ausführungen unter Punkt B. II. 3. e) aa) (4).

nen militärisch zu unterstützen. Dabei handelt es sich immer um eine Einzelfallentscheidung, die aufgrund von politischen und strategischen Überlegungen getroffen wird, aber nicht aufgrund einer rechtlichen Verpflichtung. Deshalb kann auch Art. 49 VN-Charta, der die Unterstützungspflicht der Mitglieder untereinander regelt, die EU nicht binden. Eine derartige Beistandsverpflichtung kann für die EU, die lediglich freiwillig im Rahmen der Vereinten Nationen militärisch tätig wird, nicht gelten.

Ob sich die EU auf das in Art. 51 VN-Charta geregelte Selbstverteidigungsrecht berufen kann, kann in dem hier zu untersuchenden Zusammenhang dahinstehen, weil es praktisch für die EU von geringer Bedeutung ist und rechtstechnisch nicht als eine Verpflichtung angesehen werden kann, an die die EU gebunden sein könnte.

Art. 40 VN-Charta regelt die Verhängung vorläufiger Maßnahmen gegenüber den Parteien eines Konfliktes durch den VN-Sicherheitsrat, um eine Verschärfung desselben vorzubeugen. Dabei handelt es sich im Wesentlichen – aber nicht nur – um militärische Maßnahmen, z.B. das Zurückziehen auf eine Demarkationslinie. Diese Anordnungen des Sicherheitsrates können auch verbindlich sein.[771] Dies ist erforderlich, um die Handlungsfähigkeit des Sicherheitsrates zu gewährleisten. Für eine mögliche Bindung an Art. 40 VN-Charta (i.V.m. Art. 39 VN-Charta) müsste die EU als Konfliktpartei eingestuft werden können. Obwohl sie kein Staat ist, kann die EU durchaus Partei im Sinne der VN-Charta sein. Dies bestimmt sich nach deren Kapitel VI. Der Anwendungsbereich von Kapitel VI VN-Charta ist sowohl *ratione personae* als auch *ratione materiae* (für die EU) eröffnet. Die Verpflichtung aus Art. 33 Abs. 1 VN-Charta erstreckt sich nämlich auf alle Gebilde, denen das Völkerrecht den Schutz des Gewaltverbots zukommen lässt.[772] Wie gezeigt, gilt das Gewaltverbot auch für die EU. Weiter werden lediglich innerstaatliche Streitigkeiten vom Anwendungsbereich ausgeschlossen,[773] so dass für die EU ein weites Anwendungsfeld bleibt, zumal sie nach Art. 52, 53 VN-Charta sowieso verpflichtet ist, innerstaatliche Konflikte zunächst friedlich beizulegen.[774] Konfliktpartei ist sie dann, wenn sie in einem internationalen (bewaffneten) Konflikt involviert ist. Politisch ist es in dem Fall eher unwahrscheinlich, dass die Europäische

771 Siehe Frowein, in: Simma (Hrsg.), VN-Charta, Art. 41 Rn. 19-21.

772 Tomuschat, in: Simma (Hrsg.), VN-Charta, Art. 33 Rn. 9.

773 Tomuschat, in: Simma (Hrsg.), VN-Charta, Art. 33 Rn. 11.

774 Siehe dazu die Ausführungen unter Punkt C. II. 1. b).

Union entsprechenden vorläufigen Maßnahmen des Sicherheitsrates nicht Folge leisten wird. Rechtlich ist sie daran aber wegen ihrer fehlenden Bindung an vom Sicherheitsrat angeordnete militärische Maßnahmen (s.o.) nicht gebunden. Eine mögliche Bindung an vorläufige nichtmilitärische Maßnahmen soll sogleich untersucht werden.

Weiter stellt die Europäische Union zwar eine geeignete internationale Einrichtung nach Art. 48 Abs. 2 VN-Charta dar (C. II. 1. a). Die Durchführungsverpflichtung für die Zwangsmaßnahmen verbleibt aber bei den Mitgliedstaaten.[775] Die Frage der rechtlichen Bindung ist also von der Einordnung der EU als geeignete internationale Einrichtung zu unterscheiden.

Art. 50 VN-Charta, der die Möglichkeit eröffnet, Staaten zu helfen, die infolge von vorbeugenden und Zwangsmaßnahmen des Sicherheitsrates besondere wirtschaftliche Schwierigkeiten haben, kann die EU wegen ihrer fehlenden Bindung an die genannten Maßnahmen des Sicherheitsrates ebenfalls nicht binden. Im Übrigen dürfte die Bestimmung angesichts der Wirtschaftsleistung der Union von keiner praktischen Relevanz für diese sein.

Nach Art. 39, 41 VN-Charta kann der VN-Sicherheitsrat nicht-militärische Zwangsmaßnahmen anordnen. Darunter fallen (insbesondere) Sanktionen, Embargos und Reisebeschränkungen. Diese werden innerhalb der Europäischen Union in Form von Gemeinsamen Strategien (Nizza) bzw. Beschlüssen (unter dem Vertrag von Lissabon) und ggf. Verordnungen (im Fall von Finanzsanktionen und Waffenembargos) umgesetzt. Diese Beschlüsse werden in der sog. RELEX-Gruppe, die für die Außenbeziehungen der Union zuständig ist, getroffen. Sachlich handelt es sich um eine vergemeinschaftete Materie, in der die Kommission eine große Rolle spielt. Rechtsgrundlagen für ein Tätigwerden sind in diesem Zusammenhang die Art. 60, 301, 308 EG-Vertrag/ Nizza bzw. Art. 75, 215 und 352 AEUV. Bei Embargomaßnahmen nach Art. 41 VN-Charta werden die Mitgliedstaaten, die die Zuständigkeit dafür auf die Union übertragen haben, derart gebunden, dass sie die im VN-Rahmen übernommenen Verpflichtungen nur durch die Union erfüllen können.[776] Es handelt sich also um eine mittelbare Verpflichtung

---

[775] Vgl. Bartelt, Der rechtliche Rahmen für die neue operative Kapazität der Europäischen Union, S. 148; siehe schon C. II. 1. a).

[776] EuG, Rs. T-306/01, Aden, Slg. 2002, II-2387; EuG, Rs. T-315/01, Kadi, Urteil vom 21.09.2005, Slg. 2005, II-3533, Rn. 254; vgl. auch die Darstellung bei Kaufmann-Bühler, in: Grabitz/ Hilf, Bd. I, 38. EL, Art. 11 EUV Rn. 26.

der Union über die Verpflichtung ihrer Mitgliedsstaaten. Wegen des Grundsatzes der Gemeinschaftstreue (Art. 10 EG-Vertrag/ Nizza) bzw. der loyalen Zusammenarbeit (Art. 4 Abs. 3 EU-Vertrag von Lissabon) muss die Union die völkerrechtlichen Verpflichtungen ihrer Mitgliedstaaten beachten.[777] Aufgrund ihrer VN-Mitgliedschaft sind alle EU-Mitgliedstaaten vertraglich an nicht-militärische Zwangsmaßnahmen, die der Sicherheitsrat nach Art. 41 VN-Charta anordnet, gebunden. Dieser Bindung können sie sich nicht entledigen, indem sie die entsprechenden Kompetenzen für Sanktionen, Embargos und Reisebeschränkungen auf die Union übertragen. Vielmehr obliegt es ihnen, ihre Verpflichtungen aus der VN-Charta gemäß Art. 103 VN-Charta auch im Rahmen der Union zur praktischen Wirksamkeit zu verhelfen. Diese Verpflichtung ist aber nicht absolut. Nach dem Urteil in der Rechtssache Kadi[778] entbindet eine solche Verpflichtung die Europäische Gemeinschaft nämlich nicht davon, im Rahmen der Umsetzung von Sanktions-Resolutionen des Sicherheitsrates durch Gemeinsame Strategien (bzw. Beschlüsse unter dem Vertrag von Lissabon) und ggf. EU-Verordnungen das Unionsrecht (insbes. die gemeinschaftsrechtlichen Grundrechte) zu beachten. Dies ändert aber nichts an der grundsätzlichen Umsetzungspflicht. Demnach ist eine Bindung der Europäischen Union an die Art. 39, 41 VN-Charta wegen der Umsetzungspflicht ihrer Mitgliedstaaten grundsätzlich zu bejahen. Der Vertrag von Lissabon betont ausdrücklich in Art. 275 Abs. 2 AEUV, dass der EuGH für Klagen im Zusammenhang mit der Überwachung der Rechtmäßigkeit von Beschlüssen über restriktive Maßnahmen gegenüber natürlichen oder juristischen Personen, die der Rat nach den besonderen Bestimmungen der Gemeinsamen Außen- und Sicherheitspolitik erlassen hat, zuständig ist.

Im Ergebnis ist die EU rechtlich grundsätzlich nicht an militärische Zwangsmaßnahmen nach Kapitel VII VN-Charta gebunden. Die grundsätzliche Bindung an vom Sicherheitsrat angeordnete nicht-militärische Zwangsmaßnahmen nach Art. 39, 40 und 41 VN-Charta trifft dagegen die Europäische Union, soweit die Mitgliedstaaten ihr in diesem Bereich Zuständigkeiten übertragen haben.

---

[777] So auch Schneider/ Peiffer, Humanitäres VölkerR 1/2009, S. 4, 7f.

[778] EuGH, Urteil v. 03.09.2008, Verb. Rs. C-402/05 P und C-415/05 P.

b) Entscheidungen des Sicherheitsrates der VN

Fraglich ist weiter, ob und gegebenenfalls inwieweit die Europäische Union an Entscheidungen des Sicherheitsrates der Vereinten Nationen gebunden ist. Als Anknüpfungspunkte für eine Bindung der EU an Entscheidungen des VN-Sicherheitsrates kommt Art. 25 VN-Charta in Betracht. Art. 25 VN-Charta spricht in seinem Wortlaut nur von einer Bindung der VN-Mitgliedstaaten an Beschlüsse des Sicherheitsrates. Die EU als solche ist aber kein Mitgliedstaat der Vereinten Nationen. Andererseits wird von Seiten der EU immer wieder betont, dass der Sicherheitsrat der VN die Hauptverantwortung für die Wahrung des Weltfriedens innehabe. Die Rolle des Sicherheitsrates im Gefüge der Vereinten Nationen wird also anerkannt. Dies bekräftigen vor allem die zahlreichen Erklärungen der EU, die bereits unter Punkt C. II. 2. a) aa) (3) dargestellt wurden.

Die Bindungswirkung von Beschlüssen des VN-Sicherheitsrates nach Art. 25 VN-Charta kann auch auf Nicht-Mitglieder der VN ausgedehnt werden. Dafür spricht zum einen Art. 2 Ziffer 6 VN-Charta, wonach die Vereinten Nationen dafür Sorge zu tragen haben, dass Staaten, die nicht Mitglieder der VN sind, insoweit nach den in Art. 2 VN-Charta niedergelegten Grundsätzen handeln, als dies zur Wahrung des Weltfriedens und der internationalen Sicherheit erforderlich ist. Zum anderen sieht Kapitel VI der VN-Charta vor, dass auch Nicht-Mitglieder die Aufmerksamkeit der Vereinten Nationen auf jede Streitigkeit lenken können, in der sie Partei sind (vgl. Art. 35 Abs. 2 VN-Charta). Wenn sie von dieser Option Gebrauch machen, muss es auch möglich sein, dass sie in diesem bestimmten Streit an bindende Beschlüsse des Sicherheitsrates gebunden sind.[779] Zwar ist die EU kein Staat und kann damit auch nicht Partei vor dem IGH sein. Anwendbar ist aber der dahinter stehende Rechtsgedanke der Selbstverpflichtung der EU auf die Grundsätze der VN-Charta. Eine Bindungswirkung von Entscheidungen des Sicherheitsrates ist nicht allein deshalb ausgeschlossen, weil die EU kein Staat ist. Ausgangssituation im Rahmen von Art. 25 VN-Charta ist folgende: der Sicherheitsrat stellt nach Art. 39 VN-Charta eine Bedrohung oder Gefährdung des Weltfriedens oder der internationalen Sicherheit fest. Sodann kann er auf dieser Grundlage Empfehlungen abgeben oder auch Maßnahmen beschließen, die geeignet sind, den Weltfrieden wieder herzustellen. Entsprechende Beschlüsse, die sowohl gewaltlose

[779] Delbrück, in: Simma (Hrsg.), VN-Charta, Art. 25 Rn. 19.

Sanktionen, aber auch solche militärischer Art zum Inhalt haben können, sind für alle Mitglieder nach Art. 25 VN-Charta bindend.[780]

Lex specialis zu Art. 25 VN-Charta ist Art. 48 Abs. 2 VN-Charta.[781] Wie bereits oben festgestellt (C. II. 1. a)), ist die EU eine geeignete internationale Organisation im Sinne von Art. 48 Abs. 2 VN-Charta. Eine Bindung der EU an die allgemeinere Regelung des Art. 25 VN-Charta kann daraus jedoch im Umkehrschluss nicht gezogen werden. Außerdem verbleibt – wie bereits festgestellt – die Durchführungsverpflichtung für die Zwangsmaßnahmen nach Art. 48 Abs. 2 VN-Charta bei den Mitgliedstaaten.[782]

Möglicherweise lässt sich aber in Zusammenschau mit Art. 24 VN-Charta eine entsprechende Verpflichtung der EU herleiten. Die in Art. 24 Abs. 1 VN-Charta verankerte Hauptverantwortung des VN-Sicherheitsrates für die Wahrung des Weltfriedens und die internationale Sicherheit wird nämlich in den einschlägigen ESVP-Dokumenten (siehe C. II. 2. a) aa) [3]) ausdrücklich anerkannt. Damit ist freilich noch nicht festgestellt, dass die EU auch rechtlich an die entsprechenden Entscheidungen des Sicherheitsrates gebunden ist.

Zunächst sind dafür die möglichen Beschlüsse des Sicherheitsrates auf Grund von Art. 25 VN-Charta zu benennen. Im Kontext der Terminologie der VN-Charta ist der Begriff des Beschlusses nicht eindeutig.[783] Im Ergebnis ist wohl festzustellen, dass Beschlüsse nach Art. 25 VN-Charta nicht nur dann verbindlich sind, wenn sie im Rahmen des Kapitels VII ergehen, sondern auch Beschlüsse aufgrund von Ermächtigungsnormen in anderen Teilen der Charta verbindlich sein können.[784] Die vorliegende Arbeit beschränkt sich dabei auf die Untersuchung einer möglichen Bindung der EU an Entscheidungen des Sicherheitsrates nach Kapitel VII VN-Charta. Zum einen sollen die Betrachtungen nicht zusätzlich und unnötig mit den bislang nicht abschließend geklärten Fragen nach der Existenz und dem Kreis bindender Sicherheitsratsresolutionen außerhalb des Kapitels VII (und VIII) VN-Charta befrachtet

---

[780] Siehe Doehring, in: Wolfrum (Hrsg.), Hdb. VN, 2. Aufl., Nr. 56 (Kollektive Sicherheit), S. 408.

[781] Bartelt, Der rechtliche Rahmen für die neue operative Kapazität der Europäischen Union, S. 147.

[782] Vgl. Bartelt, Der rechtliche Rahmen für neue operative Kapazität der Europäischen Union, S. 148.

[783] Delbrück, in: Simma (Hrsg.), VN-Charta, Art. 25 Rn. 4.

[784] So Delbrück, in: Simma (Hrsg.), VN-Charta, Art. 25 Rn. 14.

werden.[785] Zum anderen kommt eine inhaltliche Bindung der EU, die weder „Mitgliedstaat“ noch „Organ“ der VN ist, an andere Beschlüsse des Sicherheitsrates sowieso nicht in Betracht.

Relevant sind in diesem Zusammenhang mögliche Bindungen an vom Sicherheitsrat angeordnete militärische und nicht-militärische Zwangsmaßnahmen nach Art. 39, 42 bzw. 41 VN-Charta. Wie soeben unter Punkt C. II. 2. a) bb) festgestellt, binden vom Sicherheitsrat beschlossene militärische Zwangsmaßnahmen die Europäische Union nicht. Anders sieht es dagegen bei nicht-militärischen Zwangsmaßnahmen aus: ein Großteil der GASP-Praxis stellt die Ausführung von Entschließungen des VN-Sicherheitsrates über Zwangsmaßnahmen nach Art. 39, 41 VN-Charta dar, namentlich Wirtschaftssanktionen, Kontensperrungen und Reisebeschränkungen. Zahlreiche Beispiele von Gemeinsamen Aktionen und Gemeinsamen Standpunkten bzw. Beschlüssen im Rahmen der GASP stehen in einem engen politischen, aber auch rechtlichen Zusammenhang mit Entschließungen des VN-Sicherheitsrates.[786] Aufgrund der völkerrechtlichen Verpflichtungen ihrer Mitgliedstaaten zur Umsetzung von nicht-militärischen Zwangsmaßnahmen, besteht diese Umsetzungspflicht grundsätzlich auch für die (kompetenziell zuständige) EG (unter dem Vertrag von Nizza) bzw. Union (nach dem Vertrag von Lissabon; siehe insbesondere die Ausführungen unter Punkt C. II. 2. a) bb).

Die EU ist im Ergebnis rechtlich nur eingeschränkt an Entscheidungen des Sicherheitsrates der VN nach Art. 25 VN-Charta gebunden. Es liegt keine Bindung der EU an Entscheidungen des Sicherheitsrates nach Art. 24, 25, 39, 42 VN-Charta vor. Während eine Bindung der (kompetenziell zuständigen) EG bzw. Union (s.o.) an Entscheidungen des Sicherheitsrates nach Art. 24, 25, 39, 41 VN-Charta (wegen der Umsetzungspflicht der Mitgliedstaaten) jedenfalls grundsätzlich zu bejahen ist.

3. Humanitäres Völkerrecht

Als nächster Punkt soll die Bindung der Europäischen Union an das humanitäre Völkerrecht im Rahmen von ESVP-Operationen untersucht

---

785 Mit der gleichen Überlegung Herbst, Rechtskontrollen des VN-Sicherheitsrates, S. 123f.

786 Kaufmann-Bühler, in: Grabitz/ Hilf, Bd. I, 38. EL, Art. 11 EUV Rn. 26.

werden. Dazu wird zunächst kurz dargestellt, was das humanitäre Völkerrecht beinhaltet, um anschließend darzulegen, ob und gegebenenfalls inwieweit bzw. inwiefern die EU an das humanitäre Vertrags- und/ oder Gewohnheitsvölkerrecht gebunden ist.

a) Definition

Das humanitäre Völkerrecht, das auch Recht der bewaffneten Konflikte und früher Kriegsrecht genannt wurde, wird definiert als die Gesamtheit der Völkerrechtsregeln, die während eines bewaffneten Konflikts für die im Konfliktgebiet befindlichen Personen und die völkerrechtliche Beurteilung der Kampfhandlungen gelten. Kurz gesagt: es sind die Regeln, die den Gebrauch von Gewalt in bewaffneten Konflikten begrenzen.[787] Humanitäres Völkerrecht will die Auswirkungen des Krieges mildern, indem es erstens die Art und Weise, wie Krieg zu führen ist, also die Wahl von Mitteln und Methoden der Kampfführung begrenzt (Haager Recht), und zweitens die Kriegsführenden zu Schonung und Schutz der nicht oder nicht mehr an Feindseligkeiten teilnehmenden Personen verpflichtet (Genfer Recht).[788]

---

[787] Hobe/ Kimminich, Einführung VR, Kap. 18, S. 540f.

[788] Gasser, Einführung IHL, S. 7; Partsch, Humanitarian Law and armed conflict, in: Bernhardt (Hrsg.), EPIL III, S. 215, 216; als wichtigste Verträge sind in diesem Zusammenhang zu nennen: die Haager Abkommen von 1899 und 1907, insbesondere das IV. Haager Abkommen betreffend die Gesetze und Gebräuche des Landkrieges (RGBl. 1910 II, S. 107-151) mit der als Anlage hierzu geltenden (zweiten) Haager Landkriegsordnung; das I. Genfer Abkommen von 1949 zur Verbesserung des Loses der Verwundeten und Kranken der Streitkräfte im Felde (BGBl. 1954 II, S. 783-808); das II. Genfer Abkommen von 1949 zur Verbesserung des Loses der Verwundeten, Kranken und Schiffbrüchigen der Streitkräfte zur See (BGBl. 1954 II, S. 813-836); das III. Genfer Abkommen über die Behandlung der Kriegsgefangenen (BGBl. 1954 II. S. 838-897); das IV. Genfer Abkommen zum Schutze der Zivilpersonen in Kriegszeiten (BGBl. 1954 II, S. 917-976); sowie die zu den Genfer Abkommen ergangenen Zusatzprotokolle von 1977, die sich zum einen mit dem Schutz der Opfer internationaler bewaffneter Konflikte (Zusatzprotokoll I, BGBl. 1990 II, S. 1550-1636) und zum anderen mit dem Schutz der Opfer nicht-internationaler bewaffneter Konflikte (Zusatzprotokoll II, BGBl. 1990 II, S. 1637-1649) befassen.

b) Keine Bindung der EU an das humanitäre Vertragsvölkerrecht

Die Europäische Union ist weder Vertragspartei der Haager Abkommen von 1899 und 1907 noch der Genfer Abkommen von 1949 sowie der Zusatzprotokolle von 1977. Damit ist sie nicht an das humanitäre Vertragsvölkerrecht gebunden.

c) Bindung der EU an das für internationale bewaffnete Konflikte geltende humanitäre Völkergewohnheitsrecht

Die Europäische Union könnte aber an das für internationale bewaffnete Konflikte geltende humanitäre Völkergewohnheitsrecht gebunden sein, wenn sie Militäroperationen im Rahmen der ESVP durchführt. Jedes Völkerrechtssubjekt, das in einen bewaffneten Konflikt eingreift und sich an ihm beteiligt, ist an das entsprechende Gewohnheitsrecht gebunden. So sind die Vereinten Nationen bei (Peacekeeping-)Missionen als Völkerrechtssubjekt an das humanitäre Völkergewohnheitsrecht gebunden, wenn die von ihren Mitgliedstaaten bereitgestellten Streitkräfte zu Organen der VN werden.

Für eine Bindung an das humanitäre Völkergewohnheitsrecht muss die EU völkerrechtsfähig sein. Dies ist erst unter dem Vertrag von Lissabon der Fall (siehe zur Völkerrechtsfähigkeit der EU die Ausführungen unter B. III. 1. a) dd) [1] und [2] sowie B. III. 2. a) aa)). Wie bereits dargestellt, bleiben aber die von den Mitgliedstaaten zur Verfügung gestellten Truppen auch unter dem Vertrag von Lissabon Organe ihrer Entsendestaaten. Folglich verbleibt die Verantwortung für die Einhaltung des humanitären Völkerrechts bei den jeweiligen Mitgliedstaaten, die Truppen entsenden. Da die Streitkräfte im Rahmen von ESVP-Operationen weiterhin Organe ihrer jeweiligen Mitgliedstaaten bleiben, sind allein die Mitgliedstaaten als Konfliktparteien im internationalen bewaffneten Konflikt anzusehen und nicht eine andere Einheit, wie die Europäische Union, in deren Rahmen die Einsätze lediglich koordiniert werden.[789]

---

789 So auch Bartelt, Der rechtliche Rahmen für die neue operative Kapazität der Europäischen Union, S. 189.

d) Einordnung der European Union Guidelines on promoting compliance with internatinal humanitarian law (IHL)

Fraglich ist, wie die *European Union Guidelines on promoting compliance with international humanitarian law* (IHL), die im Deutschen „Leitlinien der Europäischen Union zur Förderung der Einhaltung der Normen des humanitären Völkerrechts" heißen, in diesem Zusammenhang einzuordnen sind.[790]

Diese Leitlinien sollen ihrem Zweck nach das Engagement bzw. die Bindung (*commitment*) der Union für die Förderung der Einhaltung des humanitären Völkerrechts unterstreichen. Dazu werden auch relativ konkrete operative Leitlinien formuliert. Die verantwortlichen EU-Institutionen, eingeschlossen Ratsarbeitsgruppen, sollen Situationen in ihrem Kompetenzbereich überwachen, in denen humanitäres Völkerrecht anwendbar sein könnte und dies dann entsprechend vorschlagen. Die Erklärung ähnelt damit derjenigen der Vereinten Nationen aus dem Jahre 1999, in der sie ihre Achtung für die Grundsätze des humanitären Völkerrechts statuiert.[791] Angesichts der Bindung der Vereinten Nationen an das humanitäre Gewohnheitsvölkerrecht,[792] ist diese Erklärung aber lediglich deklaratorisch zu verstehen.

Fraglich bleibt die Rechtsnatur der EU-Leitlinien. Ihre Publikation im Amtsblatt der EU deutet zunächst auf eine exponierte Stellung hin. Die Formulierungen selbst sind dann aber wieder rechtlich unverbindlich gehalten. In der deutschen Version

> „*sollten* [...] die zuständigen EU-Einrichtungen – und darunter auch die zuständigen Arbeitsgruppen des Rates – Situationen, in denen humanitäres Völkerrecht zur Anwendung gelangen könnte, überwachen und sich dabei ggf. in Fragen des humanitären Völkerrechts und dessen Anwendbarkeit beraten lassen."[793]

---

790 ABl. C 327 vom 23.12.2005, S. 4.

791 United Nations, Secretary General's Bulletin, ST/SGB/1999/13, 6 August 1999; vgl. auch die Darstellung bei Bartelt, Der rechtliche Rahmen für die neue operative Kapazität der Europäischen Union, S. 193.

792 Vgl. Greenwood, in: Fleck (ed.), Handbook of IHL, Chapter 1 para. 208; Ipsen, VölkerR, 5. Aufl., § 66 Rn. 21; Zwanenburg, Accountability of peace support operations, S. 152.

793 Hervorhebung der Autorin; diese Formulierung entspricht auch der englischen und französischen Version, in denen es heißt: "*the responsible EU bodies, including appropriate Council Groups, should monitor situations within their areas of responsibility where IHL may be applicable, drawing on advice, as nec-*

Im Gegensatz dazu spricht die Erklärung der Vereinten Nationen davon, dass die Regeln des humanitären Völkerrechts auf die VN-Streitkräfte – also die ihnen von ihren Mitgliedstaaten zur Verfügung gestellten Streitkräfte im Rahmen einer konkreten VN-geführten Mission – anwendbar sind.[794] Ziel der EU-Leitlinien ist es dagegen, die operativen Instrumente aufzuführen, die der Europäischen Union und ihren Organen und Einrichtungen zur Verfügung stehen, um die Einhaltung der Normen des humanitären Völkerrechts zu fördern.

Die Leitlinien unterstreichen den gemeinsamen Willen der Mitgliedstaaten, die Einhaltung des humanitären Völkerrechts auch durch die EU-Organe sicherzustellen. Nach ihrer eigenen Zielformulierung wird mit den Leitlinien das Eintreten der Europäischen Union für die Einhaltung der Normen des humanitären Völkerrechts hervorgehoben. Daraus lässt sich aber keine rechtliche Verpflichtung auf die Einhaltung von humanitärem Völkerrecht durch die EU selbst herleiten. Vielmehr beruhen die Leitlinien auf dem Bekenntnis der EU und ihrer Mitgliedstaaten zum humanitären Völkerrecht, zielen aber auf die Beachtung des humanitären Völkerrechts durch Drittstaaten sowie ggf. durch nichtstaatliche Stellen in Drittstaaten ab. Eine Selbstbindung wird mit dem Hinweis auf die vertragliche Bindung aller Mitgliedstaaten an die Genfer Konventionen und deren Zusatzprotokolle nicht statuiert.[795] Auch der von der EU geplante Aktionsplan, der ihre Rolle im Rahmen der Beachtung des humanitären Völkerrechts noch stärker reflektieren soll,

---

essary, regarding IHL and its applicability" (englische Version), bzw. „*les instances compétentes de l'UE, y compris les groupes de travail concernés au sein du Conseil, devraient suivre la situation dans les domaines relevant de leur compétence, où le droit humanitaire international pourrait trouver à s'appliquer, en s'appuyant, au besoin, sur des avies concernant le droit humanitaire international et son applicabilité*" (französische Version).

[794] Siehe United Nations, Secretary General's Bulletin, ST/SGB/1999/13, 6 August 1999: "[...] *fundamental principles and rules of international humanitarian law applicable to the United Nations forces* [...]".

[795] So heißt es in den Leitlinien der EU zur Förderung der Einhaltung der Normen des humanitären Völkerrechts, ABl. C 327 vom 23.12.2005, S. 4 unter I. 2.: „Dieses Bekenntnis (das Bekenntnis der EU und ihrer Mitgliedstaaten zum humanitären Völkerrecht) erstreckt sich auch auf Maßnahmen der EU und ihrer Mitgliedstaaten, die gewährleisten sollen, dass sie selbst bei ihrem eigenen Vorgehen und auch ihre Truppen das humanitäre Völkerrecht beachten. Derartige Maßnahmen sind jedoch nicht Thema dieser Leitlinien. Alle EU-Mitgliedstaaten sind Vertragsparteien der Genfer Konventionen und ihrer Zusatzprotokolle und daher durch sie gebunden."

geht darüber nicht hinaus.[796] Dies ist nur deshalb nicht schädlich, weil es bei der vertraglichen Bindung der Mitgliedstaaten bleibt.

e) Fragen der Interoperabilität

Die Mitgliedstaaten sind an das für sie geltende humanitäre Vertragsvölkerrecht gebunden. Die Genfer Abkommen von 1949 und ihre beiden Zusatzprotokolle sind für alle EU-Mitgliedstaaten in Kraft.[797] Das gleiche gilt aber nicht für die Haager Konvention zum Schutz von Kulturgut bei bewaffneten Konflikten[798] sowie die beiden dazu ergangenen Protokolle,[799] das Umweltkriegsübereinkommen von 1976[800] oder das dritte Zusatzprotokoll von 2005,[801] das ein zusätzliches Schutzzeichen (Emblem) regelt. Es gelten also nicht für alle Mitgliedstaaten die gleichen vertraglichen Standards.[802] Fraglich ist dann, welchen Regeln des humanitären Völkerrechts die EU-Mitgliedstaaten unterliegen, wenn sie

---

[796] Vgl. Bulletin quotidien Europe No. 9741 of 17 September 2008, S. 5.

[797] Einige Mitgliedstaaten haben aber von ihrem Recht Gebrauch gemacht, Vorbehalte und interpretierende Erklärungen zu den einzelnen Verträgen abzugeben, so z.B. auch Deutschland im Rahmen des ersten und zweiten Zusatzprotokolls. Rechtstechnisch ist die Unterscheidung zwischen Vorbehalt (*reservation*) und interpretierender Erklärung (*declaration of interpretation*) nicht immer leicht zu ziehen, vgl. dazu Cameron, Treaties, Declarations of Interpretation, in: MPEPIL, abrufbar unter http://www.mpepil.com/subscriber_article?script=yes&id=/epil/entries/law-9780199231690-e1686&recno=1&searchType=Quick&query=Treaties%2C+Declarations+of+Interpretation; wie die folgenden Ausführungen zeigen werden, wirken sich diese Vorbehalte und Erklärungen aber im Ergebnis nicht aus.

[798] Convention for the Protection of Cultural Property in the Event of Armed Conflict of 14 May 1954.

[799] First Protocol to the Hague Convention of 1954 for the Protection of Cultural Property in the Event of Armed Conflict of 14 May 1954; Second Protocol to the Hague Convention of 1954 for the Protection of Cultural Property in the Event of Armed Conflict of 26 March 1999.

[800] Convention on the prohibition of military or any other hostile use of environmental modification techniques of 10 December 1976.

[801] Protocol Additional to the Geneva Conventions of 12 August 1949, and relating to the Adoption of an Additional Distinctive Emblem (Protocol III) of 8 December 2005.

[802] Vgl. Bartelt, Der rechtliche Rahmen für die neue operative Kapazität der Europäischen Union, S. 195.

an EU-geführten Militäroperationen teilnehmen. Dieses Problem wird unter dem Stichwort *Interoperability* (Interoperabilität) diskutiert und wirft Fragen der völkerrechtlichen Verpflichtungen bei alliierten oder sonst verbundenen Streitkräften (z.B. dem Eurokorps) auf. Zu diesem Komplex hat die Arbeitsgruppe *Air and Missile Warfare* innerhalb des Projekts *International Humanitarian Law in Air and Missile Warfare* des *Harvard Program on Humanitarian Policy and Conflict Research* (HPCR) Regeln formuliert, die bestehendes Völkergewohnheitsrecht zusammenfassen. Sektion W dieser Regeln befassen sich mit „kombinierten", also gemeinsam durchgeführten Militäroperationen. Eine solche (gemeinsam durchgeführte) Militäroperation wird definiert als eine Operation, in der zwei oder mehr Staaten auf der gleichen Seite eines internationalen bewaffneten Konfliktes teilnehmen, sei es als Mitglieder einer ständigen Allianz – wie z.B. der NATO oder dem Eurokorps – sei es als ad hoc-Koalition. Die Beteiligung an einer solchen Koalition kann ein Staat nicht als Rechtfertigung für die Nichteinhaltung seiner Verpflichtungen im Rahmen des humanitären Völkerrechts anführen. Diese rechtlichen Verpflichtungen eines Staates, der an gemeinsamen Militäroperationen teilnimmt, ändern sich auch nicht, wenn seine Streitkräfte im Rahmen eines multinationalen Verbandes unter dem Kommando und der Kontrolle eines militärischen Befehlshabers einer anderen Nationalität operieren. Weiter ändern sich die für den internationalen bewaffneten Konflikt geltenden Verpflichtungen eines Staates nicht, wenn seine Luft- oder Raketen-Kräfte vom Territorium einer koalierenden Konfliktpartei aus operieren. Das gilt selbst dann, wenn diese koalierende Konfliktpartei anderen vertragsrechtlichen Verpflichtungen des humanitären Völkerrechts unterliegt. Schließlich steht der Beteiligung eines Staates an gemeinsamen Militäroperationen auch nicht entgegen, dass daran auch Staaten teilnehmen, für die andere Verpflichtungen unter dem Recht des internationalen bewaffneten Konflikts gelten, obwohl diese Aktivitäten durchführen könnten, die für den zuerst genannten Staat verboten sind.[803]

Daraus folgt, dass jeder EU-Mitgliedstaat das für sich geltende humanitäre Vertragsvölkerrecht zu beachten hat, wenn er an Militäroperationen, die im Rahmen der Europäischen Union durchgeführt werden, teilnimmt. Jede Truppe und jeder Kommandeur muss das für ihren/seinen Heimatstaat geltende Recht beachten. Keine Truppe darf Anwei-

---

[803] Vgl. Harvard Program on Humanitarian Policy and Conflict Research, International Humanitarian Law in Air and Missile Warfare, Section W, Rn. 160-164.

sungen erhalten, die mit diesem Recht unvereinbar wären.[804] So stellt beispielsweise das deutsche Einsatzführungskommando in Geltow bei Potsdam, das alle Einsätze deutscher Streitkräfte plant und führt, sicher, dass der Einsatz deutscher Kräfte den Rahmen ihrer Mandate und die Rechtsnormen der Bundesrepublik Deutschland nicht verletzt.[805] Dieser Befund bestätigt die soeben erläuterten Regeln bzgl. der Interoperabilität. Deutschland hat – wie jeder EU-Mitgliedstaat – das für sich geltende Vertragsrecht zu beachten. Diese Pflicht ergibt sich entweder direkt aus dem völkerrechtlichen Vertrag, wie z.B. aus Art. 80 Abs. 1 des ersten Zusatzprotokolls zu den Genfer Konventionen, der bestimmt, dass sowohl die Vertrags- als auch die Konfliktparteien so schnell wie möglich alle erforderlichen Maßnahmen ergreifen sollen, um ihren Verpflichtungen unter den Genfer Konventionen und dem (ersten) Zusatzprotokoll nachzukommen, oder indirekt durch das Eingehen einer vertragsrechtlichen Verpflichtung. In jedem Fall ist sie völkerrechtlich begründet.

Trotzdem ergibt sich aus dem gemeinsamen Einsatz das Bedürfnis, eine möglichst weitgehend homogene Anwendung der Bestimmungen des humanitären Völkerrechts sicherzustellen. Dabei handelt es sich um ein allgemeines Problem im Rahmen von multinationalen Einheiten.[806]

In der Praxis wird häufig so verfahren, dass die für alle (EU-)Mitgliedstaaten geltenden Verpflichtungen des humanitären Völkerrechts in den sog. Einsatzregeln, die für eine aktuelle Operation gelten – die *Rules of Engagement* (ROE) – von den Mitgliedstaaten im Konsens beschlossen werden. Vor jedem multinationalen Einsatz wird klargestellt, welche Bestimmungen des humanitären Völkerrechts in dem konkreten Fall als rechtsverbindlich angesehen werden. Im Fall der EU käme als kleinster gemeinsamer Nenner das für alle Mitgliedstaaten geltende humanitäre Vertragsvölkerrecht in Betracht, also die Genfer Abkommen von 1949 sowie deren Zusatzprotokolle von 1977. Daneben muss jeder Staat sicherstellen, dass seine Streitkräfte das für sie geltende humanitäre Ver-

---

[804] So auch Bartelt, Der rechtliche Rahmen für die neue operative Kapazität der Europäischen Union, S. 195 sowie Stein, in: Tomuschat (Hrsg.), Rechtsprobleme einer ESVP, S. 53, 66 für das Eurokorps.

[805] Vgl. BMVG, Das Einsatzführungskommando der Bundeswehr, abrufbar unter http://www.einsatz.bundeswehr.de/C1256F1D0022A5C2/CurrentBaseLink/W265HKYW050INFODE.

[806] Vgl. Bartelt, Der rechtliche Rahmen für die neue operative Kapazität der Europäischen Union, S. 195; Stein, in: Tomuschat (Hrsg.), Rechtsprobleme einer ESVP, S. 53, 66.

tragsvölkerrecht beachten, das möglicherweise darüber hinaus geht. Die unterschiedlichen völkerrechtlichen Bindungen sind bei den EU-Mitgliedstaaten aber allenfalls marginal und betreffen – neben den bereits aufgeführten Umweltkriegsübereinkommen von 1976, dem Haager Übereinkommen zum Schutz von Kulturgut bei bewaffneten Konflikten sowie die dazu ergangenen Protokolle von 1954 und 1999 – lediglich einzelne Waffenverbote.[807] Bei jüngeren Verträgen sind sie am ehesten mit einer unterschiedlichen Ratifikationsgeschwindigkeit zu erklären, z.B. bei dem Übereinkommen über Streumunition. Weil die unterschiedlichen völkerrechtlichen Bindungen zudem immer nur einzelne Mitgliedstaaten betreffen und sich an EU-Militäroperationen sowieso nie alle Mitgliedstaaten gleichzeitig beteiligen, wirken sich die Probleme unterschiedlicher völkerrechtlicher Bindungen praktisch so gut wie nicht aus.

f) Ergebnis

Die EU-Mitgliedstaaten sind an das für sie jeweils geltende humanitäre Vertragsvölkerrecht gebunden. Daran ändert auch der Umstand nichts, dass die Mitgliedstaaten im Rahmen der Einsatzregeln für eine konkrete Operation gemeinsame Mindeststandards festlegen. Dagegen war eine Bindung der Europäischen Union selbst an das humanitäre Völkergewohnheitsrecht unter Nizza wegen der fehlenden Völkerrechtsfähigkeit der EU rechtlich nicht zu begründen. Prinzipiell scheint die EU aber offen für die Entwicklung einer eigenen Bindung an das (gewohnheitsrechtliche) humanitäre Völkerrecht zu sein. Unter dem Vertrag von Lissabon erhält sie Völkerrechtspersönlichkeit und es scheint wahrscheinlich, dass diese auch von dritten Staaten anerkannt wird (siehe schon B.

---

[807] Im Einzelnen sind dies das Protocol on prohibitions or restrictions on the use of mines, booby-traps and other devices (Zweites Protokoll zum VN-Waffenübereinkommen von 1980), das Amendment to the Convention on Prohibitions or Restrictions on the Use of Certain Conventional Weapons which may be deemed to be Excessively Injurious or to have Indiscriminate Effects (with Protocols I, II and III) of 21 December 2001 (eine Ergänzung des VN-Waffenübereinkommens von 1980), das Protocol on Explosive Remnants of War to the Convention on Prohibitions or Restrictions on the Use of Certain Conventional Weapons which may be deemed to be Excessively Injurious or to have Indiscriminate Effects (with Protocols I, II and III) of 28 November 2003 (Fünftes Protokoll zum VN-Waffenübereinkommen von 1980) sowie die Convention on Cluster Munitions of 30 May 2008 (Übereinkommen über Streumunition).

II. 2. a) aa)). Unsicher bleibt allerdings, ob sich zukünftig etwas an der Organstellung der von den Mitgliedstaaten für ESVP-Operationen bereitgestellten Streitkräfte ändern wird. Nationale Interessen an der Erhaltung der eigenen Souveränität lassen eine Eingliederung der mitgliedstaatlichen Streitkräfte in die EU (im Sinne einer echten Organleihe) eher unwahrscheinlich erscheinen.

g) Haftung

Als praktisch bedeutsame Folge der Bindung an das humanitäre Völkerrecht ist schließlich die Haftung als eine Folge der völkerrechtlichen Verantwortlichkeit genauer zu untersuchen.

Völkerrechtlich verantwortlich für Schäden, die auf Grund von Verstößen gegen das humanitäre Völkerrecht entstehen, sind nach der Analyse die Mitgliedstaaten, deren Soldaten in einer konkreten Situation gehandelt haben.

Fraglich ist, wie sich der von der EU beschlossene multilaterale Finanzierungsmechanismus auf die Haftung auswirkt. Die Finanzierung von militärischen EU-Operationen erfolgt über den ATHENA-Mechanismus, der eine Aufschlüsselung der Kosten nach Mitgliedstaaten – und ggf. sogar Drittstaaten – vorsieht. Wird dieser Fonds für Haftungsfälle im Rahmen der ESVP in Anspruch genommen, greift man sozusagen auf die Beiträge der Mitgliedstaaten, die sich nach deren Bruttosozialprodukt berechnen, zurück. Das entspricht der ganz überwiegenden Praxis internationaler Organisationen. Die finanziellen Verpflichtungen der Organisation gegenüber Gläubigern werden letztlich über die Beiträge der Mitgliedstaaten finanziert.[808]

Nach ATHENA gehen nur solche Schäden zu Lasten des gemeinsamen Finanzierungsmechanismus der EU, die durch die gemeinsamen Führungsstrukturen der EU verursacht werden, also durch die integrierten Hauptquartiere und deren Personal. Die Haftung für Schäden, die durch die von den Mitgliedstaaten gestellten Streitkräftekontingente verursacht werden, verbleibt hingegen ausschließlich bei dem jeweiligen Entsendestaat (siehe dazu schon C. I. 2. b)).

Die Festlegung der gemeinsamen Operationskosten, die über ein EU-/ ATHENA-Konto abgewickelt werden, wurde z.B. für die Operation

---

[808] Hartwig, Haftung der MS für IO, S. 300, der darauf hinweist, dass kurzfristig auch eine Deckung durch Kredite möglich ist.

EUFOR Tchad ausdrücklich konkretisiert (vgl. C. I. 3. a)). Werden solche Konkretisierungen nicht getroffen, gilt folgendes:

Anhang I des Finanzierungsmechanismus führt die Kosten auf, die von ATHENA unabhängig vom Zeitpunkt ihres Entstehens übernommen werden. Nach Nr. 2 zählen dazu auch Schadensersatzzahlungen und Kosten aus Ansprüchen und Klagen, die über ATHENA abzugelten sind. Diese werden in den folgenden Anhängen weiter spezifiziert. So führt Anhang III-A die gemeinsamen operativen Kosten in Bezug auf die aktive Phase einer Operation auf, die stets von ATHENA übernommen werden. Darunter fallen zumeist Kosten für Hauptquartiere (Verlegung und Betrieb), nur in recht geringem Umfang jedoch Kosten für die Einsatzkräfte selbst (*the forces as a whole*).[809] Im Einzelnen werden von ATHENA umfasst:

- Mehrkosten für Hauptquartiere bei EU-geführten Operationen und Übungen (Nr. 1);
- Mehrkosten, die bei der Unterstützung der Einsatzkräfte insgesamt anfallen; das sind Kosten, die aufgrund der Verlegung der Einsatzkräfte in ihrem Einsatzort entstehen (Nr. 2);
- Mehrkosten im Falle des Rückgriffs auf gemeinsame Mittel und Fähigkeiten der NATO, die für eine EU-geführte Operation zur Verfügung gestellt werden (Nr. 3).

Anhang III-B führt gemeinsame operative Kosten in Bezug auf die aktive Phase einer spezifischen Operation auf, die von ATHENA übernommen werden, wenn der Rat dies beschließt (Vetomöglichkeit). Dazu gehören Transportkosten sowie Kosten für ein multinationales Task Force-Hauptquartier.

Schließlich benennt Anhang III-C die gemeinsamen operativen Kosten, die von ATHENA auf Ersuchen des Befehlshabers der Operation und nach Zustimmung des Sonderausschusses übernommen werden. Das sind Kosten für Kasernen und Unterkünfte/ Infrastruktur sowie Kosten, die im Rahmen der Informationsgewinnung anfallen können.

Diese Regelung entspricht grundsätzlich derjenigen der NATO, wonach die Kosten von demjenigen Mitgliedstaat zu tragen sind, bei dem sie anfallen (*costs lie where they fall*), es sei denn, es handelt sich um gemeinsame Kosten – diese betreffen im Wesentlichen die gemeinsamen Führungsstrukturen. Im Gegensatz zu dem Ansatz des *common funding* in der NATO wurde aber festgelegt, dass sich der nationale *cost*

---

[809] Vgl. Bendiek/ Bringmann, swp-Diskussionspapier FG2, 2008/05, S. 7.

share ausschließlich am BSP bemisst und damit jährlich neu berechnet werden muss.[810] In diesem Zusammenhang ist zu beachten, dass ein Mitgliedstaat von der Pflicht, zur Finanzierung von Ausgaben für Maßnahmen mit militärischen oder verteidigungspolitischen Bezügen beizutragen, befreit ist, wenn er von der Möglichkeit der konstruktiven Stimmenthaltung nach Art. 23 Abs. 1 UAbs. 2 EUV/ Nizza bzw. Art. 31 Abs. 1 UAbs. 2 des EU-Vertrages von Lissabon Gebrauch macht, vgl. Art. 28 Abs. 3 UAbs. 2 Satz 2 EUV/ Nizza bzw. Art. 41 Abs. 2 UAbs. 2 S. 2 EUV/ Lissabon.[811]

Fraglich ist, welche Konsequenzen die konkrete Ausgestaltung von ATHENA für die Haftung hat. Für Verletzungen des humanitären Völkerrechts durch die gemeinsamen Hauptquartiere und deren Personal haftet die Gesamtheit der sich beteiligenden Mitgliedstaaten gemäß ATHENA im Rahmen eines ESVP-Einsatzes. Für die von ihnen entsandten Truppen haften die Mitgliedstaaten immer selbst. Das entspricht dem obigen Ergebnis, wonach jeder Mitgliedstaat dafür Sorge zu tragen hat, dass seine Streitkräfte – auch im multinationalen Verband – das für sie jeweils geltende humanitäre Vertragsvölkerrecht einhalten.

Eine Haftung der Europäischen Union selbst kam wegen ihrer fehlenden Völkerrechtsfähigkeit unter dem Vertrag von Nizza sowieso nicht in Betracht. Mit der ausdrücklichen Verleihung der Völkerrechtspersönlichkeit unter dem Vertrag von Lissabon, hat die EU zumindest potentiell die Möglichkeit, ein eigenständiges Haftungssubjekt zu werden. Wie bereits unter Punkt C. I. 3. festgestellt, sind die Mitgliedstaaten auf absehbare Zeit aber nicht bereit, ihre Streitkräfte im Wege der Organleihe der EU zur Verfügung zu stellen. Auch im Zuge eines ATHENA-Review nach dem Inkrafttreten des Vertrages von Lissabon wurden die bestehenden Haftungsverhältnisse nicht geändert.

Offen bleibt bei dieser Konstruktion noch, ob die Drittstaaten, die sich an einer konkreten Operation beteiligen, als Gesamtschuldner mit den beteiligten EU-Mitgliedstaaten für die temporär gemeinsamen Hauptquartiere haften. Dagegen würde das Argument der Rechtsunsicherheit sprechen: je nachdem, welche Drittstaaten sich an einer konkreten Situation beteiligen, wäre das Haftungssubjekt nämlich immer ein anderes. Dieselbe Situation kann aber auch durch die konstruktive Enthaltung

---

[810] Vgl. Bendiek/ Bringmann, swp-Diskussionspapier FG2, 2008/05, S. 6.

[811] Siehe Cremer, in: Calliess/ Ruffert (Hrsg.), EUV/ EGV, Art. 28 EUV Rn. 8; Kaufmann-Bühler/ Meyer-Landrut, in: Grabitz/ Hilf, 38. EL, Art. 28 EUV Rn. 17.

eines EU-Mitgliedstaates eintreten und ist daher an sich kein Argument gegen die Mithaftung von Drittstaaten. Vielmehr löst die finanzielle Beteiligung nach ATHENA eine gemeinsame Haftung für Hauptquartiere sowie deren Personal aus. Entscheidend ist dann, ob Drittstaaten sich überhaupt an Hauptquartieren der EU und deren Personal beteiligen können. Prinzipiell haben Drittstaaten, die sich mit signifikanten Truppen an einer EU-Operation beteiligen – d.h. nicht nur mit ein paar Verbindungsleuten – die gleichen Rechte und Pflichten. Danach könnten sie theoretisch auch an Hauptquartieren beteiligt sein. Ob so auch in der Praxis verfahren wird, ist unklar. Praktisch sind die Rechte von EU-Mitgliedstaaten und Drittstaaten nämlich dann doch nicht unbedingt „gleich". Zum Beispiel werden im *Committee of Contributors*, in dem EU- und Drittstaaten über die day to day-Führung der Operationen beraten, keine Entscheidungen gefällt. Diese bleibt nämlich allein den EU-Mitgliedstaaten in einer gesonderten Sitzung im PSK vorbehalten. Falls sich Drittstaaten an Hauptquartieren beteiligen, sind sie aber natürlich auch an deren Kosten beteiligt.

Im Ergebnis bedarf die Haftung einer differenzierteren Betrachtungsweise: für die von ihnen entsandten Truppen haften die Mitgliedstaaten immer selbst. Für gemeinsame Hauptquartiere und deren Personal haftet die Gesamtheit der sich beteiligenden Mitgliedstaaten aus dem ATHENA-Haushalt. Letztlich setzt sich dieser – wie gezeigt – aus den Beiträgen der Mitgliedstaaten zusammen. Auswirkungen hat der multilaterale Finanzierungsmechanismus der EU auf die Haftung also nur im Bereich der temporär gemeinsamen Hauptquartiere. Dagegen wird die Haftung für die jeweiligen Truppen vom Anwendungsbereich des Finanzierungsmechanismus ausgenommen. Schon die Ausführungen im Rahmen der Zurechnung haben deutlich gemacht, dass die gemeinsamen Hauptquartiere den Mitgliedstaaten gemeinsam zuzurechnen sind. Hierfür stellt ATHENA den Rahmen bereit. Das zeigt, dass die völkerrechtliche Verantwortlichkeit der Zurechnung von Entscheidungen nach einem inneren, logischen Zusammenhang folgt.

4. Menschenrechte

Wenn die EU und ihre Mitgliedstaaten Militäroperationen durchführen, ist fraglich, wer in diesem Zusammenhang Menschenrechte beachten muss und an diese rechtlich gebunden ist.

Wenn Streitkräfte in einem bewaffneten Konflikt eingesetzt werden, findet grundsätzlich das humanitäre Völkerrecht Anwendung (siehe zum humanitären Völkerrecht auch die Ausführungen unter dem vorangegangenen Gliederungspunkt C. II. 3. a)). Gerade für die kriegerische Besetzung und für die Behandlung von Kriegsgefangenen und Internierten enthält das humanitäre Völkerrecht detaillierte Regelungen, die speziell einen Ausgleich zwischen den Rechten von Einzelpersonen und militärischen Erfordernissen schaffen sollen.[812] Für die Anwendung des humanitären Völkerrechts ist ein bewaffneter Konflikt unter Beteiligung der Streitkräfte einer EU-Aktion erforderlich. Daran fehlte es bislang. Die Operation Artemis war also wohl kein Fall für das humanitäre Völkerrecht und die Frage des Verhältnisses von humanitärem Völkerrecht und Menschenrechten stellt sich nicht. Die Bindung an Menschenrechte ist vor allem dann praktisch bedeutsam, wenn keine Kampfhandlungen stattfinden. Für die Anwendung menschenrechtlicher Bestimmungen ist weiter Raum, wenn die Streitkräfte außerhalb eines bewaffneten Konflikts eingesetzt werden.[813]

a) Bindung der EU-Mitgliedstaaten

Die EU-Mitgliedstaaten sind jeweils vertraglich an den Internationaler Pakt für bürgerliche und politische Rechte,[814] den Internationaler Pakt für wirtschaftliche, soziale und kulturelle Rechte,[815] die Anti-Folter-Konvention,[816] das Übereinkommen zur Beseitigung jeder Form von Diskriminierung der Frau,[817] das Internationale Übereinkommen zur Beseitigung jeder Form von Rassendiskriminierung,[818] das Überein-

---

812 Siehe Eick, in: Dupuy/ Fassbender/ Shaw/ Sommermann (Hrsg.), FS Tomuschat, S. 115, 123; Erberich, Auslandseinsätze der Bundeswehr und EMRK, S. 54.

813 Vgl. Eick, in: Dupuy/ Fassbender/ Shaw/ Sommermann (Hrsg.), FS Tomuschat, S. 115, 127, der in diesem Zusammenhang z.B. auch Einsätze zur internationalen Terrorismusbekämpfung u.U. für möglich hält.

814 International Covenant on Civil and Political Rights, 999 UNTS 171.

815 International Covenant on Economic, Social and Cultural Rights, 993 UNTS 3.

816 Convention against Torture and Other Cruel, Inhuman or Degrading Treatment or Punishment, 1465 UNTS 112.

817 Convention on the Elimination of All Forms of Discrimination against Women, 1249 UNTS 13.

818 International Convention on the Elimination of All Forms of Racial Discrimination, 660 UNTS 195.

kommen über die Rechte des Kindes,[819] sowie die Europäische Menschenrechtskonvention (EMRK)[820] gebunden. Problematisch ist aber deren exterritoriale Geltung, weil alle genannten Konventionen – bis auf den Internationalen Pakt für wirtschaftliche, soziale und kulturelle Rechte und das Übereinkommen zur Beseitigung jeder Form von Diskriminierung der Frau – ihre Anwendbarkeit auf das Hoheitsgebiet bzw. die Hoheitsgewalt der Vertragsparteien beschränken.[821] Fraglich ist, ob sie auf Hoheitsakte der Vertragsparteien auf fremdem Staatsgebiet anwendbar sind,[822] z.B. wenn die EU-Mitgliedstaaten im Rahmen einer EU-geführten Operation in Drittstaaten tätig werden. Dies wird unter dem Stichwort Jurisdiktion diskutiert. In diesem Zusammenhang ist darauf abzustellen, ob der jeweilige Mitgliedstaat auf fremdem Staatsgebiet effektive Herrschaftsgewalt bzw. Kontrolle ausübt, die der innerstaatlichen vergleichbar ist.[823] Es entspricht nämlich dem Sinn und Zweck der Konventionen, letztlich auf die Verantwortlichkeit der Vertragsstaaten im Völkerrecht zu rekurrieren.[824]

---

[819] Convention on the Rights of the Child, 1577 UNTS 3.

[820] Council of Europe, Convention for the Protection of Human Rights and Fundamental Freedoms, 213 UNTS 221.

[821] Vgl. Art. 2 Internationaler Pakt für bürgerliche und politische Rechte; Art. 5, 6 Anti-Folter-Konvention; Art. 6 Internationales Übereinkommen zur Beseitigung jeder Form von Rassendiskriminierung; Art. 2 Übereinkommen über die Rechte des Kindes sowie Art. 1 EMRK wonach "*[t]he High Contracting Parties shall ensure secure to everyone within their jurisdiction the rights and freedoms defined in Section I of this Convention*".

[822] Vgl. Eick, in: Dupuy/ Fassbender/ Shaw/ Sommermann (Hrsg.), FS Tomuschat, S. 115-131 für den Internationalen Pakt über bürgerliche und politische Rechte; Nowak, CCPR Commentary, Art. 2 CCPR Rn. 27-30; nach dem EGMR ist dies nur ausnahmsweise der Fall, vgl. Al-Saadoon and Mufdhi v. United Kingdom, Zulässigkeitsentscheidung der IV. Kammer vom 30.06.2009, Appl. No. 61498/08, abrufbar unter www.echr.coe.int/, Rn. 84, 85.

[823] So auch die Auffassungen des Menschenrechtsrates unter dem Pakt über bürgerliche und politische Rechte CCPR/C/79/Add.93, Ziffer 10 und CCPR/C/21/Rev.1/Add.13, Ziffer 10 des General Comment Nr. 31 vom 29.03.2004 sowie das Urteil des EGMR vom 10.05.2001 (Große Kammer) in dem Fall Zypern v. Türkei, HRLJ 2001, S. 217.

[824] Vgl. EGMR, Case of Al-Saadoon and Mufdhi v. United Kingdom, Urteil vom 02.03.2010, Appl. No. 61498/08, abrufbar unter ww.echr.coe.int/, Rn. 127; EGMR, Soehring v. United Kingdom, Urteil vom 07.07.1989, Series A No. 161, Rn. 87; EGMR, Loizidou v. Turkey (Preliminary Objections), Urteil der Gro-

Nach der Rechtsprechung des Europäischen Gerichtshofs für Menschenrechte (EGMR) reichen Kampfhandlungen grundsätzlich nicht aus, um die Ausübung von Hoheitsgewalt zu begründen. Gleiches gilt für Maßnahmen der Luft- oder Seeraumüberwachung sowie grundsätzlich für militärische Patrouillen mit Schiffen. Herrschaftsgewalt wird aber dann begründet, wenn im Zuge solcher Operationen eine Person in Gewahrsam genommen wird, z.B., um gegen sie Maßnahmen der Strafverfolgung einzuleiten. Verallgemeinernd könnte man sagen, dass ein Staat dann Hoheitsgewalt auf fremdem Gebiet ausübt, wenn die eingesetzten Streitkräfte im Rahmen ihres Mandats regelmäßig Personen und/ oder Sachen unter ihre Kontrolle bringen.[825]

Es handelt sich um ein Problem der Zurechenbarkeit von Handlungen, die im Rahmen von EU-Operationen durchgeführt werden. Wie bereits unter Punkt C. I. 2. c) dargestellt, wird dieses Problem auch von Art. 6 ILC Draft Articles on State Responsibility aufgegriffen. Danach erfolgt in der Regel eine Zurechnung zu einem anderen Hoheitsträger, wenn ein Staat einzelne Organe einem anderen Staat oder einer internationalen Organisation unter – eventuell auch nur teilweiser – Ausgliederung aus der eigenen Hoheitsgewalt zur Verfügung stellt.[826] Dies ist kein EU-spezifisches Phänomen. Vielmehr stellen sich die gleichen Probleme bei Operationen, die im Rahmen der NATO oder der Vereinten Nationen durchgeführt werden.[827] Damit hatte sich auch der EGMR in Bezug auf die *United Nations Mission* in Kosovo (UNMIK) und die ebenfalls in Kosovo tätige NATO-geführte *Kosovo Force* (KFOR) in den Fällen *Behrami* und *Saramati*[828] zu befassen. In diesen Fällen hat

---

ßen Kammer vom 23.03.1995, Series A No. 310, Rn. 72; Nowak, CCPR Commentary, Art. 2 CCPR Rn. 27f.

[825] Siehe EGMR, Grand Chamber, Öcalan v. Turkey, Urteil vom 12.05.2005, Appl. No. 46221/99, Rn. 91; Eick, in: Dupuy/ Fassbender/ Shaw/ Sommermann (Hrsg.), FS Tomuschat, S. 115, 123-125 für den Internationalen Pakt über bürgerliche und politische Rechte sowie die EMRK; kritisch Erberich, Auslandseinsätze der Bundeswehr und EMRK, S. 30.

[826] Siehe dazu auch – mit Unterschieden im Einzelnen – Erberich, Auslandseinsätze der Bundeswehr und EMRK, S. 95f.

[827] Vgl. die detaillierte Darstellung der Einordnung nationaler Kontingente bei UN-Aktionen und NATO-Operationen bei Erberich, Auslandseinsätze der Bundeswehr und EMRK, S. 61-111 und S. 113-156.

[828] EGMR, *Behrami* und *Saramati*: die Entscheidung der Großen Kammer des EGMR zur Zulässigkeit der Anträge No. 71412/01 (Bekir Behrami gegen

der EGMR Klagen gegen die EMRK-Vertragsstaaten Frankreich und Norwegen für Handlungen bzw. Unterlassungen ihrer Soldaten, die in den genannten multinationalen Operationen im Kosovo beteiligt waren, als unzulässig abgewiesen. UNMIK sei als ein subsidiäres Organ der VN dem Sicherheitsrat direkt unterstellt. Demgemäß seien auch die Handlungen, die im Rahmen von UNMIK vorgenommen werden, direkt den Vereinten Nationen zuzurechnen.[829] Mit der Resolution 1244 (1999), die unter Kapitel VII VN-Charta erging, wurden VN-Mitgliedstaaten und internationale Organisationen ermächtigt, eine internationale Sicherheitspräsenz im Kosovo unter einheitlichem Kommando und einheitlicher Kontrolle zu errichten. Folglich habe KFOR delegierte Befugnisse des VN-Sicherheitsrates wahrgenommen. Dabei habe der Sicherheitsrat die höchste Entscheidungsgewalt und Kontrolle über die Sicherheitsmission behalten.[830] Ausschlaggebend für die Entscheidung war die besondere Delegationsausgestaltung in der Resolution 1244 (1999).[831] Die einfache Gleichsetzung der in der Resolution verwendeten Formulierung, dass der Sicherheitsrat höchste Entscheidungsgewalt und Kontrolle über die Mission behalten habe, mit der in der konkreten Situation ausgeübten effektiven Kontrolle, ist unbefriedigend und hätte jedenfalls genauerer Begründung bedurft. Im Gegensatz zu UNMIK hat der Sicherheitsrat und haben damit die Vereinten Nationen nämlich keine effektive Kontrolle über KFOR ausgeübt.[832] Diese falsche Bewertung der tatsächlich gegebenen Umstände ändert aber nichts an dem grundsätzlich richtigen Kriterium der effektiven Kontrolle, das der EGMR auch in anderen, ähnlich gelagerten Entscheidungen immer wieder heranzieht.[833] Dies wird auch durch die Existenz von Art. 5 ILC

Frankreich) und 78166/01 (Ruzhdi Saramati gegen Frankreich, Deutschland und Norwegen) vom 31.05.2007, abrufbar unter www.echr.coe.int/.

829 EGMR, Bahrami und Samarati, Rn. 142f.

830 EGMR, Bahrami und Samarati, Rn. 133-141.

831 Siehe dazu auch Fischer-Lescano/ Kreck, ZERP-Diskussionspapier, S. 15.

832 So auch Hofmann, in: Fischer-Lescano/ Gasser/ Marauhn/ Ronzitti (Hrsg.), FS Bothe, S. 123, 139f. sowie Hafner, in: Fischer-Lescano/ Gasser/ Marauhn/ Ronzitti (Hrsg.), FS Bothe, S. 103, 115; um die Effektivität von VN-Missionen nicht zu gefährden, kann man das Urteil auch politisch motiviert lesen.

833 Siehe zum Beispiel EGMR, Al-Saadoon and Mufdhi v. United Kingdom, Zulässigkeitsentscheidung der IV. Kammer vom 30.06.2009, Appl. No. 61498/ 08, abrufbar unter www.echr.coe.int/, Rn. 85; EGMR, Banković and others v. Belgium and others, Entscheidung der Großen Kammer über die Zulässigkeit

Draft Articles on the Responsibility of International Organizations bestätigt, der dieses Kriterium ebenfalls aufgreift. Danach werden die Handlungen eines Staatsorgans oder eines Organs einer internationalen Organisation, das einer anderen internationalen Organisation zur Verfügung gestellt wird, der zuletzt Genannten zugerechnet, wenn und soweit diese effektive Kontrolle darüber ausübt.

Wie bereits dargestellt (C. I. 2. c)), übt effektive Kontrolle über die eingesetzten Streitkräfte im Rahmen von ESVP-Operationen aber nur der jeweilige Mitgliedstaat aus, dem die Soldaten angehören. Folglich sind die Handlungen der Soldaten, wenn diese beispielsweise Personen und/oder Sachen in Drittstaaten kontrollieren, auch dem jeweiligen Mitgliedstaat zuzurechnen, dem diese Soldaten angehören.[834]

Besonders fraglich und umstritten ist, wie denn Freiheitsentzug und ggf. der Einsatz unmittelbaren Zwangs bis zum tödlichen Schusswaffengebrauch menschenrechtlich zu beurteilen sind. Unklar ist zunächst, ob deutsches Recht auch bei einer Beteiligung von Bundeswehrsoldaten im Ausland anwendbar ist. Zwar binden die Grundrechte nach Art. 1 Abs. 3 GG Gesetzgebung, vollziehende Gewalt und Rechtsprechung umfassend, dennoch gehen Rechtsprechung und die überwiegende Auffassung in der Literatur von der Möglichkeit einer Einschränkung der Wirkkraft der Grundrechte bei Sachverhalten mit Auslandsbezug aus und begründen dies mit einer Völkerrechtsfreundlichkeit des Grundgesetzes.[835] Dies braucht hier nicht entschieden werden, da auch nach Art. 5 Abs. 1 EMRK und Art. 9 des Paktes über bürgerliche und politische Rechte die Freiheit der Person geschützt wird. In diesem Zusammenhang statuieren sowohl Art. 5 Abs. 3 EMRK als auch Art. 9 Abs. 3 des Paktes über bürgerliche und politische Rechte den Richtervorbehalt und verlangen eine unverzügliche Vorführung, wenn und sobald eine Person in Gewahrsam genommen geworden ist.[836] Gleiche gilt nach Art. 6 i.V.m. Art. 52 Abs. 1, 3 der Charta der Grundrechte der Europäischen Union, die mit dem Inkrafttreten des Vertrages von Lissabon

des Antrags No. 52207/99 vom 12.12.2001, abrufbar unter www.echr.coe.int/, Rn. 70.

[834] Ebenso Fischer-Lescano/ Kreck, ZERP-Diskussionspapier 3/2009, S. 15 für die EU-Operation „Atalanta".

[835] BVerfGE 6, S. 309, 362ff.; BVerfGE 18, S. 112, 121; BVerfGE 31, S. 58, 75, 77; BVerfGE 92, S. 26, 48; Stern, Staatsrecht, Bd. III/1, § 72 V 7 (S. 1242-1244).

[836] Zum Kriterium der Unverzüglichkeit vgl. EGMR, Medvedyev *et al.* v. Frankreich, Appl. No. 3394/03, Urteil vom 10.07.2008.

formell rechtsverbindlich geworden ist. Nach Art. 51 EU-Grundrechtecharta ist ihr Anwendungsbereich für die EU-Mitgliedstaaten eröffnet, wenn EU-Operationen Maßnahmen darstellen, die im Rahmen der Durchführung des EU-Rechts ergehen. Dafür spricht, dass Gemeinsame Aktionen auf der Grundlage von Art. 14 EUV (Nizza) bzw. Beschlüsse gemäß Art. 28, 25 lit. b) i) EU-Vertrag von Lissabon durchgeführt werden, auch wenn die Zusammenarbeit der Mitgliedsstaaten im Bereich der ESVP weiterhin als intergouvernemental anzusehen ist. Die exterritoriale Wirkung der Grundrechtecharta ist unproblematisch, weil Art. 51 der Grundrechtecharta nicht auf das Territorium, sondern auf die verpflichteten Hoheitsträger abstellt.[837] Eventuell an EU-Operationen teilnehmende Drittstaaten sind allerdings nicht an die Grundrechtecharta gebunden.

In die durch Art. 5 EMRK, Art. 9 des Paktes über bürgerliche und politische Rechte sowie Art. 6 Grundrechtecharta geschützte Freiheit der Person wird eingegriffen, wenn eine Festnahme erfolgt und die betreffende Person in Gewahrsam genommen wird. Da der Gesetzesvorbehalt auch nach Art. 5 EMRK gilt, ist dafür eine Eingriffs- oder Ermächtigungsgrundlage erforderlich.

Für die Operation Artemis kommen die VN-Resolution 1484 (2003) und die Gemeinsamen Aktionen 2003/423/GASP und 2003/432/GASP als Eingriffsgrundlagen in Betracht. Im Mandat selbst wurden mögliche Festnahmen nicht explizit geregelt. Die generelle Ermächtigung der Resolution 1484 (2003), wonach die an der Operation teilnehmenden Mitgliedstaaten alle erforderlichen Mittel ergreifen können, um das erteilte Mandat zu erfüllen, ist nicht hinreichend bestimmt. Auch die Gemeinsamen Aktionen schweigen zu den betroffenen Individualrechten. Damit stellen auch sie keine hinreichend bestimmte Ermächtigungsgrundlage dar.

Dann kann man sich weiter fragen, ob die Mitgliedstaaten eventuell gemeinsam haftbar gemacht werden können, wenn sie an Militäroperationen der EU teilnehmen und zum Beispiel in einem gemischten Verband Personen auf fremdem Staatsgebiet kontrollieren oder sogar festnehmen, ohne dies auf eine hinreichend bestimmte Ermächtigungsgrundlage stützen zu können. Aufschlussreich könnten hier wieder die ILC Draft Articles on State Responsibility sein. Nach Art. 47 ILC Draft Articles on State Responsibility haftet im Falle von mehreren verantwortlichen Staaten grundsätzlich jeder Staat einzeln entsprechend

[837] Siehe Fischer-Lescano/ Kreck, ZERP-Diskussionspapier 3/2009, S. 10f.

seiner Verantwortung bzw. entsprechend seines ihm zurechenbaren Beitrages. Etwas anders gilt nur dann, wenn eine andere vertragliche Abrede zwischen den beteiligten Staaten besteht.[838] Eine solche ist im Rahmen von EU-Militäroperationen aber nicht ersichtlich. Insbesondere enthalten weder die Gemeinsamen Aktionen noch die Einleitungsbeschlüsse für EU-Militäroperationen derartige Regelungen. Gleiches gilt für die bislang unter dem Vertrag von Lissabon erlassenen Beschlüsse in Bezug auf Operationen und Missionen im Bereich der ESVP sowie den Operations-Plan und die *Rules of Engagement*, die für jede Operation von den Mitgliedstaaten im Konsens beschlossen werden. Demnach haften die Mitgliedstaaten nicht gemeinsam für eventuelle Verstöße gegen Menschenrechte, wenn sie im Rahmen von EU-Operationen tätig werden. Vielmehr bleibt es dabei, dass die Mitgliedstaaten auch im Bereich der Menschenrechte jeweils für die von ihnen entsandten Streitkräfte haften, sofern das Menschenrechtsregime anwendbar ist. Es ist nicht anwendbar in Situationen, in denen keine Jurisdiktion ausgeübt wird (siehe dazu die obigen Ausführungen innerhalb dieses Gliederungspunktes).

Alle EU-Mitgliedstaaten sind Vertragsparteien der unter C. II. 4. aufgeführten Menschenrechtspakte. Die Gefahr differierender Standards ist eher eine theoretische, auch wenn Drittstaaten an ESVP-Operationen teilnehmen. Im Zweifel sind nämlich auch teilnehmende Drittstaaten an Menschenrechte gebunden, ggf. auch an die EMRK. Zur Steigerung der Transparenz könnte es dennoch sinnvoll sein, gemeinsame Standards z.B. wie solche bzgl. des humanitären Völkerrechts (siehe dazu C. II. 3. e)) in die *Rules of Engagement* und das SOFA bzw. SOMA aufzunehmen.[839] Insgesamt sollte der Rechtsrahmen für solche Einsätze präzisiert werden, auch um dem Erfordernis einer hinreichend bestimmten Ermächtigungsgrundlage für Festnahmen und dergleichen nachzukommen.[840]

---

838 Siehe dazu bereits die Ausführungen unter B. IV. 2. b) und C. I. 2. b).

839 So auch Naert, International Law Aspects of EU's Security and Defence Policy, S. 425, 441; siehe dazu auch das rechtlich unverbindliche Papier des Generalsekretaritats des Rates mit dem Titel "Compilation of Relevant Documents: Mainstreaming Human Rights and Gender into European Security and Defence Policy", abrufbar unter http://www.consilium.europa.eu/ueDocs/cms_Data/docs/hr/news144.pdf.

840 Ebenso Fischer-Lescano/ Kreck, ZERP-Diskussionspapier 3/2009, S. 46f.

b) Rechtliche Bindung der EU?

Fraglich ist, ob neben den Mitgliedstaaten auch die EU selbst an Menschenrechte gebunden ist, wenn sie Militäroperationen durch Streitkräfte ihrer Mitgliedstaaten durchführen lässt.

Jedenfalls unter dem Vertrag von Nizza war das nicht der Fall, da der EU noch keine Völkerrechtsfähigkeit zukam (siehe B. III. 1. a) dd) [1] und [2]).

Der Vertrag von Lissabon verleiht der Europäischen Union dann zwar explizit Völkerrechtsfähigkeit. Die EU ist aber selbst nicht Vertragspartei von Abkommen zum Schutz der Menschenrechte.[841] Möglicherweise lässt sich aber eine andere Bindung konstruieren. Zu den Zielen der Europäischen Union gehört gemäß Art. 21 Abs. 1, Abs. 2 lit. b des EU-Vertrages von Lissabon u.a. die Achtung der Menschenrechte. Dieses Bekenntnis bezieht sich aber – ebenso wie die zahlreichen Erklärungen, die die EU schon unter Art. 11 Abs. 1 letzter Spiegelstrich des EU-Vertrages von Nizza in diesem Zusammenhang abgegeben hat[842] – auf die Einhaltung der Menschenrechte durch Drittstaaten und insofern auf unionsexterne Kontexte.[843] Auch spiegelt es die zunehmende Bedeu-

---

[841] Die unter C. II. 4. aufgeführten Menschenrechtspakte lassen auch nur einen Beitritt von Staaten, nicht aber von internationalen Organisationen zu; folglich müssten die Pakte geändert werden, um der EU als internationale Organisation überhaupt einen Beitritt zu ermöglichen; siehe dazu Nolte, in: Dupuy/ Fassbender/ Shaw/ Sommermann (Hrsg.), FS Tomuschat, S. 245, 251 sowie Hofmann, in: Fischer-Lescano/ Gasser/ Marauhn/ Ronzitti (Hrsg.), FS Bothe, S. 123, 135, beide mit Verweis auf die Venice Commission des Europarates; allerdings ermöglicht der Vertrag von Lissabon gemäß Art. 6 Abs. 2 S. 1 EUV den Beitritt der EU zur EMRK.

[842] Siehe dazu die Publikation des Rates "Mainstreaming Human Rights and Gender into European Security and Defence Policy", abrufbar unter http://www.consilium.europa.eu/ueDocs/cms_Data/docs/hr/news144.pdf.

[843] Cremer, in: Calliess/ Ruffert (Hrsg.), Art. 11 EUV Rn. 3; Kaufmann-Bühler, in: Grabitz/ Hilf, Bd. I, 38. EL, Art. 11 EUV Rn. 21; wohl anders Naert, International Law Aspects of the EU's Security and Defence Policy, S. 426-428, der einen Großteil der Menschenrechte zu den grundsätzlichen Prinzipien des EU-Rechts zählt, an die die EU bei der Aus- bzw. Durchführung von EU-Recht gebunden sei – allerdings mit der wichtigen Einschränkung – nur in dem Umfang, wie die EU in diesem Bereich Hoheitsgewalt ausübe, so dass sich sein Ansatz im Ergebnis nicht auswirkt; siehe dazu die weiteren Ausführungen im Text sowie unter Punkt C. 4. a).

tung der Thematik in den auswärtigen Beziehungen der EU wider.[844] So stehen der Union noch andere Instrumente zum Schutz der Menschenrechte zur Verfügung. Außerhalb von bewaffneten Konflikten besteht nach Art. 208 AEUV (ehmaliger Art. 177 EG-Vertrag von Nizza) die Möglichkeit, beim Vorliegen schwerwiegender Menschenrechtsverletzungen, Abkommen mit den betreffenden Drittstaaten auszusetzen oder Sanktionen zu verhängen.[845] Diese Instrumente stehen im Wesentlichen der Kommission zu und sollen für die vorliegende Untersuchung außer Betracht bleiben.

Als Völkerrechtssubjekt unter dem Vertrag von Lissabon ist die EU aber an die gewohnheitsrechtlich anerkannten Menschenrechte gebunden. Da die Handlungen/ Unterlassungen der eingesetzten Soldaten aber dem jeweiligen Entsendestaat zuzurechnen sind (siehe dazu insbesondere die Ausführungen unter C. II. 4. a)), kommt dieser Bindung der EU praktisch keine Bedeutung bei.

c) Ergebnis

Die EU-Mitgliedstaaten sind vertraglich an Menschenrechte gebunden. Da sie bei EU-geführten Operationen die effektive Kontrolle über ihre Streitkräfte behalten, entfaltet diese vertragliche Bindung auch praktische Wirksamkeit für jeden einzelnen Mitgliedstaat, der sich mit Kräften im Einsatz beteiligt. Die EU selbst ist unter dem Vertrag von Lissabon als Völkerrechtssubjekt zwar an die gewohnheitsrechtlich anerkannten Menschenrechte gebunden. Wegen der nationalen Organstellung der mitgliedstaatlichen Streitkräfte ist diese Bindung aber praktisch nicht sehr bedeutsam.

---

[844] Burghardt/ Tebbe/ Marquardt, in: v.d. Groeben/ Schwarze (Hrsg.), EUV/ EGV, 6. Aufl., Bd. 1, Art. 11 EUV Rn. 6.

[845] Schmalenbach, in: Calliess/ Ruffert (Hrsg.), Art. 177 EGV Rn. 23.

D. Perspektiven

Die beiden Ebenen Europarecht und Völkerrecht sollen schließlich zusammengeführt werden, indem mögliche Perspektiven der ESVP beleuchtet werden. Dazu wird zunächst die Militäroperation in Kongo zusammenfassend rechtlich eingeordnet, um dann Leitlinien für zukünftige Einsätze der EU aufzustellen.

I. Rechtliche Einordnung der Militäroperation in Kongo

Das Fazit der Militäroperation in Kongo konzentriert sich vor allem auf die rechtliche Einordnung des Krisenmanagement-Einsatzes.

Zwar war die Entscheidung, die Operation im Rahmen der EU durchzuführen, eine strategische. Aus diesen – und anderen – Gründen war die Operation dann auch nicht typisch für eine autonome EU-Militäroperation.[846] Sie lässt vor allem unter der Beachtung der nachfolgenden ESVP-Operationen dennoch generalisierende rechtliche Schlüsse zu. So haben sich die im Rahmen von Artemis erprobten Verfahren zur ständigen Praxis entwickelt und dabei zur Institutionalisierung der Europäischen Sicherheits- und Verteidigungspolitik beigetragen.

Sowohl die operationelle als auch die Streitkräfteplanung wurden bereits auf der nationalen (französischen) Ebene organisiert, bevor die EU überhaupt involviert wurde. Dementsprechend konnten wichtige Aspekte des EU-Schnellreaktionsplanungsprozesses nicht getestet werden. Ohne französische Führung hätte die EU-Operation in Kongo nicht stattgefunden. Artemis wurde wegen ihres politischen Gewichts eine EU-Operation, auch um zu zeigen, dass die Union fähig ist, eigene Friedenssicherungsaktionen durchzuführen. Als politischer Aspekt fließt auch noch das Demonstrieren von Einigkeit nach dem Irak-Debakel mit ein.[847] Das Engagement ging dabei insbesondere auf eine per-

---

[846] Vgl. auch Gegout, European Foreign Affairs Review 10 (2005), S. 427, 437f.

[847] Homan, in: Netherlands Institute for International Relations "Clingendael", Umdruck nach www.clingendael.nl/publications/2007/20070531_cscp_chapter_homan.pdf, S. 2f.

sönliche Bitte des damaligen Generalsekretärs der Vereinten Nationen, Kofi Annan, an den französischen Präsidenten zurück. Da die USA zuvor eine Teilnahme und Mitwirkung abgelehnt hatten, konnten die Europäer ihre – wenn auch im Vergleich zur NATO bescheidenen – militärischen Fähigkeiten erstmalig unter Beweis stellen. Das starke öffentliche Interesse an der gewalttätigen Situation in Ituri bot außerdem insbesondere für Deutschland die Möglichkeit, politische Unterstützung von breiten Teilen der Bevölkerung zu sichern. Ausschlaggebend war auch, dass es sich um eine begrenzte Intervention mit kalkulierbaren Gefahren handelte.

1. Entscheidungsstrukturen

Die Entscheidungsstrukturen in der ESVP sind stark durch das dort vorherrschende Prinzip der Intergouvernementalität geprägt. So sind die 2001 neu geschaffenen Gremien PSK, EUMC und EUMS (mehr oder weniger direkt) beim Rat der Union angesiedelt.

Nach dem Europäischen Rat ist der Rat selbst das primäre Entscheidungsorgan innerhalb der Europäischen Sicherheits- und Verteidigungspolitik. Im Rat arbeiten die Vertreter der Mitgliedstaaten zusammen.

Die Arbeitsweise in der ESVP wird im Wesentlichen durch den Rat bestimmt. Dort werden alle wesentlichen Entscheidungen gefällt. Innerhalb des Rates gilt im Bereich der militärischen Krisenbewältigung weiterhin das Einstimmigkeitsprinzip, aufgelockert durch die Möglichkeit der konstruktiven Enthaltung. Wenn sich ein Mitgliedstaat bei der Abstimmung im Rat konstruktiv enthält, muss er sich an dieser konkreten Operation weder aktiv noch finanziell beteiligen, ohne die Aktion selbst zu blockieren.

Auch nach dem Vertrag von Lissabon bleibt der Rat weiterhin das entscheidende Beschlussorgan. Insbesondere wird die Säulenstruktur der Union nur formal aufgehoben, so dass weiterhin das Prinzip der Intergouvernementalität im Bereich der Gemeinsamen Außen- und Sicherheitspolitik gilt.

Die Operation in Kongo wurde über Art. 14 EUV/ Nizza durchgeführt, also in Form einer für die EU-Mitgliedstaaten rechtlich verbindlichen Gemeinsamen Aktion. Diese Handlungsform ist typisch für ein operatives Vorgehen der Union. Formell sind darin das Ziel, die Mittel, der Umfang, die Bedingungen und ggf. die Dauer der Aktion (zwingend) anzugeben. Gleiches gilt für den Beschluss als neue Handlungsform nach Art. 28 des EU-Vertrages von Lissabon.

Die Militäroperation in Kongo 2003 wurde nach dem Konzept der Rahmennation (Framework-Nation-Konzept) durchgeführt, das der Führungsrolle Frankreichs in dem Konflikt entsprach.

Obwohl die Operation zwar nicht als typisch für eine EU-autonome Aktion angesehen werden kann (s.o.), zeigen sich auch an ihr einige Aspekte, die auch in nachfolgenden Operationen als Kontinuum auftauchen. So werden sowohl zivile ESVP-Missionen als auch militärische ESVP-Operationen typischerweise in einem zweistufigen Verfahren durchgeführt. Zunächst beschließt der Rat eine Gemeinsame Aktion bzw. einen Beschluss nach dem Vertrag von Lissabon, die bzw. der die Grund-Parameter eines gemeinsamen Vorgehens in einem konkreten Krisengebiet regelt. In einem zweiten Schritt beschließt der Rat die Einleitung der Operation und lässt diese damit operativ werden.

Nach dem Prinzip der EU-Entscheidungsautonomie werden Drittstaaten erst spät beteiligt, nämlich in der operativen Phase, nachdem der Rat auf Grundlage der Eingaben des PSK über die Durchführung einer Gemeinsamen Aktion bzw. eines Beschlusses entschieden hat.

Während der Durchführung einer Aktion kommt dem PSK eine herausgehobene Rolle zu, allerdings immer unter dem Vorbehalt einer anderen Entscheidung des Rates.

Durch den Vertrag von Lissabon wird ein Hoher Vertreter der Union für die Gemeinsame Außen- und Sicherheitspolitik eingeführt, der als sog. Doppelhut die Rollen des bisherigen Hohen Vertreters für die GASP und des EU-Kommissars für Außenbeziehungen in einer Person vereinigen soll. Die Beschränkung seiner Rolle auf die Durchführung von Beschlüssen des Rates bedeutet aber keine wesentliche Änderung der Entscheidungsstrukturen der ESVP wie sie der EU-Vertrag von Nizza vorsieht.

Kommission und EP kommen keine Entscheidungsbefugnisse im Rahmen von militärischen ESVP-Maßnahmen zu. An diesem Befund ändert sich auch nichts Wesentliches durch den Vertrag von Lissabon.

Die Militäroperation in Kongo lässt sich in das gängige Instrumentarium des EU-Vertrages einordnen. Insbesondere kann das operative militärische Vorgehen der Union auch auf die Gemeinsame Aktion gemäß Art. 14 EU-Vertrag/ Nizza (i.V.m. Art. 17 Abs. 2 EU-Vertrag/ Nizza) bzw. den Beschluss nach Art. 28 EUV/ Lissabon (i.V.m. Art. 43 Abs. 1 EUV/ Lissabon) gestützt werden. Die Petersberg-Aufgaben nach Art. 17 Abs. 2 EUV umfassen neben friedensschaffenden auch friedenserzwingende Maßnahmen. Der Wortlaut „Kampfeinsätze bei der Krisenbewältigung“ lässt eine solche Auslegung zu. Diese ist auch geboten, um effektiv militärisch tätig werden zu können – nicht nur im Rahmen der Vereinten Nationen. Art. 17 Abs. 2 EUV selbst trifft keine Aussage darüber, ob die EU nur auf Grund eines Mandats des VN-Sicherheitsrates tätig werden darf. Gleiches gilt für den erweiterten Katalog der Petersberg-Aufgaben in Art. 43 Abs. 1 des EU-Vertrages von Lissabon.

Mit den in Art. 17 Abs. 2 EU-Vertrag/ Nizza bzw. Art. 43 Abs. 1 EUV/ Lissabon aufgezählten Petersberg-Aufgaben übernimmt die EU die Struktur der auf internationaler Ebene denkbaren Einsätze. Sie ermächtigen den Rat, Operationen bis hin zu Kampfeinsätzen zu beschließen. Obwohl die Petersberg-Aufgaben ausdrücklich nicht abschließend sind, bilden sie dennoch eine besonders klare Rechtsgrundlage für die ausdrücklich genannten Typen von Einsätzen, nämlich humanitäre Aufgaben und Rettungseinsätze, friedenserhaltende Aufgaben sowie Kampfeinsätze bei der Krisenbewältigung, einschließlich friedensschaffender Aufgaben sowie – unter dem Vertrag von Lissabon – Abrüstungsmaßnahmen und die Bekämpfung des Terrorismus.

Das mit der beschriebenen Ausdifferenzierung des europäischen Krisenmanagements, vor allem auf der administrativen Ebene des Rates, verfolgte Ziel ist die autonome Handlungsfähigkeit der EU. Dahinter stehen die politischen Ziele, die europäische Integration voranzutreiben, militärisches *burden-sharing* durch eine enge Kooperation mit der NATO voranzutreiben und die Effizienz europäischer Militäraktionen mit möglicherweise höherer Akzeptanz im Rahmen der Vereinten Nationen zu steigern.

2. Gewaltenteilung

Der Begriff der Gewaltenteilung kommt ursprünglich aus dem Staatsrecht und bezeichnet die klassische Dreiteilung von Legislative, Exekutive und Judikative. Obwohl nicht einfach auf die EU übertragbar, steht dahinter der Gedanke der gegenseitige Kontrolle (*checks and balances*). Dieser ist – wie der EuGH entwickelt hat – unter dem Begriff institutionelles Gleichgewicht auch auf die Union anwendbar. Im Rahmen des Mehrebenensystems zwischen der EU und ihren Mitgliedstaaten ist zwischen horizontaler und vertikaler Gewaltenteilung zu unterscheiden. Dabei ist im Blick zu halten, dass die Gewaltenteilung im Bereich der auswärtigen Angelegenheiten auch auf nationaler Ebene Besonderheiten unterliegt, um die außenpolitische Handlungsfähigkeit der Staaten zu gewährleisten.

Bzgl. der Ausgestaltung der horizontalen Gewaltenteilung zwischen den EU-Organen ist festzustellen, dass entscheidende Organe im Rahmen der GASP zum einen die intergouvernemental ausgestalteten Organe Europäischer Rat und Rat, zum anderen der Generalsekretär/ Hoher Vertreter für die GASP sind. Den supranationalen Organen Kommission und Europäisches Parlament stehen dagegen nur untergeordnete Mitwirkungsrechte zu. Derzeit besitzt nur der Rat und damit ein intergouvernementales Organ Entscheidungskompetenzen. Kein anderes Organ hat im Rahmen der GASP/ ESVP Mitentscheidungs- oder echte Kontrollbefugnisse. Außerdem findet in diesem Bereich keine gerichtliche Kontrolle durch den EuGH statt, so dass eine judikative Gewalt nicht existiert. Dagegen bildet die Rechtskontrolle durch den EuGH sonst das Gegengewicht zur starken Stellung des Rates. Da das EP im Bereich der ESVP keine parlamentarische Kontrolle ausübt, kann diese nur über die nationalen Parlamente stattfinden. Die horizontale Verlagerung auf den Rat zieht damit auch eine vertikale Verlagerung auf die nationalen Parlamente nach sich.

Im Rahmen der vertikalen Gewaltenteilung zwischen der EU und ihren Mitgliedstaaten findet eine indirekte Kontrolle über die nationalen Parlamente für ihre Vertreter im Rat statt. Dabei können die nationalen Parlamente zwar die jeweiligen nationalen Ratsmitglieder zur Verantwortung ziehen, nicht jedoch das Ratsorgan als Ganzes rechenschaftspflichtig machen. Hinzu kommt, dass die nationalen Parlamente der zurzeit 27 Mitgliedsstaaten mit ihren 40 Kammern sehr unterschiedliche Traditionen, Rechtsgrundlagen und tatsächliche Einflussmöglichkeiten haben. So ist die intergouvernementale verfahrensorientierte Legitimation durch die nationalen Parlamente in den EU-Staaten sehr heterogen ausgeprägt. Dies hat seine Ursache vor allem in den historisch unterschiedlich gewachsenen nationalen Verfassungen.

Zum Teil haben die nationalen Parlamente nur rudimentäre Kontrollkompetenzen, die über die Ausübung der allgemeinen parlamentarischen Verantwortlichkeit der Regierung und das Budgetrecht nicht hinausgehen. Ausnahmen stellen in diesem Zusammenhang Dänemark, Deutschland und Schweden sowie seit Ende 2005 auch Spanien dar. Dort ist die parlamentarische Zustimmung vor der Entsendung von Streitkräften grundsätzlich formell vorgeschrieben. Obwohl formell nicht vorgeschrieben, wird dies auch in Italien so praktiziert. Dagegen ist die Entsendung von Streitkräften in Großbritannien und Frankreich (noch) ohne die vorherige Zustimmung der Volksvertreter möglich. Seit

Mitte 2008 ist aber auch in Frankreich die Zustimmung der Assemblée nationale für die Verlängerung eines Auslandseinsatzes erforderlich, der vier Monate überschreitet. Dagegen ist die Entsendung von Streitkräften in Polen grundsätzlich ohne die vorherige Zustimmung des Parlaments möglich. Dort wird das (stärkere) Einflusspotential des Parlaments weiter faktisch durch die Regierung sowie den (starken) Präsidenten beschränkt. Die parlamentarische Zustimmung(spflicht) ist damit nicht an die Staatsform gebunden, obwohl ein gewisser Einfluss nicht abzusprechen ist. So hat in Großbritannien formell der Monarch die gesamte exekutive Gewalt inne. Bei Frankreich und Polen handelt es sich um Präsidialsysteme, in denen dem Präsidenten große Machtfülle zukommt.

Obwohl die parlamentarische Kontrolldichte in den EU-Mitgliedstaaten tendenziell zugenommen hat, ist sie doch immer noch sehr unterschiedlich ausgeprägt und ausgestaltet. Ein Grund hierfür sind die gewachsenen Verfassungstraditionen, die sich auch kaum im Wege einer Vereinheitlichung strikter nationaler Kontrollen beseitigen lassen. Insofern kommt dem Lissabon-Urteil des BVerfG keine stilbildende Wirkung zu. Abhilfe könnte aber die Schaffung gemeineuropäischer Mindeststandards der militärischen Kontrolle im institutionellen Rahmen des Europäischen Parlaments bieten, die dann auf die nationalen Parlamente zurückwirken. Dieser rechtsebenenübergreifenden Legitimationsansatz könnte ähnlich wie das System der europäischen Grundrechtskontrolle wirken – so hat sich der nationale Grundrechtsschutz im Zusammenspiel mit dem europäischen/ internationalen Grundrechtsschutz entwickelt und dabei wechselseitig verschränkt. So wäre auch eine Überwindung der vom BVerfG im Lissabon-Urteil statuierten strikten nationalen Kontrolle im Zuge fortschreitender Integration möglich.

Eine vollständige eigene Legitimation wäre aber erst mit der Schaffung einer „europäischen" Armee denkbar. Dazu werden die Mitgliedstaaten allerdings unter dem Aspekt der Wahrung der nationalen Souveränität wohl auch langfristig nicht bereit sein.

Eine Möglichkeit, das EP und damit die demokratische Legitimation der ESVP zu stärken, wäre eine verbesserte Information unter gleichzeitiger Wahrung der Bedürfnisse der Geheimhaltung, indem z.B. nur ein Ombudsmann aus dem EP mit sensiblen Informationen versorgt wird.

Als weiteren Ansatzpunkt für eine verbesserte parlamentarische Legitimation kommt der Ausbau der Konferenz der Europaausschüsse, COSAC, zu einem interparlamentarischen Kooperationsgremium in

Betracht. Die Verknüpfung der COSAC, die sich gegenüber dem Rat und nicht gegenüber den Mitgliedstaaten äußert, mit den gemeinsamen Sitzungen der Fachausschüsse der nationalen Parlamente sowie dem EP wird in Protokoll Nr. 1 zum Lissabonner EU-Vertrag aufgegriffen. Danach fördert die Konferenz der Europa-Ausschüsse den Austausch von Informationen und bewährten Praktiken zwischen den nationalen Parlamenten und dem EP, einschließlich ihrer Fachausschüsse. Weiter kann sie interparlamentarische Konferenzen zu Einzelthemen organisieren, insbesondere zur Erörterung von Fragen der GASP einschließlich der ESVP, deren Beiträge die nationalen Parlamente rechtlich nicht binden.[848] Der gegenseitige Informationsaustausch zwischen nationaler und europäischer Ebene (der Volksvertreter) könnte so verbessert werden.

Allerdings kann die fehlende horizontale Gewaltenteilung zwischen den EU-Organen nicht adäquat durch eine vertikale Kontrolle über die nationalen Parlamente der Mitgliedstaaten kompensiert werden, da es sich um verschiedene (Macht-) Rechtfertigungs- und Kontrollstränge handelt. Inhaltliche Diskussionen finden im Rat nicht statt, diese werden vielmehr von dem Rat vorgeschalteten Gremien, insbesondere dem PSK, „vorweggenommen". Deshalb ist die nationale Kontrolle der jeweiligen Ratsmitglieder nur eine formal-juristische, die den Mangel an horizontaler Gewaltenteilung inhaltlich nicht kompensieren kann. Die vertikale Verschiebung bewirkt also gleichzeitig eine Hochzonung der parlamentarischen Kontrollrechte, die in eine Stärkung des Europäischen Parlaments münden könnte.

3. Zurechnung von Entscheidungen

Im Rahmen der Zurechnung von Entscheidungen ist zwischen der Gemeinsamen Aktion für eine konkrete Operation und deren Einleitungsbeschluss auf der einen Seite sowie der Entscheidung über die Bereitstellung von Truppen auf der anderen Seite zu differenzieren. Es handelt sich um ein zweistufiges System, das Teil des Mehrebenensystems zwischen der EU und ihren Mitgliedstaaten ist.

---

[848] Vgl. dazu insbes. Art. 10 des Protokolls Nr. 1 zum EU-Vertrag von Lissabon über die Rolle der nationalen Parlamente in der EU, ABl. C 115 vom 09.05.2008, S. 203, 205.

a) 1. Stufe

Auf der ersten Stufe entscheidet der Rat über die Durchführung einer Gemeinsamen Aktion (EUV von Nizza) bzw. eines Beschlusses unter dem EU-Vertrag von Lissabon und leitet diese bzw. diesen gegebenenfalls mittels eines Beschlusses – der ebenfalls eine Gemeinsame Aktion nach Art. 14 EUV/ Nizza bzw. einen Beschluss nach Art. 28 des EU-Vertrages von Lissabon darstellt – ein.

Die Durchführung militärischer Operationen ist der gemeinsamen Verteidigungspolitik zuzurechnen, für die die EU nach Art. 17 Abs. 1 UAbs. 1 EUV/ Nizza bzw. Art. 42 Abs. 2 UAbs. 1 EUV/ Lissabon zuständig ist.

Nach Art. 14 Abs. 3 EUV/ Nizza bzw. Art. 28 Abs. 2 des EU-Vertrages von Lissabon binden Gemeinsame Aktionen bzw. Beschlüsse die Mitgliedstaaten völkerrechtlich. Diese Bindungswirkung wird allerdings durch das bei militärischen Operationen vorherrschende Freiwilligkeitsprinzip (bzgl. der Bereitstellung von Truppen) eingeschränkt. Lediglich die Finanzierung solcher Operationen ist verpflichtend – es sei denn, der Rat trifft eine andere Regelung oder es liegt eine konstruktive Enthaltung vor. Dänemark ist wegen seines *opt-outs* generell nicht gebunden.

Entscheidend für die rechtliche Zurechnung ist, ob die EU als Organisation handelt oder ob ihre Mitgliedstaaten bloß gemeinschaftlich im Rahmen der GASP/ ESVP zusammen handeln. Diese Unterscheidung läuft darauf hinaus, inwieweit die EU als internationale Organisation gegenüber ihren Mitgliedstaaten rechtlich verselbständigt ist. Unter dem Vertrag von Nizza kam der EU – im Gegensatz zur EG – keine Völkerrechtsfähigkeit zu. Die Auslegung der Gründungsverträge EGV und EUV verlieh der EU auch keine implizite Völkerrechtsfähigkeit. Jedenfalls im Bereich der GASP und ESVP war die EU auf Grund des vorherrschenden Einstimmigkeitsprinzips und der intergouvernementalen Ausrichtung der sog. zweiten Säule zur eigenständigen Willensbildung nicht fähig. Daran änderte auch die Vertragsschlusskompetenz in Art. 24 EUV nichts. Zwar schloss die EU auf dieser Grundlage immer mehr Vereinbarungen und Verträge mit Drittstaaten ab und erschien damit als autonomes Handlungssubjekt. Dies war aber vom historischen Willen der Mitgliedstaaten nicht gedeckt und von diesen auch nicht beabsichtigt. Obwohl die öffentliche Wahrnehmung ESVP-Militäroperationen als ein Handeln der EU einordnete, wurde dies rechtlich nicht bestätigt. Vielmehr bildete die EU praktisch den „institutionellen Rahmen“ für ein Tätigwerden ihrer Mitgliedstaaten, die sich der spezifischen Instrumente der EU bedienten. Aufgrund des Einstimmigkeitsprinzips in der ESVP besteht nämlich nur wenig Raum für eine eigene Tätigkeit der Organisation. Die Staaten handeln gemeinsam. Der Rat setzt letztendlich nur den Willen des Europäischen Rates, also der Mitgliedstaaten um. In diesem Zusammenhang kann man den Rat als ausführendes Organ der Mitgliedstaaten beschreiben. Dies zeigt sich deutlich an der Militäroperation in Kongo 2003 – Artemis – die praktisch von einem Mitgliedstaat alleine (Frankreich) durchgeführt wurde und lediglich ein Unionsetikett erhielt.

Im Ergebnis sind die Gemeinsame Aktion sowie der Einleitungsbeschluss für ein militärisches Tätigwerden der EU im Rahmen der Operation Artemis sowie allgemein unter dem EU-Vertrag von Nizza der Gesamtheit der Mitgliedstaaten (mit Ausnahme Dänemarks) zuzurechnen, da die EU rechtlich gegenüber ihren Mitgliedstaaten nicht in einem Maße verselbständigt war, um sie als eigenes Zurechnungssubjekt einordnen zu können. Art. 14 EUV diente in diesem Zusammenhang als Rechtsgrundlage für eine gemeinsame Zurechnung.

Durch den Vertrag von Lissabon wird die Säulenstruktur des Unionsvertrages nur formal aufgehoben. GASP und ESVP bleiben intergouvernemental. In der ESVP herrscht weiterhin das Einstimmigkeitsprinzip, so dass der Rat weiterhin nur die Gesamtheit der Mitgliedstaaten und deren gemeinsamen Willen abbildet, aber einen eigenen, davon unterscheidbaren Willen nicht bilden kann. Somit wird die juristische Konstruktion von EU-Militäreinsätzen durch den Vertrag von Lissabon nicht geändert. Es bleibt dabei, dass Beschlüsse zur Durchführung und Einleitung einer Operation der Gesamtheit der Mitgliedstaaten zuzurechnen sind, die im Rat für eine konkrete Operation gestimmt haben und sich daran dann zumindest finanziell beteiligen müssen. Als Rechtsgrundlage für die Zurechnung fungiert insofern Art. 28 des EU-Vertrages von Lissabon.

b) 2. Stufe

Die Entscheidung über die Bereitstellung von Truppen fällt in den Bereich der gemeinsamen Verteidigung und damit in die Zuständigkeit der Mitgliedstaaten. Für diese besteht deshalb keine rechtliche Verpflichtung, Truppen bereitzustellen.

Da die EU nicht selbst über permanente Kommandostrukturen verfügt, gilt für die Bereitstellung von Streitkräften das Rückgriffsprinzip. D.h., die EU greift entweder auf Streitkräfte ihrer Mitgliedstaaten zurück (autonome Operation) oder sie greift nach dem Berlin plus-Abkommen auf Mittel und Fähigkeiten der NATO zurück.

Obwohl die Formulierungen in Art. 42 Abs. 3 UAbs. 1 des EU-Vertrages von Lissabon nicht ganz eindeutig und vom Wortlaut auch offen für eine Zurechnung an die EU selbst sind, begründen sie im Gesamtkontext kein durchsetzbares Recht der EU, automatisch auf Streitkräfte ihrer Mitgliedstaaten zurückgreifen zu können. Dabei ist aber zu berücksichtigen, dass der Vertrag von Lissabon (immer noch) keine gemeinsame Verteidigung (der EU) einführt. Folglich kann er die Mitgliedstaaten auch nicht rechtlich verpflichten, sich an einer militärischen Operation aktiv und nicht nur finanziell zu beteiligen. Militärische Operationen der EU bauen nach wie vor auf freiwilligen Beiträgen ihrer Mitgliedstaaten auf.[849]

c) Kommandokette im Rahmen der militärischen Einsatzführung

Im Rahmen der militärischen Einsatzführung wird jeweils eine ad hoc-Kommandokette aufgebaut. Die Entscheidungen über die Einsatzführung – wie auch die Einsatzführung selbst – müssen von Fall zu Fall getroffen werden.

Der Militärausschuss verbindet sowohl militärische als auch politische sowie europäische und nationale Führungsebene.

Full command, also die ausschließliche Befehlsgewalt, verbleibt bei den Entsendestaaten. Diese übertragen lediglich das operative Kommando (*operational command*) für die Dauer des Einsatzes, um die Truppen vor Ort führen zu können. Im Rahmen dieses eher pragmatischen Ansatzpunktes erfolgt keine truppendienstliche Unterstellung. Weiter kann der Operationsbefehlshaber keine disziplinar- oder strafrechtliche Kontrolle ausüben.

Der Vorbehalt des nationalen Eingreifens geht sogar so weit, dass es den Mitgliedstaaten rechtlich möglich ist, ihre Soldaten während eines konkreten Einsatzes zurückzuholen.

Die militärische Einsatzführung ist als eine C2-Struktur auf drei Ebenen konstruiert (ähnlich wie das Combined Joint Task Forces-Konzept der NATO und das in der WEU entwickelte Führungskonzept):

---

[849] Ebenso Kielmansegg, Verteidigungspolitik der EU, S. 325.

- Militärstrategische Ebene: vom Rat ernannter Operationsbefehlshaber (*Operation Commander*) und Hauptquartier (*Operation Headquarters*);
- Operative Ebene: ebenfalls vom Rat ernannten Einsatzbefehlshaber (*Force Commander*) und im Regelfall vor Ort durch ein verlegbares Hauptquartier (*Force Headquarters*);
- Taktische Ebene: Befehlshaber/ Kommandeure der Einsatzkomponenten (*Component Commanders*) mit ihren Hauptgefechtsständen/ Stäben.

Im Unterschied zur Kommandostruktur bei militärischen ESVP-Operationen werden bei NATO-Operationen die Hauptquartiere auf operativer Ebene sowohl gemeinsam von den NATO-Mitgliedstaaten finanziert als auch gemeinsam von ihnen genutzt und stehen nicht zur alleinigen Verfügung einer bestimmten Nation. Bei den möglichen Hauptquartieren für autonome ESVP-Operationen handelt es sich dagegen um nationale Hauptquartiere, die entsprechend multinationalisiert werden. Über ATHENA erfolgt aber ebenso wie in der NATO eine gemeinsame Finanzierung der Hauptquartiere, wenn diese gemeinsam genutzt werden. Die gemeinsame Finanzierung beschränkt sich also auf die Dauer eines Einsatzes.

4. Verstärkte Zusammenarbeit

Es ist zwischen einer Verstärkten Zusammenarbeit innerhalb (Art. 27 a-e EUV/ Nizza und Art. 20 EUV/ Lissabon i.V.m. Art. 326-334 AEUV) und einer solchen außerhalb der GASP (vgl. Art. 17 IV EUV/ Nizza) zu differenzieren. Die Verstärkte Zusammenarbeit außerhalb der GASP wird wegen der formalen Aufhebung der Säulenstruktur durch den Vertrag von Lissabon nicht mehr explizit erwähnt, bleibt dennoch grundsätzlich möglich.

Im Rahmen der Verstärkten Zusammenarbeit außerhalb der GASP werden die Mitgliedstaaten autonom außerhalb des EU-Vertrages tätig. Es handelt sich um eine autonome völkerrechtliche Zusammenarbeit. Die europarechtliche Entscheidungsebene fällt weg. Damit handelt es sich um die verfahrenstechnisch einfachere Lösung. Beispiele für eine Verstärkte Zusammenarbeit außerhalb der GASP sind das Eurokorps oder das Deutsch-Niederländische Korps.

Bei der Verstärkten Zusammenarbeit innerhalb der GASP erlässt eine Gruppe von Staaten, die hierzu durch einen Grundsatzbeschluss des

Rates ermächtigt wird, partielles Sekundärrecht. Dabei bedienen sich die Mitgliedstaaten der Organe, Verfahren und Mechanismen der Verträge, um die erforderlichen Rechtsakte und Beschlüsse anzunehmen. Unter dem Vertrag von Nizza ist diese Form der Verstärkten Zusammenarbeit *de facto* – wegen des Ausschlusses von Fragen mit militärischen oder verteidigungspolitischen Bezügen – auf Einzelfallflexibilität beschränkt und daher praktisch bedeutungslos. Dieser Anwendungsbereich wird durch den Vertrag von Lissabon ausgedehnt. Hierin könnte ein mögliches zukünftiges Anwendungsfeld der Verstärkten Zusammenarbeit liegen, da verteidigungspolitische Fragen jedenfalls zurzeit zu sensibel für Mehrheitsentscheidungen sind.

Die Europäische Sicherheits- und Verteidigungsunion (ESVU), ein Ergebnis des sog. Pralinengipfels von 2003, stellt ebenfalls eine Verstärkte Zusammenarbeit innerhalb der GASP dar. Das Konzept beinhaltete sowohl eine militärische Beistandsverpflichtung als auch eine systematische Koordinierung der nationalen Verteidigungspolitiken. Ursprünglich war ein militärisches Hauptquartier der EU vorgesehen. Als zivilmilitärische Zelle im Militärstab der EU, die nur unter ganz bestimmten, engen subsidiären Voraussetzungen tätig werden darf, wurde dieser Vorschlag als einziger in wesentlich abgespeckter Form verwirklicht.

Die dargestellten Modelle Verstärkter Zusammenarbeit weisen verschiedene Implikationen für das europäische Mehrebenensystem auf.

So sind wegen der unterschiedlichen Mitgliederstrukturen von EU und NATO Blockadesituationen denkbar, insbesondere auf Grund des griechisch-türkischen Konfliktes. Der Pralinengipfel wurde von einigen Mitgliedstaaten auch als ein Gegenmodell zur NATO betrachtet. Da die EU bei größeren Operationen faktisch auf NATO-Kapazitäten und -Fähigkeiten angewiesen ist, überlagern sich die Mehrebenensysteme von EU und NATO, in denen beide Organisationen auf die Soldaten ihrer Mitgliedstaaten zurückgreifen. Soweit sich die Mitgliedschaften von NATO und EU überschneiden, greifen beide Organisationen dann auf den gleichen Pool von Soldaten zurück. Es entsteht praktisch eine Konkurrenzsituation.

Problematisch stellt sich auch die Zurechnung von Entscheidungen dar. Im Rahmen der Verstärkten Zusammenarbeit außerhalb der GASP sind die einzelnen teilnehmenden Mitgliedstaaten, die als autonome Völkerrechtssubjekte kooperieren, die Zurechnungssubjekte.

Dagegen existiert im Bereich der Verstärkten Zusammenarbeit innerhalb der GASP ein europarechtlicher Verpflichtungstatbestand. Die europarechtliche Ebene fällt also nicht weg. Vielmehr setzen die Mitgliedstaaten, die hierzu durch einen Beschluss des Rates ermächtigt worden sind, in diesem Bereich partielles Sekundärrecht, das für sie bindend ist. Der Rat wird innerhalb eines von den Mitgliedstaaten bestimmten völkerrechtlichen Systems tätig. Streitkräfte und militärischen Fähigkeiten der Mitgliedstaaten sind auch im Rahmen der Verstärkten Zusammenarbeit nicht integriert – anders z.B. beim Deutsch-Niederländischen Korps oder beim Eurokorps.

Anhaltspunkte für die Konstruktion einer gemeinsamen Zurechnung zu der Gruppe von Staaten, die sich an der Verstärkten Zusammenarbeit innerhalb der GASP beteiligt, ergeben sich aus Art. 47 ILC Draft Articles on State Responsibility. Auslegungsmethodisch stellen die Draft Articles zwar nur ergänzende Mittel der Interpretation dar. Weil sie international anerkannte Grundsätze für die Verantwortlichkeit von Staaten und deren Haftung kodifizieren, lassen sich aus ihnen aber auch Rückschlüsse für die Zurechnung von Entscheidungen ziehen. Nach Art. 47 ILC Draft Articles on State Responsibility haftet im Falle von mehreren verantwortlichen Staaten grundsätzlich jeder Staat einzeln entsprechend seines Verursachungsbeitrages, es sei denn, es besteht eine andere vertragliche Abrede. Eine solche besteht im Bereich der Verstärkten Zusammenarbeit innerhalb der GASP aber nicht. Unter dem Vertrag von Nizza umfasst die Verstärkte Zusammenarbeit keine Fragen mit militärischen oder verteidigungspolitischen Bezügen, so dass der gemeinsame Finanzierungsmechanismus ATHENA – als mögliche vertragliche Abrede – nicht im Rahmen der Verstärkten Zusammenarbeit anwendbar ist. Unter dem Vertrag von Lissabon bestimmt Art. 332 des Vertrages über die Arbeitsweise der EU, dass die Mitgliedstaaten die sich aus der Durchführung der Verstärkten Zusammenarbeit ergebenden Kosten selbst tragen. Diese vertragliche Abrede bestätigt also den Grundsatz der Haftung nach einzelnen Verursachungsbeiträgen. Demnach sind die Handlungen, die im Rahmen der Verstärkten Zusammenarbeit durchgeführt werden, den einzelnen Mitgliedstaaten zuzurechen, die sich jeweils daran beteiligen.

Durch die Verstärkte Zusammenarbeit innerhalb der GASP wird das europäische Entscheidungssystem verkompliziert. Es kommt zu einer erheblichen Rechtszersplitterung. Insgesamt aber erhöht die Verstärkte Zusammenarbeit die Handlungsfähigkeit der EU, da die stetige Aufnahme neuer Mitgliedstaaten gleichzeitig die Vertiefung der Integration lähmt. Außerdem kann sie einen Ausweg aus Blockadesituationen aufzeigen.

5. Adressaten von Rechten und Pflichten des Völkerrechts

Adressaten von Rechten und Pflichten des Völkerrechts im Rahmen von EU-Militäroperationen sind zum einen die Gesamtheit der an einer konkreten Operation beteiligten Mitgliedstaaten für die temporär gemeinsamen Hauptquartiere, zum anderen die einzelnen Mitgliedstaaten für die von ihnen eingesetzten Truppen. Daran ändert auch der Vertrag von Lissabon nichts.

Ausgangspunkt für dieses Ergebnis ist die nationale Zurechnung der Truppen. Die Streitkräfte, die im Rahmen von EU-Militäroperationen eingesetzt werden, sind nämlich Staatsorgane der jeweiligen Mitgliedstaaten. Bei dieser Zurechnung bleibt es solange, wie keine Rechtsgrundlage für die Zuordnung der nationalen Staatsorgane Streitkräfte zu einem anderen Völkerrechtssubjekt vorliegt.

Unter dem Vertrag von Nizza besteht eine solche Rechtsgrundlage für die Zurechnung der für die Dauer einer konkreten Operation gemeinsamen Hauptquartiere zur Gesamtheit der beteiligten Mitgliedstaaten. Beteiligte Mitgliedstaaten sind alle Mitgliedstaaten, die im Rat für die Durchführung einer konkreten Militäroperation gestimmt haben – nicht beteiligt sind dann wegen seines *opt-outs* Dänemark sowie diejenigen Mitgliedstaaten, die sich im Rat konstruktiv enthalten haben und die Operation deshalb auch nicht mit finanzieren. Diese Rechtsgrundlage stellt Art. 43 Abs. 4 ATHENA dar, der die außervertragliche Haftung regelt. Danach haften die Mitgliedstaaten gesamtschuldnerisch für die temporär gemeinsamen Hauptquartiere, die sie nach ATHENA auch gemeinsam finanzieren.

Dagegen verbleibt es im Falle der Bereitstellung von nationalen Streitkräften bei der nationalen Zurechnung. Die Befehlsgewalt des Oberbefehlshabers (*Operation Commander*) ist begrenzt, da nur das operative Kommando (*operational command*) für die Dauer des Einsatzes übertragen wird. Eine truppendienstliche Unterstellung erfolgt nicht. Die ausschließliche Hoheitsgewalt, die auch straf- und disziplinarrechtliche Befugnisse mit einschließt (*full command*) verbleibt bei den Nationen. Rechtlich erfolgt dies über die Konstruktion einer Anweisung zur Zusammenarbeit. Dieser Rückgriff auf nationale Streitkräfte für EU-geführte Einsätze ähnelt einer völkerrechtlichen Organleihe, für die üblicherweise eine Verschiebung der Zurechnung angenommen wird. Dazu müssten die Mitgliedstaaten die von ihnen für eine konkrete Operation zur Verfügung gestellten Truppen, Hauptquartiere und Material aus ihrer nationalen Hoheitsgewalt ausgliedern. Dies ist aber nicht der Fall. Die Streitkräfte im Rahmen einer ESVP-Operation verlieren nicht ihre nationale Identität. Die nationalen Staatsorgane Streitkräfte werden nicht effektiv aus ihrer jeweiligen nationalen Hoheitsgewalt ausgegliedert, weil sich die Mitgliedstaaten das Letztentscheidungsrecht über ihre Truppen vorbehalten.

Unter dem Vertrag von Lissabon, der der EU nun ausdrücklich Völkerrechtsfähigkeit verleiht, kommt grundsätzlich auch die EU als Zurechnungssubjekt von Rechten und Pflichten des Völkerrechts in Betracht. Es ist aber keine Rechtsgrundlage für eine Zurechnung der nationalen Organe Streitkräfte zur EU ersichtlich. Auch unter Lissabon werden die Streitkräfte nicht als EU-eigene konzipiert. Eine Organleihe liegt nicht vor, da wieder nur *operational command* und nicht *full command* von den Mitgliedstaaten auf den EU-*Operation Commander* übertragen wird. Weiter verbietet der Wortlaut des Art. 42 Abs. 4 ATHENA, der von den beteiligten Mitgliedstaaten spricht, die außervertraglich für Schäden haften, die durch die temporär gemeinsamen Hauptquartiere verursacht worden sind, eine Zurechnung an die EU selbst. Auch im Rahmen eines erneuten ATHENA-Review unter dem Vertrag von Lissabon ist dieser Wortlaut nicht geändert worden. Daher verbleibt es aber bei der Regelung, dass die Mitgliedstaaten gesamtschuldnerisch für die Schäden haften, die durch die temporär gemeinsamen Hauptquartiere verursacht worden sind. Für ihre Truppen haften die Mitgliedstaaten immer selbst.

6. Rechtliche Konstruktion einer Zusammenarbeit von Staaten im militärischen Bereich

Die rechtliche Konstruktion einer Zusammenarbeit von Staaten im militärischen Bereich wird durch das Freiwilligkeitsprinzip und das Prinzip der Intergouvernementalität bestimmt.

a) Konzepte einer Zusammenarbeit von Staaten im militärischen Bereich

Als mögliche Konzepte kommen in Betracht:

- Lead-Nation-Konzept: ein von einem nationalen Stab geführter gemischter Großverband, der nach nationalen Einsatzgrundsätzen handelt, und nicht aus der nationalen Hoheitsgewalt ausgegliedert wird; dann bleiben die nationalen Truppen Staatsorgane ihrer Entsendestaaten mit der Folge, dass die jeweiligen Entsendestaaten für diese haften.

- Framework-Nation-Konzept: ein gemischter Verband, in dem eine Nation den Rahmen stellt und für die Führung des Stabes verantwortlich ist; dabei werden die Truppen teilweise aus ihrer nationaler Hoheitsgewalt ausgegliedert; es liegt aber keine Organleihe vor, so dass die Mitgliedstaaten individuell für ihre Truppen haften.
- Integrationskonzept: ein Großverband, der einen multinational zusammengesetzten Stab hat, in dem die Dienstposten anteilig, dem Beitrag der Nationen entsprechend, besetzt werden, wobei die vollständige Ausgliederung aus nationaler Hoheitsgewalt nicht zwingend ist, wie das Bsp. Eurokorps zeigt; abhängig von der konkreten rechtlichen Ausgestaltung werden die Streitkräfte der Staaten entweder zu Organen des Integrationsverbandes – wie im Fall der Peacekeeping-Kontingente der VN – oder sie bleiben nationale Organe (Bsp. Eurokorps) mit der Folge, dass die Mitgliedstaaten für ihre jeweiligen Truppen haften.

Die Operation Artemis wurde nach dem Konzept der Rahmennation (*Framework-Nation*) durchgeführt. Wie bereits im Rahmen der Adressaten von Rechten und Pflichten des Völkerrechts dargelegt, werden die Streitkräfte, die die Mitgliedstaaten für EU-Militäroperationen bereit stellen, nicht zu Organen der EU oder der Gesamtheit der Mitgliedstaaten. Eine Verlagerung der Zurechnung von den Nationalstaaten, die Truppen für eine konkrete Operation bereit stellen, ist nur im Rahmen des Integrationskonzepts denkbar. Dazu müssen die nationalen Streitkräfte soweit aus ihrer nationalen Hoheitsgewalt ausgegliedert werden, dass der Integrationsverband effektive Kontrolle über sie ausübt. Dies ist abhängig von der konkreten Ausgestaltung im Einzelfall und wird praktisch durch Abkommen geregelt, die die Streitkräfte der beitragenden Mitgliedstaaten formal zu Organen der Organisation machen.

b) Kommandokette für EU-geführte militärische Operationen

Die politische Kontrolle und strategische Leitung einer EU-Militäroperation übernimmt größtenteils das vom Rat ermächtigte PSK.

Die militärische Einsatzführung erfolgt durch EUMC, EUMS und PSK, die jeweils mit weisungsgebundenen Vertretern ihrer Mitgliedstaaten besetzt sind. Demnach werden die Mitgliedstaaten versuchen, in diesen Gremien ihre jeweiligen nationalen Interessen durchzusetzen.

Auf Grund des Konsensprinzips in der GASP und ESVP – das durch den Vertrag von Lissabon im Bereich der GASP, aber nicht in dem der ESVP gelockert wird – verfügen die Mitgliedstaaten über ein erfolgversprechendes Druckmittel. Die EU wird deshalb weiterhin eine aus den mitgliedsstaatlichen Politiken „zusammengesetzte Außenpolitik" betreiben und beim Krisenmanagement im Rahmen der GASP/ ESVP dem Einfluss strategischer Interessengruppen einzelner Staaten ausgesetzt bleiben.[850] Der Umstand, dass die Mitgliedstaaten versuchen, in den Gremien der ESVP ihre nationalen Interessen einzubringen, sollte allerdings auch nicht überbewertet werden. Schließlich sind internationale Organisationen Mittel zum Zweck staatlicher Interessenverfolgung.[851]

Da die EU nicht über eigene Hauptquartiere verfügt, nutzt sie die Hauptquartiere ihrer Mitgliedstaaten. Diese sind rechtlich nicht verpflichtet, ihre Hauptquartiere – ebenso wie Soldaten und Material – tatsächlich zur Verfügung zu stellen. Integrative Effekte könnten hier durch die Zusammenlegung der nationalen *Operation Headquarters* erreicht werden.

Der *Operation Commander*, der die EU-Militäroperation militärstrategisch führt, ist ein nationaler Vertreter, nimmt aber formal in seiner Funktion keine nationalen Weisungen entgegen. Seine Ernennung durch den Rat erfolgt einstimmig. Rechtlich ist er nur dem Rat verantwortlich, der alle wesentlichen Entscheidungen des EU-Oberbefehlshabers bestätigen muss. Als Sprachrohr der Mitgliedstaaten, auf dessen Anweisung er handelt, führt der *Operation Commander* den im Rat gemeinsam gebildeten Willen der Mitgliedstaaten aus. Als Rechtsgrundlage für eine gemeinsame Zurechnung fungiert insofern Art. 14 EUV/ Nizza bzw. Art. 28 des EU-Vertrages von Lissabon. Folglich sind die Entscheidungen des *Operation Commander* den Mitgliedstaaten auch gemeinsam zuzurechnen.

[850] Ebenso Bendiek, in: Perthes/ Mair (Hrsg.), Europäische Außen- und Sicherheitspolitik, swp-Studie S 23, S. 15.

[851] Vgl. zum letztgenannten Aspekt, Ginther, Völkerrechtliche Verantwortlichkeit IO, S. 186.

7. Inhaltliche Bindungen an das Völkerrecht

Die inhaltlichen Bindungen an das Völkerrecht umfassen die Rolle der EU im *conflict-management* der Vereinten Nationen, die Bindungen an die VN-Charta selbst, die Bindungen an Entscheidungen des VN-Sicherheitsrates sowie diejenigen an das humanitäre Völkerrecht und die Menschenrechte.

a) Rolle der EU im conflict-management der VN

Die EU ist kein Verteidigungsbündnis wie die NATO. Für die Einführung einer gemeinsamen Verteidigung auf EU-Ebene wäre nach Art. 17 Abs. 1 S. 1 a.E., S. 2 EUV/ Nizza bzw. Art. 42 Abs. 2 UAbs. 1 S. 2 und 3 EUV/ Lissabon ein entsprechender Beschluss des Europäischen Rates erforderlich, der außerdem von den Mitgliedstaaten nach ihren verfassungsrechtlichen Vorschriften anzunehmen wäre, sog. vereinfachtes Vertragsänderungsverfahren.[852] Nach dem Lissabon-Urteil des BVerfG vom 30. Juni 2009 wäre der deutsche Vertreter im Rat

> „von Verfassungs wegen verpflichtet, jeder Beschlussvorlage die Zustimmung zu verweigern, die den wehrverfassungsrechtlichen Parlamentsvorbehalt des Grundgesetzes verletzen oder umgehen würde."[853]

Die EU kann aber als geeignete internationale Organisation im Sinne des Art. 48 Abs. 2 VN-Charta bezeichnet werden. Dies bezieht sich sowohl auf die Fähigkeit, dem Sicherheitsrat zur Durchführung von nicht-militärischen Maßnahmen nach Art. 39, 41 VN-Charta als auch zur Durchführung von militärischen Maßnahmen nach Art. 39, 42 VN-Charta zur Verfügung zu stehen. Nicht-militärische Zwangsmaßnahmen sind z.B. Sanktionen und Mittel der zivilen Krisenbewältigung, bei denen die Kommission – gerade im Vergleich zum militärischen Krisenmanagement – eine große Rolle spielt. Die EU kann militärische Zwangsmaßnahmen nach Art. 39, 42 VN-Charta durchführen, weil die sog. Petersberg-Aufgaben in Art. 17 Abs. 2 EUV/ Nizza bzw. Art. 43 Abs. 1 des EU-Vertrages von Lissabon auch *peace-enforcement*, also friedenserzwingende Maßnahmen umfassen. Die Völkerrechtsfähigkeit der EU ist dafür nicht erforderlich. Die eigentlichen Adressaten und

---

[852] Vgl. Kaufmann-Bühler, in: Grabitz/ Hilf, Bd. I, 38. EL, Art. 17 EUV Rn. 9.

[853] BVerfG, Urteil vom 30.06.2009, Az. 2 BvE 2/08, Rn. 388.

umsetzenden Akteure bleiben allerdings die Mitgliedstaaten. Art. 48 Abs. 2 VN-Charta betrachtet die jeweilige internationale Einrichtung nur als Handlungsrahmen und Modalität für die einzelstaatliche Umsetzung von Zwangsmaßnahmen. Die sich daraus ergebenden Folgen werden im Rahmen der Bindung an die VN-Charta (nachfolgend b) zusammenfassend dargestellt.

Zum anderen kann man die EU auch als regionale Abmachung gem. Art. 52, 53 VN-Charta ansehen. Insbesondere verfügt sie über eine binnen ausgerichteten Streitbeilegungsmechanismus. Die regionale Abmachung, die nicht völkerrechtsfähig sein muss, bildet ein System kollektiver Sicherheit, das sich primär gegen Aggressionen aus dem Kreis der Mitgliedstaaten richtet. Der eigentliche historische Beitrag der EU ist, die Beziehungen der Mitgliedstaaten auf eine stabile, friedliche Basis zu stellen. Diese Aufgabe wirkt, auch im Zusammenhang mit der Osterweiterung der EU, nach wie vor fort. Bei Art. 52, 53 VN-Charta handelt es sich um reine Durchführungsbestimmungen.

b) Charta der VN

Unter dem Vertrag von Nizza war die EU nicht völkerrechtsfähig. Folglich blieb es bei der vertraglichen Bindung der Mitgliedstaaten an die VN-Charta. Die „Selbstverpflichtung" der EU in Art. 11 Abs. 1 EUV auf die Grundsätze der VN-Charta war insofern rein deklaratorisch, weil die EU-Mitgliedstaaten – als VN-Mitgliedstaaten – an diese Grundsätze sowieso schon *qua* Vertragsrecht gebunden sind. Art. 6 Abs. 1 EUV bildete dagegen keinen Anknüpfungspunkt für eine europarechtliche Pflicht zur Beachtung des Völkerrechts.

Mehrere Erklärungen der EU, aus denen auch konkrete Kooperationsforen zwischen VN und Union entstanden sind, betonen die Hauptverantwortung des Sicherheitsrates der VN für die Aufrechterhaltung von Frieden und Sicherheit gemäß der VN-Charta. Es hat sich eine Zusammenarbeit auf Arbeitsebene etabliert, die vor allem das operative Krisenmanagement betrifft. Diese sich aus den Erklärungen ergebenden Zusammenarbeitspflichten in der Form von Konsultations- und Informationsmechanismen sind insofern konstitutiv als sie über die allgemeinen Pflichten der EU-Mitgliedstaaten als VN-Mitglieder hinausgehen.

Unter dem Vertrag von Lissabon kommt der EU Völkerrechtsfähigkeit zu. Da sie nicht Vertragspartei der VN-Charta ist, ist sie auch nicht vertraglich an diese gebunden. Die Europäische Union ist dann aber an Völkergewohnheitsrecht gebunden. Zu den völkergewohnheitsrechtlich anerkannten Bestimmungen der VN-Charta gehören u.a. das Prinzip der friedlichen Streitbeilegung sowie das Gewalt- und Interventionsverbot. Diese gewohnheitsrechtliche Bindung bestätigt die EU in einer Art Selbstverpflichtung auf die Grundsätze der VN-Charta in Art. 21 Abs. 2 lit. c, 42 Abs. 1 S. 3 EUV/ Lissabon. Dies ist als Klarstellung nicht unwichtig, weil es den Willen der EU und ihrer Mitgliedstaaten zeigt, international handlungsfähig zu sein. Unter dem Vertrag von Lissabon tritt neben die Verpflichtung der EU-Mitgliedstaaten aus Völkervertragsrecht eine eigenständige gewohnheitsrechtlich begründete Verpflichtung der EU zur Beachtung der Grundsätze der VN-Charta.

Im Rahmen der Bindung der EU an Bestimmungen der VN-Charta im Einzelnen, ist zu beachten, dass grundsätzlich nur diejenigen Bestimmungen der VN-Charta auf die EU anwendbar sind, die nicht die Organe der VN oder die Mitgliedschaft betreffen. Von besonderer praktischer Bedeutung sind im vorliegenden Zusammenhang zum einen die Bestimmungen über militärische Zwangsmaßnahmen und zum anderen die Bestimmungen über nicht-militärische Zwangsmaßnahmen nach Kapitel VII VN-Charta.

Obwohl die EU eine geeignete internationale Einrichtung gemäß Art. 48 Abs. 2 VN-Charta darstellt, wird nicht sie, sondern werden ihre Mitgliedstaaten rechtlich an die entsprechenden Durchführungsverpflichtungen gebunden. Die EU-Mitgliedstaaten trifft als VN-Mitglieder eine grundsätzliche Umsetzungspflicht in Bezug auf nicht-militärische Maßnahmen (v.a. Sanktionen). Die Zuständigkeit dafür haben sie vertraglich auf die Union delegiert mit der Folge, dass sie dieser Umsetzungspflicht nun in diesem Rahmen nachkommen müssen. Die Union wird mittelbar durch die völkerrechtlichen Verpflichtungen ihrer Mitgliedstaaten gebunden, die sie wegen des Grundsatzes der Gemeinschaftstreue (Art. 10 EGV/ Nizza) bzw. der loyalen Zusammenarbeit (Art. 4 Abs. 3 EUV/ Lissabon) zu beachten hat. Die Mitgliedstaaten sind nach Art. 103 VN-Charta verpflichtet, ihrer Umsetzungspflicht für nicht-militärische Maßnahmen auch im Rahmen der Union nachzukommen. An dieser grundsätzlichen völkerrechtlichen Pflicht ändert auch das Urteil des EuGH in der Rechtssache Kadi[854] nichts. Danach hat die EU nämlich lediglich auf der gemeinschafts- bzw. unionsrechtlichen Umsetzungsebene die dort geltenden Grundrechte zu beachten, ohne von der grundsätzlichen Umsetzungspflicht befreit zu sein. Dagegen besteht bei militärischen Zwangsmaßnahmen für die Mitgliedstaaten keine völkerrechtliche Pflicht, sich mit Truppen daran zu beteiligen,

[854] Urteil des EuGH vom 03.09.2008, Verb. Rs. C-402/05 P und C-415/05 P.

weil Abkommen nach Art. 43 VN-Charta nie abgeschlossen wurden. Auch im Rahmen des *United Nations Standby Arrangement System* (UNSAS), das die VN 1994 entwickelt haben, werden die Beiträge der Mitgliedstaaten für friedenserhaltende Aufgaben im Rahmen von *Memoranda of Understanding* selbst eingestellt und können wieder zurück gezogen werden. Die Vereinten Nationen haben kein Zugriffsrecht auf die entsprechenden Ressourcen der Mitgliedstaaten. Lediglich die Finanzierung, die im Umlageverfahren erfolgt, ist für die Mitgliedstaaten verpflichtend. Ein militärisches Engagement der EU auf Grund vom Sicherheitsrat angeordneter Zwangsmaßnahmen hängt also wegen der Souveränität der Mitgliedstaaten von politischen Faktoren ab. Deshalb ist die EU ebenso wie die NATO rechtlich nicht verpflichtet, einem Ersuchen des VN-Sicherheitsrates nach einem militärischen Tätigwerden im Sinne der Art. 39, 42 VN-Charta nachzukommen. Gleiches gilt für vom Sicherheitsrat angeordnete vorläufige Maßnahmen nach Art. 39, 40 VN-Charta, soweit es sich dabei um militärische Maßnahmen handelt. Für nicht-militärische Maßnahmen bleibt es bei einer Bindung der EG (Nizza) bzw. Union (Lissabon), soweit die Mitgliedstaaten ihr Zuständigkeiten in diesem Bereich übertragen haben.

Im Ergebnis ist die EU rechtlich nicht verpflichtet, militärische Zwangsmaßnahmen nach Kapitel VII VN-Charta durchzuführen. Dagegen ist die (kompetenziell zuständige) Europäische Gemeinschaft (Nizza) bzw. Union (Lissabon) nach Art. 39, 40 und 41 VN-Charta an die vom Sicherheitsrat angeordneten nicht-militärischen Zwangsmaßnahmen gebunden.

c) Entscheidungen des VN-Sicherheitsrates

Grundsätzlich ist eine Bindungswirkung von Entscheidungen des Sicherheitsrates nach Art. 25 VN-Charta nicht allein deshalb ausgeschlossen, weil die EU kein Staat ist. Wörtlich sind danach zwar nur die VN-Mitgliedstaaten gebunden. Die Bindungswirkung von Beschlüssen nach Art. 25 VN-Charta kann aber auch auf Nicht-Mitglieder ausgedehnt werden. Dies belegt zum einen Art. 2 Ziffer 6 VN-Charta, zum anderen Kapitel VI VN-Charta, wonach auch Nicht-Mitglieder die Aufmerksamkeit der Vereinten Nationen auf eine Streitigkeit lenken können, in der sie Partei sind. Dann sind sie auch an entsprechende Beschlüsse gebunden, die in diesem konkreten Zusammenhang ergehen. Zwar ist die EU kein Staat und kann deshalb auch nicht Partei einer Streitigkeit vor dem IGH sein. Allerdings hat die EU in zahlreichen Erklärungen bekräftigt, dass sie die Hauptverantwortung des Sicherheitsrates der Vereinten Nationen für die Wahrung und Sicherung des Weltfriedens anerkenne. Dieser Rechtsgedanke einer „Selbstverpflichtung“ der Europäischen Union auf die Grundsätze der VN-Charta und die Rolle des VN-Sicherheitsrates kommt auch im Rahmen des Art. 25 VN-Charta zum Tragen.

Obwohl Art. 48 Abs. 2 VN-Charta *lex specialis* zu Art. 25 VN-Charta ist, kann eine Bindung der EU an die zuletzt genannte Norm nicht im Umkehrschluss gezogen werden – zumal es sowieso bei der Durchführungsverpflichtung der Mitgliedstaaten verbleibt. Aus der Anerkennung der Hauptverantwortung des Sicherheitsrates für die Wahrung des Weltfriedens und die internationale Sicherheit lässt sich ebenfalls nicht ohne weiteres eine rechtliche Bindung der EU an die entsprechenden Entscheidungen des VN-Sicherheitsrates folgern.

Der Begriff des Beschlusses i.S.v. Art. 25 VN-Charta ist nicht eindeutig. Für die vorliegende Arbeit wird er auf Entscheidungen des VN-Sicherheitsrates nach Kapitel VII VN-Charta beschränkt, um die Arbeit nicht unnötig zu überfrachten.

Sofern Entscheidungen des Sicherheitsrates der VN gemäß Art. 25 VN-Charta nicht-militärische Zwangsmaßnahmen nach Art. 39, 41 VN-Charta betreffen, sind die EU-Mitgliedstaaten, die die Kompetenz für die Durchführung solcher Maßnahmen auf die EG (Nizza) bzw. Union (Lissabon) übertragen haben, rechtlich an diese gebunden. Sie können die im VN-Rahmen übernommenen Verpflichtungen nur durch die EG (Nizza) bzw. Union (Lissabon) erfüllen. Die Übertragung von Zuständigkeiten auf die EG (Nizza) bzw. Union (Lissabon) kann nämlich nicht zur Folge haben, dass sich die Mitgliedstaaten ihrer im Rahmen der VN übernommenen Verpflichtungen einfach entledigen können (siehe dazu die Ausführungen im Rahmen der Bindung an die Charta der VN unter dem vorangegangenen Gliederungspunkt). Dagegen ist die EU nicht an vom VN-Sicherheitsrat beschlossene militärische Zwangsmaßnahmen nach Art. 39, 42 VN-Charta gebunden, weil auch für die EU-Mitgliedstaaten als VN-Mitglieder wegen fehlender Art. 43 VN-Charta-Abkommen keine Pflicht zur Entsendung von Truppen im Rahmen von VN-Missionen besteht (siehe die Ausführungen im Rahmen der Zusammenfassung der Bindung an die VN-Charta und unter C. II. 2. aa) bb).[855]

---

[855] Insbesondere sind dort Ausführungen zu den United Nations Stand-by Arrangement Systems zu finden, die den Abkommen nach Art. 43 VN-Charta zumindest nahekommen.

d) Humanitäres Völkerrecht

Die EU-Mitgliedstaaten sind an das humanitäre Vertragsvölkerrecht gebunden. Insbesondere gelten für alle Mitgliedstaaten die vier Genfer Abkommen von 1949 und deren zwei Zusatzprotokolle von 1977. Daneben sind die einzelnen Mitgliedstaaten noch an das für sie jeweils geltende humanitäre Vertragsvölkerrecht gebunden – soweit dies darüber hinaus geht. Die unterschiedlichen völkerrechtlichen Bindungen sind bei den EU-Mitgliedstaaten aber allenfalls marginal und betreffen lediglich das Umweltkriegsübereinkommen von 1976, das Haager Übereinkommen zum Schutz von Kulturgut bei bewaffneten Konflikten sowie die dazu ergangenen Protokolle von 1954 und 1999 und einzelne Waffenverbote.[856] Bei jüngeren Verträgen sind sie am ehesten mit einer unterschiedlichen Ratifikationsgeschwindigkeit zu erklären, z.B. bei dem Übereinkommen über Streumunition. Weil die unterschiedlichen völkerrechtlichen Bindungen zudem immer nur einzelne Mitgliedstaaten betreffen und sich an EU-Militäroperationen sowieso nie alle Mitgliedstaaten gleichzeitig beteiligen, wirken sich die Probleme unterschiedlicher völkerrechtlicher Bindungen praktisch so gut wie nicht aus.

Die European Union Guidelines on promoting compliance with international humanitarian law (IHL)[857] zielen in diesem Zusammenhang unter der Verwendung rechtlich nicht bindender Formulierungen auf die Beachtung des humanitären Völkerrechts durch Drittstaaten ab und verweisen explizit auf die vertraglichen Bindungen der EU-Mitgliedstaaten an das humanitäre Völkerrecht.

Wegen ihrer fehlenden Völkerrechtsfähigkeit unter dem Vertrag von Nizza war die EU weder an das humanitäre Vertrags- noch an das ent-

---

[856] Im Einzelnen sind dies das Protocol on prohibitions or restrictions on the use of mines, booby-traps and other devices (Zweites Protokoll zum VN-Waffenübereinkommen von 1980), das Amendment to the Convention on Prohibitions or Restrictions on the Use of Certain Conventional Weapons which may be deemed to be Excessively Injurious or to have Indiscriminate Effects (with Protocols I, II and III) of 21 December 2001 (eine Ergänzung des VN-Waffenübereinkommens von 1980), das Protocol on Explosive Remnants of War to the Convention on Prohibitions or Restrictions on the Use of Certain Conventional Weapons which may be deemed to be Excessively Injurious or to have Indiscriminate Effects (with Protocols I, II and III) of 28 November 2003 (Fünftes Protokoll zum VN-Waffenübereinkommen von 1980) sowie die Convention on Cluster Munitions of 30 May 2008 (Übereinkommen über Streumunition).

[857] ABl. C 327 vom 23.12.2005, S. 4.

sprechende Gewohnheitsvölkerrecht gebunden. Auch unter Lissabon ist die EU für die Durchführung von ESVP-Militäroperationen darauf angewiesen, dass ihre Mitgliedstaaten ihr (freiwillig) Truppen zur Verfügung stellen. Grundsätzlich kommt die Union zwar als mögliche Konfliktpartei in einem internationalen bewaffneten Konflikt in Betracht, wenn sie Hoheitsgewalt über die ihr unterstellten Soldaten ausübt. Wie bereits gezeigt, werden die nationalen Soldaten aber auch unter dem Vertrag von Lissabon nicht (im Wege der Organleihe) zu Organen der Union.

Wenn die Mitgliedstaaten im Rahmen von EU-Militäroperationen tätig werden, wirft dies Fragen der Interoperabilität auf. Da nicht für alle Teilnehmer-Staaten die gleichen vertraglichen Standards gelten, ist fraglich, welche (gemeinsamen) Standards bei gemeinsam durchgeführten Militäroperationen gelten. Bestehendes Völkergewohnheitsrecht lässt sich nach den „formulierten Regeln" der Arbeitsgruppe *Air and Missile Warfare* des *Harvard Program on Humanitarian Policy and Conflict Research*, die diese innerhalb des Programms *International Humanitarian Law in Air and Missile Warfare* erstellt hat, wie folgt zusammenfassen: jeder Staat hat auch bei gemeinsam durchgeführten Militäroperationen – beispielsweise innerhalb einer ständigen Allianz wie der NATO oder des Eurokorps oder innerhalb einer *ad hoc* gebildeten Koalition – seine jeweiligen Verpflichtungen im Rahmen des humanitären Vertragsvölkerrechts zu beachten. Das gilt selbst dann, wenn Streitkräfte im Rahmen eines multinationalen Verbandes unter dem Kommando und der Kontrolle eines militärischen Befehlshabers einer anderen Nation stehen oder Handlungen von dem Gebiet einer koalierenden Konfliktpartei aus vorgenommen werden. Dem Bedürfnis einer dennoch weitgehend einheitlichen Anwendung der Bestimmungen des humanitären Völkerrechts in multinationalen Verbänden wird im Rahmen der EU mit den sog. *Rules of Engagement* (RoE), also den Einsatzregeln, die von den Mitgliedstaaten für die jeweiligen Operation im Konsens beschlossen werden, und klarstellen, welche Bestimmungen des humanitären Völkerrechts in dem konkreten Fall als rechtsverbindlich angesehen werden, Rechnung getragen.

Nach ATHENA, dem speziellen Finanzierungsmechanismus der EU, der die Haftung als Folge der völkerrechtlichen Verantwortlichkeit konkret ausgestaltet, gehen nur solche Schäden zu Lasten des gemeinsamen Finanzierungsmechanismus, die durch die gemeinsamen Führungsstrukturen der EU verursacht werden, also durch die für die Dauer einer konkreten Operation integrierten Hauptquartiere und deren Personal. Die Haftung für Schäden, die durch die von den Mitgliedstaaten gestellten Streitkräftekontingente verursacht werden, verbleibt hingegen ausschließlich bei dem jeweiligen Entsendestaat. Für die von ihnen entsandten Truppen haften die Mitgliedstaaten also immer selbst. Für gemeinsame Hauptquartiere und deren Personal haftet die Gesamtheit der beteiligten Mitgliedstaaten aus dem speziellen Finanzierungsmechanismus ATHENA, der sich letztlich aus Beiträgen der Mitgliedstaaten zusammensetzt, die jährlich nach deren Bruttosozialprodukt bemessen werden. Auswirkungen auf die Haftung hat ATHENA also nur im Bereich der temporär gemeinsamen Hauptquartiere. Wenn sich Drittstaaten (auf Einladung der EU) an diesen Hauptquartieren beteiligen, sind sie auch an den Kosten und damit der Haftung beteiligt.

e) Menschenrechte

Die Menschenrechte bilden ein komplementäres System zum humanitären Völkerrecht. Bislang fehlte es für die Anwendung des humanitären Völkerrechts an einem bewaffneten Konflikt unter Beteiligung der Streitkräfte einer EU-Aktion. Allgemein bestimmen sich die Grenzen einer Bindung an die Menschenrechte durch den Rückgriff auf das humanitäre Völkerrecht. Insbesondere wenn keine Kampfhandlungen stattfinden, wird die Bindung an Menschenrechte relevant.

Die EU-Mitgliedstaaten sind vertraglich an verschiedene Menschenrechtspakte gebunden, u.a. an die Europäische Menschenrechtskonvention (EMRK) und den Pakt über bürgerliche und politische Rechte. Problematisch ist aber deren Anwendbarkeit auf fremdem Staatsgebiet, also in einer typischen Situation eines Auslandseinsatzes. Das ist ein Problem der exterritorialen Anwendung, da die Menschenrechtspakte ihren Anwendungsbereich in der Regel auf das Staatsgebiet bzw. die Hoheitsgewalt des jeweiligen Mitgliedstaates begrenzen. Dieses Problem kann aber überwunden werden, wenn der Mitgliedstaat eines Menschenrechtsregimes Jurisdiktion, also Hoheitsgewalt, auf fremdem Staatsgebiet ausübt. Nach der Rechtsprechung des EGMR übt ein Staat in der Regel dann Hoheitsgewalt auf fremdem Staatsgebiet aus, wenn die eingesetzten Streitkräfte im Rahmen ihres Mandats regelmäßig Personen und/ oder Sachen kontrollieren.[858]

---

[858] Siehe EGMR, Grand Chamber, Öcalan v. Turkey, Urteil vom 12.05.2005, Appl. No. 46221/99, Rn. 91; sowie weitere Nachweise bei Eick, in: Dupuy/ Fassbender/ Shaw/ Sommermann (Hrsg.), FS Tomuschat, S. 115, 123-125 für den Internationalen Pakt über bürgerliche und politische Rechte sowie die EMRK.

Wenn Mitgliedstaaten in einem Verband auf fremdem Staatsgebiet tätig werden, stellt sich außerdem das Problem der Zurechnung. D.h., es ist danach zu fragen, wem die Handlungen der Soldaten überhaupt zugerechnet werden können. In den Fällen *Behrami* und *Saramati* hat der EGMR[859] dafür auf das Kriterium der effektiven Kontrolle abgestellt. Dies ist grundsätzlich richtig und wird durch Art. 5 ILC Draft Articles on the Responsibility of International Organizations bestätigt. Wie bereits festgestellt, übt die Europäische Union selbst aber keine effektive Kontrolle über die Soldaten ihrer Mitgliedstaaten aus. Vielmehr sind die Handlungen der Soldaten den jeweiligen Entsendestaaten zuzurechnen (siehe insbesondere die Ausführungen unter Punkt C. I. 2. c).

Besonders problematisch und unbefriedigend stellt sich die Rechtslage im Hinblick auf die menschenrechtliche Beurteilung von Freiheitsentziehung und des Einsatzes unmittelbaren Zwangs dar. Fraglich ist zunächst, ob überhaupt deutsches Recht anwendbar ist, wenn Bundeswehrsoldaten im Ausland tätig werden. Das braucht aber nicht entschieden werden, weil auch Art. 5 EMRK und Art. 9 des Paktes über bürgerliche und politische Rechte die Freiheit der Person schützen und die Ingewahrsamnahme unter Richtervorbehalt stellen. Auch Art. 6 i.V.m. Art. 52 Abs. 1, 3 EU-Grundrechtecharta – die mit Inkrafttreten des Lissabonner Vertrages rechtsverbindlich geworden ist – schützt die Freiheit der Person. Sie bindet die EU-Mitgliedstaaten, die im Rahmen der ESVP Gemeinsame Aktionen auf der Grundlage von Art. 14 EU-Vertrag (Nizza) bzw. Beschlüsse gemäß Art. 28, 25 lit. b) i) EU-Vertrag von Lissabon durchführen. Ihre exterritoriale Anwendung ist unproblematisch, weil sie auf den verpflichteten Hoheitsträger abstellt. Eventuell an EU-Operationen teilnehmende Drittstaaten sind aber nicht an die Grundrechtecharta gebunden.

Die Festnahme und Ingewahrsamnahme einer Person stellen einen Eingriff in die so geschützte Freiheit der Person dar. Dies bedarf einer Eingriffs- oder Ermächtigungsgrundlage, weil der Gesetzesvorbehalt auch nach Art. 5 EMRK gilt. Das Mandat der Operation Artemis spricht Festnahmen selbst nicht explizit an. Die Resolution der Vereinten Nationen 1484 (2003) ermächtigt die an der Operation teilnehmenden Staaten lediglich generell, alle erforderlichen Mittel zu ergreifen, um das erteilte Mandat zu erfüllen. Damit ist sie – ebenso wie die Gemeinsamen

---

[859] Entscheidung der Großen Kammer des EGMR zur Zulässigkeit der Anträge No. 71412/01 (Bekir Behrami gegen Frankreich) und 78166/01 (Ruzhdi Saramati gegen Frankreich, Deutschland und Norwegen) vom 31.05.2007, abrufbar unter www.echr.coe.int/.

Aktionen 2003/423/GASP und 2003/432/GASP, die ebenfalls zu den betroffenen Individualrechten schweigen – zu unbestimmt, um als hinreichend bestimmte Ermächtigungsgrundlage zu dienen.

Eine gemeinsame Haftung der Mitgliedstaaten für Menschenrechtsverletzungen, die im Rahmen von EU-Operationen begangen werden, scheidet mangels entsprechender vertraglicher Abrede (zwischen den Mitgliedstaaten) aus. Es bleibt daher bei dem Grundsatz, dass jeder Staat für die (menschenrechtlichen) Verfehlungen seiner Soldaten haftet.

Zwar besteht praktisch keine Gefahr differierender menschenrechtlicher Standards bei ESVP-Operationen. Transparenter wäre es aber, gemeinsame Standards – ähnlich wie solche im Rahmen des humanitären Völkerrechts – in die *Rules of Engagement* und das SOFA bzw. SOMA aufzunehmen. Mit Blick auf das Erfordernis einer hinreichend bestimmten Ermächtigungsgrundlage für Festnahmen und dergleichen, sollte der Rechtsrahmen für solche Einsätze insgesamt präzisiert werden.

Eine Bindung der Europäischen Union an Menschenrechte kam unter dem Vertrag von Nizza wegen der fehlenden Völkerrechtsfähigkeit der EU nicht in Betracht. Unter dem Vertrag von Lissabon ist die EU dann zwar völkerrechtsfähig, aber nicht Vertragspartei von Abkommen zum Schutz der Menschenrechte. Allerdings ermöglicht der Vertrag von Lissabon den Beitritt zur EMRK. Weiter lässt sich aus der Zielbestimmung in Art. 11 Abs. 1 letzter Spiegelstrich EU-Vertrag (Nizza) und Art. 21 Abs. 1, Abs. 2 lit. b des EU-Vertrages von Lissabon – Achtung der Menschenrechte – keine eigene Selbstverpflichtung der EU herleiten, da diese auf Drittstaaten bezogen ist. Als Völkerrechtssubjekt ist die EU aber an die gewohnheitsrechtlich anerkannten Menschenrechte gebunden. Diese Bindung ist allerdings praktisch nicht sehr bedeutsam, da die Soldaten und deren Handlungen – und damit mögliche Verstöße gegen Menschenrechte – allein den jeweiligen Entsendestaaten zuzurechnen sind, da die Streitkräfte auch unter dem Vertrag von Lissabon nicht als EU-eigene konzipiert sind.

II. Leitlinien für zukünftige Einsätze

Im Rahmen der Leitlinien für zukünftige Einsätze sollen nun diejenigen Aspekte herausgegriffen werden, deren rechtliche Beurteilung sich wegen ihrer tatsächlichen Ausgestaltung so komplex gestaltet, dass Handlungsbedarf besteht. Dabei handelt es sich insbesondere um rechtlich umstrittene Bereiche, die zu ihrer Weiterentwicklung einer klareren Regelung bedürfen. Ansonsten bestünde die Gefahr, dass die Entwicklung der ESVP rechtlich nicht genügend legitimiert verliefe. Das ist deshalb wichtig, weil Ausgangspunkt ihrer tatsächlichen Ausgestaltung sowieso politische Konstellationen sind.

1. Militärische Einsatzführung

Im Zuge der Fortentwicklung der ESVP wird der Grad der Multinationalität weiter zunehmen. Multinationalität im militärischen Bereich kommt auf verschiedenen Ebenen zum Tragen: in multinationalen Hauptquartieren, Gremien und Stäben sowie in multinationalen Verbänden verschiedener Ebenen, die permanent bestehen oder temporär zusammengestellt werden. Den höchsten Grad an Multinationalität haben die militärischen Stäbe der integrierten NATO-Kommandostruktur. Die Einsatzführung wird in NATO und EU im Prinzip national wahrgenommen. Internationale Ausschüsse beschränken sich auf Koordinierungsfunktionen. Der politische Wille zur Zusammenarbeit leitet sich auch aus der Notwendigkeit ab, bei stets begrenzten Kräften und Mitteln die Verlegefähigkeit, Mobilität und Durchhaltefähigkeit der Streitkräfte möglichst effizient sicherzustellen.[860] Eine eigene militärische Kommandostruktur der EU besteht bislang nicht, was wohl auch daran liegt, dass sie politisch höchst umstritten ist.

Argumente für eine eigene militärische Kommandostruktur der EU sind eine geringere Abhängigkeit von externen Faktoren, mehr kollektiver Einblick und Einfluss, größere Planungssicherheit und wirkliche Autonomie in der Durchführung von Entscheidungen.[861]

Andererseits begegnet eine eigene militärische Kommandostruktur der EU aber auch Hindernissen. Ihr Aufbau erfordert einen langen Zeitraum und einen hohen personellen, materiellen und finanziellen Aufwand, der die Leistungsfähigkeit der EU-Mitgliedstaaten übersteigt. Zudem fehlen Daueraufgaben, um den effizienten Betrieb einer Groß-

---

[860] Vgl. BMVG, Multinationalität in Bündnissen und Koalitionen, abrufbar unter: http://www.bmvg.de/sicherheit/kooperationen/print/sivep_multi.php.

[861] Wiesmann, in: Reiter/ Rummel/ Schmidt (Hrsg.), Europas ferne Streitmacht, S. 233, 270f.

organisation zu rechtfertigen. Im Verhältnis zur NATO besteht die Gefahr unnötiger Verdoppelungen.[862]

Voraussetzung für eine militärische Integration im Sinne gemeinsamer europäischer Streitkräfte ist die Integration der Außen-, Sicherheits- und Finanzpolitik. Eine nationale, höchstens mit den Partnern abgestimmte Außen- und Sicherheitspolitik ist mit einer Armee, die einem integrierten Oberbefehl untersteht, kaum vereinbar.[863] Einer integrierten Armee unter europäischem Oberbefehl dürfte der deutsche Vertreter im Rat nach dem Urteil des BVerfG zum Lissabon-Vertrag sowieso nicht zustimmen. Das wäre allenfalls denkbar, wenn die auf europäischer Ebene gegebenen Demokratiebedingungen dem deutschen konstitutiven Parlamentsvorbehalt entsprechen würden. Dann könnte die strikte nationale Kontrolle im Zuge fortschreitender Integration überwunden werden. Der Vergleich zur Solange-Rechtsprechung des BVerfG zum europäischen und nationalen Grundrechtschutz lässt diese Möglichkeit zumindest denkbar erscheinen, auch wenn sie einen Bereich betreffen, dessen Ausgestaltung wesentlich durch den EuGH mitbestimmt wurde, der im Rahmen der GASP und ESVP (bislang) keinerlei Kompetenzen besitzt.

Das einfache Nebeneinanderstellen von nationalen Kontingenten ohne die erforderlichen rechtlichen Dispositionen, das heißt ein Zusammenwirken auf der Basis eines freiwilligen Konsens, wird dem Wesen von Streitkräften – insbesondere von Krisenreaktionskräften – nicht gerecht. Grundlage aller Streitkräfte ist das Prinzip von Befehl und Gehorsam.[864]

Wehrrechtliche Harmonisierung erscheint bis zu einem gewissen Grad möglich, vor allem im Disziplinarrecht. Allerdings ist auch zu bedenken, dass eine disziplinarrechtliche Harmonisierung direkt die gewachsenen Führungstraditionen der nationalen Streitkräfte berührt.[865] Gerade im gemeinsam verbrachten Einsatz ist gleiche Behandlung bei gleicher Belastung aber ein wesentlicher Faktor für die Moral der Truppe, so dass die zeitlich begrenzte Aufgabe von nationalen Rechten hier

[862] Wiesmann, in: Reiter/ Rummel/ Schmidt (Hrsg.), Europas ferne Streitmacht, S. 233, 271.

[863] Krüger, in: Hoyer/ Kaldrack (Hrsg.), ESVP, S. 43, 56.

[864] Neubauer, in: Hoyer/ Kaldrack (Hrsg.), ESVP, S. 58, 63.

[865] Siedschlag, Möglichkeiten und Grenzen einer Harmonisierung der europäischen Entscheidungsstrukturen im ESVP-Bereich, S. 23.

sinnvoll sein kann.[866] Außerdem soll es für befehlshabende Offiziere bei multinationalen Einheiten oftmals hinderlich sein, auf die nationalen Befehlshaber angewiesen zu sein, um die Disziplin in der Einheit aufrecht zu erhalten. Zu berücksichtigen ist auch, dass der zuständige Disziplinarvorgesetzte in anderen Wehrrechtsordnungen nicht immer der unmittelbare Vorgesetzte ist. Der Disziplinarvorgesetzte ist also nicht immer in der multinationalen Einheit tätig und kennt den betroffenen Soldaten u.U. nicht.[867]

Als ein möglicher Ansatzpunkt für eine disziplinarrechtliche Harmonisierung käme die Einräumung eines Beteiligungsrechtes im nationalen Disziplinarverfahren für den fremden Befehlshaber in Betracht. Damit könnten Interessen der multinationalen Einheit im Rahmen des Disziplinarverfahrens zur Geltung kommen. Zum anderen könnte aber für multinationale Einheiten mit einem hohen Grad an Integration ein besonderes (rudimentäres) Disziplinarverfahren eingeführt werden, das die Disziplinartatbestände, den Disziplinarvorgesetzten sowie das Verfahren und die Beschwerdemöglichkeit regelt. Eine Übertragung von Hoheitsrechten könnte bei einer Gestaltung vermieden werden, die sich an der für die Übertragung der Befehls- und Kommandogewalt gebräuchlichen Unterscheidung zwischen *full command* und *operational command* orientiert. Danach müsste die Ausübung der Disziplinargewalt durch den (ausländischen) Vorgesetzten der multinationalen Einheit unter dem Vorbehalt des Eingreifens des nationalen Vorgesetzten stehen und durch eine nationale Stelle bestätigt werden. Die Letztentscheidungskompetenz bei Disziplinarmaßnahmen würde bei den nationalen Stellen verbleiben.[868]

Vorteil eines verbindlichen Befehlsrechts wäre die in militärische Einheiten erforderliche Klarheit der Befehlslage. Insbesondere bestünde dann kein Unterschied zwischen der Verbindlichkeit der Anordnung eines militärischen Kommandanten gegenüber unterstellten Soldaten der eigenen Nationalität und unterstellten Soldaten fremder Nationalität mehr. Je kleiner eine militärische Einheit ist, in der Soldaten unterschiedlicher nationaler Streitkräfte miteinander arbeiten, desto größer wird der Bedarf nach militärischer Befehlsgewalt.[869]

---

866 Vgl. Neubauer, in: Hoyer/ Kaldrack (Hrsg.), ESVP, S. 58, 64.

867 Nolte/ Krieger, Europäische Wehrrechtssysteme, S. 29.

868 Vgl. Nolte/ Krieger, Europäische Wehrrechtssysteme, S. 29-32.

869 Vgl. Kleine, Militärische Komponente der ESVP, S. 253.

Rückgriffs- und Freiwilligkeitsprinzip lassen Raum für die Weiterentwicklung der Strukturen der Eingreiftruppe. Ein möglicher Ansatzpunkt wäre insbesondere die engere Anbindung der im Streitkräftekatalog zugesagten Fähigkeiten. So könnten der EU nach dem Vorbild der NATO einzelne Verbände für bestimmte eilbedürftige Einsätze assigniert werden – am ehesten in einem Rotationsmodus. Dadurch würden die assignierenden Mitgliedstaaten zwar nicht ihr Letztentscheidungsrecht über die Verwendung ihrer Verbände verlieren, aber das Truppenstellungsverfahren würde teilweise vorweggenommen und somit abgekürzt.[870]

Fraglich bleibt, ob es nicht einen Trend in die Richtung der Schaffung einer eigenen „europäischen Armee“ gibt. Dafür spricht, dass dies zunehmend so von Spitzenpolitikern kommuniziert und formuliert wird.[871] Auch in der Literatur gibt es Stimmen, die mit einer solchen Entwicklung rechnen und sie auch befürworten.[872] Dagegen spricht, dass die NATO als klassisches Verteidigungsbündnis auch nach über 50jährigem Bestehen über keine eigene Armee verfügt. Die Beteiligung mit der Deutsch-Französischen Brigade an den EU-*battle groups* stellt dagegen einen Ansatzpunkt für eine Integration von innen heraus dar,[873] der unabhängig von der Schaffung einer genuin europäischen Armee ist.

Auswirkungen hat dies vor allem auf die rechtliche Zurechnung. Werden die Soldaten der Mitgliedstaaten derart aus ihrer nationalen Hoheitsgewalt ausgegliedert, dass sie zu Soldaten der EU werden, ist die EU als Völkerrechtssubjekt unter dem Vertrag von Lissabon das Zurechnungssubjekt, wenn sie ESVP-Operationen durchführt.

2. Zivil-militärisches (umfassendes) Krisenmanagement

Kurze EU-Militäroperationen (wie die Operation Artemis) stellen keine Langzeit-Lösung für die Probleme Afrikas dar.[874] Vielmehr ist die

---

[870] Kielmansegg, Verteidigungspolitik der EU, S. 487.

[871] Vgl. Angela Merkel, ngo-online.de vom 23.03.2007.

[872] Hofmann, IP 1/2007, S. 6, 11; Varwick, IP 1/2007, S. 46, 48; Geiger, Rechtliche Rahmenbedingungen der Multinationalität, S. 1.

[873] Vgl. FAZ vom 08.05.2008, S. 2.

[874] Vgl. Abass, in: Thrybus/ White, European Security Law, S. 156.

Einbettung in eine zivile Strategie zum Wiederaufbau erforderlich. Ziviles und militärisches Krisenmanagement müssten also Hand in Hand gehen. Dies wirft einige Probleme auf.

Zivile und militärische Akteure unterscheiden sich hinsichtlich ihrer Aufbau- und Ablauforganisation, ihrer (Organisations-) Kultur sowie ihrer interessengeleiteten Zielsetzung voneinander.[875]

Entscheidungsstrukturen und Kompetenzen sind bei den militärischen Aspekten des EU-Krisenmanagements relativ klar und durch die Konzentration auf das PSK sowie den Hohen Beauftragten auch vergleichsweise frei von EU-internen Kompetenzrivalitäten – im Gegensatz zu den zivilen Aspekten der Krisenbewältigung.[876]

Um ein nachhaltiges Krisenmanagement zu entwickeln, ist die Bewältigung der politischen und sozialen Konflikte erforderlich, auf denen die Gewaltausübung im einzelnen Fall beruht. Dazu ist eine enge Koordinierung zwischen der ESVP und der Entwicklungspolitik der EU erforderlich. In diese Richtung gingen bereits die Überlegungen des Konvents für die Europäische Verfassung. Art. 24 Abs. 1 UAbs. 1 des EU-Vertrages von Lissabon begründet in „Auflösung" des bisherigen „zweiten Pfeilers" die grundsätzliche Zuständigkeit der EU für alle Bereiche einer gemeinsamen Außen- und Sicherheitspolitik einschließlich der Entwicklung einer gemeinsamen Verteidigung. Damit werden die Gemeinsame Handelspolitik und die humanitär-entwicklungspolitische Zusammenarbeit mit Drittländern im Sinne des EG-Vertrages in die GASP einbezogen (Art. 205-214 AEUV). Dies ändert aber nichts an der grundsätzlichen Zuständigkeit der Kommission für diese Bereiche.

Hinzu kommt, dass auch auf nationaler Ebene einige Mitgliedstaaten – darunter auch Deutschland – sehr deutlich sowohl politisch als auch budgetär zwischen den für die Konfliktbehandlung relevanten Ministerien unterscheiden.[877] Dies bleibt nicht ohne Rückwirkung auf die EU-Ebene.

Die bestehenden Instrumente auf EU-Ebene (*Civil-military Cooperation* – CIMIC und *Civil-military Co-ordination* – CMCO) zielen vor allem auf eine Verbesserung der Koordination zwischen zivilem und militärischem Krisenmanagement. Praktisch wird damit ein Nebeneinander der zivilen und militärischen Akteure organisiert. Unter dieser

---

[875] Vgl. Reinhardt, swp-Diskussionspapier FG3-DP 05 (August 2006), S. 3.

[876] Siedschlag/ Eder, Akteure und Zusammenspiel im EU-Krisenmanagement, S. 11.

[877] Rummel, swp-Studie S 16 (Juli 2006), S. 18f.

aus Effektivitätsgründen befürworteten Verknüpfung leidet dann aber wieder die Transparenz der Entscheidungsfindung und -zurechnung.

Abhilfe für die Kompetenzstreitigkeiten zwischen Rat (PSK) und Kommission bzgl. der Einordnung einer konkreten Operation oder Mission könnte durch einen Kriterienkatalog erreicht werden. Dieser könnte auf Basis bisheriger, bereits abgeschlossener militärischer Operationen und ziviler Missionen entstehen. Für das gemischte, also zivil-militärische Krisenmanagement müsste dann eine (genau) festgelegte Anzahl sowohl ziviler als auch militärischer Kriterien erfüllt sein. Eine andere Möglichkeit wäre das Abstellen auf den Schwerpunkt der Aktion – wie dies der EuGH zu der Wahl der Kompetenzgrundlage im Bereich des EG-Vertrages bereits mehrfach entschieden hat.

Bislang wird das zivil-militärische Krisenmanagement durch verschiedene Kooperationsforen zwischen zivilen und militärischen Akteuren nebeneinander organisiert. In diesem Zusammenhang könnte der Ausschuss für das zivile Krisenmanagement, CIVCOM, weiter als Koordinierungsmechanismus ausgebaut werden, und so eine schrittweise Beteiligung der Kommission auch im Bereich des zivil-militärischen Krisenmanagements zu erreichen. Dazu ist ein größerer Rahmen als das momentane PSK erforderlich. Möglich und gleichzeitig wenig kostenintensiv wäre z.B. ein gemeinsamer „Sicherheitsrat", bei dem das PSK die Führungsrolle übernimmt und die anderen beiden Säulen repräsentiert werden. Die einzige rationale Alternative zu einer solchen verstärkten Koordinierung zwischen den Säulen der EU wäre die – nicht nur formale – Aufgabe der Säulenstruktur,[878] die nur sehr langfristig möglich erscheint.

Die Intransparenz der Finanzierungswege tritt vor allem bei den zivil-militärischen, den sogenannten „hybriden" EU-Auslandseinsätzen zutage. Diese werden aus dem EU-Haushalt oder mit Mitteln außerhalb des etatmäßigen EU-Budgets bestritten.[879] In Anlehnung an die Finanzierungsoptionen ziviler ESVP-Missionen (außerhalb des EU-Haushaltes) kämen für das zivil-militärische Krisenmanagement zum einen freiwillige nationale Beiträge (wie bei militärischen ESVP-Operationen), zum anderen die Schaffung eines ATHENA-ähnlichen Finanzierungsmechanismus in Betracht. Bei der Aufbringung nationaler Beiträge zur Durchführung einer Gemeinsamen Aktion bzw. eines Beschlusses be-

[878] Hagman, European Crisis Management and Defence, S. 81f.

[879] Bendiek/ Whitney-Steele, swp-Aktuell 31 (Juli 2006), S. 3.

stehen keine Beteiligungsrechte des EP.[880] Da es sich bei ATHENA eigentlich um einen Finanzierungsmechanismus für militärische ESVP-Operationen handelt, hätte dies ebenfalls zur Folge, die Haushaltsbefugnisse des EP im Bereich des zivil-militärischen Krisenmanagements zu beschneiden, da dadurch im ausschließlich intergouvernementalen Zuständigkeitsbereich des Rates zunehmend Schattenhaushalte eingerichtet werden.[881] Alternative wäre aber nur eine Finanzierung aus dem EU-Haushalt. Dies würde der Vergemeinschaftung von ESVP und GASP erheblichen Vorschub leisten, erscheint aber zum gegenwärtigen Zeitpunkt politisch unwahrscheinlich.

3. Vereinte Nationen

Die Gemeinsame Aktion für den Einsatz der EU in Kongo nennt als Ziel die Durchführung der Operation gemäß dem Mandat des Sicherheitsrates der Vereinten Nationen (Resolution 1484 [2003]). Dennoch ist die EU rechtlich nicht verpflichtet, militärisch tätig zu werden. Die Resolution stellt aber eine Legitimationsgrundlage für militärische Zwangsmaßnahmen der EU ohne Zustimmung des betroffenen Staates auf der völkerrechtlichen Ebene dar.

Problematisch und fraglich sind in diesem Zusammenhang – wie allgemein bei VN-mandatierten Einsätzen – sowohl die rechtlichen als auch die tatsächlichen Kontrollrechte des Sicherheitsrates und damit der Vereinten Nationen. Dies hängt von der konkreten Ausgestaltung und Auslegung des Mandats im Einzelfall ab. Das Urteil des EGMR in der Sache *Behrami* und *Saramati* verdeutlicht diese Problematik.

Dieser Umstand spiegelt auch das rechtlich problematische Verhältnis zwischen Europäischer Union einerseits und den Vereinten Nationen andererseits wider.

Während die Union nämlich über Art. 25, 39, 41, 48 Abs. 2 VN-Charta an Sanktionsresolutionen des Sicherheitsrates gebunden ist, kann sie gleichzeitig rechtlich nicht verpflichtet werden, vom Sicherheitsrat angeordnete militärische Zwangsmaßnahmen durchzuführen. Das liegt daran, dass auch die Militäreinsätze von Staaten auf dem Freiwilligkeitsprinzip beruhen. Während die Umsetzung von Sanktionsresolutionen

---

[880] Kaufmann-Bühler/ Meyer-Landrut, in: Grabitz/ Hilf, Bd. I, 38. EL, Art. 28 EUV Rn. 17.

[881] So auch Bendiek/ Whitney-Steele, swp-Aktuell 31 (Juli 2006), S. 3.

des VN-Sicherheitsrates in einen vergemeinschafteten Bereich des Unionsrechts fällt, gehören ESVP-Militäroperationen immer noch zum intergouvernemental ausgestalteten Bereich der Union.

Weiter verpflichtet Art. 48 Abs. 2 VN-Charta nicht die EU selbst, sondern die Mitgliedstaaten. Deren Umsetzungspflichten als VN-Mitglieder unterscheiden sich je nachdem, ob es sich um nicht-militärische oder militärische Zwangsmaßnahmen handelt, die der VN-Sicherheitsrat angeordnet hat. Wegen fehlender Art. 43 VN-Charta-Abkommen können nämlich auch die Mitgliedstaaten nicht rechtlich verpflichtet werden, Streitkräfte zur Verfügung zu stellen.

Insgesamt besteht Koordinierungsbedarf zwischen drei unterschiedlichen Ebenen. Dies sind die nationale Ebene, die europäische Ebene und die völkerrechtliche Ebene.

Auf europäischer Ebene wird im Rat entschieden, ob eine ESVP-Militäroperation durchgeführt wird. Das „wie" der Durchführung ist aber stark abhängig von den jeweiligen nationalen Beiträgen. Letztendlich entscheiden die Mitgliedstaaten, ob und wie viele Soldaten sie zur Verfügung stellen wollen. Die europäische Ebene ist also stark an die nationale Ebene rückgekoppelt.

Hinzu kommt dann noch die völkerrechtliche Ebene, wenn sich die EU faktisch in einem Bereich bewegt, in dem die Mitgliedstaaten vertrags- oder gewohnheitsrechtlich an Völkerrecht gebunden sind. Entscheidend für eine Bindung der EU ist im Wesentlichen ihre rechtliche Verselbständigung gegenüber ihren Mitgliedstaaten. Wie gezeigt, ist dies erst unter dem Vertrag von Lissabon der Fall. Für eine praktisch bedeutsame Bindung der EU an das humanitäre Gewohnheitsvölkerrecht und die gewohnheitsrechtlich anerkannten Menschenrechte wäre darüber hinaus noch erforderlich, dass die Streitkräfte der Mitgliedstaaten zu Organen der EU werden. Dazu müssten sie unter die ausschließliche Befehlsgewalt der Europäischen Union gestellt werden – ein Szenario, das auf absehbare Zeit politisch nicht durchzusetzen sein dürfte.

4. Einsatzszenarien

Die EU verfügt noch nicht über ein gefestigtes auf einer strategischen Interessendefinition der Union beruhendes Einsatzprofil.[882] Empfeh-

---

[882] Vgl. Jopp/ Sandawi, in: Weidenfeld/ Wessels (Hrsg.), Jahrbuch der europäischen Integration 2006, S. 241, 249.

lenswert ist deshalb die Ausarbeitung von Einsatzszenarien mit Einsatzrichtlinien, die nationale Revisionen der Rahmenvereinbarungen und unilateralen Abzug der Streitkräfte beschränken. Obwohl die jeweilige verfassungsrechtliche Umsetzbarkeit dieser Empfehlung zweifelhaft erscheint,[883] wäre dies ein Schritt in Richtung einer Änderung der Organstellung der Streitkräfte der Mitgliedstaaten.

Die Reaktionen auf die Veränderung der Bedrohungs- und Anforderungsprofile deuten in allen EU-Staaten darauf hin, dass sich so etwas wie eine „europäische sicherheitspolitische Problemlösungskultur" herauszubilden beginnt: die nationalen Lageanalysen nähern sich in diversen Weißbüchern und Strategiepapieren zur Sicherheits- und Verteidigungspolitik tendenziell an, die nationalen Streitkräfte werden hinsichtlich Struktur, Umfang und Ausrüstung mehr oder weniger intensiv auf Krisenreaktionsfähigkeit *out of area* ausgerichtet, und es geht hin zu multinationalen, kleineren, mobileren, professionelleren Projektionsstreitkräften.[884]

Problematisch ist allerdings, dass die sog. *battle groups*, also die Schnellen Eingreiftruppen der EU von je 1500 Soldaten, die mit großen Anstrengungen aufgebaut wurden, bislang noch nicht zum Einsatz gekommen sind. So lehnte die deutsche Bundesregierung ihren Einsatz für die Wahlunterstützung im Kongo 2006 (EUFOR RD Congo) und in Tschad (EUFOR RD TCHAD/ RCA) 2008 ab. Dies wirkt kontraproduktiv bzgl. der Bereitschaft der Mitgliedstaten, Soldaten für die *battle groups* abzustellen. Die NATO Response Force (NRF) ist bislang – abgesehen von Übungen – ebenfalls noch nicht eingesetzt worden.[885] Fraglich ist deshalb, ob die Einführung eines verbindlichen Zertifizierungs- oder Überprüfungsprozesses für die EU-*battle groups*, etwa in Anlehnung an den Prozess innerhalb der NRF,[886] überhaupt greift und politisch durchsetzbar ist.

Um das Verhältnis zur NATO ausgewogener zu gestalten, könnte man erwägen, den umgekehrten Weg über ein ziviles *double-assignment* zu eröffnen. Damit würde der NATO die Möglichkeit eröffnet, besonders

---

[883] Siehe Siedschlag, Möglichkeiten und Grenzen einer Harmonisierung der europäischen Entscheidungsstrukturen im ESVP-Bereich, S. 23.

[884] Varwick, IP 1/2007, S. 46, 47.

[885] Vgl. FAZ vom 04.10.2008, S. 6.

[886] Schmidt/ Holländer, in: Reiter (Hrsg.), Europa ohne Sicherheit?, S. 65, 72.

auf im Rahmen des *Civilian Headline Goal* angestrebten Fähigkeiten der EU zurückzugreifen.[887]

5. Pragmatischer Ansatzpunkt

Die Gemeinsame Außen- und Sicherheitspolitik, die auch die Europäische Sicherheits- und Verteidigungspolitik umfasst, hat zwei strukturelle Schwächen.

Zum einen erfordert sie rechtliche Regelungen in rechtlich schwer regelbaren Bereichen, weil diese stark politisch und wenig sachgegenständlich bezogenen sind. Und sie ist für ihre Durchsetzung auf die Mitgliedstaaten angewiesen, weil die Rolle von Kommission, EP und EuGH vergleichsweise schwach bzw. gar nicht ausgeprägt ist.[888]

Zum anderen ist eine Vergemeinschaftung der Verteidigungspolitik auf absehbare Zeit nicht vorstellbar. Sie würde in höchstem Maße elementare Belange der staatlichen Existenz der Unionsmitglieder berühren und zugleich eine in jeder Hinsicht staatenähnliche Handlungsfähigkeit auf Seiten der EU voraussetzen, soll sie nicht zu einem drastischen Verlust an Sicherheit führen. Erst wenn der Integrationsverband in einem Stadium der Quasi-Bundesstaatlichkeit angelangen sollte, würde ein solcher Schritt realistisch. Bis dahin ist eine intergouvernemental organisierte Verteidigungspolitik mit all ihren unausweichlichen Schwächen ohne Alternative.[889]

Die Kommission hat im Juni 2006 in einer Mitteilung an den Europäischen Rat, die auch als Cutileiro-Bericht bekannt wurde, „praktische Vorschläge für mehr Kohärenz, Effizienz und Sichtbarkeit" in der europäischen Außenpolitik unterbreitet.[890] Daran knüpfen auch Lieb und Maurer mit ihren Optionen für mehr außenpolitische Kohärenz auf der Grundlage des EU-Vertrages in der Fassung von Nizza an.[891] Obwohl ein solcher pragmatischer Ansatzpunkt unverzichtbar für die praktische

---

887 Schmidt/ Holländer, in: Reiter (Hrsg.), Europa ohne Sicherheit?, S. 65, 70.

888 Kugelmann, EuR 2004, S. 322, 326.

889 Vgl. Kielmansegg, Verteidigungspolitik der EU, S. 478.

890 Mitteilung der Kommission an den Europäischen Rat, KOM/2006/0278 endg. vom 08.06.2006.

891 Vgl. Lieb/ Maurer, swp-Studie S 15 (Juni 2007), Tabelle 5, S. 42ff.

Zusammenarbeit der nationalen und europäischen Akteure ist, erschwert er die klare rechtliche Zuordnung noch weiter.

Als Folge der widersprüchlichen Anforderungen, die an das EU-System gestellt werden, arbeitet dieses in großem Ausmaß mit Kompetenzüberschreitungen, mit ad hoc-Vereinbarungen und pragmatischen Lösungen. Das mag im Einzelfall unbefriedigend sein, erlaubt in der Gesamtheit aber doch einen (relativ hohen) Grad an Handlungsfähigkeit.[892]

III. Übersicht EU-Krisenmanagement-Operationen[893]

Laufende EU-Militäroperationen	**Laufende zivile EU-Missionen**
EUFOR Althea, Bosnien-Herzegovina Start: Dezember 2004	EU Police Mission (EUPM), Bosnien-Herzegovina Januar 2003 – Dezember 2011
	EUPOL COPPS, Police Mission in the Palestine Territories Januar 2006 – Dezember 2011
EU NAVFOR ('naval force') Somalia/ Operation "Atalanta" Dezember 2008 – Dezember 2012	EUPOL AFGHANISTAN (Police Mission) Juni 2007 – Mai 2013
EUFOR Libya April 2004 – 4 Monate nach Erreichen der Initial Operating Capacy	EUPOL RD Congo (Police Mission) Juli 2007 – September 2012
EUTM Somalia (Training of Somali Security Forces) September 2011 – Dezember 2012	EUJUST Lex, Integrated Rule of Law Mission for Iraq Juli 2005 – Juni 2012

892 Rummel, in: Reiter (Hrsg.), Europa ohne Sicherheit?, S. 57, 60.

893 Stand Januar 2012.

	EULEX KOSOVO (Rule of Law Mission) Februar 2008 (volle operationelle Kapazität seit April 2009) – Juni 2012
	EUBAM Rafah (Border Assistance Mission in the Palestine Territories) November 2005 – Dezember 2011
	EUBAM (Border Assistance Mission to Moldava and Ukraine) November 2005 – November 2011
	EUSEC RD Congo (Security Sector Reform Mission) Juni 2005 – September 2012
	EUMM (Monitoring Mission), Georgien Oktober 2008 – September 2012

Abgeschlossene EU-Militäroperationen	**Abgeschlossene zivile EU-Missionen**
Concordia, ehemalige jugoslawische Republik Mazedonien März 2003 – Dezember 2003	Proxima (Police Mission), ehemalige jugoslawische Republik Mazedonien Dezember 2003 – Dezember 2005
Artemis, Demokratische Republik Kongo Juni 2003 – September 2003	EUPOL Kinshasa (Police Mission), Demokratische Republik Kongo April 2005 – Juni 2007

EUFOR RD Congo Juli 2006 – November 2006	EUPAT (Police Advisory Team), ehemalige jugoslawische Republik Mazedonien Dezember 2005 – Mai 2006
EU NAVCO ('naval coordination'), vor der somalischen Küste September 2008 – Dezember 2008	EUJUST Themis (Rule of Law Mission), Georgien Juli 2004 – Juli 2005
EUFOR TCHAD/ RCA März 2008 – März 2009	AMM (Aceh Monitoring Mission), Indonesien September 2005 – Dezember 2006
	EU SSR Guinea-Bissau (Security Sector Reform Mission) Februar 2008 – September 2010
EU Support to AMIS (zivil-militärische Operation), Sudan/ Dafur Juli 2005 – Dezember 2007	

Summary

The European Security and Defence Policy in a Multi-level System

A Legal Analysis Exemplified by the Military Operation of the European Union in the Democratic Republic of Congo 2003

The military operation of the European Union in the Democratic Republic of Congo in 2003 – Artemis – was the first military operation of the EU without recourse to NATO assets and capabilities. France acted as the Framework Nation of the operation which was aimed, inter alia, at contributing to the stabilization of the security conditions and the improvement of the humanitarian situation in Bunia. The operation was conducted in accordance with the United Nations (UN) Security Council Resolution 1484 (30 May 2003). Of course, the decision to conduct this operation in the framework of the European Security and Defence Policy (ESDP) was a political one. For this and other reasons the operation was not typical for autonomous EU operations. Nevertheless it is possible to draw general legal conclusions from it. Since Artemis the procedures for EU operations have been institutionalized.

EU operations and missions are derived from Art. 14 Treaty of the European Union (Nice) in the form of a common action which is (usually) legally binding for all EU Member States – expect Denmark which secured itself an opt-out. This type of action is typical for the operative progression of the EU. In a common action, the goal, the means, the complexity, the terms and conditions, and (if necessary) the period of action must all be specified. But these are (only) formal requirements. The requirement of unanimity for decision-making underlines the intergovernmental character of the ESDP and the central role of the Council of the EU. Thus, only the Member States that abstain from voting without blocking the whole operation or mission are not obliged to contribute to the financing of the specific action. Under the Treaty of Lisbon, Art. 28 Treaty of the European Union (TEU/ Lisbon) serves as legal basis for operational action taken by the EU. The instrument 'common action' was renamed as 'decision' without changing its basic parameters.

Both civil and military ESDP missions and operations are typically executed in a two-step procedure. In the first step, the Council decides upon a common action, which regulates the basic parameters for a common approach to a concrete conflict. In a second step, the Council then initiates the mission or operation and thus lets it become operative.

According to the principle of EU decision autonomy, third States can only take part in the latter phase. That means, they are able to participate just in the operative part of an action, after the Council has already decided to conduct an operation on the basis of the input by the Political and Security Committee (PSC).

In order to enable the European Union to assume fully its responsibilities for crisis management, the European Council (Helsinki, December 1999) decided to establish permanent political and military structures. The Political and Security Committee (PSC) meets at the ambassadorial level as a preparatory body for the Council of the EU. Its main functions are keeping track of the international situation, and helping to define policies within the Common Foreign and Security Policy (CFSP) including the ESDP. It prepares a coherent EU response to a crisis and exercises its political control and strategic direction. The European Union Military Committee (EUMC) is the highest military body set up within the Council. It is composed of the Chiefs of Defence of the Member States, who are regularly represented by their permanent military representatives. The EUMC provides the PSC with advice and recommendations on all military matters within the EU. Parallel to the EUMC, the PSC is advised by a Committee for Civilian Aspects of Crisis Management. This committee provides information, drafts recommendations, and gives its opinion to the PSC on the civilian aspects of crisis management. The European Union Military Staff (EUMS) is composed of military and civilian experts seconded to the Council Secretariat by the Member States and officials of the Council General Secretariat. The EU Commission and the European Union Parliament have no decision competencies regarding ESDP military operations.

Artemis has been a crisis management operation in the sense of the so-called Petersberg-tasks in Art. 17 para. 2 EU Treaty (Nice). The Petersberg-tasks include humanitarian and rescue tasks, peacekeeping tasks and tasks of combat forces in crisis management, including peacemaking. Although they are not exclusive, the Petersberg-tasks constitute an especially clear legal basis for the explicitly named types of operations. Under the Treaty of Lisbon the catalogue of Petersberg-tasks further includes joint disarmament operations, military advice and assistance tasks, conflict prevention tasks and post-conflict stabilization. All these tasks may contribute to the fight against terrorism, including by supporting third countries in combating terrorism in their territories (Art. 43 para. 1 EU Treaty of Lisbon).

In the first step of the analysis, the national level is connected to the European level with respect to legitimacy on both levels. Regarding European Security and Defence Policy there is no real horizontal separation of powers. As already seen, the Council is the organ which decides the main issues. The European Commission, the European Parliament or the European Court of Justice cannot control the Council effectively in security and defence matters. Therefore only the national parliaments can exercise control in this field of politics. The national representatives in the Council are controlled by their national parliaments. Nevertheless they cannot control the Council as such. Furthermore, the national parliaments of 27 Member States have different traditions, legal bases and effective influences. For example, in Denmark, Sweden, Germany and (since end of 2005) also in Spain the national parliaments must approve the deployment of armed forces abroad. On the other hand, Great Britain and France are able to deploy armed forces without previous parliamentary consent. Since mid-2008 the French parliament must approve the continuation of an assignment abroad if it exceeds four months. In Poland the consent of the parliament is not necessary for the engagement of armed forces abroad.

Standard national control cannot overcome the different constitutional traditions. Therefore the judgment of the German Federal Constitutional Court regarding the Lisbon Treaty (2 BvE 2/08 of 30 June 2009) – stating that the German constitutional parliamentary reservation for the deployment of armed forces cannot be overcome by integration – seems unlikely to become a leading one. But common European standards of military control in the framework of the European Parliament affecting the national parliaments could be a possibility to improve the current situation. This type of legitimacy could function similar to the system of European control of basic rights. A complete, independent legitimacy would only be possible with the creation of an European army. Politically, this seems unlikely to occur even in the long-term, because of national sovereignty concerns. An ombudsman of the EP could be informed about sensitive issues. This would strengthen democratic legitimacy and at the same time preserve secrecy. Furthermore, the Conference of Parliamentary Committees for Union Affairs of Parliaments of the European Union (COSAC) could be extended to an inter-parliamentary cooperation committee. Protocol No. 1 to the Lisbon Treaty already says that COSAC shall promote the exchange of information and best practices between national parliaments and the European Parliament, including their special committees. It may also organize inter-parliamentary conferences on specific topics, in particular to debate matters of common foreign and security policy, including common security and defence policy. Contributions from COSAC shall not bind national parliaments and shall not prejudge their positions.

Nevertheless, vertical control cannot adequately compensate for the missing horizontal separation of powers between the EU organs. Within the Council issues are usually not discussed as regards to content. In the majority of cases these discussions take place in bodies and committees which do the preliminary work for the Council, such as the PSC. Thus, the national control of the Council representatives is just a formal one which cannot compensate for the lack of a horizontal separation of powers.

As already stated, military ESDP operations are typically executed in a two-step procedure. On the European level this statement needs further specification. In the first step, the Council decides upon a common action (Nice) or a decision (Lisbon) and then, as a second step in the process, allows it to become operational. The execution of military operations is part of the EU common defence policy according to Art. 17 para. 1 EU Treaty of Nice, or Art. 42 para. 2 EU Treaty of Lisbon respectively. The crucial question is whether the EU is acting as an organization or whether its Member States are solely acting together within the framework of the CFSP/ ESDP. In this instance, it would appear to be the latter. Both under the Treaty of Nice and the Treaty of Lisbon the EU is not acting as an independent subject under public international law. Under the Treaty of Nice the EU had no international legal personality – in contrast to the European Community. Even the interpretation of the different treaties could not attribute implicit international personality to the EU. Within the framework of the CFSP and the ESDP, the principle of unanimity did not allow the EU to develop an intention or will of its own. Even the competence to conclude treaties under Art. 24 TEU (Nice) did not change this fact. Indeed, the EU has concluded more and more agreements and treaties with third States on this legal basis. Nevertheless it was not covered by the historic wills of the Member States and not even intended by them to give the EU legal personality through Art. 24 TEU (Nice). That means, the EU formed the institutional framework for action taken by its Member States using the specific instruments of the EU. The principle of unanimity does not allow the EU to act as an organization on its own; rather the Member States are acting together. The Council just implements the will of the European Council, that means the will of the Member States. Therefore the common action and the decision to launch a military operation under the Treaty of Nice are attributed to the Member States as a whole – apart from Denmark which does not participate in ESDP because of an opt-out. The legal basis for attribution of these decisions can be found in Art. 14 EU Treaty (Nice).

Under the Treaty of Lisbon the pillar structure is only formally dissolved. The European Security and Defence Policy remains intergovernmental. In this field the Council can only reflect the Member States as a whole and their common will. Thus, decisions to launch and initiate a military operation are attributed to the Member States as a whole if they have given their consent to a specific operation in the Council. Art. 28 TEU/ Lisbon constitutes the legal basis for this attribution.

In the second step of the process on the European level, the EU Member States decide whether they will provide armed forces for a specific military operation. There is no legal commitment for the Member States to do so. If they give their consent to an operation within the Council they are only obliged to finance the operation. The EU does not possess permanent command structures. The principle of recourse is decisive for conducting EU military operations. That means, the EU either has recourse to armed forces of its Member States (autonomous operation) or to NATO assets and capabilities according to the Berlin-plus arrangements.

The "Berlin plus" arrangements, concluded on 17 March 2003, laid the foundations for NATO-EU cooperation in the field of crisis management: they enabled the Alliance to support EU-led operations in which NATO as a whole is not engaged. The main elements of these arrangements can be summarized as follows:

- assured access of the EU to NATO planning capabilities with a view to effective use in the context of military planning of EU-led crisis management operations;
- post of Deputy to the NATO Supreme Allied Commander Europe – who will command EU-led operations (and who is always a European) – and NATO European Command options;
- assured access to NATO's collective assets and capabilities (communication units, headquarters, etc.) for EU-led crisis management operations;

- NATO-EU agreement on security (exchange of classified information under the rules of mutual protection);
- procedures as to the management of NATO assets and capabilities (release, monitoring, return and recall);
- NATO-EU consultation arrangements in the context of an EU-led crisis management operation calling on NATO assets and capabilities;
- integration in NATO's longstanding defence planning system of the military requirements and capabilities which may be needed for EU-led military operations, in order to guarantee the availability of well-equipped forces trained for either NATO-led or EU-led operations.

The chain of command within EU operations is built on an *ad hoc* basis. The EUMS connects both the military and political levels, as well as the European and national levels. The sending States never lose full command over their armed forces. Rather, they only assign operational command for the duration of an operation, which is necessary to lead the armed forces on-site. The operation commander does not retain control over the armed forces with respect to disciplinary or criminal law matters.

The military approach to conducting an operation reflects a C 2-structure on three levels – similar to the Combined Joint Task Force Concept of NATO:

- Military-strategic level: Operation commander designed by the Council and Operation Headquarters;
- Operative level: Force commander designed by the Council and usually a Force Headquarters;
- Tactical level: Component commanders with their main command posts/ staff.

The possible Operation Headquarters for autonomous EU operations are national headquarters multinationalized only for the length of the operation. They are financed only for the period of the operation through the special financing mechanism ATHENA. This is the main difference to NATO Operation Headquarters, which are always financed and used by NATO Member States as a whole.

The Treaty of the European Union (under Nice as well as under Lisbon) improves operational and flexible action by the instrument of enhanced cooperation.

Enhanced cooperation outside of the framework of the CFSP (Art. 17 para. 4 TEU/ Nice) means that the Member States are acting autonomously outside the EU Treaty. It is a cooperation based on public international law. The European level of decision is not relevant in this context. Examples for enhanced cooperation outside of the CFSP are the Eurocorps and the German-Dutch Corps.

Enhanced cooperation within the framework of the CFSP (Art. 27 lit. a – lit. e TEU/ Nice; Art. 20 EU Treaty of Lisbon in connection with Art. 326-334 Treaty on the Functioning of the European Union) means that a group of States, enabled by a basic decision of the Council, implement partial secondary legislation. Therefore, the Member States use the organs, proceedings and mechanisms of the European treaties. Under the Treaty of Lisbon enhanced cooperation is also possible in the field of military and defence policy (this was not possible under the Treaty of Nice). Thus, enhanced cooperation could become interesting because this field is too sensitive for majority rules.

Not all EU Member States are at the same time members of NATO and vice versa. Hence, situations of obstruction are possible, especially because of the conflict between EU Member State Greece and NATO Member State Turkey. As far as States are members both of NATO and EU, both organizations have recourse to the same pool of armed forces.

The actions taken within the framework of enhanced cooperation out of the CFSP are attributed to the Member States who cooperate therein.

Within the framework of the CFSP there exists a European obligation. According to Art. 47 Draft Articles on State Responsibility of the International Law Commission (ILC) the responsibility of each State may be invoked as to the same internationally wrongful act where several States are responsible for that act. The Draft Articles are only additional means of interpretation, but they codify internationally accepted principles for the responsibility of States and their liability. Hence, it is possible to draw conclusions for the attribution of decisions. Art. 47 ILC Draft Articles on State Responsibility deals with the situation where there is a plurality of responsible States in respect to the same wrongful act. It states the general principle that in such cases, each State is separately responsible for the conduct attributable to it, and that responsibility is not diminished or reduced by the fact that one or more other States are also responsible for the same act. There is no deviating contractual agreement between the Member States. Under the Treaty of Nice enhanced cooperation did not include questions with military or defence policy reference. Therefore, ATHENA is not applicable in this field. Under the Treaty of Lisbon, Art. 332 of the Treaty on the Functioning of the EU confirms that expenditures resulting from implementation of enhanced cooperation, other than administrative costs entailed for the institutions, shall be borne by the participating Member States. Thus, the action undertaken in the framework of enhanced cooperation within the CFSP is attributed to the individual Member States taking part in that cooperation.

In a third step the analysis focuses on the level of public international law. In the framework of EU military operations the participating Member States as a whole are addressees of rights and obligations under public international law regarding the temporary common headquarters. On the other hand, the particular Member States remain addressees of rights and obligations under public international law for their armed forces. This is valid under the Treaty of Nice as well as under the Treaty of Lisbon. The starting point is the national attribution of armed forces. Armed forces are organs of their States as long as there is no legal basis for the attribution to another subject under international law.

Art. 43 para. 4 EU ATHENA (2008) and Art. 42 para. 4 ATHENA (2011) respectively form the legal basis for non-contractual liability. In this case any damage caused by the operation headquarters, force headquarters and component headquarters of the crisis structure or by their staff in the course of their duties, shall be covered through ATHENA by the contributing States. That means the Member States taking part in a military operation are joint and severally liable for damages regarding their headquarters.

On the other hand, the national armed forces remain organs of their Member States. The operation commander can only exercise operational command for the length of the specific military operation. Full command rests within the States. Armed forces do not become organs of the EU. They do not lose their national identity. They are not outsourced effectively from their national sovereignty. The Member States even have the right to recall them from an ongoing operation.

Under the Treaty of Lisbon the European Union has formal legal personality under public international law. Nevertheless there is no legal basis to attribute armed forces of the Member States to the EU itself. Full command still rests with the Member States. The operation commander merely exercises operational command. Furthermore, Art. 42 para. 4 ATHENA (2011) does not allow an attribution to the European Union itself, because of its explicit wording ("participating Member States"). A review of the mechanism after the Lisbon Treaty entered into force did not change this regulation.

The legal construction of a cooperation of States in the military field is determined by the principles of voluntariness and intergovernmentalism.

Possible concepts are:

- Lead-Nation concept: a mixed military alliance led by a national staff; national operational principles are applied; armed forces are not outsourced from their national sovereignty; then national armed forces remain organs of their sending States and the respective sending State is liable for its armed forces.
- Framework-Nation concept: a mixed alliance in which one nation functions as a framework and is responsible for the leadership of the staff; in this case armed forces partly do not remain within their national sovereignty; nevertheless Member States are liable for their respective armed forces individually, because the latter are not lent to the EU.
- Integration concept: an association with a multinational staff in which posts are assigned proportionately, in accordance to the States' contributions; it is not obligatory that armed forces are outsourced from their national sovereignty as the example Eurocorps shows; this depends on the concrete legal arrangements. For example, the peacekeeping contingents of the United Nations become organs of the organization that exercises effective control over them. In practice this is regulated by agreements making the armed forces of the contributing Member States into formal organs of the organization. If armed forces remain national organs of their sending States (f.ex. Eurocorps), the Member States remain liable for them.

Regarding the chain of command, the Political and Security Committee assumes political control and strategic leadership for EU military operations. The Council authorizes the PSC to do so.

The European Union Military Staff, the European Union Military Committee and the PSC work together to conduct military operations. They consist of national representatives who are bound by their respective national instructions. Hence, EU Member States will always try to implement their respective national interests in these bodies. Because of the fact that decision-making in ESDP matters is still ruled by consensus, the Member States are able to apply pressure in a promising way. Therefore the EU's defence and security policy will remain a combined one.

The Operation Commander, who leads an EU military operation, is a national representative, but formally does not receive national instructions in his function. The Council appoints him unanimously. Legally he is only responsible to the Council, which must confirm all crucial decisions of the Operation Commander. He executes the common will of the EU Member States present in the Council. Art. 14 EU Treaty of Nice and Art. 28 TEU/ Lisbon, respectively, form the legal basis for the common attribution. Therefore, the decisions of the Operation Commander are attributed to the Member States in common.

The European Union is not a defence alliance like NATO. According to Art. 17 para. 1 EU Treaty of Nice and Art. 42 para. 2 EU Treaty of Lisbon respectively a common defence must be decided by the European Council, acting unanimously. It shall in that case recommend to the Member States the adoption of such a decision in accordance with their respective constitutional requirements.

The EU is an "appropriate" international agency in the sense of Art. 48 para. 2 UN Charter. It is able to carry out both non-military measures according to Arts 39 and 41 UN Charter and military measures referred to in Arts 39 and 42 UN Charter. Measures not involving the use of armed force may be sanctions and civil-crisis management instruments. In these matters the European Commission's role is decisive. The EU is able to carry out military measures according to Arts 39 and 42 UN Charter, because peace-enforcement is part of the so-called Petersberg-tasks in Art. 17 para. 2 EU Treaty of Nice and Art. 43 para. 1 EU Treaty of Lisbon respectively. Legal personality is not necessary in this regard. The Member States remain the addressees and implementing actors. Corresponding to Art. 48 para. 2 UN Charter the international agency merely functions as the framework of action and modality for the implementation by the Member States.

Furthermore, the EU is also a regional agency in the sense of Arts 52 and 53 UN Charter. In particular it has a mechanism to resolve inherent conflicts. The regional agency, which does not need legal personality, forms a system of collective security that is directed primarily at any aggression from its own Member States. The EU's historic contribution is arranging the relationship between its Member States on a stable and peaceful basis. This task is still ongoing, as well with the Eastern enlargement of the European Union. Arts. 52 and 53 UN Charter are solely executive norms.

Under the Treaty of Nice the EU had no international legal personality. Thus, the Member States were addressees of the UN Charter. One of the objectives of the EU as defined in Art. 11 para. 2 EU Treaty (Nice) is to preserve peace and strengthen international security in accordance with the principles of the UN Charter when defining and implementing the common foreign and security policy. As the EU Member States are bound by contract – as UN Member States – to these principles, the aforementioned obligation in Art. 11 para. 2 TEU (Nice) is a declaratory one. There are several declarations concerning the collaboration between the United Nations and the EU. Therein it is especially recalled that the UN Security Council has the primary responsibility for the maintenance of international peace and security. Cooperation on the working level has been established. The obligation to work together in the form of consultation and information mechanisms derives from the aforementioned declarations. They are constitutive as far as they overlap the general obligations of EU Member States as Member States of the UN.

Under the Treaty of Lisbon the EU has attained international legal personality. The EU is not a party to the UN Charter and therefore not legally bound by it. But the European Union is bound by customary international law. The prohibition of the use of force and the principle of peaceful settlement of disputes are part of international customary law. These obligations are repeated in Arts 21 para. 2 and 42 para. 1 EU Treaty of Lisbon showing the EU's and its Member States' will to act internationally. Under the Treaty of Lisbon the EU Member States are still bound individually by the UN Charter. As previously mentioned, the European Union itself is bound by customary international law.

EU Member States are obliged to implement non-coercive measures (for example, sanctions) as Member States of the United Nations. They have delegated this competence to the European Union; thus they are obliged to implement such measures in the framework of the EU. The EU itself is bound indirectly through the international obligations of its Member States, which it has to consider because of the principle of loyalty (Art. 10 Treaty of the European Communities/ Nice) and the principle of loyal cooperation (Art. 4 para. 3 TEU/ Lisbon). According to Art. 103 UN Charter, the Member States are obliged to comply with their obligations to implement non-coercive measures also in the framework of the EU. The judgment of the European Court of Justice in the case Kadi (Joined Cases C-402/05 P and C-415/05 P – Yassin Abdullah Kadi and Al Barakaat International Foundation v Council of the European Union and Commission of the European Communities) does not change this basic international obligation by stating that European basic rights have to be taken into account on the European level. The judgment does not touch the basic obligation of implementation. The EU need only consider the European basic rights on the level of implementation. On the other hand, Member States are not obliged to take part in coercive means with armed forces. Agreements according to Art. 43 UN Charter have never been concluded. Even in the United Nations Standby Arrangement System, that was developed by the UN in 1994, the Member States' contributions for peace-maintaining missions are allotted by the Member States themselves who are able to recall them. The United Nations have no access to armed forces of Member States. Only the financing of such missions is obligatory. Whether the EU engages in an operation mandated by a United Nations Security Council resolution depends on political reasons.

EU Member States are bound by international humanitarian treaty law. Particularly, all Member States are bound by the four Geneva Conventions of 1949 and both Additional Protocols of 1977. In addition, each Member State is bound by further international humanitarian treaties individually. EU Member States have almost the same standards. Differences are marginal and only concern the Convention on the Prohibition of Military or Any Other Hostile Use of Environmental Modification Techniques of 1976, the Convention for the Protection of Cultural Property in the Event of Armed Conflict and its Protocols of 1954 and 1999 and particular prohibitions of certain weapons. In practice these differences do not have much effect, because they only concern particular Member States and not all Member States take part in EU military operations simultaneously.

The European Union Guidelines on Promoting Compliance with International Humanitarian Law aim to encourage third States to adhere to international humanitarian law by using legally non-binding wording. Furthermore they refer explicitly to the Member States' commitment to international humanitarian treaty law.

Under the Treaty of Nice the EU was neither bound by international humanitarian treaty law nor by international humanitarian customary law, because it had no legal personality. Under the Treaty of Lisbon it is theoretically possible that the EU may become a party to an international armed conflict. Therefore it has to exercise sovereignty over the armed forces. This is not yet the case.

Regarding operationability the working group Air and Missile Warfare of the Harvard Program on Humanitarian Policy and Conflict Research has elaborated certain rules in the program International Humanitarian Law in Air and Missile Warfare. Thereafter a State may not invoke its participation in combined operations as justification for its failure to perform its obligations under the law of international armed conflict.

Furthermore, the legal obligations of a State participating in combined operations do not change when its armed forces are operating in a multinational force under the command or control of a military commander of a different nationality. A State's obligations under the law of international armed conflict do not change when its air or missile forces are operating from the territory of a co-belligerent, including when its air or missile forces are operating from the territory of a co-belligerent that has different obligations under the law of international armed conflict. A State may participate in combined operations with States that do not share its obligations under the law of international armed conflict although these other States may engage in activities prohibited for the first State. In practice, the participating Member States determine the applicable rules of international humanitarian law in the Rules of Engagement (ROE) for a particular military operation. This is necessary for applying international humanitarian law in as uniform a manner as possible.

ATHENA is the special financing mechanism for military operations of the EU and ATHENA further develops liability as a consequence of responsibility in international law. ATHENA is a permanent mechanism to administer the financing of common costs of operations having military implications. Common costs financed by ATHENA are costs caused by a common leading structure, that means the integrated headquarters and their personnel for the length of a concrete operation. The participating Member States as a whole are liable for common headquarters and their personnel. The breakdown of Member States contributions is determined in accordance with the gross national product scale. If third States are participating in EU common headquarters, they also take part in the financing and thus are liable. Each State remains liable for damages caused by its armed forces.

Human rights establish a complementary system to international humanitarian law. Generally, the limit of the commitment to human rights is designated by recourse to international humanitarian law. Human rights are of special relevance when there are no armed activities. As yet, there has been no armed conflict with participation by EU Member States in the framework of the European Union. Thus, international humanitarian law has not yet been applicable in EU military operations.

EU Member States are parties to different human rights treaties, inter alia to the European Convention on Human Rights and the International Covenant on Civil and Political Rights. It is problematic whether these agreements are applicable on foreign State territory, that means in a typical situation of an assignment abroad. Usually, human rights treaties are only applicable on the State territory or within the sovereignty of a particular Member State. According to the jurisdiction of the European Court of Human Rights, a State exercises sovereignty on foreign State territory, if its armed forces regularly control persons and/ or property in the framework of their mandate.

Another problem is the question as to whom the actions of armed forces are attributable. In the cases Behrami and Saramati, the European Court on Human Rights (Appl. No. 71412/01 – Bekir Behrami v France – and No. 78166/01 –Ruzhdi Saramati v France, Germany and Norway – of 31 May 2007) used the criterion of effective control. This is principally correct and affirmed by Art. 5 Draft Articles on the Responsibility of International Organizations of the International Law Commission. As already stated, the EU does not exercise effective control over the armed forces of its Member States.

Especially with regard to detention and direct enforcement, the legal situation remains unsatisfactory. It is not necessary to decide whether German law is applicable abroad, because Art. 5 European Convention on Human Rights and Art. 9 International Covenant on Political and Civil Rights protect the freedom of a person and establish a requirement of judicial decree for detention. Furthermore, Art. 6 in connection with Art. 52 para. 1 and 3 Charter of Fundamental Rights of the European Union – which has become legally binding with the entry into force of the Lisbon Treaty – protects the freedom of person. The Charter binds EU Member States executing common actions (Art. 14 TEU/ Nice) or decisions (Art. 28, 25 lit. b i) EU Treaty of Lisbon). Thus, the Charter is applicable abroad. Third States participating in EU operations, however, are not bound by the Charter.

A legal basis is needed to detain a person, because Art. 5 European Convention on Human Rights also stipulates a legal reservation. The mandate of operation Artemis does not mention detention. The United Nations Security Council Resolution 1484 (2003) just authorizes the participating Member States to use all necessary means to fulfill the mandate. Therefore it is not precise enough to serve as a legal basis. The same is valid for the common actions taken for Artemis (2003/423/ CFSP and 2003/432/CFSP) which do not mention affected individual rights.

Each participating EU Member State is liable for violations of human rights by its armed forces. This is due to the lack of an agreement stating otherwise.

In practice there is not really the risk of differing human rights standards. Nevertheless it would be more transparent to define the human rights applicable in a particular operation in the Rules of Engagement or the Status of Forces or Mission Agreements. The legal framework for such operations has to be defined much more precisely with regard to detention.

Under the Treaty of Lisbon the EU attains international personality. While it is not a party to international human rights treaties, under Lisbon it is possible for the EU to become a party to the European Convention on Human Rights. Furthermore the EU is bound by customary human rights. In practice this is not really relevant, because armed forces and their actions are attributable to their particular sending State.

Literaturverzeichnis

Abass, Ademola, Extraterritorial Collective Security: The European Union and Operation Artemis, in: Thrybus, Martin/ White, Nigel D., European Security Law, Oxford 2007, S. 134-156

Adam, Rudolf G., Die Gemeinsame Außen- und Sicherheitspolitik der Europäischen Union nach dem Europäischen Rat von Nizza, in: Müller-Brandeck-Bocquet, Gisela (Hrsg.), Europäische Außenpolitik, Baden-Baden 2002, S. 134-148

Algieri, Franco/ Emmanouilidis, Janis/ Giering, Klaus, Flexibilität in der Außen- und Sicherheitspolitik, Konvent-Spotlight 02/2003, abrufbar unter: http://www.eu-reform.de

Argirakos, Dimitrios, Die Europäische Union- Gemeinsame Außen- und Sicherheitspolitik/ Zusammenarbeit im Bereich Justiz und Inneres, Marburg 1999

Arloth, Jana/ Seidensticker, Frauke, The ESDP Crisis Management Operations of the European Union and Human Rights, Studie des Deutschen Instituts für Menschenrechte, Berlin, April 2007

Auswärtiges Amt (Hrsg.), Gemeinsame Außen- und Sicherheitspolitik (GASP) Dokumentation, 11. Auflage, Berlin 1998

Badura, Peter, Staatsrecht, 3. Auflage, München 2003

Bailes, Alyson J.K., Die europäische Sicherheitsstrategie: programmatische und praktische Perspektiven für GASP und ESVP, Integration 28 (2005), S. 107-118

Bandilla-Dany, Constanze, Die Gemeinsame Außen- und Sicherheitspolitik der Europäischen Union nach dem Amsterdamer Vertrag und ihre Perspektiven, Aachen 2002

Bartelt, Sandra, Der rechtliche Rahmen für die neue operative Kapazität der Europäischen Union, Münster 2003

Baumgartner, Manfred, Eine Streitmacht für mancherlei Zwecke – Können die Europäer das Headline Goal erfüllen?, in: Reiter, Erich/ Rummel, Reinhardt/ Schmidt, Peter (Hrsg.), Europas ferne Streitmacht – Chancen und Schwierigkeiten der Europäischen Union beim Aufbau der ESVP, Hamburg 2002, S. 11-42

Bender, Tobias, Die verstärkte Zusammenarbeit nach Nizza, ZaöRV 2001, S. 729-770

Bendiek, Annegret, Mehr Kohärenz und mehr Finanzklarheit für GASP und ESVP, in: Perthes, Volker/ Mair, Stefan (Hrsg.), Europäische Außen- und Sicherheitspolitik, swp-Studie S 23, Berlin September 2006, S. 15-18

Dies./ Whitney-Steele, Hannah,Wein predigen und Wasser ausschenken – Die Finanzierung der EU-Außenpolitik, swp-Aktuell 31, Berlin Juli 2006

Dies./ Bringmann, Oliver, ATHENA und die Finanzierung der militärischen ESVP, swp-Diskussionspapier FG2, 2008/05, Berlin April 2008

Bernhardt, Wilfried, Verfassungsprinzipien – Verfassungsgerichtsfunktionen – Verfassungsprozeßrecht im EWG-Vertrag, Berlin 1987

Bieber, Roland/ Epiney, Astrid/ Haag, Marcel, Die Europäische Union – Europarecht und Politik, 7. Auflage, Baden-Baden 2006

Bleckmann, Albert, Europarecht, 6. Auflage, Köln 1997

Ders., Das Europäische Demokratieprinzip, JZ 2001, S. 53-58

von Bogdandy, Armin/ Nettesheim, Martin, Die Europäische Union: Ein einheitlicher Verband mit eigener Rechtsordnung, EuR 1996, S. 3-26

Ders./ Bast, Jürgen, Die vertikale Kompetenzordnung der Europäischen Union, EuGRZ 2001, S. 441-458

Borchardt, Klaus-Dieter, Die rechtlichen Grundlagen der Europäischen Union, 3. Auflage, Heidelberg 2006

Borkenhagen, Franz H., Europa braucht GASP: Gemeinsame Außen- und Sicherheitspolitik in und für Europa, Bonn 1993

Born, Hans/ Hänggi, Heiner, Governing the Use of Force under International Auspices: Deficits in Parliamentary Accountability, in: SIPRI Yearbook 2005: Armaments, Disarments and International Security, Oxford 2005, S. 199-222

Bothe, Michael, Streitkräfte Internationaler Organisationen – Zugleich ein Beitrag zu völkerrechtlichen Grundfragen der Anwesenheit fremder Truppen, Beiträge zum ausländischen öffentlichen Recht und Völkerrecht, Bd. 47, Köln Berlin 1968

Ders., Friedenssicherung und Kriegsrecht, in: Graf Vitzthum, Wolfgang (Hrsg.), Völkerrecht, 4. Auflage, Berlin 2007, Achter Abschnitt, S. 642-725

Ders., Le Droit de la Guerre et les Nations Unies, Genf 1967

Ders., Die Stellung der Europäischen Gemeinschaften im Völkerrecht, ZaöRV 37 (1977), S. 122-137

Ders., Customary international humanitarian law: some reflections on the ICRC study, Yearbook of International Humanitarian Law, vol. 8 (2005), S. 143-178

Ders./ Ipsen, Knut/ Partsch, Karl Josef, Die Genfer Konferenz über humanitäres Völkerrecht, ZaöRV 38 (1978), S. 1-159

Breitmoser, Stephan/ Richter, Dagmar, Die Verwirklichung der KSZE-Grundsätze zum Schutz nationaler Minderheiten durch Organleihe bei der EMRK, EuGRZ 1991, S. 141-158

Buch, Heinrich, Europäischer Rat, Kommission und Parlament – Kompetenzaufteilung in Fragen der Sicherheitspolitik, in: Kernic, Franz/ Hauser, Gunther (Hrsg.), Handbuch der europäischen Sicherheit, 2. Auflage, Frankfurt am Main 2006, S. 141-154

Burghardt, Günter/ Tebbe, Gerd, Die Gemeinsame Außen- und Sicherheitspolitik der Europäischen Union – Rechtliche Struktur und politischer Prozeß, EuR 1995, S. 1-20

Burkard, Johannes, Die Gemeinsame Außen- und Sicherheitspolitik und ihre Berührungspunkte mit der Europäischen Gemeinschaft, Berlin 2001

Burkiczak, Christian, Ein Entsendegesetz für die Bundeswehr?, ZRP 2003, S. 82-86

Calliess, Christian/ Ruffert, Matthias (Hrsg.), Kommentar zu EU-Vertrag und EG-Vertrag, 3. Auflage, München 2007

Dies. (Hrsg.), Verfassung der Europäischen Union. Kommentar der Grundlagenbestimmungen, München 2006

Cameron, Fraser, Europas neue Sicherheitsstrategie, Internationale Politik (IP) 1/2004, S. 39-50

Cameron, Iain, Treaties, Declarations of Interpretation, in: MPEPIL, abrufbar unter: http://www.mpepil.com/subscriber_article?script=yes&id=/epil/entries/law-9780199231690-e1686&recno=1&searchType=Qu ick&query=Treaties%2C+Declarations+of+Interpretation, März 2007

Constantinesco, Léontin-Jean, Das Recht der Europäischen Gemeinschaften Bd. I – Das institutionelle Recht, Baden-Baden 1977

Cox, Patrick, The European Parliament and ESDP, in: Hoyer, Werner/ Kaldrack, Gerd (Hrsg.), Europäische Sicherheits- und Verteidigungspolitik (ESVP), Baden-Baden 2002, S. 303-316

Crawford, James, The ILC's Articles on State Responsibility – Introduction, Text and Commentaries, Cambridge 2002

Cremer, Hans-Joachim, Die Gemeinsame Außen- und Sicherheitspolitik (GASP) nach dem Vertrag über eine Verfassung für Europa, in: Kadelbach, Stefan (Hrsg.), Die Außenbeziehungen der Europäischen Union, Baden-Baden 2006

Cyrus, Oliver, Die ESVP – Europa auf dem Weg zum „Global Player"?, abrufbar unter: http://www.europa-digital.de/text/aktuell/dossier/esvp03/player.shtml, August 2003

Dahm, Georg/ Delbrück, Jost/ Wolfrum, Rüdiger, Völkerrecht Bd. I/ 2, 2. Auflage, Berlin 2002

De la Vallée Poussin, Etienne, Erfahrungen der europäischen Rüstungskontrolle – Das Rüstungskontrollamt der WEU als Modell einer regionalen Rüstungskontrolle unter Verbündeten, Europa-Archiv 1961, S. 681-684

Degenhart, Christoph, Staatsrecht I – Staatsorganisationsrecht, 23. Auflage, Heidelberg 2007

Dembinski, Matthias, Perspektiven der Europäischen Sicherheits- und Verteidigungspolitik, HSFK-Report 11/2000, Frankfurt am Main 2000

Depra, Ulrich, Die verstärkte Zusammenarbeit im Recht der Europäischen Union, Stuttgart 2003

Diedrichs, Udo/ Jopp, Mathias, Die Sicherheits- und Verteidigungspolitik der EU nach dem Verfassungsvertrag: Innovationen, Experimente, Impulse, in: Jopp, Mathias/ Matl, Saskia (Hrsg.), Der Vertrag über eine Verfassung für Europa – Analysen zur Konstitutionalisierung der EU, Baden-Baden 2005, S. 343-366

Dietrich, Sascha, Europäische Sicherheits- und Verteidigungspolitik (ESVP), Baden-Baden 2006

Dilp, Susanne/ Siedschlag, Alexander, Aktuelle Herausforderungen der ESVP, Analysestandpunkt 3 (Februar 2006), abrufbar unter www.european-security.info

Doehring, Karl, Allgemeine Staatslehre, 3. Auflage, Heidelberg 2004

Eberl, Oliver/ Fischer-Lescano, Andreas, Grenzen demokratischen Rechts? Die Entsendeentscheidungen zum Irakkrieg in Großbritannien, den USA und Spanien, HSFK-Report 8/2005, Frankfurt a. M. 2005

van Eekelen, Wim Frederik, Perspektiven der Gemeinsamen Außen- und Sicherheitspolitik der EU, ZEI Discussion Paper C 21, Bonn 1998

Ehlermann, Klaus-Dieter, Engere Zusammenarbeit nach dem Amsterdamer Vertrag: Ein neues Verfassungsprinzip, EuR 1997, S. 362-397

Ehrhart, Hans-Georg, Step by step: Die „Operation Concordia" als weiterer Schritt zur ESVP, abrufbar unter: http://www.weltpolitik.net/1642.html

Eick, Christophe, Die Anwendbarkeit des Internationalen Paktes über bürgerliche und politische Rechte bei Auslandseinsätzen der Bundeswehr, in: Dupuy, Pierre-Marie/ Fassbender, Bardo/ Shaw, Malcolm N./ Sommermann, Karl-Peter (Hrsg.), Völkerrecht als Weltordnung – Festschrift für Christian Tomuschat, Kehl 2006, S. 115-131

Eitelhuber, Norbert, Europäische Streitkräfte unter dem Zwang der Bescheidung – Partner der USA nur bei friedenssichernden Einsätzen, swp-Studie S 8, Berlin März 2003

Epiney, Astrid/ Freiermuth Abt, Marianne/ Mosters, Robert, Der Vertrag von Nizza, DVBl. 2001, S. 941-952

Erberich, Ute, Auslandseinsätze der Bundeswehr und Europäische Menschenrechtskonvention, Köln 2004

Fink-Hooijer, Florika, The Common Foreign and Security Policy of the European Union, EJIL 5 (1994), S. 173-198

Fischer, Klemens H., Der Europäische Verfassungsvertrag, Baden-Baden 2005

Fischer-Lescano, Andreas/ Kreck, Lena, Piraterie und Menschenrechte – Rechtsfragen der Bekämpfung der Piraterie im Rahmen der europäischen Operation Atalanta, ZERP-Diskussionspapier 2/ 2009, Bremen Juni 2009

Fitschen, Patrick/ Stehr, Michael, Eine gemeinsame Armee für Europa. Stand und Zukunft der europäischen Sicherheits- und Verteidigungspolitik, Kieler Analysen zur Sicherheitspolitik Nr. 11, Juni 2003

Flechtner, Stefanie, Neue Impulse in der europäischen Außen- und Sicherheitspolitik – Der Verfassungsentwurf des Konvents und die Sicherheitsstrategie von Solana, Europäische Politik/ Eurokolleg 12/2003

Fleuß, Martin, Die operationelle Rolle der Westeuropäischen Union in den Neunziger Jahren: eine völkerrechtliche Betrachtung unter Berücksichtigung der Bemühungen der Organisation im Zuge der Bewältigung internationaler Konflikte, Frankfurt a. M. 1996

Frisch, Thomas, Militärische Spezialkräfte für die Europäische Union, swp-Studie S 13/02, Berlin April 2002

Fritzler, Marc/ Unser, Günther, Die Europäische Union, 2. Auflage, Bonn 2001

Fröhlich, Stefan, Das Projekt der Gemeinsamen Sicherheits- und Verteidigungspolitik (GESVP): Entwicklungen und Perspektiven, ZEI Discussion Paper, C 116, 2002

Frowein, Jochen, Die Europäische Union mit WEU als Sicherheitssystem, in: Due, Ole/ Lutter, Marcus/ Schwarze, Jürgen (Hrsg.), Festschrift für Ulrich Everling, Band I, Baden-Baden 1995, S. 315-326

Ders., Auf dem Weg zu einer gemeinsamen Sicherheits- und Verteidigungspolitik, in: Tomuschat, Christian (Hrsg.), Rechtsprobleme einer europäischen Sicherheits- und Verteidigungspolitik, Heidelberg 1997, S. 11-18

Gareis, Sven Bernhard, Partner für den Weltfrieden? Die Zusammenarbeit zwischen EU und UN in der internationalen Krisenbewältigung, Vereinte Nationen 4/2008, S. 154-159

Ders./ Varwick, Johannes, Frieden erster und zweiter Klasse, IP 5/2007, S. 68-74

Gasser, Hans-Peter, Einführung in das humanitäre Völkerrecht, Bern 1995

Gegout, Catherine, Causes and Consequences of the EU's Military Intervention in the Democratic Republic of Congo: A Realist Explanation, European Foreign Affairs Review 10 (2005), S. 427-443

Geiger, Gunnar, Die rechtlichen Rahmenbedingungen der Multinationalität unter besonderer Berücksichtigung der Befehls- und Kommandogewalt, Aachen 2002

Geiger, Rudolf, Kommentar EUV/ EGV, 4. Auflage, München 2004

Gerhardt, Wolfgang, Die Europäische Sicherheits- und Verteidigungspolitik – Der nächste Schritt der europäischen Integration?, in: Hoyer, Werner/ Kaldrack, Gerd (Hrsg.), Europäische Sicherheits- und Verteidigungspolitik (ESVP), Baden-Baden 2002, S. 166-173

Gerkrath, Jörg, Military Law in France, in: Nolte, Georg (Hrsg.), European Military Law Systems, Berlin 2003, S. 275-336

Gerteiser, Kristina, Die Sicherheits- und Verteidigungspolitik der Europäischen Union, Frankfurt am Main 2002

Giegerich, Thomas, Verfassungsgerichtliche Kontrolle der auswärtigen Gewalt im europäisch-atlantischen Verfassungsstaat: Vergleichende Bestandsaufnahme mit Ausblick auf die neuen Demokratien in Mittel- und Osteuropa, ZaöRV 57 (1997), S. 409-564

Ginther, Konrad, Die völkerrechtliche Verantwortlichkeit internationaler Organisationen gegenüber Drittstaaten, Wien 1969

Glaesner, Hans-J., Die Einheitliche Europäische Akte, EuR 1986, S. 119-152

Glöckler-Fuchs, Juliane, Institutionalisierung einer europäischen Außenpolitik, München 1997

Gottschald, Marc, Die GASP von Maastricht bis Nizza: die Ergebnisse und Beschlüsse der Gemeinsamen Außen- und Sicherheitspolitik der EU seit ihrer Entstehung bis zum Vertrag von Nizza, Baden-Baden 2001

Grabitz, Eberhard/ Hilf, Meinhard (Hrsg.), Das Recht der Europäischen Union – Archivband I EUV, Art. 1-136a EGV (Maastrichter Fassung), 14. EL, München Oktober 1999

Dies., Das Recht der Europäischen Union – Kommentar EUV/EGV, Bd. I und Bd. III, 38. EL, München April 2009

Greenwood, Christopher, Historical Development and Legal Basis, in: Fleck, Dieter (ed.), The Handbook of International Humanitarian Law, 2. Auflage, New York 2008, Chapter 1, S. 1-43

Grewe, Wilhelm G., in: Isensee, Josef/ Kirchhof, Paul (Hrsg.), Handbuch des Staatsrechts Band III (Das Handeln des Staates), Heidelberg 1988

Grieser, Veronika, Flexible Integration in der Europäischen Union: Neue Dynamik oder Gefährdung der Rechtseinheit?, Berlin 2003

von der Groeben, Hans/ Thiesing, Jochen/ Ehlermann, Claus-Dieter (Hrsg.), Kommentar zum EU-/EG-Vertrag, Bd. 5, 5. Auflage, Baden-Baden 1997

Ders./ Schwarze, Jürgen (Hrsg.), Kommentar zum Vertrag über die Europäische Union und zur Gründung der Europäischen Gemeinschaft, Bd. 1 (Art. 1-53 EUV, Art. 1-80 EGV), 6. Auflage, Baden-Baden 2003

Dies. (Hrsg.), Kommentar zum Vertrag über die Europäische Union und zur Gründung der Europäischen Gemeinschaft, Bd. 4 (Art. 189-314 EGV), 6. Auflage, Baden-Baden 2004

Jones, James, Die militärischen Strukturen der NATO im Wandel, NATO-Brief Frühjahr 2004, abrufbar unter: www.nato.int/docu /review/2004/issue1/german/military_pr.html

Hagman, Hans-Christian, European Crisis Management and Defence: The Search for Capabilities, London 2002

Hailbronner, Kay/ Klein, Eckart/ Magiera, Siegfried/ Müller-Graf, Peter-Christian (Hrsg.), Handkommentar zum Vertrag über die Europäische Union (EUV/EGV), 7. EL, Köln 1998

Haratsch, Andreas, Der Grundsatz der Gewaltenteilung als rechtsordnungsübergreifender Rechtssatz – Ansätze einer einheitlichen europäischen Rechtsordnung – ,in: Demel, Michael/ Hausotter, Carola/ Heibeyn, Claudia, u.a. (Hrsg.), Funktionen und Kontrolle der Gewalten, Gießen 2000, S. 199-221

Ders./ Koenig, Christian/ Pechstein, Matthias, Europarecht, 6. Auflage, Tübingen 2009

Hartwig, Matthias, Die Haftung der Mitgliedstaaten für Internationale Organisationen, Heidelberg 1993

Hauser, Gunther, Der EU-Verfassungsvertrag und die ESVP, in: Kernic, Franz/ Hauser, Gunther (Hrsg.), Handbuch zur europäischen Sicherheit, 2. Auflage, Frankfurt am Main 2006, S. 99-114

Heintschel von Heinegg, Wolff, Rechtsprobleme einer deutsch-französischen Zusammenarbeit bei Friedenssicherungsaktionen der Vereinten Nationen, in: Tomuschat, Christian (Hrsg.), Rechtsprobleme einer europäischen Sicherheits- und Verteidigungspolitik, Berichte der Deutschen Gesellschaft für Völkerrecht, Bd. 36, Heidelberg 1997, S. 87-114

Henckaerts, Jean-Marie/ Doswald-Beck, Louise, Customary International Humanitarian Law, ICRC Study, Cambridge 2005

Heise, Volker, Militärische Integration in Europa, swp-Studie S 26, Berlin September 2005

Ders./ Schmidt, Peter, Transatlantische Krisenreaktion: NATO und ESVP, Europäische Sicherheit 7/ 2006, S. 14-16

Herbst, Jochen, Rechtskontrollen des UN-Sicherheitsrates, Frankfurt am Main 1999

Herdegen, Matthias, Europarecht, 11. Auflage, München 2009

Ders., Völkerrecht, 8. Auflage, München 2009

Hermsdörfer, Willibald, Zur Anwendbarkeit des humanitären Völkerrechts bei Einsätzen von Friedenstruppen der Vereinten Nationen, NZWehrR 1998, S. 100-110

Hilf, Meinhard, Die Organisationsstruktur der Europäischen Gemeinschaften, Berlin 1982

Hilf, Meinhard/ Pache, Eckhard, Der Vertrag von Amsterdam, NJW 1998, S. 705-713

Hilmes, Christian, Die Europäische Union als Partei völkerrechtlicher Verträge, Frankfurt am Main 2006

Hochleitner, Erich, Die Europäische Union am Weg zur Sicherheits- und Verteidigungsunion, in: Hochleitner, Erich P. (Hrsg.), Das Europäische Sicherheitssystem zu Beginn des 21. Jahrhunderts, Wien 2000, S. 153-231

Hobe, Stephan/ Kimminich, Otto, Einführung in das Völkerrecht, 9. Auflage, Tübingen 2008

Hofmann, Gunter, „Venus", bitte kommen!, IP 1/2007, S. 6-15

Hofmann, Rainer, International Protection of Human Rights and International Territorial Administration: A Legal Black Hole, in: Fischer-Lescano, Andreas/ Gasser, Hans-Peter/ Marauhn, Thilo/ Ronzitti, Natalino (Hrsg.), Frieden in Freiheit – Festschrift für Michael Bothe zum 70 Geburtstag, Baden-Baden 2007, S. 123-141

Holstein, Alexia, Das Verhältnis des Sicherheitsrates der Vereinten Nationen zu NATO und OSZE, Stuttgart u.a. 1996

Hölscheidt, Sven, Formale Aufwertung – geringe Schubkraft: die Rolle der nationalen Parlamente gemäß dem Lissabonner Vertrag, Integration 3/2008, S. 254-265

Hueso, Lorenzo Cotino, Military Law in Spain, in: Nolte, Georg (Hrsg.), European Military Law Systems, Berlin 2003, S. 711-829

Hummer, Waldemar, Das „institutionelle Gleichgewicht" als Strukturdeterminante der Europäischen Gemeinschaften, in: Miehsler, Herbert/ Mock, Erhard/ Simma, Bruno/ Tammelo, Ilmar (Hrsg.), Ius Humanitatis – Festschrift zum 90. Geburtstag von Alfred Verdross, Berlin 1980, S. 459-485

Ipsen, Knut, Völkerrecht, 5. Auflage, München 2004

Ischebeck, Otfried, 30 Jahre nach dem Elysée-Vertrag – Die deutsch-französischen Pläne eines Europäischen Korps, Vierteljahreszeitschrift für Sicherheit und Frieden 11 (1993), S. 44-47

Ischinger, Wolfgang, Die Gemeinsame Außen- und Sicherheitspolitik nach Amsterdam – Praxis und Perspektiven, ZEI Discussion Paper C 14, Bonn 1998

Jopp, Mathias/ Reckmann, Jan/ Regelsberger, Elfriede, Ansatzpunkte und Optionen zur institutionellen Weiterentwicklung von GASP und ESVP, Integration 25 (2002), S. 230-237

Jopp, Mathias/ Regelsberger, Elfriede, GASP und ESVP im Verfassungsvertrag – eine neue Angebotsvielfalt mit Chancen und Mängeln, Integration 26 (2003), S. 550-563

Junkert, Mathias G., Frieden für den Kongo?, Centrum für angewandte Politikforschung, München Dezember 2003

Jürgens, Thomas, Die gemeinsame Europäische Außen- und Sicherheitspolitik, Köln 1994

Kadelbach, Stefan, Allgemeines Verwaltungsrecht unter europäischem Einfluss, Tübingen 1999

Ders., Einleitung: Die Außenpolitik im europäischen Mehrebenensystem und ihre rechtliche Basis, in: Kadelbach, Stefan (Hrsg.), Die Außenbeziehungen der Europäischen Union, Baden-Baden 2006, S. 9-18

Kamp, Karl-Heinz, Ein Spaltpilz für das Atlantische Bündnis? Das deutsch-französische „Eurokorps", Europa-Archiv 1992, S. 445-452

Karpen, Ulrich, Defizite parlamentarischer Kontrolle in der Europäischen Union?, in: Geiger, Rudolf (Hrsg.), Neuere Probleme der parlamentarischen Legitimation im Bereich der auswärtigen Gewalt, Baden-Baden 2003, S. 233-245

Kaufmann, Marcel, Europäische Integration und Demokratieprinzip, Baden-Baden 1997

Kielmansegg, Johann Adolf, Der Vertrag über die Gründung der Europäischen Verteidigungsgemeinschaft, Europa-Archiv 1952, S. 5009-5019

Kielmansegg, Sebastian (Graf von), Die Verteidigungspolitik der Europäischen Union, Stuttgart 2005

Kirchhof, Ferdinand, Deutsche Verfassungsvorgaben zur Befehlsgewalt und Wehrverwaltung in multinationalen Verbänden, NZWehrr 1998, S. 152-163

Kirchhoff, Paul, Die Gewaltenbalance zwischen staatlichen und europäischen Organen, JZ 1998, S. 965-974

Klein, Eckart, Die internationalen und supranationalen Organisationen, in: Graf Vitzthum, Wolfgang (Hrsg.), Völkerrecht, 4. Auflage, Berlin 2007, 4. Abschnitt (S. 272-385)

Klein, Rouven, Die Europäische Sicherheits- und Verteidigungspolitik (ESVP) – Finalität europäischer Integration und Projekt dauerhaften Friedens – Eine Konzeption auf der Grundlage der Zivilisierungstheorie von Dieter Senghaas, Europäischer Wettbewerb „See EU in the future“, 2003

Kleine, Maxim, Die militärische Komponente der Europäischen Sicherheits- und Verteidigungspolitik, Baden-Baden 2005

Ders., Integrated Bi- and Multinational Military Units in Europe, in: Nolte, Georg (Hrsg.), European Military Law Systems, Berlin 2003, S. 889-908

Köck, Heribert Franz, Die „implied powers“ der Europäischen Gemeinschaften als Anwendungsfall der „implied powers“ internationaler Organisationen überhaupt, in: Böckstiegel, Karl-Heinz u.a. (Hrsg.), Völkerrecht – Recht der Internationalen Organisationen – Weltwirtschaftsrecht, Festschrift für Ignaz Seidl-Hohenveldern, Köln 1988, S. 279-299

Körbs, Hartmut, Die Friedenssicherung durch die Vereinten Nationen und Regionalorganisationen nach Kapitel VIII der Satzung der Vereinten Nationen, Bochum 1997

Kotzur, Markus, Weltrecht ohne Weltstaat – die nationale (Verfassungs-)Gerichtsbarkeit als Motor völkerrechtlicher Konstitutionalisierungsprozesse? Die Öffentliche Verwaltung (DÖV) 2002, S. 195-201

Kowalski, Michał, Military Law in the Republic of Poland, in: Nolte, Georg (Hrsg.), European Military Law Systems, Berlin 2003, S. 647-710

Kreft, Michael, Die Europäische Union als Sicherheitsinstitution, Osnabrück 2002

Kremer, Martin/ Schmalz, Uwe, Nach Nizza – Perspektiven der Gemeinsamen Europäischen Sicherheits- und Verteidigungspolitik, Integration 2/2001, S. 167-178

Krüger, Dieter, Die EVG – Ein Vorbild für eine zukünftige Europaarmee?, in: Hoyer, Werner/ Kaldrack, Gerd F. (Hrsg.), Europäische Sicherheits- und Verteidigungspolitik (ESVP). Der Weg zu integrierten europäischen Streitkräften?, Baden-Baden 2002, S. 43-57

Kugelmann, Dieter, Die Gemeinsame Außen- und Sicherheitspolitik, in: von Bogdandy, Armin/ Ehlermann, Claus-Dieter (Hrsg.), Konsolidierung und Kohärenz des Primärrechts nach Amsterdam, EuR Beiheft 2/1998, S. 99-123

Ders., „Kerneuropa" und der EU-Außenminister – die verstärkte Zusammenarbeit in der GASP, EuR 2004, S. 322-344

Kuhn, Marco, Friedenssicherung im Wandel? Bericht des UN-Generalsekretärs vom 17. Juni 1992, in: Institut für Friedenssicherungsrecht und Humanitäres Völkerrecht (Hrsg.), Beiträge zum humanitären Völkerrecht, zur völkerrechtlichen Friedenssicherung und zum völkerrechtlichen Individualschutz: Festgabe des Instituts für Friedenssicherungsrecht und Humanitäres Völkerrecht für Georg Bock zum 70. Geburtstag, Bochum 1993, S. 209-227

Kupferschmidt, Frank, Strategische Partnerschaft in der Bewährung – Die Zusammenarbeit von NATO und EU bei der Operation Althea, swp-Studie S 7, Berlin April 2006

Kutscher, Hans, Über den Gerichtshof der Europäischen Gemeinschaft, EuR 1981, S. 392-413

Lamprecht, Rolf, Untertan in Europa – Über den Mangel an Demokratie und Transparenz, NJW 1997, S. 505-506

Lang, Sybille, Militärische Aspekte der Zusammenarbeit EU-VN im Krisenmanagement, Europäische Sicherheit online 2007, abrufbar unter: http://www.europaeische-sicheheit.de/Ausgaben/2007/2007_07/04_Lang/2007,07,04.html

Lange, Knut Werner, Die Gemeinsame Außen- und Sicherheitspolitik der Europäischen Union, JZ 1996, S. 442-449

Läufer, Thomas, Die Organe der EG – Rechtsetzung und Haushaltsverfahren zwischen Kooperation und Konflikt, Bonn 1990

Lieb, Julia/ Maurer, Andreas, Europas Rolle in der Welt stärken – Optionen für ein kohärentes Außenhandeln der Europäischen Union, swp-Studie S 15, Berlin Juni 2007

Lim, Jong Hun, Die Weiterentwicklung der Gemeinsamen Außen- und Sicherheitspolitik der Europäischen Union unter besonderer Berücksichtigung der Haltung der Bundesrepublik Deutschland (1995-1999), München 2000

Litten, Johanna, Beitrag der Westeuropäischen Union (WEU) zur Europäischen Sicherheits- und Verteidigungspolitik (ESVP), Aachen 2005

Locke, John, The Second Treatise of Government, New York 1952 (copyright)

Mair, Stefan, Einsatzgebiet Kongo. Die EU-Friedensmission in der Ituri-Provinz, swp-Aktuell 22, Berlin Juni 2003

Mangelsdorf, Yvonne, Kompetenzkontrolle im europäischen Mehrebenensystem, Aachen 2005

Maunz, Theodor/ Dürig, Günter (Begr.), Grundgesetz Kommentar, Bd. III (Art. 17-27), Stand 54. EL, München Januar 2009

Maurer, Andreas, Auf dem Weg zur Staatenkammer. Die Reform des Ministerrates der EU, swp-Studie S 6, Berlin Februar 2003

Ders., Die Stimme Europas in der Welt stärken, in: Perthes, Volker/ Mair, Stefan (Hrsg.), Europäische Außen- und Sicherheitspolitik, swp-Studie S 23, Berlin September 2006, S. 11-14

Ders., Europäisches Parlament, in: Weidenfeld, Werner/ Wessels, Wolfgang (Hrsg.), Europa von A bis Z, Bonn 1992, S. 192-201

Ders., Die Macht des Europäischen Parlaments – Eine prospektive Analyse mit Blick auf die kommende Wahlperiode 2004-2009, swp-Studie S 11, Berlin April 2004

Ders., Optionen und Grenzen der Einbindung der nationalen Parlamente in die künftige EU-Verfassungsstruktur, swp-Studie S 29, Berlin August 2002

Maurer, Hartmut, Staatsrecht I, 5. Auflage, München 2007

Mayer, Franz C., Macht und Gegenmacht in der Europäischen Verfassung, Zur Arbeit des europäischen Verfassungskonvents, ZaöRV 63 (2003), S. 59-75

Ders., Angriffskrieg und europäisches Verfassungsrecht. Zu den rechtlichen Bindungen von Außenpolitik in Europa, Archiv des Völkerrechts 41 (2003), S. 394-418

Ders., Kompetenzüberschreitung und Letztentscheidung, München 2000

Meier, Ernst-Christoph/ Nelte, Klaus-Michael/ Schäfer, Heinz-Uwe, Wörterbuch zur Sicherheitspolitik. Deutschland in einem veränderten internationalen Umfeld, 6. Auflage, Hamburg 2006

Meier-Klodt, Cord, Einsatzbereit in der Krise? Entscheidungsstrukturen der deutschen Sicherheitspolitik auf dem Prüfstand, swp-Studie S 34/02, Berlin Oktober 2002

Meng, Werner, Internationale Organisationen im völkerrechtlichen Deliktsrecht, ZaöRV 1985, S. 324-371

Mittag, Jürgen, The Parliamentary Dimension of CFSP/ESDP, Options for the European Convention, Study submitted for the European Parliament under Contract No. IV/2002/01/01, Final Report

Möllers, Christoph, Gewaltengliederung – Legitimation und Dogmatik im nationalen und internationalen Rechtsvergleich, Tübingen 2005

Mölling, Christian, EU-Battlegroups, swp-Diskussionspapier FG 2, 2007/05, Berlin März 2007

Münch, Lars, Die gemeinsame Aktion im Rahmen der GASP: Inhalt, Rechtsnatur und Reformbedürftigkeit, EuR 1996, S. 415-433

Ders., Die Gemeinsame Aktion als Mittel der Gemeinsamen Außen- und Sicherheitspolitik, Berlin 1997

Münch, Wolfgang, European Defence Community, in: Bernhardt, Rudolf (Hrsg.), Encyclopedia of Public International Law, vol. VI, Amsterdam 1983, S. 149f.

Naert, Frederik, International Law Aspects of the EU's Security and Defence Policy, with a particular Focus on the Law of Armed Conflict and Human Rights, Leuven 2008

Neubauer, Helmut, Erfahrungen mit militärischer Integration in Europa am Beispiel des EUROKORPS, in: Hoyer, Werner/ Kaldrack, Gerd F. (Hrsg.), Europäische Sicherheits- und Verteidigungspolitik (ESVP). Der Weg zu integrierten europäischen Streitkräften?, Baden-Baden 2002, S. 58-67

Noak, Paul, Das Scheitern der Europäischen Verteidigungsgemeinschaft, Düsseldorf 1977

Nolte, Georg, Human Rights Protection against International Institutions in Kosovo: The Proposals of the Venice Commisssion of the Council of Europe and their Implementation, in: in: Dupuy, Pierre-Marie/ Fassbender, Bardo/ Shaw, Malcolm N./ Sommermann, Karl-Peter (Hrsg.), Völkerrecht als Weltordnung – Festschrift für Christian Tomuschat, Kehl 2006, S. 245-258

Ders./ Krieger, Heike, Europäische Wehrrechtssysteme, Baden-Baden 2002

Novy, Leonard, Eurokorps feiert zehnjähriges Bestehen, abrufbar unter: http://www.europa-digital.de/text/aktuell/dossier/esvp03/eurokorps.shtml, September 2003

Nowak, Manfred, U.N. Covenant on Civil and Political Rights – CCPR Commentary, 2. Auflage, Kehl 2005

von Ondarza, Nicolai, EU Military Deployment – an executive prerogative? Decision-making and parliamentary control on the use of force by the EU, Studia Diplomatica Vol. LXI, 2008, No. 4, S. 115-136

Oppermann, Thomas, Eine Verfassung für die Europäische Union – Der Entwurf des Europäischen Konvents Teil 1, DVBl. 2003, S. 1165-1176

Ders., Eine Verfassung für die Europäische Union – Der Entwurf des Europäischen Konvents Teil 2, DVBl. 2003, S. 1234-1246

Ders./ Classen, Claus Dieter/ Nettesheim, Martin, Europarecht, 4. Auflage, München 2009

Ortega, Martin, Petersberg tasks, and missions of the European Force, Institute for Security Studies of the European Union (EU ISS), abrufbar unter: www.iss-eu.org/esdp/04-mo.pdf, Dezember 2003

Ders., Über Petersberg hinaus: Welche militärischen Missionen für die EU?, in: Gnesotto, Nicole (Hrsg.), Die Sicherheits- und Verteidigungspolitik der EU, Paris 2005, S. 87-104

Pagani, Fabrizio, A New Gear in the CFSP Machinery: Integration of the Petersberg Tasks in the Treaty on European Union, EJIL 9 (1998), S. 737-749

Partsch, Karl Josef, Humanitarian Law and armed conflict, in: Bernhardt, Rudolf (Hrsg.), Encyclopedia of Public International Law, vol. III, Amsterdam 1982, S. 215-219

Pernice, Ingolf, Art. 23 GG, in: Dreier, Horst (Hrsg.), Grundgesetz-Kommentar, Bd. II (Art. 20-82), 2. Auflage, Tübingen 2006

Ders., Reform der Aufgabenverteilung und der Entscheidungsverfahren in der GASP/ ESVP, WHI-Paper 8/02, Berlin 2002

Ders., Kompetenzabgrenzung im Europäischen Verfassungsverbund, JZ 2000, S. 866-876

Petersohn, Ulrich/ Lang, Sibylle, Die Zukunft der ESVP nach den gescheiterten Referenden, swp-Aktuell 34, Berlin August 2005

Pitschas, Christian, Die völkerrechtliche Verantwortlichkeit der Europäischen Gemeinschaft und ihrer Mitgliedstaaten, Berlin 2001

von Plate, Bernhard, Die Zukunft des transatlantischen Verhältnisses: Mehr als die NATO, SWP-Studie S 17, Berlin Mai 2003

Prange, Sven, ESVP mit durchwachsener Premiere, abrufbar unter: http://www.europa-digital.de/text/aktuell/dossier/esvp03/artemis/shtml, September 2003

Reich, Dietmar O., Rechte des europäischen Parlaments in Gegenwart und Zukunft, Berlin 1999

Reinhardt, Markus, Zivil-militärische Beziehungen im Rahmen der ESVP, swp-Diskussionspapier FG3-DP 05, Berlin August 2006

Risse, Horst, Der Einsatz militärischer Kräfte durch die Vereinten Nationen und das Kriegsvölkerrecht, Frankfurt am Main 1988

Rummel, Reinhardt, Die ESVP als Instrument autonomen Handelns der EU, in: Reiter, Erich/ Rummel, Reinhardt/ Schmidt, Peter (Hrsg.), Europas ferne Streitmacht – Chancen und Schwierigkeiten der Europäischen Union beim Aufbau der ESVP, Hamburg 2002, S. 165-183

Ders., Die zivile Komponente der ESVP, swp-Studie S 16, Berlin Juli 2006

Ders., Aus der Not eine Tugend? Zusammengesetzte Außen- und Sicherheitspolitik der EU, in: Reiter, Erich (Hrsg.), Europa ohne Sicherheit? Chancen und Risiken einer europäischen Sicherheits- und Verteidigungspolitik, Wien/ Berlin 2007, S. 57-63

Rupp, Hans, Maastricht – eine neue Verfassung?, ZRP 1993, S. 211-213

Sari, Aurel, The Conclusion of International Agreements by the European Union in the Context of the ESDP, ICLQ 57 (2008), S. 53-86

Sauer, Heiko, Jurisdiktionskonflikte in Mehrebenensystemen, Heidelberg 2008

Säuberlich, Uwe, Die außervertragliche Haftung im Gemeinschaftsrecht – Eine Untersuchung der Mehrpersonenverhältnisse, Heidelberg 2005

Schachtschneider, Karl Albrecht/ Emmerich-Fritsche, Angelika/ Beyer, Thomas, Der Vertrag über die Europäische Union und das Grundgesetz, JZ 1993, S. 751-760

Scheffler, Jan, Die Europäische Union als rechtlich-institutioneller Akteur im System der Vereinten Nationen, Bamberg 2009

Schliesky, Utz/ Schürmann, Martin, Rechtsprobleme der Verzahnung von Herrschaftsgewalt in Mehrebenensystemen, Köln 2001

Schmalenbach, Kirsten, Die Haftung Internationaler Organisationen, Frankfurt am Main 2004

Schmidt, Helmut, Deutsch-französische Zusammenarbeit in der Sicherheitspolitik, Europa-Archiv 1987, S. 303-312

Schmidt, Peter/ Holländer, Lutz, ESVP ohne Verfassung, in: Reiter, Erich (Hrsg.), Europa ohne Sicherheit? Chancen und Risiken einer europäischen Sicherheits- und Verteidigungspolitik, Wien/ Berlin 2007, S. 65-73

Schmidt-Radefeldt, Roman, EU-Militäreinsätze unter demokratischer Kontrolle? – Überlegungen zur parlamentarischen Dimension der Europäischen Sicherheits- und Verteidigungsarchitektur, in: Fischer, Horst/ Froissart, Ulrike/ Heintschel von Heinegg, Wolff/ Raap, Christian (Hrsg.), Krisensicherung und Humanitärer Schutz – Festschrift für Dieter Fleck, Berlin 2004, S. 489-504

Ders., Parlamentarische Kontrolle der internationalen Streitkräfteintegration, Berlin 2005

Schmuck, Otto, Der Maastrichter Vertrag zur Europäischen Union, Europa-Archiv 1992, S. 97-106

Schneider, Patricia/ Peiffer, Kathrin, Die Terrorlistenpraxis verliert vor Gericht – Das EuGH-Urteil und seine Folgen für die gezielten Sanktionen der VN, Humanitäres Völkerrecht – Informationsschriften/ Journal of International Law of Peace and Armed Conflict 1/2009, S. 4-13

Schorlemer, Sabine von, Empfehlungen zur „Europäischen Sicherheits- und Verteidigungspolitik (ESVP) in den Vereinten Nationen (VN), DGVN Policy Paper 1/2007, Berlin 2007

Schroeder, Werner, Verfassungsrechtliche Beziehungen zwischen Europäischer Union und Europäischen Gemeinschaften, in: von Bogdandy, Armin (Hrsg.), Europäisches Verfassungsrecht – Theoretische und demokratische Grundzüge, Berlin 2003, S. 373-414

Schröder, Meinhard, Die Parlamente im europäischen Entscheidungsgefüge, EuR 2002, S. 300-317

Schuppert, Gunnar Folke, Demokratische Legitimation jenseits des Nationalstaates – Einige Bemerkungen zum Legitimationsproblem der Europäischen Union, in: Heyde, Wolfgang/ Schaber, Thomas (Hrsg.), Demokratisches Regieren in Europa? Zur Legitmation einer europäischen Rechtsordnung, Baden-Baden 2000, S. 65-85

Schürr, Ulrich, Der Aufbau einer europäischen Sicherheits- und Verteidigungsidentität im Beziehungsgeflecht von EU, WEU, OSZE und NATO, Frankfurt am Main 2003

Schütz, Charlotte, Wer ist der Gesetzgeber der Europäischen Union, in: Demel, Michael/ Hausotter, Carola/ Heibeyn, Claudia, u.a.

(Hrsg.), Funktionen und Kontrolle der Gewalten, Gießen 2000, S. 19-32

Schuwirth, Rainer, Vielfalt in Einheit – Der europäische Beitrag zum Helsinki Goal, in: Hoyer, Werner/ Kaldrack, Gerd F. (Hrsg.), Europäische Sicherheits- und Verteidigungspolitik (ESVP). Der Weg zu integrierten europäischen Streitkräften?, Baden-Baden 2002, S. 238-244

Schwarz, Oliver, Die Europäische Sicherheits- und Verteidigungspolitik – Akteure der ESVP, abrufbar unter: http://www.europa-digital.de/text/dschungelbuch/polfeld/esvp/akteure.shtml, März 2003

Schwarze, Jürgen (Hrsg.), EU-Kommentar, 2. Auflage, Baden-Baden 2009

Schweitzer, Michael/ Hummer, Waldemar/ Obwexer, Walter, Europarecht, Wien 2007

Seidl-Hohenveldern, Ignaz, Der Rückgriff auf die Mitgliedstaaten in Internationalen Organisationen, in: Bernhardt, Rudolf u.a. (Hrsg.), Völkerrecht als Rechtsordnung – Internationale Gerichtsbarkeit – Menschenrechte, Festschrift für Hermann Mosler, Berlin 1983, S. 881-890

Ders. (Hrsg.), Lexikon des Rechts: Völkerrecht, 3. Auflage, Neuwied 2001

Ders./ Loibl, Gerhard, Das Recht der Internationalen Organisationen einschließlich der Supranationalen Gemeinschaften, 7. Auflage, Köln 2000

Seidelmann, Reimund, Perspektiven und Optionen für die Kompetenz- und Mittelverteilung zwischen EU, NATO und den Mitgliedstaaten, in: Reiter, Erich/ Rummel, Reinhardt/ Schmidt, Peter (Hrsg.), Europas ferne Streitmacht – Chancen und Schwierigkeiten der Europäischen Union beim Aufbau der ESVP, Hamburg 2002, S. 195-221

Ders., Das ESVP-Projekt und die EU-Krisenreaktionskräfte: Konstruktionsdefizite und politische Perspektiven, Integration 25 (2002), S. 111-124

Semrau, Stephan, Die Gemeinsame Außen- und Sicherheitspolitik der Europäischen Union, Frankfurt am Main 1998

Siedschlag, Alexander, Nationale Entscheidungsprozesse bei Streitkräfteeinsätzen im Rahmen der Petersberg-Aufgaben der EU – Deutschland, Frankreich, Großbritannien, Italien, Schweden, in:

Reiter, Erich/ Rummel, Reinhardt/ Schmidt, Peter (Hrsg.), Europas ferne Streitmacht – Chancen und Schwierigkeiten der Europäischen Union beim Aufbau der ESVP, Hamburg 2002, S. 222-232

Ders., Möglichkeiten und Grenzen einer Harmonisierung der europäischen Entscheidungsstrukturen im ESVP-Bereich. Ausgewählte Modelle sowie nationale rechtliche und politische Aspekte in Deutschland, Frankreich, Großbritannien, Italien, Schweden, Spanien und Polen, abrufbar unter: www.siedschlag.de.vu/esvp.pdf, Januar 2004

Ders./ Eder, Franz, Akteure und Zusammenspiel im EU-Krisenmanagement, abrufbar unter: http://www.siedschlag.de.vu/esvp-ent scheidungssystem.pdf, September 2005

Simma, Bruno (Hrsg.), Charta der Vereinten Nationen – Kommentar, München 1995

Ders. (ed.), The Charter of the United Nations – A Commentary, 2. Auflage, vol. I, New York 2002

Sloot, Lars, Die Lehre von den implied powers im Recht der Europäischen Gemeinschaften, Aachen 2005

Sommereyns, Raymond/ Bothe, Michael, United Nations Forces, in: Berhardt, Rudolf (Hrsg.), Encyclopedia of Public International Law, vol. IV, Amsterdam 2000, S. 1106-1119

Stabenow, Michael, Sterben für Nizza oder Leben für Europa?, FAZ vom 12.12.2003, S. 3

Stein, Torsten, Außenpolitisch motivierte (Wirtschafts-) Sanktionen der Europäischen Union – nach wie vor eine rechtliche Grauzone, in: Beyerlin, Ulrich/ Bothe, Michael/ Hofmann, Rainer/ Petersmann, Ernst-Ulrich (Hrsg.), Recht zwischen Umbruch und Bewahrung, Festschrift für Rudolf Bernhardt, Heidelberg 1995, S. 1129-1141

Ders., Rechtsfragen des Eurokorps und der deutsch-französischen Brigade, in: Tomuschat, Christian (Hrsg.), Rechtsprobleme einer europäischen Sicherheits- und Verteidigungspolitik, Berichte der Deutschen Gesellschaft für Völkerrecht Bd. 36, Heidelberg 1997, S. 53-67

Ders./ von Buttlar, Christian, Völkerrecht, 12. Auflage, Köln 2009

Steinberger, Helmut, Entwicklungslinien in der neueren Rechtsprechung des Bundesverfassungsgerichts zu völkerrechtlichen Fragen, ZaöRV 1988, S. 1-17

Stern, Klaus, Das Staatsrecht der Bundesrepublik Deutschland, Band III/1 (Allgemeine Lehren der Grundrechte), München 1988

Stinnertz, Klaus, Europäische Sicherheits- und Verteidigungspolitik, abrufbar unter: http://www.europa-reden.de/info/esvp.htm, September 2003

Stodiek, Thorsten, Der Einsatz internationaler Polizei in Friedensmissionen, Hamburger Informationen zur Friedensforschung und Sicherheitspolitik 33/2001, Hamburg 2001

Streinz, Rudolf (Hrsg.), Kommentar zum Vertrag über die Europäische Union und zum Vertrag zur Gründung der Europäischen Gemeinschaft, München 2003

Ders., Der Vertrag von Amsterdam, EuZW 1998, S. 137-147

Ders., Der Vertrag von Amsterdam, Jura 1998, S. 57-65

Thym, Daniel, Die Begründung einer europäischen Verteidigungspolitik: Anforderungen des europäischen und des deutschen Verfassungsrechts, DVBl. 2000, S. 676-682

Ders., Parlamentsfreier Raum? Die Rolle des Europäischen Parlaments in der Gemeinsamen Außen- und Sicherheitspolitik, WHI-Paper 2/05, abrufbar unter:www.whi-berlin.de/documents/whi-paper 0205.pdf

Ders., Ungleichzeitigkeit und europäisches Verfassungsrecht, Baden-Baden 2004

Ders., Die völkerrechtlichen Verträge der Europäischen Union, ZaöRV 66 (2006), S. 863-925

Tomuschat, Christian, Die Europäische Union als ein Akteur in den internationalen Beziehungen, FCE (Forum Constitutionis Europae) 1/2003, Vortrag an der Humboldt-Universität zu Berlin am 28. Januar 2003

Ders., Schlussbemerkungen, in: Tomuschat, Christian (Hrsg.), Rechtsprobleme einer Europäischen Sicherheits- und Verteidigungspolitik, Heidelberg 1997, S. 125-129

Trüe, Christiane, Das System der Rechtsetzungskompetenzen der Europäischen Gemeinschaft und der Europäischen Union, Baden-Baden 2001

Tsagourias, Nicholas, EU Peacekeeping Operations: Legal and Theoretical Issues, in: Thrybus, Martin/ White, Nigel D., European Security Law, Oxford 2007, S. 102-133

Tsatsos, Dimitris Th., Die verstärkte Zusammenarbeit im Rahmen der Europäischen Verträge, in: Tsatsos, Dimitris Th. (Hrsg.), Verstärkte Zusammenarbeit: flexible Institutionen oder Gefährdung der Integration?, Baden-Baden 1999, S. 7-12

Ders., Memorandum (Entwurf) für die SPE-Fraktion über die Möglichkeiten und Grenzen der Verfahren partieller Integration, in: Tsatsos, Dimitris Th. (Hrsg.), Verstärkte Zusammenarbeit: flexible Institutionen oder Gefährdung der Integration?, Baden-Baden 1999, S. 13-23

Varwick, Johannes, Beitrag für die Europäische Zeitung April 2000 über die Probleme der europäischen Sicherheits- und Verteidigungspolitik, Deutsche Gesellschaft für Auswärtige Politik, abrufbar unter: http://www.dgap.org/texte/esvp/htm, September 2003

Ders., EU-Streitkräftestruktur. Auf dem Weg zur europäischen Verteidigung, abrufbar unter: http://www.ifdt.de/0304/Artikel/varwi ck.htm

Ders., Die „Europaarmee" – Rasante Weiterentwicklung europäischer Sicherheitsstrukturen, IP 9/2001, S. 47-52

Ders., Auf dem Weg zur „Euroarmee", IP 1/2007, S. 46-51

Vernet, Daniel, Die Union als außenpolitischer Akteur – Skizze einer Standortbestimmung, EuGRZ 2004, S. 584-587

Volle, Hermann, Die Agonie der Europäischen Verteidigungsgemeinschaft, Europa-Archiv 1954, S. 7115-7126

Wagner, Wolfgang, Für Europa sterben? Die demokratische Legitimität der Europäischen Sicherheits- und Verteidigungspolitik, HSFK-Report 3/2004, Frankfurt a. M. 2004

Walter, Christian, Vereinte Nationen und Regionalorganisationen – Eine Untersuchung zu Kapitel VIII der Satzung der Vereinten Nationen, Heidelberg 1996

Walther, Claudia, Entwicklung der Europäischen Sicherheits- und Verteidigungspolitik, abrufbar unter: www.weltpolitik.net/printer-friendly/1104.html

Walz, Dieter, Die Bundeswehr und die NATO – Rechtsfragen der Integration in das Bündnis, NZWehrr 1989, S. 89-98

Wasserberg, Philipp,Das Eurokorps, Baden-Baden 1999

Weber-Panariello, Phillipe, Nationale Parlamente in der Europäischen Union, Baden-Baden 1995

Weidenfeld, Wolfgang, Organisation, Institutionalisierung und Fortentwicklung der ESVP, in: Rotte, Ralph/ Sprungala, Tanja (Hrsg.), Probleme und Perspektiven der Europäischen Sicherheits- und Verteidigungspolitik (ESVP), Münster 2004, S. 16-33

Wessel, Ramses A., The International Legal Status of the European Union, European Foreign Affairs Review 2/1997, S. 109-129

Wichard, Johannes Christian, Wer ist Herr im europäischen Haus? Zu Struktur und Rechtsnatur der Europäischen Union nach Amsterdam, EuR 1999, S. 170-184

Wiedmann, Thomas, Der Vertrag von Nizza – Genesis einer Reform, EuR 2001, S. 185-215

Wiesmann, Karl, Die militärische Einsatzführung bei Operationen der Europäischen Union im Rahmen der ESVP, in: Reiter, Erich/ Rummel, Reinhardt/ Schmidt, Erich (Hrsg.), Europas ferne Streitmacht – Chancen und Schwierigkeiten der Europäischen Union beim Aufbau der ESVP, Hamburg 2002, S. 233-279

Wittrock, Olaf, Die ESVU kann kommen, abrufbar unter: http:// www.europa-digital.de/text/aktuell/dossier/esvp03/esvu/shtml, April 2003

Wolfrum, Rüdiger, Europäische Regionalorganisationen, in: Neuhold, Hanspeter/ Simma, Bruno (Hrsg.), Neues europäisches Völkerrecht nach dem Ende des Ost-West-Konfliktes, Baden-Baden 1996, S. 147-168

Wranken, Monja, Der Handlungsrahmen der Europäischen Union im Bereich der Sicherheits- und Verteidigungspolitik, Baden-Baden 2001

Ziemer, Klaus/ Matthes, Claudia-Yvette, Das politische System Polens, in: Ismayr, Wolfgang (Hrsg.), Die politischen Systeme Osteuropas, Opladen 2002, S. 185-237

Zuleeg, Manfred, International Organizations, Implied powers, in: Bernhardt, Rudolf (Hrsg.), Encyclopedia of Public International Law, vol. II, Amsterdam 1995, S. 1312-1314

Zwanenburg, Marten, Accountability of peace support operations, Leiden 2005

Sachregister

Max-Planck-Institut für ausländisches öffentliches Recht und Völkerrecht

Beiträge zum ausländischen öffentlichen Recht und Völkerrecht

Hrsg.: A. von Bogdandy, R. Wolfrum

Bde. 27–59 erschienen im Carl Heymanns Verlag KG Köln, Berlin (Bestellung an: Max-Planck-Institut für Völkerrecht, Im Neuenheimer Feld 535, 69120 Heidelberg); ab Band 60 im Springer-Verlag Berlin, Heidelberg, New York, London, Paris, Tokyo, Hong Kong, Barcelona

---

237 Maike *Kuhn*: **Die Europäische Sicherheits- und Verteidigungspolitik im Mehrebenensystem.** 2012. XIII, 325 Seiten. Geb. € 79,95

236 Armin *von Bogdandy,* Ingo *Venzke* (eds.): **International Judicial Lawmaking.** 2012. XVII, 509 Seiten. Geb. € 94,95 zzgl. landesüblicher MwSt.

234 Mirja A. *Trilsch*: **Die Justiziabilität wirtschaftlicher, sozialer und kultureller Rechte im innerstaatlichen Recht.** 2012. XIX, 559 Seiten. Geb. € 99,95

233 Anja *Seibert-Fohr* (ed.): **Judicial Independence in Transition.** 2012. XIII, 1378 Seiten. Geb. € 169,95 zzgl. landesüblicher MwSt.

232 Sandra *Stahl*: **Schutzpflichten im Völkerrecht - Ansatz einer Dogmatik.** 2012. XXX, 505 Seiten. Geb. € 94,95

231 Thomas *Kleinlein*: **Konstitutionalisierung im Völkerrecht.** 2012. XLII, 940 Seiten. Geb. € 149,95

230 Roland *Otto*: **Targeted Killings and International Law.** 2012. XVIII, 661 Seiten. Geb. € 109,95 zzgl. landesüblicher MwSt.

229 Nele *Matz-Lück*, Mathias *Hong* (Hrsg.): **Grundrechte und Grundfreiheiten im Mehrebenensystem - Konkurrenzen und Interferenzen.** 2012. VIII, 394 Seiten. Geb. € 89,95

228 Matthias *Ruffert,* Sebastian *Steinecke:* **The Global Administrative Law of Science,** 2011. IX, 140 Seiten. Geb. € 59,95 zzgl. landesüblicher MwSt.

227 Sebastian *Pritzkow*: **Das völkerrechtliche Verhältnis zwischen der EU und Russland im Energiesektor.** 2011. XXIV, 304 Seiten. Geb. € 79,95

226 Sarah *Wolf*: **Unterseeische Rohrleitungen und Meeresumweltschutz.** 2011. XXIII, 442 Seiten. Geb. € 94,95

225 Clemens *Feinäugle*: **Hoheitsgewalt im Völkerrecht.** 2011. XXVI, 418 Seiten. Geb. € 89,95

224 David *Barthel*: **Die neue Sicherheits- und Verteidigungsarchitektur der Afrikanischen Union.** 2011. XXV, 443 Seiten. Geb. € 94,95

223 Tilmann *Altwicker*: **Menschenrechtlicher Gleichheitsschutz.** 2011. XXX, 549 Seiten. Geb. € 99,95

222 Stephan *Bitter*: **Die Sanktion im Recht der Europäischen Union.** 2011. XV, 351 Seiten. Geb. € 84,95

221 Holger *Hestermeyer*, Nele *Matz-Lück*, Anja *Seibert-Fohr*, Silja *Vöneky* (eds.): **Law of the Sea in Dialogue.** 2011. XII, 189 Seiten. Geb. € 69,95 zzgl. landesüblicher MwSt.

220 Jan *Scheffler*: **Die Europäische Union als rechtlich-institutioneller Akteur im System der Vereinten Nationen.** 2011. XXXV, 918 Seiten. Geb. € 149,95

219 Mehrdad *Payandeh*: **Internationales Gemeinschaftsrecht.** 2010. XXXV, 629 Seiten. Geb. € 99,95

218 Jakob *Pichon*: **Internationaler Strafgerichtshof und Sicherheitsrat der Vereinten Nationen.** 2011. XXVI, 399 Seiten. Geb. € 89,95

217 Michael *Duchstein*: **Das internationale Benchmarkingverfahren und seine Bedeutung für den gewerblichen Rechtsschutz.** 2010. XXVI, 528 Seiten. Geb. € 99,95

216 Tobias *Darge*: **Kriegsverbrechen im nationalen und internationalen Recht.** 2010. XXXV, 499 Seiten. Geb. € 94,95

215 Markus *Benzing*: **Das Beweisrecht vor internationalen Gerichten und Schiedsgerichten in zwischenstaatlichen Streitigkeiten.** 2010. L, 846 Seiten. Geb. € 139,95

214 Urs *Saxer*: **Die internationale Steuerung der Selbstbestimmung und der Staatsentstehung.** 2010. XLII, 1140 Seiten. Geb. € 169,95

213 Rüdiger *Wolfrum*, Chie *Kojima* (eds.): **Solidarity: A Structural Principle of International Law.** 2010. XIII, 238 Seiten. Geb. € 69,95 zzgl. landesüblicher MwSt.
212 Ramin S. *Moschtaghi*: **Die menschenrechtliche Situation sunnitischer Kurden in der Islamischen Republik Iran.** 2010. XXIII, 451 Seiten. Geb. € 94,95
211 Georg *Nolte* (ed.): **Peace through International Law. The Role of the International Law Commission.** 2009. IX, 195 Seiten. Geb. € 64,95 zzgl. landesüblicher MwSt.
210 Armin *von Bogdandy*, Rüdiger *Wolfrum*, Jochen *von Bernstorff*, Philipp *Dann*, Matthias *Goldmann* (eds.): **The Exercise of Public Authority by International Institutions.** 2010. XIII, 1005 Seiten. Geb. € 149,95 zzgl. landesüblicher MwSt.
209 Norman *Weiß*: **Kompetenzlehre internationaler Organisationen.** 2009. XVIII, 540 Seiten. Geb. € 99,95
208 Michael *Rötting*: **Das verfassungsrechtliche Beitrittsverfahren zur Europäischen Union.** 2009. XIV, 317 Seiten. Geb. € 79,95
207 Björn *Ahl*: **Die Anwendung völkerrechtlicher Verträge in China.** 2009. XIX, 419 Seiten. Geb. € 89,95
206 Mahulena *Hofmann*: **Von der Transformation zur Kooperationsoffenheit?** 2009. XIX, 585 Seiten. Geb. € 99,95
205 Rüdiger *Wolfrum*, Ulrike *Deutsch* (eds.): **The European Court of Human Rights Overwhelmed by Applications: Problems and Possible Solutions.** 2009. VIII, 128 Seiten. Geb. € 59,95 zzgl. landesüblicher MwSt.
204 Niels *Petersen*: **Demokratie als teleologisches Prinzip.** 2009. XXVII, 280 Seiten. Geb. € 79,95
203 Christiane *Kamardi*: **Die Ausformung einer Prozessordnung sui generis durch das ICTY unter Berücksichtigung des Fair-Trial-Prinzips.** 2009. XVI, 424 Seiten. Geb. € 89,95
202 Leonie F. *Guder*: **The Administration of Debt Relief by the International Financial Institutions.** 2009. XVIII, 355 Seiten. Geb. € 84,95 zzgl. landesüblicher MwSt.
201 Silja *Vöneky*, Cornelia *Hagedorn*, Miriam *Clados*, Jelena *von Achenbach*: **Legitimation ethischer Entscheidungen im Recht.** 2009. VIII, 351 Seiten. Geb. € 84,95
200 Anja Katarina *Weilert*: **Grundlagen und Grenzen des Folterverbotes in verschiedenen Rechtskreisen.** 2009. XXX, 474 Seiten. Geb. € 94,95
199 Suzette V. *Suarez*: **The Outer Limits of the Continental Shelf.** 2008. XVIII, 276 Seiten. Geb. € 79,95 zzgl. landesüblicher MwSt.
198 Felix *Hanschmann*: **Der Begriff der Homogenität in der Verfassungslehre und Europarechtswissenschaft.** 2008. XIII, 370 Seiten. Geb. € 84,95
197 Angela *Paul*: **Kritische Analyse und Reformvorschlag zu Art. II Genozidkonvention.** 2008. XVI, 379 Seiten. Geb. € 84,95
196 Hans Fabian *Kiderlen*: **Von Triest nach Osttimor.** 2008. XXVI, 526 Seiten. Geb. € 94,95
195 Heiko *Sauer*: **Jurisdiktionskonflikte in Mehrebenensystemen.** 2008. XXXVIII, 605 Seiten. Geb. € 99,95
194 Rüdiger *Wolfrum*, Volker *Röben* (eds.): **Legitimacy in International Law.** 2008. VI, 420 Seiten. Geb. € 84,95 zzgl. landesüblicher MwSt.
193 Doris *König*, Peter-Tobias *Stoll*, Volker *Röben*, Nele *Matz-Lück* (eds.): **International Law Today: New Challenges and the Need for Reform?** 2008. VIII, 260 Seiten. Geb. € 69,95 zzgl. landesüblicher MwSt.
192 Ingo *Niemann*: **Geistiges Eigentum in konkurrierenden völkerrechtlichen Vertragsordnungen.** 2008. XXV, 463 Seiten. Geb. € 94,95
191 Nicola *Wenzel*: **Das Spannungsverhältnis zwischen Gruppenschutz und Individualschutz im Völkerrecht.** 2008. XXXI, 646 Seiten. Geb. € 99,95
190 Winfried *Brugger*, Michael *Karayanni* (eds.): **Religion in the Public Sphere: A Comparative Analysis of German, Israeli, American and International Law.** 2007. XVI, 467 Seiten. Geb. € 89,95 zzgl. landesüblicher MwSt.
189 Eyal *Benvenisti*, Chaim *Gans*, Sari *Hanafi* (eds.): **Israel and the Palestinian Refugees.** 2007. VIII, 502 Seiten. Geb. € 94,95 zzgl. landesüblicher MwSt.
188 Eibe *Riedel*, Rüdiger *Wolfrum* (eds.): **Recent Trends in German and European Constitutional Law.** 2006. VII, 289 Seiten. Geb. € 74,95 zzgl. landesüblicher MwSt.
187 Marcel *Kau*: **United States Supreme Court und Bundesverfassungsgericht.** 2007. XXV, 538 Seiten. Geb. € 99,95 zzgl. landesüblicher MwSt.

Kolibri 360 GmbH
Ferdinand-Jühlke-Straße 7
99095 Erfurt, Deutschland
produktsicherheit@kolibri360.de